AF137067

Henry Eyring

Das Buch der Lehre und Bündnisse der Kirche Jesu Christi der Heiligen der letzten Tage

Henry Eyring

Das Buch der Lehre und Bündnisse der Kirche Jesu Christi der Heiligen der letzten Tage

ISBN/EAN: 9783743312739

Hergestellt in Europa, USA, Kanada, Australien, Japan

Cover: Foto ©Lupo / pixelio.de

Henry Eyring

Das Buch der Lehre und Bündnisse der Kirche Jesu Christi der Heiligen der letzten Tage

Das Buch

der

Lehre und Bündnisse

der

Kirche Jesu Christi
der Heiligen der letzten Tage,

zusammengestellt aus

den Offenbarungen Gottes

von

Präsident Joseph Smith.

Aus dem Englischen übersetzt
von
Heinrich Ehring.

Herausgegeben von J. U. Stucki.
Bern,
Postgasse 33.
1876.

Inhaltsverzeichniß.

Vorlesungen über den Glauben.

Chronologisch geordnetes Inhaltsverzeichniß des zweiten Theiles.

~~~~~~~

Alphabetisches Inhaltsverzeichniß.

——

A.

B.

C.

D.

F.

G.

Vorwort.

Mit dankbarem Herzen zu Gott veröffentlichen wir diese erste Auflage des Buches der Lehre und Bündnisse. Wir hoffen, daß die Heiligen der Schweiz und Deutschlands und jene der Vereinigten Staaten, welche der englischen Sprache noch nicht mächtig sind, mit Freude die Gelegenheit ergreifen werden, sich näher mit den Offenbarungen des Herrn, welche er seinem Volke in diesen letzten Tagen gegeben hat, bekannt zu machen. Die Uebersetzung dieses Werkes aus der englischen Sprache ist so wortgetreu als möglich gehalten worden, obgleich sie keine Vollkommenheit beansprucht und Verbesserungen ohne Zweifel in einer späteren Auflage erzielt werden können.

Mit Vergnügen erwähnen wir, daß jener Theil dieses Werkes, welcher durch die Aeltesten Mäser und Schönfeld in unserer Monatsschrift, dem „Stern", vor einigen Jahren veröffentlicht wurde, dem Uebersetzer von großem Nutzen war und erkennen die Arbeit jener Brüder hiermit mit Dank an. Möge der Segen des Herrn dieses Werk begleiten und die köstliche Wahrheit desselben die Herzen vieler Menschen erfreuen.

Lehre und Bündnisse.

Vorlesungen über den Glauben.

Erste Vorlesung. — Abschnitt I.

Ueber die Lehre der Kirche Jesu Christi der Heiligen der letzten Tage, ursprünglich einer Klasse der Aeltesten in Kirtland, Ohio, vorgetragen.

1. Da der Glaube das erste Princip einer geoffenbarten Religion und die Grundlage aller Gerechtigkeit ist, so beansprucht er natürlicher Weise in einer Reihe von Vorlesungen, welche beabsichtigen die Lehre Christi dem Verstande zu entfalten, den ersten Platz.

2. Indem wir den Gegenstand des Glaubens vorlegen, so werden wir die folgende Ordnung beobachten:.

3. Erstens, den Glauben selbst — was er ist.

4. Zweitens, den Gegenstand, auf welchen er sich stützt. Und

5. Drittens, die Wirkungen, welche derselbe hervorbringt.

6. Dieser Ordnung gemäß müssen wir zuerst zeigen, was der Glaube ist.

7. Der Verfasser der Epistel an die Ebräer gibt im ersten Verse des elften Kapitels seiner Epistel die folgende Erklärung des Wortes Glaube:

8. Es ist aber der Glaube eine gewisse Zuversicht deß, das man hoffet und nicht zweifelt an dem, das man nicht siehet.

9. Daraus lernen wir, daß der Glaube die Zuversicht ist, welche man von dem Dasein ungesehener Dinge hat und den Beweggrund der Handlung in allen vernünftigen Wesen bildet.

10. Würden Leute sich genau selbst betrachten und ihre Gedanken und Erwägungen auf die Wirksamkeit ihrer eigenen Gemüther lenken, so würden sie sogleich entdecken, daß es der Glaube und der Glaube allein ist, welcher den Beweggrund aller ihrer Handlungen ausmacht; daß ohne denselben der Geist und Körper in einem Zustande der Unthätigkeit sein würden und daß alle ihre Anstrengungen, geistiger sowol als körperlicher Natur, aufhören würden.

11. Was wäre die Antwort, würde diese Klasse zurückgehen und über die Geschichte ihres vergangenen Lebens von dem Zeitpunkte ihrer ersten Erinnerung nachdenken und sich fragen, welches Motiv sie zur Handlung bewegte, oder was ihnen in allen ihren gesetzmäßigen Beschäftigungen, Berufen und Bestrebungen, Kraft und Thätigkeit verlieh?

Würde sie nicht sein, daß es die Zuversicht war, die wir in Betreff des Daseins von, von uns noch nicht gesehenen, Dingen hatten? War es nicht die Hoffnung, welche ihr, in Folge eures Glaubens an das Dasein unsichtbarer Dinge hattet, die um diese zu erlangen, euch zur Thätigkeit und Anstrengung aneiferte? Ist die Erlernung aller Kenntniß, Weisheit und Einsicht nicht von eurem Glauben abhängig? Würdet ihr euch anstrengen, Weisheit und Einsicht zu erlangen, wenn ihr nicht glaubtet, sie empfangen zu können? Würdet ihr jemals gesät haben, wenn ihr nicht geglaubt hättet, zu ernten? Würdet ihr jemals gepflanzt haben, wenn ihr nicht geglaubt hättet, zu sammeln? Würdet ihr jemals gebetet haben, wenn ihr nicht zu empfangen geglaubt hättet? Würdet ihr jemals gesucht haben, wenn ihr nicht geglaubt hättet, zu finden?

Oder würdet ihr jemals geklopft haben, wenn ihr nicht geglaubt hättet, daß man euch aufthun würde? In einem Worte, würdet ihr irgend etwas Körper= liches oder Geistiges gethan haben, wenn ihr nicht vorher Glaube gehabt hättet? Hängen nicht alle eure Bemühungen jeder Art von eurem Glauben ab? Oder, kann man nicht sagen, was habt oder besitzt ihr, was ihr nicht in Folge eures Glaubens erlangt habt? Habt ihr nicht eure Nahrung, eure Kleidung, euer Obdach wegen eures Glaubens? Denkt nach und fragt euch selbst, ob diese Dinge nicht so sind. — Lenkt eure Gedanken auf eure eigenen Herzen und seht, ob der Glaube nicht der Beweggrund in allen euren Handlungen ist; und wenn er es in euch ist, ist er es nicht auch in allen anderen vernünftigen Wesen?

12. Wie der Glaube der Beweggrund aller Hand= lungen in zeitlichen Angelegenheiten ist, so ist er es auch in geistigen, denn der Heiland sagte sehr richtig, daß, wer da glaubet und getauft wird, der soll selig werden. Marci XVI, 16.

13. Gerade wie wir durch den Glauben alle zeit= lichen Segnungen empfangen, so in gleicher Weise empfangen wir auch durch denselben alle geistigen Segnungen, deren wir theilhaftig werden. Doch der Glaube in allen verständigen Wesen, ob im Himmel oder auf der Erde, ist nicht allein das Princip der Handlung, sondern auch der Macht. So sagt der Verfasser der Epistel an die Ebräer, XI, 3:

14. „Durch den Glauben verstehen wir, daß die Welt zugerichtet worden sei durch Gottes Wort, also daß die Dinge, die man sieht, nicht geworden sind aus Dingen, die da erscheinen."

15. Hieraus ersehen wir, daß der Glaube das Princip der Macht war, die in dem Busen Gottes wohnte, durch welche die Welten gestaltet wurden, und

daß durch dieses, in der Gottheit wohnende Princip der Macht alle erschaffenen Dinge ihr Dasein haben; so daß alle Dinge im Himmel, auf der Erde oder unter der Erde, in Folge des Glaubens, wie er in IHM wohnte, ihr Dasein haben.

16. Ohne das Princip des Glaubens würden die Welten nie gestaltet, noch der Mensch aus dem Staube gemacht worden sein. Es ist das Princip, durch wel= ches Jehovah wirkt und durch welches er Macht über alle zeitlichen, sowie auch geistigen Dinge ausübt. — Nähme man dieses Princip oder Attribut — denn es ist ein Attribut — von der Gottheit weg, so würde sie aufhören ein Dasein zu haben.

17. Wer kann nicht sehen, daß wenn Gott durch den Glauben die Welten gestaltete, er auch durch den= selben Macht über sie ausübt und daher der Glaube das Princip der Macht ist? und wenn das Princip der Macht, es sowol im Menschen, als in der Gott= heit es ist? Dies ist das Zeugniß aller Verfasser der heiligen Schriften und die Lehre, womit sie sich be= müht haben, die Menschheit zu unterrichten.

18. Der Erlöser, indem er die Ursache, warum seine Schüler den Teufel nicht austreiben konnten, auseinander setzte, sagte (Matthaei XVII, 19, 20), daß es wegen ihres Unglaubens war: — „Denn ich sage euch: Wahrlich, so ihr Glauben habt als ein Senfkorn, so möget ihr sagen zu diesem Berge: Hebe dich von hinnen dorthin; so wird er sich heben, und euch wird nichts unmöglich sein."

19. Während Moroni die Urkunden seiner Väter abkürzte und zusammenstellte, erzählte er uns das Fol= gende über den Glauben, als ein Princip der Macht. Er sagt auf Seite 497 (Buch Mormon), daß es der Glaube Almas und Amuleks war, der die Mauern des Gefängnisses zerriß, wie es auf der 232sten Seite aufgezeichnet ist, der Glaube Nephis und Lehis, wel= cher verursachte, daß eine Veränderung in den Her= zen der Lamaniten bewerkstelligt wurde, als sie durch den heiligen Geist und Feuer getauft wurden, wie auf der 368sten Seite zu sehen ist; und daß es durch

den Glauben geschah, daß der Berg Zerin fortbewegt wurde, als der Bruder Jared's im Namen des Herrn sprach. (Seite 498.)

20. Aufs Weitere wird uns in Ebräer XI, 32—35 erzählt, daß Gideon, Barak, Simson, Jephthah, David, Samuel und die Propheten durch den Glauben König-reiche bezwungen haben, Gerechtigkeit gewirket, die Verheißung erlanget, der Löwen Rachen verstopfet, des Feuers Kraft ausgelöschet, sind des Schwerts Schärfe entronnen, sind kräftig geworden aus der Schwachheit, sind stark geworden im Streit, haben der Fremden Heer darniedergelegt. Die Weiber haben ihre Todten von der Auferstehung wieder genom-men u. s. w.

21. So auch Josua gebot in der Gegenwart des ganzen Israel der Sonne und dem Monde stille zu stehen und es geschah. Josua X, 12.

22. Es wird uns von den Verfassern der heiligen Schrift mitgetheilt, daß alle diese Dinge durch den Glauben gethan wurden. Durch den Glauben wur-ben die Welten gestaltet. Gott sprach, der Chaos hörte und Welten ordneten sich kraft des Glaubens, der in IHM war. So auch mit dem Menschen; er sprach aus Glauben im Namen Gottes und die Sonne stand still, der Mond gehorchte, Berge bewegten sich, Ge-fängnisse fielen, die Rachen der Löwen wurden ver-stopft, das menschliche Herz verlor seine Feindschaft, Feuer seine Heftigkeit, Armeen ihre Macht, das Schwert seinen Schrecken und der Tod seine Herrschaft; und bies Alles, wegen des Glaubens, welcher in ihnen war.

23. Wäre es nicht um des Glaubens willen ge-wesen, welcher in jenen Menschen war, so hätten sie umsonst zu der Sonne, dem Monde, den Bergen, Gefängnissen, dem menschlichen Herzen, Feuer, den Armeen, dem Schwerte oder Tode reden können!

24. So ist denn der Glaube das erste, große regierende Princip, welches Macht, Herrschaft und Gewalt über alle Dinge hat; durch ihn haben sie ihr Dasein, durch ihn werden sie aufrecht erhalten, durch ihn werden sie verändert, oder durch ihn bleiben sie,

nach) dem Willen Gottes. Ohne ihn gibt es keine
Macht und ohne Macht könnte es auch weder eine
Schöpfung noch ein Dasein geben!

Fragen und Antworten über die vorhergehenden Lehren.

Was ist Theologie? Es ist jene geoffenbarte Wissen=
schaft, welche von dem Wesen und den Eigenschaften Got=
tes, — seinen Beziehungen mit uns — den Fügungen
seiner Vorsehung — seinem Willen, in Bezug auf unsere
Handlungen — und seinen Absichten in Bezug auf unser
Ende, handelt. Buck's theologisches Wörterbuch Fol. 582.

Was ist das erste Princip dieser geoffenbarten Wissen=
schaft?

Der Glaube. Abschnitt I, 1.

Warum ist der Glaube das erste Princip in dieser
geoffenbarten Wissenschaft? Weil er die Grundlage aller
Gerechtigkeit ist. Ebräer XI, 6. Aber ohne Glauben ist
es unmöglich Gott gefallen. 1 Johannis III, 7. Kindlein
lasset euch Niemand verführen. Wer recht thut, der ist
gerecht, gleichwie er (Gott) gerecht ist. Abschnitt I, 1.

Auf welche Weise sollte der Gegenstand des Glau=
bens dargestellt werden? Zuerst sollte gezeigt werden,
was der Glaube ist. Abschnitt I, 3. Zweitens, der
Gegenstand, auf welchem er beruht. Abschnitt I, 4. Und
drittens, die Wirkungen, welche von demselben fließen.
Abschnitt I, 5.

Was ist der Glaube? Es ist aber der Glaube eine
gewisse Zuversicht deß, das man hoffet und nicht zweifelt
an dem, das man nicht siehet. (Ebräer XI, 1); das ist,
er ist die Zuversicht, welche wir von dem Dasein unsicht=
barer Dinge haben, und da er die Zuversicht ist, welche
wir von dem Dasein unsichtbarer Dinge haben, so muß
er der Beweggrund der Handlung aller vernünftigen
Wesen sein. Ebräer XI, 3. Durch den Glauben ver=
stehen wir, daß die Welt zugerichtet worden sei durch
Gottes Wort. Abschnitt I, 8, 9.

Wie kann bewiesen werden, daß der Glaube der
Grund der Handlungen aller vernünftigen Wesen ist?

Zuerst durch die richtige Beobachtung der Wirkungen un=
serer Herzen, und zweitens durch die deutliche Erklärung
der heiligen Schrift. Ebräer XI, 7: „Durch den Glau=
ben hat Noah Gott geehret und die Arche zubereitet zum
Heil seines Hauses, da er einen göttlichen Befehl empfing
von dem, das man noch nicht sahe; durch welchen er ver=
dammte die Welt und hat ererbet die Gerechtigkeit, die
durch den Glauben kommt."

Ebräer XI, 8: „Durch den Glauben ward gehorsam
Abraham, da er berufen ward auszugehen in das Land,
das er ererben sollte; und ging aus und wußte nicht, wo
er hinkäme."

Ebräer XI, 9: „Durch den Glauben ist er ein Fremd=
ling gewesen in dem verheißenen Lande, als in einem
fremden und wohnte in Hütten mit Isaak und Jakob,
den Miterben derselben Verheißung."

Ebräer XI, 27: „Durch den Glauben verließ Moses
Egypten und fürchtete nicht des Königs Grimm; denn
er hielt sich an den, den er nicht sahe, als sähe er ihn."
Abschnitt I, 10 und 11.

Ist nicht der Glaube der Beweggrund der Hand=
lung in geistigen sowol, als auch in zeitlichen Din=
gen? Ja.

Wie wird es bewiesen? Ebräer XI, 6: „Ohne Glaube
ist es unmöglich Gott gefallen". Marci XVI, 16: „Wer
da glaubet und getauft wird, der wird selig werden".
Römer IV, 16: „Derhalben muß die Gerechtigkeit durch
den Glauben kommen, auf daß sie sei aus Gnaden und
die Verheißung fest bleibe allem Samen; nicht allein dem,
der unter dem Gesetz ist, sondern auch dem, der des Glau=
bens Abrahams ist, welcher ist unser Aller Vater. Ab=
schnitt I, 12, 13.

Ist der Glaube noch etwas Anderes, außer ein Grund
der Handlung? Ja.

Was ist er? Er ist auch das Princip der Macht.
Abschnitt I, 13.

Wie wird es bewiesen? Erstens ist er das Princip
der Macht in der Gottheit. Ebräer XI, 3: „Durch den
Glauben verstehen wir, daß die Welt zugerichtet worden
sei durch Gottes Wort, also daß die Dinge, die man

sieht, nicht geworden sind aus Dingen, die da erscheinen".
Abschnitt I, 14, 15, 16. Zweitens ist er auch das Princip
der Macht im Menschen. Buch Mormon Fol. 232. Alma
und Amulek werden aus dem Gefängnisse befreit. Fol.
368. Nephi und Lehi mit den Lamaniten werden durch
den Geist getauft. Fol. 498. Der Berg Zerin wird durch den Glauben
des Bruders Jareds fortbewegt. Josua X, 12, 13: „Da
redete Josua mit dem Herrn des Tages, da der Herr die
Amoriter übergab vor den Kindern Israels und sprach
vor gegenwärtigem Israel: Sonne, stehe still zu Gibeon,
und Mond, im Thal Ajalon! Da stand die Sonne und
der Mond stille, bis daß sich das Volk an seinen Fein=
den rächete. Ist dies nicht geschrieben im Buch des
Frommen? Also stand die Sonne mitten am Himmel
und verzog unterzugehen, beinahe einen ganzen Tag".
Matthäi XVII, 19, 20: „Da traten zu ihm seine Jün=
ger besonders, und sprachen: Warum konnten wir ihn
nicht austreiben? Jesus aber antwortete und sprach zu
ihnen: Um eures Unglaubens willen. Denn ich sage
euch: Wahrlich, so ihr Glauben habt als ein Senfkorn,
so möget ihr sagen zu diesem Berge: Hebe dich von hinnen
dorthin; so wird er sich heben und euch wird nichts un=
möglich sein". Ebräer XI, 32—35: „Und was soll ich
mehr sagen? Die Zeit würde mir zu kurz, wenn ich
sollte erzählen von Gibeon, Barak und Simson, und
Jephthah, David und Samuel und den Propheten;
welche haben durch den Glauben Königreiche bezwungen,
Gerechtigkeit gewirket, die Verheißung erlanget, der Löwen
Rachen verstopfet, des Feuers Kraft ausgelöschet, sind des
Schwerts Schärfe entronnen, sind kräftig geworden aus
der Schwachheit, sind stark geworden im Streit, haben
der Fremden Heer darniedergelegt.

Die Weiber haben ihre Todten von der Auferstehung
wieder genommen; die Andern aber sind zerschlagen, und
haben keine Erlösung angenommen, auf daß sie die Auf=
erstehung, die besser ist, erlangten". Abschnitt I, 16—22.

Wie sollte der Glaube in seinem ausgedehntesten
Sinne erklärt werden? Er ist das erste, große regierende
Princip, welches Macht, Herrschaft und Gewalt über alle
Dinge hat. Abschnitt I, 24.

Wie kann man es noch beutlicher auseinanderfetzen, baß der Glaube, bas erfte, große, regierende Prinzip ift, welches Macht, Herrschaft unb Gewalt über alle Dinge hat? Durch ihn haben fie ihr Dafein, burch ihn werben fie erhalten, burch· ihn werben fie verändert unb burch ihn bleiben fie nach bem Willen Gottes; unb ohne ihn gibt es keine Macht, unb ohne Macht könnte weber eine Schöpfung noch ein Dafein fein! Abfchnitt I, 24.

1. Da wir in der vorhergehenden Vorlesung gezeigt haben, was der Glaube an und für sich ist, so wollen wir fortfahren, zweitens zu zeigen, auf welchem Gegenstande er beruht.

2. Wir wollen hier bemerken, daß Gott der einzige, höchste Lenker und ein unabhängiges Wesen ist, in welchem alle Fülle und Vollkommenheit wohnen, welcher allmächtig, allgegenwärtig und allwissend ist, ohne Anfang der Tage oder Ende des Lebens, und daß in ihm, jede gute Gabe und jedes gute Princip wohnt, daß er der Vater des Lichtes ist; in ihm das Princip des Glaubens unabhängig weilt, und er der Gegenstand ist, auf welchem der Glaube aller anderen, vernünftigen und verantwortlichen Wesen, zur Erlangung des Lebens und der Seligkeit, ruht.

3. Um diesen Theil des Gegenstandes in einem klaren und deutlichen Lichte darzustellen, ist es nothwendig, zurückzugehen und die Beweisgründe zu zeigen, welche das Menschengeschlecht für ihren Glauben an das Dasein eines Gottes hatte, und was die Grundlage für solche Beweisgründe war oder worauf sie sich seit der Schöpfung stützten.

4. Wir meinen nicht jene Beweise, welche durch die Werke der Schöpfung, welche wir täglich mit unseren natürlichen Augen sehen, kundgemacht werden. Wir sind überzeugt, daß nach einer Offenbarung Jesu Christi, die Werke der Schöpfung durch ihre unermeßlichen Formen und Verschiedenheiten, seine ewige Macht und Gottheit deutlich darstellen. Römer I, 20:

„Damit, daß Gottes unsichtbares Wesen, das ist, seine ewige Kraft und Gottheit, wird ersehen"; doch meinen wir jene Beweise, durch welche die Menschen ihre ersten Begriffe bekamen, daß es einen Gott gab, der alle Dinge erschuf.

5. Wir werden jetzt fortfahren, die Lage des Menschen, bei seiner ersten Schöpfung zu betrachten. Der Geschichtsschreiber Mose hat uns den folgenden Bericht von IHM gegeben in dem ersten Kapitel des ersten Buches Mose vom 20sten bis zum 30sten Verse. Wir geben es nach der neuen Uebersetzung.

6. „Und Gott der Herr sagte zu dem Eingebore= nen, der mit ihm vom Anfang an war, lasset uns den Menschen machen, nach unserem Bilde, nach unserem Gleichniß; und es geschah.

7. Und Gott der Herr sagte, lasset sie herrschen über die Fische des Meeres und über die Vögel in der Luft, und über das Vieh und über die ganze Erde und über jedes kriechende Ding, das auf der Erde kriecht.

8. So schuf Gott den Menschen nach seinem Ebenbilde, nach dem Bilde des Eingeborenen schuf er ihn, männlichen und weiblichen Geschlechtes schuf er sie. Und Gott segnete sie, und Gott sagte zu ihnen, seid fruchtbar und vermehret euch, und füllet die Erde und macht sie unterthan; und herrschet über die Fische des Meeres und über die Vögel in der Luft und über jedes lebendige Ding, das auf der Erde sich bewegt.

9. Und Gott der Herr sprach zum Menschen, sehet, ich habe euch jedes samentragende Kraut, wel= ches auf der ganzen Erde ist, gegeben, und jeden Baum, auf welchem die Frucht eines samentragenden Baumes enthalten ist; euch soll es zur Nahrung dienen.

10. Wiederum 1 Mose II, 15—24: „Und der Herr machte den Menschen und stellte ihn in den Gar= ten Eden, ihn zu bearbeiten und zu bewahren. Und Gott der Herr befahl dem Menschen und sagte, von allen Bäumen des Gartens dürft ihr nach Wunsch essen: doch von dem Baume der Erkenntniß des Guten und Bösen müßt ihr nicht essen, ihn auch nicht

berühren; nichtsbestoweniger dürft ihr für euch selbst
wählen, denn dieses Recht ist euch gegeben; doch erinnert euch, daß ich es verbiete, denn welches Tages
ihr davon esset, werdet ihr sicher sterben.

11. Und aus der Erde bildete Gott der Herr jedes
Thier des Feldes und jeden Vogel des Himmels und
befahl, daß sie zu Adam gebracht werden sollten, zu
sehen, was er sie nennen würde. — Und was immer
Adam jede lebendige Kreatur nannte, das wurde der
Name derselben. Und Adam gab Namen allem Viehe
und den Vögeln des Himmels und jedem Thier des
Feldes".

12. Aus dem Vorhergehenden lernen wir die Lage
des Menschen bei seiner ersten Erschaffung, die Kenntniß, mit welcher er begabt war und die hohe und er-
habene Stellung, in welche er, als Herr oder Regent
aller Dinge auf Erden gesetzt wurde, kennen; während er zur selben Zeit sich eines Verkehrs und einer
Verbindung mit seinem Schöpfer erfreute, ohne durch
einen Vorhang von ihm getrennt zu sein. Wir wollen
zunächst fortfahren und den Bericht betrachten, welcher von seinem Falle und seiner Vertreibung aus
dem Garten Eden und aus der Gegenwart Gottes
gegeben wird.

13. Moses fährt fort: „Und sie (Adam und Eva)
hörten die Stimme Gottes des Herrn, als sie im
Garten in der Kühle des Tages wandelten; und
Adam und sein Weib verbargen sich vor der Gegenwart Gottes des Herrn unter die Bäume des Gartens. Und Gott der Herr rief Adam und sagte zu
ihm: „Wohin gehest Du?" Und er sagte, ich hörte
deine Stimme im Garten und fürchtete und verbarg
mich, weil ich sahe, daß ich nackend war.

14. Und der Herr sagte zu Adam: Wer hat dir
gesagt, daß du nackend bist? Hast du von dem
Baume gegessen, von welchem ich dir gesagt habe, daß
du nicht essen solltest? Ist dem so, so sollst du sicherlich sterben! Und der Mann sagte, das Weib, welches du mir gabst und befahlst, daß sie mit mir
bleiben sollte, gab mir von der Frucht des Baumes
und ich aß.

15. Und Gott der Herr sagte zum Weibe: Was ist es, das du gethan hast? Und das Weib sagte: die Schlange hat mich verführt und ich aß.

16. Und wiederum sagte der Herr zum Weibe: Ich will deine Sorgen und deine Empfängniß sehr vermehren. In Sorge sollst du Kinder hervorbringen und deine Neigung soll zu deinem Manne sein und er soll über dich herrschen.

17. Und Gott der Herr sagte zu Adam: Weil du der Stimme deines Weibes Gehör gegeben und von der Frucht des Baumes, von welchem ich dir sagte nicht zu essen, gegessen hast! verflucht sei der Erdboden um beinetwillen; mit Kummer sollst du dich darauf nähren dein Leben lang. Dornen und Disteln soll er dir hervorbringen und du sollst das Kraut des Feldes essen. Im Schweiße deines Angesichts sollst du dein Brot essen, bis du zur Erde zurückkehrest — denn du wirst sicherlich sterben — denn aus derselben bist du genommen worden; denn Staub warst du, und zu Staub sollst du wieder werden". Diesem folgte sogleich die Erfüllung dessen, was wir vorher gesagt haben. Der Mensch wurde aus dem Garten Eden vertrieben oder gesandt.

18. Zwei wichtige Punkte werden durch die vorhergehenden Anführungen gezeigt. Erstens, nachdem der Mensch erschaffen war, wurde er nicht ohne Verstand oder Kenntniß gelassen, in Dunkelheit zu wandeln und ein Dasein in Unwissenheit und Zweifel hinzubringen über den großen und wichtigen Punkt, welcher seine Glückseligkeit berührte, nämlich die wirkliche Thatsache, von wem er erschaffen oder wem er für seine Handlungen verantwortlich war. Gott unterhielt sich mit ihm von Angesicht zu Angesicht. Es wurde ihm erlaubt, in seiner Gegenwart zu stehen und von seinem eigenen Munde Belehrungen zu empfangen. Er hörte seine Stimme — wandelte vor ihm — und schaute seine Herrlichkeit — während er mit Erkenntniß erfüllt wurde und im Stande war, der großen Versammlung der Werke seines Schöpfers Namen zu geben.

19. Zweitens haben wir gesehen, daß obgleich der Mensch sündigte, seine Sünde ihn doch nicht seiner früheren Kenntniß, mit welcher er, in Bezug auf das Dasein und die Herrlichkeit seines Schöpfers, begabt war, raubte; denn sobald als er seine Stimme hörte, suchte er sich vor seiner Gegenwart zu verbergen.

20. Wir haben deshalb gezeigt, erstens, daß Gott anfing, mit dem Menschen zu sprechen, sogleich nachdem er in seine Nase den Athem des Lebens geblasen hatte und daß selbst nach seinem Falle, er nicht aufhörte, sich ihm kund zu geben. Wir werden zunächst zeigen, daß, obgleich er aus dem Garten Edens verstoßen worden war, seine Kenntniß von dem Dasein Gottes nicht verloren ging und auch Gott nicht aufhörte, sich ihm kund zu geben.

21. Wir geben zunächst die Geschichte der unmittelbaren Offenbarung, welche der Mensch erhielt, nachdem er aus dem Garten Edens vertrieben worden war und entnehmen aus der neuen Uebersetzung wie folgt:

22. „Nachdem Adam aus dem Garten vertrieben worden war, fing er an, die Erde zu bebauen, über alle Thiere des Feldes Herrschaft zu haben und sein Brod im Schweiße seines Angesichts zu essen, wie ihm der Herr befohlen hatte; und er rief den Namen des Herrn an und so that auch sein Weib Eva. Und sie hörten die Stimme des Herrn von der Richtung des Gartens Edens, zu ihnen sprechen und sie sahen ihn nicht. denn sie waren von seiner Gegenwart ausgeschlossen: jedoch gab er ihnen Gebote, daß sie den Herrn ihren Gott anbeten, und die Erstlinge ihrer Herden dem Herrn als ein Opfer darbringen sollten. Und Adam gehorchte dem Befehle.

23. Und nach vielen Tagen erschien ein Engel des Herrn dem Adam und sprach: „Warum opferst Du dem Herrn?" Und Adam sagte zu ihm, ich weiß es nicht, doch hat mir der Herr geboten, Opfer darzubringen.

24. Und der Engel sagte zu ihm, dieses Ding ist in dem Gleichnisse des Eingeborenen des Vaters, welcher ist voll Gnade und Wahrheit. Und Alles, was

du thust, das sollst du im Namen des Sohnes thun und du mußt Buße thun und Gott in seinem Namen immerdar anrufen. An jenem Tage fiel der Heilige Geist auf Abam und zeugte vom Vater und Sohn".

25. Diese letzte Stelle zeigt die wichtige Thatsache, daß obgleich unsere ersten Eltern aus dem Garten Edens vertrieben und selbst von der Gegenwart Gottes durch einen Schleier getrennt waren, so behielten sie doch eine Kenntniß seines Daseins, die genügend war, sie zu bewegen, ihn anzurufen. Und ferner, daß sobald als der Plan der Erlösung dem Menschen offenbar wurde und er anfing den Herrn anzurufen, der heil. Geist gegeben wurde, welcher vom Vater und Sohn zeugte.

26. Mose gibt uns auch, im 4ten Kapitel seines ersten Buches, einen Bericht von der Uebertretung Cains und der Gerechtigkeit Abels und von den Offenbarungen Gottes zu ihnen. Er sagt, daß Cain im Verlaufe der Zeit dem Herrn aus den Früchten des Landes ein Opfer darbrachte. Abel brachte auch aus den Erstlingen seiner Herde und aus dem Fette derselben. Und der Herr hatte Wohlgefallen am Abel und seinem Opfer, doch weder Cain noch sein Opfer waren ihm wohlgefällig. Satan wußte dies und es gefiel ihm wohl. Und Cain wurde sehr zornig und sein Angesicht sank. Und der Herr sagte zu Cain, warum bist du zornig? Warum ist dein Angesicht gefallen? Wenn du recht thust, wirst du nicht angenommen werden? Und wenn du nicht recht thust, so ruhet die Sünde vor deiner Thüre und Satan sucht dich zu besitzen, und wenn du meinen Befehlen nicht gehorchest, so will ich dich überliefern, und es dir nach seinem Wunsche gehen lassen.

27. Und Cain ging ins Feld und sprach mit seinem Bruder Abel. Und während sie im Felde waren, stand Cain gegen seinen Bruder Abel auf und erschlug ihn. Und Cain freute sich seiner That und sagte: „Ich bin frei, sicherlich werden jetzt die Herden meines Bruders in meine Hände fallen".

28. Doch sprach der Herr zu Cain, wo ist Abel, dein Bruder? Und er sagte, ich weiß es nicht. Bin

ich meines Bruders Hüter? Und der Herr sagte,
was hast du gethan? Die Stimme des Blutes deines Bruders schreiet zu mir von der Erde. Und jetzt
sollst du verflucht sein von der Erde, die ihren Mund
aufgethan hat das Blut deines Bruders von deiner
Hand zu empfangen. Wenn du den Erdboden bebauen wirst, wird er dir hinfort seine Kraft nicht
geben. Ein Flüchtling und Landstreicher sollst du
auch auf der Erde werden.

29. Und Cain sagte zum Herrn: „Satan versuchte mich, wegen der Herden meines Bruders. Und
ich war auch zornig, denn sein Opfer wurde angenommen und das meinige nicht. Meine Strafe ist
größer, als ich sie ertragen kann. Siehe, diesen Tag
hast du mich vom Angesichte der Menschen vertrieben,
und ich werde ein Flüchtling und Landstreicher auf
der Erde sein; und es wird sich ereignen, daß Jedermann, der mich findet, wird mich meines Eides willen
erschlagen, denn diese Dinge sind vor dem Herrn nicht
verborgen". Und der Herr sagte zu ihm, deshalb
wer Cain erschlägt, an demselben soll es siebenfältig
gerochen werden. Und der Herr setzte auf Cain ein
Zeichen, damit nicht Jemand, der ihn finden würde,
ihn tödte.

30. Die Absicht der Anführung der obigen Stellen
ist, dieser Klasse die Art und Weise zu zeigen, auf
welche das Menschengeschlecht mit dem Dasein Gottes
bekannt wurde; daß es durch eine Kundgebung Gottes an den Menschen geschah und daß nach der Uebertretung des Menschen Gott fortfuhr, sich ihm und
seinen Nachkommen zu offenbaren, und daß obgleich
sie von seiner unmittelbaren Gegenwart getrennt waren,
und sein Gesicht nicht sehen konnten, sie doch nachher
seine Stimme hörten.

31. Adam, der auf diese Weise mit Gott bekannt
wurde, theilte diese Kenntniß seinen Nachkommen mit,
und dadurch war es, daß der Gedanke von dem Dasein eines Gottes, welcher ihnen die Grundlage zur
Uebung ihres Glaubens legte, durch welchen sie eine
Kenntniß seines Charakters, sowie auch seiner Herrlichkeit erlangen konnten, zuerst in ihren Herzen auftauchte.

32. Nicht allein hatte Abam einen Beweis des Daseins Gottes, sondern Mose erzählt uns, wie oben angeführt, daß Gott sich herabließ mit Cain, nach der großen Uebertretung des Erschlagens seines Bruders zu reden und daß Cain wußte, daß es der Herr war, der mit ihm redete; so daß er, aus der Gegenwart seiner Brüder vertrieben, eine Kenntniß von dem Dasein eines Gottes mit sich trug und ohne Zweifel auf diese Weise, seine Nachkommen von dem Dasein eines Gottes unterrichtet wurden.

33. Daraus sehen wir, daß die ganze menschliche Familie auf der ersten Stufe ihres Daseins in allen ihren verschiedenen Verzweigungen, jene Kenntniß unter sich ausgebreitet hatte, so daß dies Dasein Got=tes ein Gegenstand des Glaubens in dem frühen Zeitalter der Welt wurde. Daher rührten die Be=weise, welche jene Menschen von dem Dasein eines Gottes hatten, in erster Linie, von dem Zeugnisse ihrer Väter her.

34. Die Ursache, warum wir diesen Theil unse=res Gegenstandes so genau auseinandergesetzt haben, ist, daß diese Klasse sehen möchte, durch welche Mittel Gott, nach dem Sündenfalle, ein Gegenstand des Glaubens unter den Menschen wurde und was es war, das den Glauben Vieler anregte, ihm nachzu=forschen, nach einer Kenntniß seines Charakters, sei=ner Vollkommenheiten und Eigenschaften zu suchen, bis sie umfassend mit ihm bekannt wurden und nicht allein mit ihm verkehrten und seine Herrlichkeit sahen, sondern auch Theilhaber seiner Macht werden und in seiner Gegenwart stehen konnten.

35. Diese Klasse sollte besonders beobachten, daß das Zeugniß, welches diese Menschen von dem Da=sein eines Gottes hatten, das Zeugniß des Menschen war; denn ehe noch die Nachkommen Adams eine Kundgebung Gottes für sich selbst erhielten, hatte Adam, ihr gemeinschaftlicher Vater, ihnen Zeugniß von dem Dasein Gottes und seiner ewigen Macht und Gottheit gegeben.

36. Zum Beispiel, hatte Abel, ehe er die Versiche=rung vom Himmel empfing, daß seine Opfer Gott

angenehm waren, von seinem Vater die wichtige
Kunde von dem Dasein eines solchen Wesens, welches
alle Dinge erschaffen hatte und sie aufrecht erhält,
empfangen. Auch ist es jedenfalls ohne Zweifel, daß
Adam die erste Person war, welche jene Kenntniß sei=
nen Nachkommen mittheilte und daß der ganze Glaube
der Welt, von jener Zeit bis auf die gegenwärtige,
in einem gewissen Grade von der Kenntniß abhängig
ist, welche ihnen zuerst von ihrem gemeinschaftlichen
Vorvater mitgetheilt wurde. So wurde sie herab=
gehändigt bis auf den Tag und das Geschlecht, in
welchem wir leben, wie wir aus dem Inhalte der hei=
ligen Urkunden zeigen werden.

37. Zuerst, Adam war 130 Jahre alt, als Seth
geboren wurde. 1 Moses V, 3: „Und die Tage Adams
nachdem er Seth gezeugt hatte, waren 800 Jahre",
so daß er 930 Jahre alt war, als er starb (Vers 4, 5).
Seth war 105 Jahre alt, als Enos geboren wurde
(Vers 6); Enos war 90, als Kenan geboren wurde
(Vers 9); Kenan war 70, als Mahalaleel geboren
wurde (Vers 12); Mahalaleel war 65, als Jared ge=
boren wurde (Vers 15); Jared war 162, als Enoch
geboren wurde (Vers 18); Enoch war 65, als Methu=
salah geboren wurde (Vers 21); Methusalah war
187, als Lamech geboren wurde (Vers 25); Lamech
war 182, als Noah geboren wurde (Vers 28).

38. Nach diesem Berichte erhellt es, daß Lamech,
der neunte von Adam und der Vater Noah's, 56
Jahre alt war, als Adam starb; Methusalah, 243;
Enoch, 308; Jared, 470; Mahalaleel, 535; Kenan,
605; Enos, 695 und Seth, 800.

39. So daß Lamech, der Vater Noah's, Methu=
salah, Enoch, Jared, Mahalaleel, Kenan, Enos, Seth
und Adam alle zur selben Zeit lebten, und ohne
allen Zweifel alle Prediger der Gerechtigkeit waren.

40. Mose berichtet weiterhin, daß Seth, nachdem
er Enos zeugte, 807 Jahre lebte, so daß er 912 Jahre
alt war, als er starb. 1 Mose V, 7, 8: „Enos lebte,
nachdem er Kenan zeugte, 815 Jahre und war 905
Jahre alt, als er starb". (Vers 10, 11). Kenan lebte,
nachdem er Mahalaleel zeugte, 840 Jahre und starb

in dem Alter von 910 Jahren (Vers 13, 14). Mahalaleel lebte, nachdem er Jared zeugte, 830 Jahre, so daß er 895 Jahre alt war zur Zeit seines Todes (Vers 16, 17). Jared lebte, nachdem er Enoch zeugte, 800 Jahre und war 962 Jahre alt, als er starb (Vers 19, 20). Und Enoch wandelte mit Gott, nachdem er Methusalah zeugte, 300 Jahre und war daher 365 Jahre alt, zur Zeit seiner Hinwegnahme von der Erde (Vers 22, 23).*) Methusalah lebte, nachdem er Lamech zeugte, 782 Jahre, war daher 969 Jahre alt, als er starb (Vers 26, 27). Lamech lebte, nachdem er Noah zeugte, 595 Jahre und war 777 Jahre alt, als er starb (Vers 30, 31).

41. Diesem Berichte gemäß, starb Adam im 930sten Jahre der Welt; Enoch wurde von der Erde genommen im 987sten; Seth starb im 1042sten; Enos im 1140sten; Kenan im 1235sten; Mahalaleel im 1290sten; Jared im 1422sten; Lamech im 1651sten und Methusalah im 1656sten Jahre der Welt, in welch' letzterem sich die Sündfluth ereignete.

42. So daß Noah 84 Jahre alt war, als Enos starb; 176, als Kenan starb; 234, als Mahalaleel starb; 366, als Jared starb; 595, als Lamech starb und 600, als Methusalah starb.

43. Wir können daraus sehen, daß Enos, Kenan, Mahalaleel, Jared, Methusalah, Lamech und Noah, alle auf der Erde zur selben Zeit lebten; und daß Enos, Kenan, Mahalaleel, Jared, Methusalah und Lamech alle mit Adam und Noah bekannt waren.

44. Aus dem Vorhergehenden ist leicht zu ersehen, nicht nur auf welche Weise die Kenntniß Gottes in die Welt kam, sondern auch nach welchem Principe sie erhalten wurde; daß von der Zeit ihrer ersten Mittheilung sie in den Herzen gerechter Männer aufbewahrt wurde, die nicht nur ihre eigenen Nachkommen belehrten, sondern auch die Welt, so daß es keiner neuen Offenbarung von Adam's Schöpfung bis

---

*) Nach dem alten Testamente. Um Enoch's Alter siehe Bündnisse und Gebote, Abschnitt III, 24.

auf Noah gebrauchte, ihnen den erſten Begriff der
Anſicht von dem Daſein eines Gottes zu geben; und
nicht allein irgend eines Gottes, ſondern des wahren
und lebendigen Gottes.

45. Da wir die Zeitrechnung der Welt von Adam
bis auf Noah aufgezeichnet haben, ſo wollen wir auch
weiterhin diejenige von Noah bis auf Abraham nieder=
ſetzen. Noah war 502 Jahre alt, als ihm Sem ge=
boren wurde; 98 Jahre ſpäter ereignete ſich die
Sündfluth, im 600ſten Lebensjahre Noah's. Noah
lebte nach der Sündfluth 350 Jahre, war daher
950 Jahre alt, als er ſtarb. 1 Moſe IX, 28, 29.

46. Sem war 100 Jahre alt, als Arphachſad ge=
boren wurde. 1 Moſ. XI, 10. Arphachſad war 35,
als Salah geboren wurde (Vers 12); Salah war 30,
als Eber geboren wurde (V. 14); Eber war 34, als
Peleg geboren wurde, zu deſſen Zeit die Erde zertheilt
wurde (V. 16); Peleg war 30, als Regu geboren
wurde (V. 18); Regu war 32, als Serug geboren
wurde (V. 20); Serug war 30, als Nahor geboren
wurde (V. 22); Nahor war 29, als Tharah geboren
wurde (V. 24); Tharah war 70, als Haran und
Abram geboren wurden (V. 26).

47. Der Bericht, welchen Moſes von der Geburt
Abraham's gibt iſt etwas ſchwierig zu verſtehen.
Einige vermuthen, daß Abraham nicht geboren wurde,
bis Tharah 130 Jahre alt war. Dieſer Schluß wird
aus verſchiedenen Schriftſtellern gezogen, deren An=
führung unſerem Zwecke nicht beſonders dienen würde.
Auch iſt es nicht von beſonderer Wichtigkeit, ob Abra=
ham geboren wurde, als Tharah 70 oder 130 Jahre
alt war. Doch daß Niemand einen Zweifel haben
möchte in Bezug auf den Gegenſtand, welcher un=
mittelbar vor uns liegt, ſo wollen wir in der Dar=
ſtellung dieſer Zeitrechnung die Zeit der Geburt Abra=
ham's auf die ſpäteſte Periode hinausſtellen, das iſt,
als Tharah 130 Jahre alt war. Nach dieſer Rech=
nung erſcheint es, daß von der Sündfluth bis auf
die Geburt Abraham's 352 Jahre verfloſſen waren.

48. Moſes erzählt uns, daß Sem, nachdem er
Arphachſad zeugte, 500 Jahre lebte (1 Moſe XI, 11);

fügt man diesen 100 Jahre hinzu, welches sein Alter
war, als Arphachsad geboren wurde, so war er 600
Jahre alt, als er starb. Arphachsad lebte, nachdem
er Salah zeugte, 403 Jahre (V. 13); fügt man diesen
35 Jahre hinzu, welches sein Alter war, als Salah
geboren wurde, so ersehen wir, daß er 438 Jahre alt
war, als er starb. Salah lebte, nachdem er Eber
zeugte, 403 Jahre (V. 15); fügt man diesen 30 Jahre
hinzu, welches sein Alter war, als Eber geboren
wurde, so zeigt es sich, daß er 433 Jahre alt war, als
er starb. Eber lebte, nachdem er Peleg zeugte, 430
Jahre (V. 17); 34 Jahre hinzugefügt, welches sein
Alter war, als Peleg geboren wurde, macht sein Alter
464 Jahre. Peleg lebte 209 Jahre, nachdem er Regu
zeugte (V. 19); 30 Jahre hinzugefügt, welches sein
Alter war, als Regu geboren wurde, ergibt für ihn
ein Alter von 239 Jahren, als er starb. Regu lebte,
nachdem er Serug zeugte, 207 Jahre; 32 Jahre hin=
zugefügt, welches sein Alter war, als Serug geboren
wurde, stellt sein Alter zur Zeit seines Todes auf 239
Jahre hin. Serug lebte, nachdem er Nahor zeugte,
200 Jahre (V. 23); 30 Jahre hinzugefügt, welches
sein Alter war, als Nahor geboren wurde, ergibt für
ihn ein Alter von 230 Jahren, als er starb. Nahor
lebte, nachdem er Tharah zeugte, 119 Jahre (V. 25);
29 Jahre hinzugefügt, welches sein Alter war, als
Tharah geboren wurde, ergibt für ihn ein Alter von
148 Jahren, als er starb. Tharah war 130 Jahre
alt, als Abraham geboren wurde und man vermuthet,
daß er 75 Jahre nach dessen Geburt gelebt habe, was
sein Alter auf 205 Jahre setzt.

49. Gemäß dieser letzten Rechnung, starb Peleg
im 1996sten Jahre der Welt, Nahor im 1997sten und
Noah im 2006sten. So daß Peleg, in dessen Tagen
die Erde zertheilt wurde und Nahor, der Großvater
Noah's, beide vor Noah starben, der erstere im Alter
von 239 Jahren, der letztere im Alter von 148 Jah=
ren, und wer kann nicht leicht sehen, daß sie eine
lange und vertraute Bekanntschaft mit Noah gehabt
haben müssen?

50. Regu starb im 2026sten Jahre der Welt,

Serug im 2049ſten, Tharah im 2083ſten, Arphachſad im 2096ſten, Salah im 2126ſten, Sem im 2158ſten, Abraham im 2183ſten, und Eber im 2187ſten, was 4 Jahre nach Abraham's Tode war., Und Eber war der vierte von Noah.

51. Nahor, der Bruder Abraham's war 58 Jahre alt, als Noah ſtarb, Tharah 128, Serug 187, Regu 219, Eber 283, Salah 3;3, Arphachſad 344 und Sem 448.

52. Aus dieſem Berichte wird es deutlich, daß Nahor, der Bruder Abraham's, Tharah, Nahor, Se= rug, Regu, Peleg, Eber, Salah, Arphachſad, Sem und Noah, alle zu gleicher Zeit auf der Erde lebten, und daß Abraham 18 Jahre alt war, als Regu ſtarb, 41, als Serug und ſein Bruder Nahor ſtarben, 75, als Tharah ſtarb, 88, als Arphachſad ſtarb, 118, als Salah ſtarb, 150, als Sem ſtarb und daß Eber 4 Jahre nach Abraham's Tode lebte. Ferner, daß Sem, Arphachſad, Salah, Eber, Regu, Serug, Tharah und Nahor, der Bruder Abraham's, und Abraham zur ſelben Zeit lebten, und daß Nahor, der Bruder Abra= ham's, Tharah, Serug, Rehu, Eber, Salah, Arphach= ſad und Sem, alle mit Noah und Abraham bekannt waren.

53. Wir haben jetzt die Zeitrechnung der Welt von Adam bis Abraham gemäß dem Berichte, welcher uns in unſerer gegenwärtigen Bibel gegeben wird, aufge= zeichnet, und haben deutlich feſtgeſtellt, ohne die Mög= lichkeit eines Widerſpruches, daß es nicht ſchwierig war, die Kenntniß Gottes von der Schöpfung Adams an und die Kundgebungen, welche ſeinen unmittel= baren Nachkommen gegeben worden, wie in dem er= ſteren Theile dieſer Vorleſung angeführt wurde, auf der Erde zu bewahren; ſo daß die Schüler dieſer Klaſſe keinen Zweifel über dieſen Gegenſtand zu haben brauchen, denn ſie können leicht ſehen, daß es unmög= lich war, anders zu ſein, als daß die Kenntniß von dem Daſein eines Gottes, vom Vater auf den Sohn, wenigſtens auf die Art einer mündlichen Ueberliefe= rung ſich fortpflanzte. Denn wir können nicht ver= muthen, daß die Kenntniß dieſer wichtigen Thatſache,

in den Herzen irgend welcher von den obenerwähnten
Männern hätte bestehen können, ohne daß sie die=
selbe ihren Nachkommen mitgetheilt hätten.

54. Wir haben jetzt gezeigt, wie es war, daß der
erste Gedanke von dem Dasein eines Gottes, welcher
alle Dinge erschaffen und erhalten hat, jemals im
Herzen irgend einer Person auftauchte. Daß es in
Folge der Offenbarungen war, welche er zuerst unse=
rem Vater Adam gab, als er in seiner Gegenwart
stand, und mit ihm von Angesicht zu Angesicht, zur
Zeit seiner Schöpfung, redete.

55. Wir wollen hier bemerken, daß nachdem irgend
ein Theil der menschlichen Familie mit der wichtigen
Thatsache des Daseins eines Gottes, welcher alle Dinge
erschaffen und erhalten hat, bekannt gemacht worden
sind, der Umfang ihrer Erkenntniß, in Bezug auf sei=
nen Charakter und seine Herrlichkeit, von ihrem Fleiße
und ihrer Treue, mit welcher sie ihn suchen, abhängen
wird, bis sie gleich wie Enoch, wie der Bruder Ja=
red's und Mose Glauben an Gott und Macht von
ihm erhalten werden, ihn von Angesicht zu Angesicht
zu schauen.

56. Wir haben jetzt deutlich gezeigt, wie es ist
und wie es war, daß Gott ein Gegenstand des Glau=
bens für vernünftige Wesen wurde, und auch auf wel=
cher Grundlage das Zeugniß ruhte, welches eine Nach=
frage und fleißige Forschung in den alten Heiligen
erweckte, eine Kenntniß der Herrlichkeit des Herrn zu
suchen und zu erlangen. Wir haben ersehen, daß es
menschliches Zeugniß, und menschliches Zeugniß allein
war, welches zuerst diese Nachforschung in ihren Her=
zen hervorrief.

Es war der Glaube, den sie dem Zeugnisse ihrer
Väter schenkten, welcher ihre Geister anregte nach der
Kenntniß Gottes zu suchen; jene Nachforschung endigte
häufig und in der That immer, wenn sie recht nach=
gestrebt wurde, mit den herrlichsten Offenbarungen
und einer ewigen Gewißheit.

Fragen und Antworten über die vorhergehenden Principien.

Gibt es ein Wesen, welches Glauben an sich selbst, auf eine unabhängige Weise hat?

Ja.

Wer ist es? Es ist Gott.

Wie kann man beweisen, daß Gott Glauben an sich selbst, auf eine unabhängige Weise hat? Weil er allmächtig, allgegenwärtig und allwissend ist, ohne Anfang der Tage oder Ende des Lebens und in ihm alle Fülle wohnt. Ephes. I, 23: „Welche da ist sein Leib, nämlich die Fülle beß, der Alles in Allem erfüllet". Coloffer I, 19: „Denn es ist das Wohlgefallen gewesen, daß in ihm alle Fülle wohnen sollte". Abschnitt II, 2.

Ist er der Gegenstand, in welchem der Glaube aller anderen vernünftigen und verantwortlichen Wesen, des Lebens und der Erlösung halber, seinen Mittelpunkt hat?

Ja.

Wie wird es bewiesen? Jesaia XLV, 22: „Wendet euch zu mir, so werdet ihr selig, aller Welt Ende, denn ich bin Gott und keiner mehr". Römer XI, 34—36: „Denn wer hat des Herrn Sinn erkannt? Oder, wer ist sein Rathgeber gewesen? Oder, wer hat ihm etwas zuvor gegeben, das ihm werde wieder vergolten? Denn von ihm und durch ihn und zu ihm sind alle Dinge. Ihm sei Ehre in Ewigkeit. Amen". Jesaia XL, 9—17: „Zion, du Predigerin, steige auf einen hohen Berg. Jerusalem, du Predigerin, hebe deine Stimme auf mit Macht, hebe auf, und fürchte dich nicht; sage den Städten Judas: Siehe, da ist euer Gott. Denn siehe, der Herr kommt gewaltiglich; und sein Arm wird herrschen. Siehe, sein Lohn ist bei ihm und seine Vergeltung ist vor ihm. Er wird seine Herde weiden, wie ein Hirte; er wird die Lämmer in seine Arme sammeln und in seinem Busen tragen und die Schafmütter führen. Wer misset die Wasser mit der Faust, und fasset den Himmel mit der Spanne und begreift die Erde mit einem Dreiling, und wigt die Berge mit einem Gewicht und die Hügel mit einer Wage? Wer unterrichtet den Geist des Herrn und welcher Rathgeber unterweiset ihn? Wen fragt er um

Rath, der ihm Verstand gebe und lehre ihn den Weg des
Rechts, und lehre ihn die Erkenntniß, und unterweise
ihn den Weg des Verstandes? Siehe, die Heiden sind
geachtet, wie ein Tropfen, so im Eimer bleibt, und wie
ein Scherflein, so in der Wage bleibt. Siehe, die Inseln
sind wie ein Stäublein. Der Libanon wäre zu gering
zum Feuer, und seine Thiere zu gering zum Brandopfer.
Alle Heiden sind vor ihm nichts, und wie ein Nichtiges
und Eiteles geachtet". Jeremia LI, 15, 16: „Der die
Erde durch seine Kraft gemacht hat, und den Weltkreis,
durch seine Weisheit bereitet und den Himmel ordentlich
zugerichtet. Wenn er donnert, so ist da Wasser die
Menge, unter dem Himmel; er zieht die Nebel auf vom
Ende der Erde; er macht die Blitze im Regen und läßt
den Wind kommen aus heimlichen Oertern". 1 Corinth.
VIII, 6: „So haben wir doch nur einen Gott, den Vater,
von welchem alle Dinge sind und wir in ihm; und einen
Herrn, Jesum Christum, durch welchen alle Dinge sind und
wir durch ihn". Abschnitt I, 2.

Wie kamen die Menschen zur Erkenntniß des Daseins eines Gottes, so daß sie Glauben an ihn haben
konnten? Um diese Frage zu beantworten, wird es nothwendig sein, zurückzugehen und den Menschen zur Zeit
seiner Erschaffung zu betrachten, die Umstände, in welchen er sich befand und die Kenntniß, welche er von Gott
hatte. Abschnitt II, 3—11. Erstens, als der Mensch erschaffen war, so stand er in der Gegenwart Gottes.
1 Mose I, 27, 28. Hieraus lernen wir, daß der Mensch
zur Zeit der Schöpfung in der Gegenwart Gottes stand
und die vollkommenste Kenntniß seines Daseins hatte.
Zweitens, redete Gott mit ihm nach seiner Uebertretung.
1 Mose III, 8—22. Abschnitt II, 13—17. Daraus lernen wir, daß obgleich der Mensch sündigte, er doch seine
frühere Kenntniß von dem Dasein Gottes nicht verlor.
Abschnitt II, 19. Drittens, Gott sprach mit dem Menschen, nachdem er ihn aus dem Garten Edens vertrieben
hatte. Abschnitt II, 22—25. Viertens, sprach Gott auch
zu Cain, nachdem er Abel erschlagen hatte. 1 Mose, IV,
4—6. Abschnitt II, 26—29.

Was ist der Zweck der vorhergehenden Anführungen?
Um deutlich zu zeigen, auf welche Weise sich die ersten

Gedanken in Bezug auf das Dasein Gottes unter den Menschen entwickelten und wie ausgedehnt diese Kenntniß unter den unmittelbaren Nachkommen Adams ausgebreitet war. Abschnitt 11, 30—33.

Welches Zeugniß hatten die unmittelbaren Nachkommen Adam's als einen Beweis des Daseins Gottes? Das Zeugniß ihres Vaters; nachdem ihnen durch dasselbe jenes Dasein bekannt gemacht worden war, hingen sie von der Uebung ihres eigenen Glaubens ab, um eine Kenntniß seines Charakters, seiner Vollkommenheiten und Eigenschaften zu erlangen.

Hatte irgend Jemand der menschlichen Familie, außer Adam, eine Kenntniß des Daseins Gottes, durch andere Mittel zuerst, als die des menschlichen Zeugnisses? Nein. Denn ehe sie Macht hatten, für sich selbst Offenbarungen zu erlangen, so war ihnen schon die überaus wichtige Thatsache von ihrem gemeinschaftlichen Vater mitgetheilt worden, und auf diese Weise wurde die Kenntniß, vom Vater auf die Kinder verpflanzt, so weit als die Erkenntniß seines Daseins bekannt war; denn es war zuerst durch dieses Mittel, daß die Menschen eine Kenntniß seines Daseins erhielten. Abschnitt 11, 35, 36.

Wie weiß man, daß die Kenntniß von dem Dasein Gottes auf diese Weise, während der verschiedenen Zeitalter, mitgetheilt wurde? Durch die Zeitrechnung, welche durch die Offenbarungen Gottes erlangt worden ist.

Wie sollte jene Zeitrechnung eingetheilt werden, um sie dem Verständniß klar zu machen? In zwei Theile — zuerst, die Periode der Welt von Adam bis Noah und zweitens, von Noah bis Abraham, von welcher Zeit an die Kenntniß des Daseins Gottes so allgemein wurde, daß es kein Gegenstand des Streites ist, auf welche Weise der Begriff seines Daseins in der Welt erhalten worden ist.

Wie viele bemerkenswerthe gerechte Männer lebten von Adam bis auf Noah? Neun, mit Einschluß Abel's, welcher von seinem Bruder erschlagen wurde.

Was sind ihre Namen? Abel, Seth, Enos, Kenan, Mahalaleel, Jared, Enoch, Methusalah und Lamech.

Wie alt war Adam, als Seth geboren wurde? 130 Jahre. 1 Mose V, 3.

Wie lange lebte Adam nach der Geburt Seth's? 800 Jahre. 1 Mose, V, 4.

Wie alt war Adam, als er starb? 930 Jahre alt. 1 Mose V, 5.

Wie alt war Seth, als Enos geboren wurde? 105 Jahre. 1 Mose V., 6.

Wie alt war Enos, als Kenan geboren wurde? 90 Jahre. 1 Mose V, 9.

Wie alt war Kenan, als Mahalaleel geboren wurde? 70 Jahre. 1 Mose V, 12.

Wie alt war Mahalaleel, als Jared geboren wurde? 65 Jahre. 1 Mose V, 15.

Wie alt war Jared, als Enoch geboren wurde? 162 Jahre. 1 Mose V, 18.

Wie alt war Enoch, als Methusalah geboren wurde? 65 Jahre. 1 Mose V, 21.

Wie alt war Methusalah, als Lamech geboren wurde? 187 Jahre. 1 Mos. V, 25.

Wie alt war Lamech, als Noah geboren wurde? 182 Jahre. 1 Mos. V, 28. Für diese Zeitrechnung siehe Abschnitt II, 37.

Wie lange war es nach dieser Rechnung von Adam bis auf Noah? 1056 Jahre.

Wie alt war Lamech, als Adam starb? Lamech der neunte von Adam (einschließlich Abel) und Vater Noah's war 56 Jahre alt, als Adam starb.

Wie alt war Methusalah? 243 Jahre.

Wie alt war Enoch? 308 Jahre.

Wie alt war Jared? 470 Jahre.

Wie alt war Mahalaleel? 535 Jahre.

Wie alt war Kenan? 605 Jahre.

Wie alt war Enos? 695 Jahre.

Wie alt war Seth? 800 Jahre. Für diesen Theil der Rechnung, siehe Abschnitt II, 38.

Wie viele von diesen angesehenen Männern waren Zeitgenossen mit Adam? Neun.

Was sind ihre Namen? Abel, Seth, Enos, Kenan, Mahalaleel, Jared, Enoch, Methusalah und Lamech. Abschnitt II, 39.

Wie lange lebte Seth nach der Geburt des Enos? 807 Jahre. 1 Mos. V, 7.

Wie alt war Seth, als er starb? 912 Jahre. 1 Mos. V, 8.

Wie lange lebte Enos, nachdem Kenan geboren wurde? 815 Jahre. 1 Mos. V, 10.

Wie alt war Enos, als er starb? 905 Jahre. 1 Mos. V, 11.

Wie lange lebte Kenan, nach der Geburt Mahala= leel's? 840 Jahre. 1 Mos. V, 13.

Wie alt war Kenan, als er starb? 910 Jahre. 1 Mos. V, 14.

Wie lange lebte Mahalaleel nach der Geburt Jared's? 830 Jahre. 1 Mos. V, 16.

Wie alt war Mahalaleel, als er starb? 895 Jahre. 1 Mos. V, 17.

Wie lange lebte Jared, nach der Geburt Enoch's? 800 Jahre. 1 Mos. V, 19.

Wie alt war Jared, als er starb? 962 Jahre. 1 Mos. V, 20.

Wie lange wandelte Enoch mit Gott, nach der Ge= burt Methusalah's? 300 Jahre. 1 Mos. V, 22.

Wie alt war Enoch, als er von der Erde genommen wurde? 365 Jahre. 1 Mos. V, 23.

Wie lange lebte Methusalah nach der Geburt Lamech's? 782 Jahre. 1 Mos. V, 26.

Wie alt war Methusalah, als er starb? 969 Jahre. 1 Mos. V, 27.

Wie lange lebte Lamech nach der Geburt Noah's? 595 Jahre. 1 Mos. V, 30.

Wie alt war Lamech, als er starb? 777 Jahre. 1 Mos. V, 31.

Für den Bericht des letzten Punktes siehe Abschnitt II, 40.

In welchem Jahre der Welt starb Adam? Im 930sten.

In welchem Jahre wurde Enoch der Erde entrückt? Im 987sten.

In welchem Jahre starb Seth? Im 1042sten.

In welchem Jahre starb Enos? Im 1140sten.

In welchem Jahre starb Kenan? Im 1235sten.

In welchem Jahre starb Mahalaleel? Im 1290sten.

In welchem Jahre starb Jared? Im 1422sten.

In welchem Jahre starb Lamech? Im 1651ften.

In welchem Jahre starb Methusalah? Im 1656ften.

Für diese Berechnung siehe Abschnitt 11, 41.

Wie alt war Noah, als Enos starb? 84 Jahre.

Wie alt, als Kenan starb? 179 Jahre.

Wie alt, als Mahalaleel starb? 234 Jahre.

Wie alt, als Jared starb? 366 Jahre.

Wie alt, als Lamech starb? 595 Jahre.

Wie alt, als Methusalah starb? 600 Jahre.

Siehe Abschnitt 11, 42 für den letzten Punkt.

Wie viele dieser Männer lebten in den Tagen Noah's? Sechs.

Was sind ihre Namen? Enos, Kenan, Mahalaleel, Jared, Methusalah und Lamech. Abschnitt 11, 43.

Wie viele von diesen Männern waren Zeitgenossen mit Adam und Noah? Sechs.

Was sind ihre Namen? Enos, Kenan, Mahalaleel, Jared, Methusalah und Lamech. Abschnitt 11, 43.

Wie war die Kenntniß von dem Dasein Gottes nach dem vorhergehenden Berichte, zuerst den Herzen der Menschen eingegeben worden? Durch Offenbarung an unsern Vater Adam, als er in der Gegenwart Gottes war, sowol ehe, als auch während er in Eden wohnte.

Wie wurde die Kenntniß vom Dasein Gottes unter den Einwohnern der Erde verbreitet? Durch mündliche Ueberlieferung, vom Vater zum Sohne. Abschnitt 11, 44.

Wie alt war Noah, als Sem geboren wurde? 502 Jahre. 1 Mos. V, 32. XI, 10.

Wie lange war es von der Geburt Sem's bis zur Sündfluth? 98 Jahre.

Wie lange lebte Noah, nach der Sündfluth? 350 Jahre. 1 Mos. IX, 28.

Wie alt war Noah, als er starb? 950 Jahre. 1 Mos. IX, 29. Abschnitt 11, 45.

Wie alt war Sem, als Arphachsad geboren wurde? 100 Jahre. 1 Mos. XI, 10.

Wie alt war Arphachsad, als Salah geboren wurde? 35 Jahre. 1 Mos. XI, 12.

Wie alt war Salah, als Eber geboren wurde? 30 Jahre. 1 Mos. XI, 14.

Wie alt war Eber, als Peleg geboren wurde? 34 Jahre. 1 Mos. XI, 16.

Wie alt war Peleg, als Regu geboren wurde? 30 Jahre. 1 Mos. XI, 18.

Wie alt war Regu, als Serug geboren wurde? 32 Jahre. 1 Mos. XI, 20.

Wie alt war Serug, als Nahor geboren wurde? 30 Jahre. 1 Mos. XI, 22.

Wie alt war Nahor, als Tharah geboren wurde? 29 Jahre. 1 Mos. XI, 24.

Wie alt war Tharah, als Nahor (der Vater Abraham's) geboren wurde? 70 Jahre. 1 Mos. XI, 26.

Wie alt war Tharah, als Abraham geboren wurde? Einige vermuthen 130 Jahre, andere 70 Jahre. 1 Mos. XII, 4; XI, 26; Abschnitt II, 46.

Wie viele Jahre verflossen zwischen der Sündfluth und der Geburt Abraham's? Angenommen, daß Abraham geboren wurde, als Tharah 130 Jahre alt war, so war es 352 Jahre; doch wurde er geboren, als Tharah 70 Jahre alt war, so war es 292 Jahre. Abschnitt II, 47.

Wie lange lebte Sem nach der Geburt Arphachsab's? 500 Jahre. 1 Mos. XI, 11.

Wie alt war Sem, als er starb? 600 Jahre. 1 Mos. XI, 11.

Wie lange lebte Arphachsab nach der Geburt Salah's? 403 Jahre, 1 Mos. XI, 13.

Wie alt war Arphachsab, als er starb? 438 Jahre.

Wie lange lebte Salah nach der Geburt Eber's? 403 Jahre.

Wie alt war Salah, als er starb? 433 Jahre.

Wie lange lebte Eber nach der Geburt Peleg's? 430 Jahre. 1 Mos. XI, 17.

Wie alt war Eber, als er starb? 464 Jahre.

Wie lange lebte Peleg nach der Geburt Rehu's? 209 Jahre. 1 Mos. XI, 19.

Wie alt war Peleg, als er starb? 239 Jahre.

Wie lange lebte Regu nach der Geburt Serug's? 207 Jahre. 1 Mos. XI, 21.

Wie alt war Regu, als er starb? 239 Jahre.

Wie lange lebte Serug nach der Geburt Nahor's? 200 Jahre. 1 Mos. XI, 23.

Wie alt war Serug, als er starb? 230 Jahre.

Wie lange lebte Nahor nach der Geburt Tharah's? 119 Jahre. 1 Mof. XI, 25.

Wie alt war Nahor, als er starb? 148 Jahre.

Wie lange lebte Tharah nach der Geburt Abraham's? Angenommen, daß Tharah 130 Jahre alt war, zur Zeit Abraham's Geburt, so lebte er noch 75 Jahre; war er jedoch 70 Jahre alt, zur Zeit der Geburt Abraham's, so lebte er noch 135 Jahre.

Wie alt war Tharah, als er starb? 205 Jahre. 1 Mof. XI, 32.

Für den Bericht von der Geburt Arphachsad's bis zum Tode Tharah's, siehe Abschnitt 11, 48.

In welchem Jahre der Welt starb Peleg? Nach der vorhergehenden Zeitrechnung, so starb er im 1996sten Jahre der Welt.

In welchem Jahre der Welt starb Nahor? Im 1997sten Jahre.

In welchem Jahre der Welt starb Noah? Im 2006sten.

In welchem Jahre der Welt starb Regu? Im 2026sten.

In welchem Jahre der Welt starb Serug? Im 2049sten.

In welchem Jahre der Welt starb Tharah? Im 2083sten.

In welchem Jahre der Welt starb Arphachsad? Im 2096sten.

In welchem Jahre der Welt starb Salah? Im 2126sten.

In welchem Jahre der Welt starb Abraham? Im 2187sten.

Für den Bericht der Jahre der Welt, in welchen jene Männer starben, siehe Abschnitt 11, 49. 50.

Wie alt war Nahor (Abraham's Bruder), als Noah starb? 58 Jahre.

Wie alt war Tharah? 128 Jahre.

Wie alt war Serug? 187 Jahre.

Wie alt war Regu? 219 Jahre.

Wie alt war Eber? 283 Jahre.

Wie alt war Salah? 313 Jahre.

Wie alt war Arphachsad? 348 Jahre.

Wie alt war Sem? 448 Jahre. Für den letzten Bericht siehe Abschnitt 11, 51.

Wie alt war Abraham, als Regu starb? 18 Jahre, wenn er geboren wurde, als Tharah 130 Jahre alt war.

Wie alt war er, als Serug und Nahor (Abraham's Bruder) starben? 41 Jahre.

Wie alt war er, als Tharah starb? 75 Jahre.

Wie alt war er, als Arphachsad starb? 88 Jahre.

Wie alt war er, als Salah starb? 118 Jahre.

Wie alt war er, als Sem starb? 150 Jahre. Für dieses siehe Abschnitt 11, 52.

Wie viele bemerkenswerthe Personen lebten von Noah bis Abraham? Zehn.

Was sind ihre Namen? Sem, Arphachsad, Salah, Eber, Peleg, Regu, Serug, Nahor, Tharah und Nahor (Abraham's Bruder). Abschnitt 11, 52.

Wie viele von diesen waren Zeitgenossen mit Noah? Alle.

Wie viele mit Abraham? Acht.

Was sind ihre Namen? Nahor (Abraham's Bruder) Tharah, Serug, Regu, Eber, Salah, Arphachsad und Sem. Abschnitt 11, 52.

Wie viele waren Zeitgenossen mit Noah sowol als auch Abraham? Acht.

Was sind ihre Namen? Sem, Arphachsad, Salah, Eber, Regu, Serug, Tharah und Nahor (Abraham's Bruder). Abschnitt 11, 52.

Starben welche von diesen Männern vor Noah? Ja.

Welche waren es? Peleg, in dessen Tagen die Erde zertheilt wurde und Nahor (Abraham's Großvater). Abschnitt 11, 49.

Lebten welche von ihnen länger als Abraham? Einer. Abschnitt 11, 50.

Wer war er? Eber, der vierte von Noah. Abschnitt 11, 50.

In wessen Tagen wurde die Erde zertheilt? In den Tagen Peleg's.

Wo wird uns der Bericht gegeben, daß die Erde in den Tagen Peleg's zertheilt wurde? In 1 Mos. X, 25.

Wie heißt die Stelle? Eber zeugte zwei Söhne. Einer hieß Peleg, darum, daß zu seiner Zeit die Welt zertheilet ward.

Welches Zeugniß haben die Menschen, in erster Linie,

daß es einen Gott gibt? Menschliches Zeugniß und mensch=
liches Zeugniß allein. Abschnitt 11, 56.

Was eiferte die alten Heiligen an, fleißig nach der
Erkenntniß Gottes, seiner Herrlichkeit, seinen Vollkommen=
heiten und Eigenschaften zu trachten? Die Glaubwürdig=
keit, mit welcher sie die Zeugnisse ihrer Väter betrachteten.
Abschnitt 11, 56.

Wie erlangen Menschen eine Erkenntniß der Herr=
lichkeit Gottes, seiner Vollkommenheiten und Eigenschaften?
Daburch, daß sie sich seinem Dienste durch unaufhörliches,
demüthiges Gebet widmen und ihren Glauben an ihn
stärken, bis sie wie Enoch, wie der Bruder Jared's und
wie Mose für sich selbst eine Offenbarung von Gott er=
langen. Abschnitt 11, 55.

Ist die Erkenntniß von dem Dasein Gottes eine
Sache der, auf menschliches Zeugniß allein begründeten,
mündlichen Ueberlieferung, bis eine Person für sich selbst
eine Offenbarung von Gott empfängt? Ja.

Wie wird es bewiesen? Aus der ganzen Vorlesung
des zweiten Abschnittes.

1. In der zweiten Vorlesung wurde gezeigt, auf welche Weise die Kenntniß von dem Dasein Gottes in die Welt kam und durch welche Mittel die ersten Gedanken den Menschen in den Sinn gegeben wurden, daß ein solches Wesen wirklich sein Dasein hat; und daß es in Folge dieser Kenntniß seines Daseins war, daß eine Grundlage für die Ausübung des Glaubens an ihn, gelegt wurde, als dem einzigen Wesen, in welchem der Glaube an Leben und Seligkeit seinen Mittelpunkt haben kann; denn der Glaube könnte sich nicht an ein Wesen richten, von dessen Dasein wir keine Idee hätten, weil der Begriff seines Daseins allererst nothwendig zur Ausübung des Glaubens an ihn ist. Römer X, 14: „Wie sollen sie aber anrufen, an den sie nicht glauben? Wie sollen sie aber hören ohne Prediger? (oder einen gesandt, sie zu unterrichten?) So, denn kommt der Glaube durch das Hören des Wortes Gottes". (Neue Uebersetzung.)

2. Lasset uns hier bemerken, daß drei Dinge nothwendig sind, so daß vernünftige und verständige Wesen Glauben an Gott, zur Erlangung des Lebens und der Seligkeit haben können.

3. Zuerst, der Begriff, daß er wirklich ein Dasein hat.

4. Zweitens, eine richtige Anschauung seines Charakters, seiner Vollkommenheiten und Eigenschaften.

5. Drittens, eine thatsächliche Kenntniß, daß der Lebenslauf, welchen sie führen, seinem Willen gemäß

ift. Denn ohne die Bekanntschaft mit diesen drei wich=
tigen Thatsachen muß der Glaube eines jeden ver=
nünftigen Wesens unvollkommen und unfruchtbar
sein; doch mit dieser Erkenntniß kann er vollkommen
und fruchtbar werden, in Gerechtigkeit überhand neh=
men, zur Ehre und Herrlichkeit Gottes des Vaters
und des Herrn Jesu Christi.

6. Da wir vorher schon bekannt gemacht worden
sind mit der Art und Weise, wie der Begriff von sei=
nem Dasein, so wie auch die Thatsache jenes Daseins in
die Welt kam, so wollen wir fortfahren und seinen
Charakter, seine Vollkommenheiten und Eigenschaften
auseinandersetzen, so daß diese Klasse nicht nur die
gerechte Ursache sehen, welche sie für die Ausübung
ihres Glaubens an ihn, zur Erlangung des Lebens
und der Seligkeit hat, sondern auch die Ursache,
welche die ganze Welt, so weit sich der Begriff von
seinem Dasein ausdehnt, haben kann, um Glauben
an ihn als dem Vater aller lebenden Wesen ausüben
zu können.

7. Gerade wie wir den Begriff von seinem Da=
sein zuerst einer Offenbarung, welche Gott von sich
selbst seinen Geschöpfen gab, zu verdanken haben, so
auf gleiche Weise verdanken wir den Offenbarungen,
welche er uns gegeben hat, eine richtige Erkenntniß
seines Charakters, seiner Vollkommenheiten und Eigen=
schaften, weil ohne die Offenbarungen, die er uns
gegeben hat, kein Mensch durch Nachsuchen Gott aus=
finden könnte. Hiob XI, 7—9. 1 Corinth. ll, 9—11.
Sondern wie geschrieben steht: Daß kein Auge ge=
sehen hat und kein Ohr gehöret hat und in keines
Menschen Herz gekommen ist, was Gott bereitet hat
denen, die ihn lieben; uns aber hat es Gott geoffen=
baret durch seinen Geist. Denn der Geist erforschet
alle Dinge auch die Tiefen der Gottheit. Denn wel=
cher Mensch weiß, was im Menschen ist, ohne der
Geist des Menschen, der in ihm ist? Also auch weiß
Niemand, was in Gott ist, ohne der Geist Gottes.

8. Nachdem wir so viel gesagt haben, fahren wir
fort den Charakter, welchen die Offenbarungen von
Gott geben zu untersuchen.

9. Mose gibt uns den folgenden Bericht in seinem zweiten Buche, XXXIV, 6: „Und da der Herr vor seinem Angesicht überging, rief er: Herr, Herr Gott barmherzig, und gnädig, und geduldig, und von großer Gnade und Treue". Psalm CIII, 6—8: „Der Herr schaffet Gerechtigkeit und Gericht Allen, die Unrecht leiden. Er hat seine Wege Mose wissen lassen, die Kinder Israels sein Thun. Barmherzig und gnädig ist der Herr, geduldig und von großer Güte". Psalm CIII, 17, 18: „Die Gnade aber des Herrn währet von Ewigkeit zu Ewigkeit über die, so ihn fürchten, und seine Gerechtigkeit auf Kindeskind, bei denen, die seinen Bund halten und gedenken an seine Gebote, daß sie darnach thun". Psalm XC, 2: „Ehe denn die Berge worden, und die Erde, und die Welt geschaffen worden, bist du, Gott, von Ewigkeit zu Ewigkeit". Ebräer I, 10—12: „Und du Herr hast von Anfang die Erde gegründet, und die Himmel sind deiner Hände Werke. Dieselben werden vergehen, du aber wirst bleiben; und sie werden alle veralten wie ein Kleid. Und wie ein Gewand wirst du sie wandeln, und sie werden sich verwandeln; du aber bist derselbe und deine Jahre werden nicht aufhören". Jakobi I, 17: „Alle gute Gabe und alle vollkommene Gabe kommt von oben herab, von dem Vater des Lichts, bei welchem ist keine Veränderung, noch Wechsel des Lichts und der Finsterniß". Maleachi III, 6: „Denn ich bin der Herr, der nicht lüget. Und es soll mit euch Kindern Jakobs nicht gar aus sein".

10. Buch der Lehre und Bündnisse Abschnitt XXX, 1: „Denn Gott wandelt nicht in krummen Pfaden, auch dreht er sich nicht zur Rechten noch zur Linken, noch verändert er das, welches er gesprochen hat, deshalb sind seine Pfade gerade und sein Lauf ist eine ewige Runde". Buch der Lehre und Bündnisse, Abschnitt XI, 1: „Höret auf die Stimme des Herrn eures Gottes, selbst Alpha und Omega, der Anfang und das Ende, dessen Lauf eine ewige Runde ist, derselbe gestern, heute und in Ewigkeit".

11. 4 Mose XXIII, 19: „Gott ist nicht ein Mensch, daß er lüge, noch ein Menschenkind, daß ihn etwas

gereue". 1 Johannis IV, 8: „Wer nicht lieb hat, der kennet Gott nicht; denn Gott ist die Liebe". Apostelgeschichte X, 34, 35: „Petrus aber that seinen Mund auf, und sprach: Nun erfahre ich mit der Wahrheit, daß Gott die Person nicht ansiehet, sondern in allerlei Volk, wer ihn fürchtet und recht thut, der ist ihm angenehm".

12. Aus den vorhergehenden Zeugnissen lernen wir die folgenden Dinge, in Bezug auf den Charakter Gottes.

13. Zuerst, daß er Gott war, ehe denn die Welt erschaffen wurde und derselbe Gott, welcher er war, nach ihrer Erschaffung.

14. Zweitens, daß er gnädig und barmherzig, geduldig und voller Güte ist und daß er so war von Ewigkeit her und so sein wird in Ewigkeit.

15. Drittens, daß er sich nicht verändert und daß er derselbe ist von Ewigkeit zu Ewigkeit, derselbe gestern, heute und immerdar; und daß sein Lauf eine ewige Runde, ohne Veränderung ist.

16. Viertens, daß er ein Gott der Wahrheit ist und nicht lügen kann.

17. Fünftens, daß er die Person nicht ansieht, sondern in allerlei Volk, wer ihn fürchtet und recht thut, der ist ihm angenehm.

18. Sechstens, daß er die Liebe ist.

19. Eine Bekanntschaft mit diesen Eigenschaften des göttlichen Charakters ist unumgänglich nothwendig, so daß der Glaube jedes vernünftigen Wesens, in ihm, seinen Mittelpunkt, zur Erlangung des Lebens und der Seligkeit, haben kann. Denn, wenn man ihn nicht zuerst anerkennen würde, als Gott, den Schöpfer und Erhalter aller Dinge, so könnte man auch keinen Glauben zur Erlangung des Lebens und der Seligkeit haben, aus Furcht, daß ein Wesen, größer als er selbst, alle seine Pläne vereiteln könnte und er, wie die Götter der Heiden nicht im Stande sein möchte, seine Versprechungen zu halten. Doch da wir sehen, daß er Gott über Alles ist, von Ewigkeit zu Ewigkeit, der Schöpfer und Erhalter aller Dinge, so kann keine solche Furcht in den Herzen jener woh-

nen, die ihm Vertrauen schenken, daher kann in dieser Beziehung ihr Glaube ohne Wanken sein.

20. Doch zweitens, sind die Schwachheiten der menschlichen Natur, und die Gebrechlichkeiten und Unvollkommenheiten der Menschen so groß, daß, wäre Gott nicht gnädig und barmherzig, geduldig und voller Güte und würden sie nicht glauben, daß jene Vorzüglichkeiten in dem göttlichen Charakter ihr Dasein hätten, so könnte der Glaube, welcher nothwendig zur Seligkeit ist, auch nicht bestehen.

Sonst würde Zweifel den Platz des Glaubens einnehmen und diejenigen, welche ihre Schwachheit und Unterworfenheit zur Sünde kennen, würden in beständigem Zweifel wegen ihrer Seligkeit sein, wäre es nicht, daß sie den Begriff von dem göttlichen Charakter haben, daß er geduldig und langmüthig und von vergebender Gesinnung ist und Gottlosigkeit, Uebertretungen und Sünde vergibt. Die Anerkennung dieser Thatsachen entfernt den Zweifel und macht den Glauben sehr groß.

21. Doch ist es gerade so nothwendig, daß die Menschen wissen sollten, daß er ein unveränderlicher Gott ist, um Glauben an ihn haben zu können, als daß er gnädig und barmherzig ist; denn ohne den Glauben an die Unveränderlichkeit im Charakter der Gottheit würde Zweifel den Raum des Glaubens einnehmen. Doch mit dem Gedanken, daß er sich nicht ändert, stützt sich der Glaube auf die Vorzüglichkeiten seines Charakters mit unerschütterlichem Vertrauen, denn er ist derselbe gestern, heute und immerdar und sein Lauf ist eine ewige Runde.

22. Und wiederum ist die Idee, daß er ein Gott der Wahrheit ist, und nicht lügen kann, gerade so nothwendig für die Ausübung des Glaubens an ihn, als der Begriff seiner Unveränderlichkeit. Denn ohne den Begriff, daß er ein Gott der Wahrheit ist und nicht lügen kann, könnte das Vertrauen, welches nothwendiger Weise auf sein Wort gesetzt werden sollte, um Glauben an ihn haben zu können, nicht vorhanden sein. Doch mit dem Begriffe, daß er nicht ein Mensch ist, daß er nicht lügen kann, haben die Her-

zen der Menschen Kraft, Glauben an ihn haben zu können.

23. Doch ist es auch nothwendig, daß die Menschen einen Begriff haben sollten, daß er die Person nicht ansieht, denn mit der Auffassung aller anderen Vorzüglichkeiten seines Charakters, wäre diese Eigenschaft abwesend, so könnten die Menschen keinen Glauben an ihn haben; denn würde er Personen ansehen, so könnten sie nicht sagen, was ihre Rechte wären, noch wie weit sie berechtigt wären, Glauben an ihn zu haben, oder ob sie überhaupt dazu berechtigt wären und Alles würde Verwirrung sein. Doch sobald als die Herzen der Menschen mit dem Punkte bekannt gemacht werden, daß er die Person nicht ansieht, so können sie sehen, daß sie Macht haben, durch den Glauben, der Seligkeit, der größten Gabe des Himmels entgegenzuschauen, denn Gott ist nicht parteiisch und jeder Mensch in jeder Nation hat gleiche Vorrechte.

24. Und zuletzt und nicht weniger wichtig zur Ausübung des Glaubens an Gott ist der Gedanke, daß er die Liebe ist; denn mit allen den anderen Vorzüglichkeiten seines Charakters, so könnten doch dieselben nicht einen so mächtigen Einfluß über die Gemüther der Menschen haben, ohne jene Eigenschaft der Liebe; doch wenn der Begriff dem Herzen eingepflanzt ist, daß er die Liebe ist, wer kann nicht die gerechte Ursache sehen, die die Menschen aller Nationen, Geschlechter und Zungen für die Ausübung des Glaubens an Gott zur Erlangung des ewigen Lebens, haben.

25. Aus der obigen Beschreibung des Charakters der Gottheit, welcher von ihm in den Offenbarungen an die Menschen gegeben wird, sehen wir eine feste Grundlage für die Ausübung des Glaubens an ihn unter jedem Volke. Geschlechte und jeder Nation, von Zeitalter zu Zeitalter und von Geschlecht zu Geschlecht.

26. Hier wollen wir erwähnen, daß das Vorhergehende der Charakter Gottes ist, welcher den Heiligen der früheren Tage durch seine Offenbarungen über ihn gegeben wurde und es ist auch derselbe

Charakter, welcher den Heiligen der letzten Tage durch
seine Offenbarungen in Bezug auf ihn gegeben wor=
den ist, so daß die Heiligen der frühern Tage und
jene der letzteren Tage beide gleich in dieser Beziehung
sind; die Heiligen der letzten Tage haben gerade eine
so gute Ursache, Glauben an Gott zu haben, als die
Heiligen der früheren Tage, weil beiden dasselbe über
seinen Charakter gegeben worden ist.

Fragen und Antworten über die vorhergehenden Principien.

Was wurde in der zweiten Vorlesung gezeigt? Es
wurde gezeigt, wie die Kenntniß von dem Dasein Gottes
in die Welt kam. Abschnitt III, 1.

Was ist die Wirkung des Begriffes seines Daseins,
auf die Menschen? Er legt die Grundlage für die Aus=
übung des Glaubens an ihn. Abschnitt III, 1.

Ist der Begriff seines Daseins zuerst nothwendig,
um Glauben an ihn haben zu können? Ja. Abschnitt
III, 1.

Wie wird es bewiesen? Aus dem 10ten Kapitel der
Epistel an die Römer im 14ten Vers. Abschnitt III, 1.

Wie viele Dinge sind für uns nothwendig zu be=
greifen, in Bezug auf die Gottheit und unsere Stellung
ihm gegenüber, daß wir Glauben an ihn haben können
zur Erlangung des Lebens und der Seligkeit? Drei. Ab=
schnitt III, 2.

Welche sind es? Zuerst, daß Gott wirklich ein Da=
sein hat. Zweitens, richtige Begriffe von seinem Charak=
ter, seinen Vollkommenheiten und Eigenschaften und drit=
tens, daß der Lebenslauf, den wir befolgen, wirklich nach
seinem Wunsche und Willen ist. Abschnitt III, 3—5.

Würde der Begriff irgend eines oder zweier der oben
erwähnten Dinge, eine Person in den Stand setzen,
Glauben an Gott zu haben? Nein, denn ohne den Be=
griff aller dieser Dinge würde der Glaube unvollkommen
und unfruchtbar sein. Abschnitt III, 5.

Würde der Begriff dieser drei Dinge eine sichere
Grundlage für die Ausübung des Glaubens an Gott,

zur Erlangung des Lebens und der Seligkeit, legen? Ja; denn durch den Begriff dieser drei Dinge, kann der Glaube vollkommen und fruchtbar und reich in Gerechtig= keit zum Preise und zur Ehre Gottes werden. Abschnitt III, 5.

Wie können wir mit den oben erwähnten Dingen in Bezug auf die Gottheit und uns selbst bekannt ge= macht werden? Durch Offenbarung. Abschnitt III, 6.

Könnten diese Dinge durch andere Mittel, als Offen= barung ausgefunden werden? Nein.

Wie beweist man das? Durch die Heilige Schrift. Hiob XI, 7—9, 1 Corinth. 11, 9—11, Abschnitt III, 7.

Welche Dinge lernen wir aus den Offenbarungen Gottes in Bezug auf seinen Charakter? Wir lernen die folgenden sechs Dinge. Erstens, daß er Gott war, ehe denn die Welt erschaffen wurde und derselbe Gott, wel= cher er war, nach ihrer Erschaffung. Zweitens, daß er gnädig und barmherzig, geduldig und voller Güte ist, und daß er war und ist von Ewigkeit zu Ewigkeit. Drittens, daß er sich nicht verändert, auch kein Schwanken mit ihm ist und daß sein Lauf eine ewige Runde ist. Viertens, daß er ein Gott der Wahrheit ist und nicht lügen kann. Fünftens, daß er die Person nicht ansieht und sechstens, daß er die Liebe ist. Abschnitt III, 12—18.

Wo finden wir die Offenbarungen, welche uns diesen Begriff von dem Charakter Gottes geben? In der Bibel und dem Buch der Lehre und Bündnisse, und sie sind ange= führt in der dritten Vorlesung. Abschnitt III, 9—11.

Welche Wirkung würde es auf ein vernünftiges Wesen haben, nicht einen Begriff zu haben, daß Gott der Schöpfer und Erhalter aller Dinge ist. Es würde es ver= hindern, Glauben an ihn zur Erlangung des Lebens und der Seligkeit zu haben.

Warum würde es, es verhindern Glauben an Gott auszuüben? Weil es wie die Heiden sein würde, ohne zu wissen, ob es nicht vielleicht ein größeres und wichtigeres Wesen, als er, geben möchte und ihn an der Erfüllung seiner Versprechungen hindern könnte. Abschnitt III, 19.

Verhindert dieser Begriff jenen Zweifel? Ja, denn Personen, welche diesen Begriff haben, sind dadurch im Stande, Glauben ohne Zweifel haben zu können. Abschnitt III, 19.

Ist es nicht auch nothwendig, den Begriff zu haben, daß Gott gnädig und barmherzig, langmüthig und voller Güte ist? Ja. Abschnitt III, 20.

Warum ist es nothwendig? Wegen der Schwachheit und Unvollkommenheiten der menschlichen Natur und der großen Gebrechlichkeiten des Menschen; denn so groß ist die Schwachheit des Menschen und sind seine Gebrechlichkeiten, daß er immerwährend der Sünde unterworfen ist und wenn Gott nicht langmüthig und voller Mitleid, gnädig und barmherzig und eines vergebenden Sinnes wäre, so würde der Mensch von ihm abgeschnitten sein, in Folge wessen er in beständigem Zweifel sein würde und keinen Glauben ausüben könnte; denn wo Zweifel herrscht, hat der Glaube keine Macht; doch wenn der Mensch glaubt, daß Gott voller Mitleid und Vergebung, Langmuth und Geduld ist, so kann er Glauben ausüben und alle Zweifel überwinden, so daß derselbe sehr stark werden kann. Abschnitt III, 20.

Ist es nicht gerade so nothwendig, daß der Mensch einen Begriff haben sollte, daß Gott sich nicht verändert und kein Schwanken bei ihm vorkommt, um im Stande zu sein, Glauben an ihn zu haben, zur Erlangung des Lebens und der Seligkeit? Ja; weil ohne dasselbe er nicht wissen würde, wie bald sich die Gnade Gottes in Grausamkeit, seine Langmuth in Raschheit, und seine Liebe in Haß umwandeln würde, in Folge wessen der Mensch nicht im Stande sein würde, Glauben an ihn zu haben. Wenn er jedoch den Begriff seiner Unveränderlichkeit hat, so kann der Mensch immerwährend Glauben an ihn haben und überzeugt sein, daß, was er gestern war, wird er auch heute und immerdar sein. Abschnitt III, 21.

Ist es nicht auch nothwendig, für die Menschen einen Begriff zu haben, daß Gott ein Wesen der Wahrheit ist, ehe sie vollkommenen Glauben an ihn haben können? Ja; denn wenn die Menschen diesen Begriff nicht haben, so können sie kein Vertrauen auf sein Wort haben, und wenn sie nicht im Stande sind, Vertrauen auf sein Wort zu haben, so können sie auch keinen Glauben an ihn haben. Doch in der Ueberzeugung, daß er ein Gott der Wahrheit ist und daß sein Wort nicht fehlen kann, kann ihr Glaube auf ihn sich verlassen, ohne Zweifel zu haben. Abschnitt III, 22.

Könnte der Mensch Glauben an Gott haben zur Erlangung des ewigen Lebens, wenn er nicht glauben würde, daß Gott die Person nicht ansieht? Nein; weil ohne diese Anschauung er nicht gewiß wissen könnte, daß es sein Vorrecht wäre, solchen Glauben zu haben, und in Folge jenes Zweifels sein Glaube nicht groß genug sein könnte, ihn zu erlösen. Abschnitt III, 23.

Wäre es möglich, für einen Menschen Glauben an Gott haben zu können, um erlöst zu werden, wenn er nicht den Begriff hätte, daß Gott die Liebe ist? Nein; weil der Mensch Gott nicht lieben könnte, wenn er nicht den Begriff hätte, daß Gott die Liebe ist, und würde er Gott nicht lieben, so könnte er auch keinen Glauben an ihn haben. Abschnitt III, 24.

Was kann man erwarten, daß die Beschreibung, welche die Heilige Schrift von dem Charakter der Gottheit gibt, thun würde? Man kann erwarten, daß sie eine Grundlage für den Glauben an ihn legen wird, so weit diese Kenntniß sich ausdehnt unter allen Völkern, Zungen, Sprachen, Geschlechtern und Nationen und das, von Zeitalter zu Zeitalter, von Generation zu Generation. Abschnitt III, 25.

Ist der Charakter, welchen Gott von sich selbst gegeben hat, gleichförmig? Ja, in allen seinen Offenbarungen, ob an die Heiligen der früheren oder der letzten Tage, so daß sie alle berechtigt sind, Glauben an ihn zu haben und durch die Ausübung ihres Glaubens, derselben Segnungen sich zu erfreuen, erwarten können. Abschnitt III, 26.

1. Wir haben in der dritten Vorlesung gezeigt, daß richtige Begriffe von dem Charakter Gottes nothwendig sind, um Glauben an ihn, zur Erlangung des Lebens und der Seligkeit haben zu können; und daß ohne richtige Begriffe seines Charakters, die Gemüther der Menschen nicht genügende Macht mit Gott zur Ausübung des, für den Genuß des ewigen Lebens nothwendigen Glaubens, haben könnten; und daß richtige Begriffe seines Charakters, so weit es jenen anbetrifft, eine Grundlage für die Ausübung des Glaubens legen, um sich der Fülle der Segnungen des Evangeliums Jesu Christi, selbst jener der ewigen Herrlichkeit erfreuen zu können. Wir wollen jetzt fortfahren, die Verbindung, welche zwischen richtigen Begriffen von den Eigenschaften Gottes und der Ausübung des Glaubens an ihn zur Erlangung des ewigen Lebens besteht, zu zeigen.

2. Lasset uns hier beobachten, daß die wirkliche Absicht, welche der Gott des Himmels, indem er die menschliche Familie mit seinen Eigenschaften bekannt machte, vor Augen hatte, war, daß sie, durch den Begriff des Daseins seiner Attribute im Stande sein möchten, an ihn Glauben zu haben und durch die Ausübung desselben ewiges Leben erlangen könnten. Denn ohne den Begriff des Daseins der göttlichen Eigenschaften, könnten die Gemüther der Menschen nicht Macht haben, an ihn, zur Erlangung des ewigen Lebens zu glauben. Der Gott des Himmels, welcher ganz vollkommen die Zusammensetzung der

menschlichen Natur und die Schwachheit des Menschen kennt, wußte was nothwendig war zu offenbaren und welche Begriffe ihren Gemüthern eingepflanzt werden mußten, daß sie im Stande sein möchten, Glauben an ihn zur Erlangung des ewigen Lebens zu haben.

3. Wir wollen zunächst fortfahren, die Eigenschaften Gottes, wie sie in seinen Offenbarungen an die menschliche Familie dargestellt werden, zu erforschen und zeigen, wie nothwendig richtige Begriffe seiner Eigenschaften sind, um die Menschen in den Stand zu setzen, Glauben an ihn haben zu können; denn ohne daß diese Begriffe in den Herzen der Menschen gepflanzt wären, würde es unmöglich für irgend eine Person, oder Personen sein, Glauben an Gott zur Erlangung des ewigen Lebens haben zu können. So daß die göttlichen Mittheilungen, welche dem Menschen zuerst gemacht wurden, die Absicht hatten, in ihren Gemüthern die Begriffe festzusetzen, welche nothwendig, zur Ausübung des Glaubens an Gott und zur Theilnahme an seiner ewigen Herrlichkeit, waren.

4. In den Offenbarungen, welche er der menschlichen Familie gegeben hat, haben wir den folgenden Bericht von seinen Eigenschaften:

5. Zuerst — Kenntniß. Apostelg. XV, 18: „Gott sind alle seine Werke bewußt von der Welt her". Jesaia XLVI, 9, 10: „Gedenket des Vorigen von Alters her; denn ich bin Gott, und keiner mehr, ein Gott, desgleichen nirgend ist; der ich verkündige zuvor, was hernach kommen soll, und vorhin, ehe denn es geschieht, und sage: Mein Anschlag bestehet, und ich thue Alles, was mir gefällt".

6. Zweitens — Glaube oder Macht. Ebräer XI, 3: „Durch den Glauben merken wir, daß die Welt durch Gottes Wort fertig ist". 1 Mose 1, 1: „Im Anfang schuf Gott Himmel und Erde". Jesaia XIV, 24, 27: „Der Herr Zebaoth hat geschworen und gesagt: Was gilt es, es soll gehen, wie ich denke, und soll bleiben, wie ich es im Sinn habe? Denn der Herr Zebaoth hat es beschlossen; wer wird es wehren? Und seine Hand ist ausgereckt; wer will sie wenden?"

7. Drittens — Gerechtigkeit. Psalm LXXXIX, 15: „Gerechtigkeit und Gericht ist deines Stuhls Festung". Jesaia XLV, 21: „Verkündiget und machet euch herzu, rathschlaget mit einander. Wer hat dies lassen sagen von Alters her, und dazumal verkündiget? Habe ich es nicht gethan, der Herr? Und ist sonst keiner Gott, ohne ich; ein gerechter Gott und Heiland". Zephanja III, 5: „Der Herr ist gerecht in ihr". Sacharja IX, 9: „Aber du Tochter Zions, freue dich sehr und du Tochter Jerusalems jauchze; siehe dein König kommt zu dir, ein Gerechter und ein Helfer".

8. Viertens — Gericht. Psalm LXXXIX, 15: „Gerechtigkeit und Gericht ist deines Stuhls Festung". 5 Mose XXXII, 4: „Er ist ein Fels; seine Werke sind unsträflich; denn Alles, was er thut, das ist recht. Treu ist Gott, und kein Böses an ihm, gerecht und fromm ist er". Psalm IX, 8, 17: „Der Herr aber bleibet ewiglich, er hat seinen Stuhl bereitet zum Gericht. Der Herr ist bekannt worden durch's Gericht, welches er geübet hat".

9. Fünftens — Gnade. Psalm LXXXIX, 15: Gnade und Wahrheit sind vor deinem Angesicht". 2 Mose XXXIV, 6: „Und da der Herr vor seinem Angesicht überging, rief er: „Herr, Herr Gott barmherzig, und gnädig, und geduldig, und von großer Gnade und Treue". Nehemia IX, 17: „Aber du mein Gott, vergabest und warest gnädig".

10. Und Sechstens — Wahrheit. Psalm LXXXIX, 15: „Gnade und Wahrheit sind vor deinem Angesicht". 2 Mose XXXIV, 6: „Geduldig und von großer Gnade und Treue". 5 Mose XXXII, 4: „Er ist ein Fels, seine Werke sind unsträflich; denn Alles, was er thut, das ist recht". Psalm XXXI, 6: „In deine Hände befehle ich meinen Geist; du hast mich erlöset, Herr, du treuer Gott".

11. Durch ein wenig Ueberlegung kann man sehen, daß der Begriff des Daseins dieser Eigenschaften der Gottheit nothwendig ist, um vernünftige Wesen in den Stand zu setzen, Glauben an ihn haben zu können; denn ohne den Begriff des Daseins dieser Eigenschaften

in der Gottheit könnten die Menschen nicht Glauben an ihn, zur Erlangung des Lebens und der Seligkeit, haben. Denn ohne die Kenntniß aller Dinge würde Gott nicht im Stande sein, irgend einen Theil seiner Geschöpfe selig zu machen; denn es ist wegen der Kenntniß, welche er von allen Dingen, von Anfang bis zu Ende hat, daß er in den Stand gesetzt ist, sei= nen Geschöpfen jene Erkenntniß zu geben, durch welche sie Theilhaber des ewigen Lebens werden; und wäre es nicht, daß die Menschen den Begriff von der All= wissenheit Gottes in ihren Herzen hätten, so würde es unmöglich für sie sein, Glauben an ihn zu haben.

12. Auch ist es nicht weniger nothwendig, daß die Menschen den Begriff von dem Dasein der Macht in der Gottheit besitzen sollten; denn wenn Gott nicht Macht über alle Dinge hätte und dadurch seine Ge= schöpfe, welche ihr Vertrauen in ihn setzen, von allen Wesen, ob im Himmel, auf der Erde oder in der Hölle, welche ihre Zerstörung suchen möchten, befreien könnte, so könnten sie nicht erlöst werden. Doch mit dem Be= griffe von dem Dasein dieser Eigenschaft durchdrun= gen, fühlen die Menschen, daß Alle, die ihm Vertrauen schenken, nichts zu fürchten haben, und daß er Macht hat, Alle zu erlösen, die zu ihm kommen wollen.

13. Es ist auch nothwendig zur Ausübung des Glaubens an Gott, zur Erlangung des Lebens und der Seligkeit, daß die Menschen den Begriff von dem Dasein der Eigenschaft der Gerechtigkeit Gottes haben sollten; denn ohne die Idee des Daseins der Eigen= schaft der Gerechtigkeit in der Gottheit, könnten die Menschen nicht Vertrauen genug haben, sich unter seine Leitung und Führung zu stellen; denn sie wür= den mit Furcht und Zweifel erfüllt werden, und den= ken, daß der Richter der ganzen Erde nicht recht thun würde; deshalb, wo Furcht und Zweifel im Herzen sind, könnte auch kein Glaube an ihn sein, zur Erlan= gung des Lebens und der Seligkeit. Doch wenn der Begriff von dem Attribute der Gerechtigkeit Gottes recht im Herzen eingepflanzt ist, so bleibt kein Zweifel mehr und der Geist ist im Stande, sich auf den Allmächtigen ohne Furcht und Zweifel zu werfen und

mit dem unerschütterlichsten Vertrauen zu glauben,
daß der Richter der ganzen Erde Recht thun wird.

14. Es ist auch von gleicher Wichtigkeit, daß die
Menschen den Begriff von dem Dasein der Eigenschaft
Gottes als ein Richter haben sollten, daß sie im Stande
sein mögen, Glauben an ihn zur Erlangung des
Lebens und der Seligkeit, zu haben; denn ohne den
Begriff des Daseins dieses Attributs der Gottheit,
würde es unmöglich sein für die Menschen, Glauben
an ihn, zur Erlangung des Lebens und der Seligkeit
zu haben, insoweit als es durch die Ausübung dieses
Attributs ist, daß die Getreuen in Jesu Christo, aus
den Händen derer befreit werden, die ihren Untergang
suchen; denn wenn Gott nicht mit Gericht gegen die
Uebelthuer und Mächte der Finsterniß kommen würde,
so könnten seine Heiligen nicht erlöst werden; denn
es ist durch das Gericht, daß der Herr seine Heiligen
aus den Händen aller ihrer Feinde und derjenigen,
welche das Evangelium verwerfen, befreit. Denn so=
bald als der Begriff des Daseins dieses Attributs in
den Herzen der Menschen eingewurzelt ist, so gibt er
Kraft zur Ausübung des Glaubens und Vertrauens,
und sie werden durch den Glauben in den Stand ge=
setzt, der Versprechungen, welche vor sie gestellt sind,
theilhaftig zu werden und durch alle Trübsale und
Mühseligkeiten zu gehen, welchen sie ausgesetzt sind,
durch die Verfolgungen jener, die Gott nicht kennen
und das Evangelium unseres Herrn Jesu Christi
nicht annehmen, und glauben, daß der Herr in seiner
eigenen Zeit mit Gericht gegen ihre Feinde kommen
und sie abschneiden wird und daß in seiner erwählten
Zeit er sie Eroberer machen wird und mehr als Er=
oberer, in allen Dingen.

15. Und wiederum ist es auch wichtig, daß die
Menschen den Begriff von dem Dasein der Eigenschaft
der Gnade Gottes haben sollten, um Glauben an ihn,
für die Erlangnng des Lebens und der Seligkeit haben
zu können; denn ohne den Begriff von dem Dasein
dieses Attributs der Gottheit, würden die Herzen der
Heiligen in der Mitte der Trübsale, Mühseligkeiten
und Verfolgungen, welche sie um der Gerechtigkeit

willen zu erdulden haben, den Muth verlieren. Denn
wenn der Gedanke des Daseins dieser Eigenschaft
einmal dem Gemüthe eingeprägt ist, so gibt er den
Geistern der Heiligen Leben und Thatkraft, da sie
glauben, daß die Gnade Gottes über sie ausgegossen
werden wird, in der Mitte ihrer Trübsale und daß
er sie bemitleiden wird in ihren Leiden und die Gnade
Gottes sie umfangen und in den Armen seiner Liebe
sicher machen wird, so daß sie eine volle Belohnung
für alle ihre Leiden empfangen werden.

16. Und zuletzt, doch nicht von geringerer Wich=
tigkeit für die Ausübung des Glaubens an Gott, ist
der Begriff von dem Dasein, in ihm, des Attributs
der Wahrheit; denn ohne den Begriff von dem Da=
sein jenes Attributs, würde der Geist des Menschen
nichts haben, auf welches er sich mit Gewißheit stützen
könnte — Alles würde Verwirrung und Zweifel sein.
Doch mit dem Begriffe von dem Dasein dieser Eigen=
schaft der Gottheit, im Herzen, werden alle Belehrun=
gen, Ermahnungen, Versprechungen und Segnungen,
Wirklichkeit und der Geist ist im Stande, sich auf die=
selben mit Gewißheit und Vertrauen zu stützen, im
Glauben, daß diese Dinge und Alles, was der Herr
gesprochen hat, seiner Zeit erfüllt werden wird; und
daß alle die Flüche, Drohungen und Gerichte, welche
gegen die Gottlosen ausgesprochen worden sind, auch
in der eigenen Zeit des Herrn ausgeführt werden wer=
den, und in Folge seiner Wahrheitsliebe, blickt der
Geist mit Gewißheit auf seine Befreiung und endliche
Seligkeit.

17. Durch eine aufrichtige und offenherzige Be=
trachtung dieser Ideen des Daseins der vorerwähnten
Eigenschaften der Gottheit, kann man sehen, daß so
weit als es seine Eigenschaften betrifft, sie eine sichere
Grundlage für die Ausübung unseres Glaubens an
ihn, zur Erlangung des Lebens und der Seligkeit
sind. Insofern als Gott das Attribut der Kenntniß
besitzt, so kann er alle Dinge, die nothwendig zur Er=
lösung seiner Heiligen sind, ihnen kund machen, und
da er das Attribut der Macht besitzt, so ist er da=
durch im Stande, sie aus der Macht ihrer Feinde zu

4

befreien; und da wir auch sehen, daß Gerechtigkeit
eines der Attribute der Gottheit ist, so wird er sie nach
den Principien der Gerechtigkeit und Billigkeit behan=
deln und wird eine gerechte Belohnung ihnen für alle
ihre Mühseligkeiten und Leiden, die sie der Wahrheit
willen erduldet haben, zukommen lassen. Und da das
Gericht eines der Gewalten der Gottheit ist, so kön=
nen die Heiligen das unerschütterlichste Vertrauen
haben, daß in bestimmter Zeit, sie eine vollkommene
Befreiung aus den Händen aller ihrer Feinde und
einen vollkommenen Sieg über alle Diejenigen, welche
ihre Zerstörung und ihr Leid gesucht haben, erlangen
werden. Und da die Gnade auch ein Attribut der
Gottheit ist, so haben die Heiligen Vertrauen, daß es
für sie angewandt werden wird und daß durch die
Anwendung jenes Attributs ihnen unter allen ihren
Mühseligkeiten und Beschwerden, Trost und Hilfe in
Fülle gegeben werden wird.

Und zuletzt, indem wir uns verwirklichen, daß
die Wahrheit ein Attribut der Gottheit ist, so wird
der Geist angeleitet unter allen Prüfungen und Ver=
suchungen, sich in der Hoffnung jener Herrlichkeit,
welche gebracht werden soll, zur Zeit der Offenbarung
Jesu Christi und in Anbetracht jener Krone, welche
auf die Häupter der Heiligen am Tage wann der
Herr Belohnungen unter ihnen austheilen wird, ge=
setzt werden soll und in der Aussicht jenes ewigen
Gewichtes der Herrlichkeit, welche der Herr versprochen
hat. ihnen zu ertheilen, wann er sie in die Mitte sei=
nes Thrones bringen wird, um in seiner Gegenwart
ewig zu wohnen, zu erfreuen.

18. In Anbetracht des Daseins dieser Attribute,
kann der Glaube der Heiligen sehr stark werden, in
Gerechtigkeit zum Preise und der Ehre Gottes reich
sein und seinen mächtigen Einfluß im Suchen nach
Weisheit und Erkenntniß anstrengen, bis er eine
Kenntniß aller Dinge, die zum Leben und der Selig=
keit gehören, erlangt hat.

19. Dieses denn ist die Grundlage, welche durch
die Offenbarung der Eigenschaften Gottes für die
Ausübung des Glaubens, zur Erlangung des Lebens

unb ber Seligkeit gelegt worden ist; und so sehen wir
diese Eigenschaften Gottes, welche unveränderlich sind
— dieselben gestern, heute und immerbar — durch die
Betrachtung welcher, die Heiligen der letzten Tage die=
selbe Kraft erlangen, Glauben an Gott zu haben, wie
die Heiligen der frühern Tage; so daß alle Heiligen
in dieser Hinsicht gleich gewesen sind, jetzt gleich sind
und immerbar gleich sein werden; denn Gott ver=
ändert sich nie, deshalb bleiben seine Attribute immer
und ewig dieselben, und da es durch eine Offenbarung
derselben ist, daß die Grundlage zur Ausübung des
Glaubens an Gott, zur Erlangung des Lebens und
der Seligkeit gelegt worden ist, so war und ist jene
Grundlage deshalb immer dieselbe und wird immer
so bleiben; so daß alle Menschen ein gleiches Vorrecht
gehabt haben und auch haben werden.

***

Fragen und Antworten über die vorhergehenden Principien.

Was wurde in der britten Vorlesung gezeigt? Es
wurde gezeigt, daß richtige Ideen von dem Charakter
Gottes nothwendig sind, um im Stande zu sein, Glau=
ben an ihn zur Erlangung des Lebens und der Seligkeit
zu haben; und daß ohne jene richtigen Begriffe seines
Charakters, die Menschen nicht Kraft haben könnten,
Glauben zur Erlangung des Lebens und der Seligkeit
zu erlangen, doch daß richtige Ideen seines Charakters,
so weit sein Charakter mit der Ausübung des Glaubens
an ihn verbunden ist, eine sichere Grundlage für die
Uebung desselben legen. Abschnitt IV, 1.

Welchen Zweck hatte der Gott des Himmels, seine
Eigenschaften den Menschen zu offenbaren? Daß durch
eine Bekanntschaft mit seinen Eigenschaften, sie in den
Stand gesetzt sein möchten, Glauben an ihn, zur Erlan=
gung des ewigen Lebens zu haben. Abschnitt IV, 2.

Könnten die Menschen Glauben an Gott haben ohne
eine Bekanntschaft mit seinen Attributen, um im Stande
zu sein, ewiges Leben zu erlangen? Nein. Abschnitt IV,
2 und 3.

Welche Eigenschaften werden Gott in seinen Offen=
barungen zugeschrieben? Erstens, Kenntniß; zweitens,
Glaube oder Macht; drittens, Gerechtigkeit; viertens, Ge=
richt; fünftens, Gnade; und sechstens, Wahrheit. Abschnitt
IV, 4—10.

Wo findet man die Offenbarungen, welche diese Er=
zählung der Attribute Gottes geben? In dem alten und
neuen Testamente und diese Stellen sind in Abschnitt IV,
5—10 angeführt.

Ist der Begriff von dem Dasein jener Eigenschaften
der Gottheit nothwendig, um vernünftige Wesen in den
Stand zu setzen, Glauben an ihn, zur Erlangung des
Lebens und der Seligkeit zu haben? Ja.

Wie wird es bewiesen? Durch Abschnitt IV, 11—16.

Setzt der Begriff von dem Dasein jener Eigenschaften
der Gottheit, so weit es jene Attribute betrifft, vernünf=
tige Wesen in den Stand, Glauben an ihn zur Erlan=
gung des Lebens und der Seligkeit haben zu können? Ja.

Wie wird es bewiesen? Durch Abschnitt IV, 17, 18.

Haben die Heiligen der letzten Tage, durch die Offen=
barung der Eigenschaften Gottes, so viel Autorität em=
pfangen, Glauben an ihn zu haben, wie die Heiligen der
früheren Tage? Ja.

Wie wird es bewiesen? Durch den 19ten Paragraph
dieses Abschnittes.

1. In unseren frühern Vorlesungen haben wir über das Wesen, den Charakter, die Vollkommenheiten und Eigenschaften Gottes abgehandelt. Was wir mit Vollkommenheit meinen, sind die Vollkommenheiten, welche zu allen Eigenschaften seiner Natur gehören. In dieser Vorlesung werden wir von der Gottheit reden, — wir meinen den Vater, Sohn und heiligen Geist.

2. Es sind zwei Personen, welche die große, unvergleichliche, regierende und höchste Macht, über alle Dinge, ausmachen — durch welche alle Dinge, welche erschaffen und gemacht sind, gemacht und erschaffen worden sind, ob sichtbar oder unsichtbar — ob im Himmel, auf der Erde, in der Erde, unter der Erde oder in der Unendlichkeit des Raumes. Sie sind der Vater und der Sohn — der Vater eine Person von Geist, Herrlichkeit und Macht, im Besitze aller Vollkommenheit und Fülle — der Sohn, der in dem Busen des Vaters war, eine Person in der Form und dem Gleichnisse des Menschen oder besser gesagt — der Mensch nach seinem Bilde und Gleichniß organisirt, auch das genaue Ebenbild der Person des Vaters, im Besitze der ganzen Fülle des Vaters oder mit dem Vater; von ihm gezeugt und verordnet vor der Gründung der Welt, ein Sühnopfer für die Sünden Aller zu werden, die an seinen Namen glauben würden; er wird der Sohn genannt von wegen des Fleisches — er stieg hernieder in Leiden unter das, was der Mensch erdulden kann; oder in anderen

Worten, erlitt größere Leiden und Widerwärtigkeiten, als irgend ein Mensch erdulden kann. Doch ungeachtet alles dessen, hielt er das Gesetz Gottes und blieb ohne Sünde. und zeigte dadurch, daß es in der Macht des Menschen ist, das Gesetz zu halten und auch ohne Sünde zu sein; und auch, daß durch ihn ein gerechtes Gericht über alles Fleisch kommen kann und Alle, welche nicht nach dem Gesetze Gottes wandeln, durch das Gesetz rechtmäßiger Weise verdammt sein werden und keine Entschuldigung für ihre Sünde haben. Und da er der Eingeborene des Vaters, voller Gnade und Wahrheit ist und überwunden hat, empfing er eine Fülle der Herrlichkeit des Vaters — besitzt denselben Willen mit dem Vater, welcher Wille der heilige Geist ist, der Kunde bringt vom Vater und Sohn und diese drei sind eins; oder, in andern Worten, diese drei bilden die große, unvergleichliche, regierende und allerhöchste Macht über alle Dinge, durch welche alle Dinge, die gemacht und geschaffen worden sind, gemacht und geschaffen wurden und diese drei bilden die Gottheit und sind eins. Der Vater und der Sohn besitzen denselben Willen, dieselbe Weisheit, Herrlichkeit, Macht und Fülle — und erfüllen Alles in Allem. Der Sohn ist erfüllt mit der Fülle des Willens, der Herrlichkeit und Macht, oder in andern Worten, dem Geiste der Herrlichkeit und Macht des Vaters, im Besitze aller Kenntniß und Herrlichkeit und desselben Königreiches. Er sitzt zur rechten Hand der Macht, in dem ausdrücklichen Ebenbilde des Vaters, ein Vermittler für den Menschen — erfüllt mit der Fülle des Willens des Vaters, oder in andern Worten, des Geistes des Vaters, welcher Geist auf alle Diejenigen gegossen wird, die an seinen Namen glauben und seine Gebote halten. Alle jene, welche seine Gebote halten, werden von Gnade zu Gnade wachsen und Erben des himmlischen Königreiches und Miterben mit Jesum Christum werden, den gleichen Sinn besitzen und in das Ebenbild, sogar das ausdrückliche Bild von Ihm, der Alles in Allem erfüllt, umgewandelt und mit seiner ganzen Herrlichkeit erfüllt werden. Dann sind sie eins mit ihm, selbst wie der Vater, Sohn und heilige Geist eins sind.

3. Nach dem vorhergehenden Bericht von der Gottheit, welcher in seinen Offenbarungen gegeben ist, haben die Heiligen eine sichere Grundlage für die Ausübung des Glaubens, zur Erlangung des Lebens und der Seligkeit, durch die Versöhnung und Vermittlung Jesu Christi, durch dessen Blut sie eine Vergebung der Sünden haben und auch einen sichern Lohn für sie im Himmel aufbewahrt bekommen, sogar Theil zu haben an der Fülle des Vaters und Sohnes, durch den Geist. Wie der Sohn von der Fülle des Vaters, durch den Geist empfängt, so werden auch die Heiligen durch den gleichen Geist, Theilhaber derselben Fülle werden und sich derselben Herrlichkeit erfreuen. Denn gleichwie der Vater und Sohn eins sind, so, in gleicher Weise werden die Heiligen eins mit ihnen sein. Durch die Liebe des Vaters, die Vermittlung des Sohnes und die Gabe des heiligen Geistes werden sie Erben Gottes und Miterben Jesu Christi werden.

Fragen und Antworten über die vorhergehenden Principien.

Von was handeln die vorhergehenden Vorlesungen? Von dem Wesen, den Vollkommenheiten und Eigenschaften der Gottheit. Abschnitt V, 1.

Was verstehen wir unter den Vollkommenheiten der Gottheit? Die Vollkommenheiten, welche zu seinen Attributen gehören.

Wie viele Personen sind in der Gottheit? Zwei: der Vater und Sohn. Abschnitt V, 1.

Wie beweist man, daß es zwei Personen in der Gottheit gibt? Durch die heilige Schrift. 1 Mos. I, 26; auch Abschnitt II, 6. Und Gott der Herr sagte zu dem Eingebornen, der mit ihm vom Anfange an war, lasset uns den Menschen machen in unserem Bilde, nach unserem Gleichniß — und es wurde gethan. 1 Mos. III, 22: „Und Gott der Herr sagte zum Eingebornen, siehe der Mensch ist geworden wie einer von uns: Gutes und Böses zu kennen". Johannis XVII, 5: „Und nun ver= kläre mich, du Vater, bei dir selbst, mit der Klarheit, die ich bei dir hatte, ehe die Welt war". Abschnitt V, 2.

Wer ist der Vater? Er ist eine Person der Herrlich= keit und Macht. Abschnitt V, 2.

Wie beweist man, daß der Vater eine Person der Herrlichkeit und Macht ist? Jesaia LX, 19: „Die Sonne soll nicht mehr des Tages dir scheinen, und der Glanz des Mondes soll dir nicht leuchten, sondern der Herr wird dein ewiges Licht, und dein Gott wird dein Preis sein". 1 Chronica XXIX, 11: „Dir gebühret die Majestät und Gewalt, Herrlichkeit, Sieg und Dank". Psalm XXIX, 3: „Die Stimme des Herrn gehet auf den Wassern; der Gott der Ehren donnert". Psalm LXXIX, 9: „Hilf du uns, Gott, unser Helfer, um beines Namens Ehre willen"; Römer I, 23: „Und haben verwandelt die Herrlichkeit des unvergänglichen Gottes in ein Bild, gleich dem vergäng= lichen Menschen". — Zweitens, der Macht. 1 Chronica XXIX, 11: „Dir gebühret die Majestät und Gewalt". Jerem. XXXII, 17: „Ach Herr, Herr, siehe du hast Him= mel und Erde gemacht durch deine große Kraft und durch deinen ausgestreckten Arm, und ist kein Ding vor dir un= möglich". 5 Mose IV, 37: „Darum, daß er deine Väter geliebet, und ihren Samen nach ihnen erwählet hat, und hat dich ausgeführet mit seinem Angesicht, durch seine große Kraft aus Egypten". 2 Samuelis XXII, 33: „Gott stärkt mich mit Kraft". Hiob XXVI, 7—14: „Er breitet aus die Mitternacht, nirgend an, und hänget die Erde an nichts. Er fasset das Wasser zusammen in seine Wol= ken, und die Wolken zerreißen darunter nicht. Er hält seinen Stuhl und breitet seine Wolken davor. Er hat um das Wasser ein Ziel gesetzt, bis das Licht sammt der Fin= sterniß vergehe. Die Säulen des Himmels zittern und entsetzen sich vor seinem Schelten. Vor seiner Kraft wird das Meer plötzlich ungestüm, und vor seinem Verstand erhebet sich die Höhe des Meers. Am Himmel wird es schön durch seinen Wind, und seine Hand bereitet die ge= rade Schlange. Siehe, also gehet sein Thun; aber davon haben wir ein geringes Wörtlein vernommen. Wer will aber den Donner seiner Macht verstehen?"

Wer ist der Sohn? Erstens, ist er eine körperliche Person. Abschnitt V, 2.

Wie wird es bewiesen? Johannis XIV, 9—11. Jesus spricht zu ihm: „So lange bin ich bei euch und du kennest mich nicht? Philippe, wer mich siehet, der siehet den Vater. Wie sprichst du denn: Zeige uns den Vater? Glaubst du nicht, daß ich im Vater und der Vater in mir ist? Die Worte, die ich zu euch rede, die rede ich nicht von mir selbst. Der Vater aber, der in mir wohnet, derselbe thut die Werke. Glaubet mir, daß ich im Vater, und der Vater in mir ist".

Zweitens — und da er ein körperliches Wesen ist, war er gemacht oder gebildet wie der Mensch, oder ist in der Form und dem Gleichnisse des Menschen. Abschnitt V, 2. Philipper 11, 5—8: „Ein jeglicher sei gesinnt, wie Jesus Christus auch war, welcher, ob er wol in göttlicher Gestalt war, hielt er es nicht für einen Raub, Gott gleich sein, sondern äußerte sich selbst und nahm Knechtsgestalt an, ward gleich wie ein anderer Mensch und an Geberden als ein Mensch erfunden. Er erniedrigte sich selbst, und ward gehorsam bis zum Tode, ja zum Tode am Kreuz". Ebräer 11, 14, 16: „Nachdem nun die Kinder Fleisch und Blut haben, ist er es gleicher Maßen theilhaftig geworden. Denn er nimmt nirgend die Engel an sich, sondern den Samen Abrahams nimmt er an sich".

Drittens — ist er auch in dem Gleichnisse der Person des Vaters. Abschnitt V, 2; Ebräer I, 1—3: „Nachdem vor Zeiten Gott manchmal und auf mancherlei Weise geredet hat zu den Vätern, durch die Propheten, hat er in diesen letzten Tagen zu uns geredet durch den Sohn. Welchen er gesetzt hat zum Erben aller Dinge, durch welchen er auch die Welt gemacht hat. Welcher, dieweil er ist der ausgegossene Glanz seiner Herrlichkeit und das ausgedrückte Ebenbild seiner Person". Wiederum Philipper 11, 5, 6: „Ein jeglicher sei gesinnt wie Jesus Christus auch war. Welcher, ob er wol in göttlicher Gestalt war, hielt er es nicht für einen Raub, Gott gleich sein".

Waren es der Vater und der Sohn, die alle Dinge schufen, die geschaffen und gemacht worden sind? Ja. Colosser 1, 15—17: „Welcher ist das Ebenbild des un-

fichtbaren Gottes, der Erstgeborene vor allen Creaturen.
Denn durch ihn ist Alles erschaffen, das im Himmel und
auf Erden ist, das Sichtbare und Unsichtbare, beides die
Thronen und Herrschaften, und Fürstenthümer und Obrig=
keiten, es ist Alles durch ihn und zu ihm geschaffen".
1 Mose 1, 1: Im Anfang schuf Gott Himmel und Erde".
Ebräer 1, 2: „Hat er (Gott) am letzten in diesen Tagen
zu uns geredet durch den Sohn, welchen er gesetzet hat
zum Erben über Alles, durch welchen er auch die Welt
gemacht hat".

Besitzt er die Fülle des Vaters? Ja. Colosser 1, 19;
II, 9: „Denn es ist das Wohlgefallen gewesen, daß in
ihm alle Fülle wohnen sollte. Denn in ihm wohnet die
ganze Fülle der Gottheit leibhaftig". Ephes. 1, 23: „Welche
da ist sein Leib, nämlich die Fülle beß, der Alles in Allem
erfüllet".

Warum wurde er der Sohn genannt? Des Fleisches
wegen. Lucä 1, 35: „Darum auch das Heilige, das von
dir geboren wird, wird Gottes Sohn genannt werden.
Matthäi III, 16, 17: „Und da Jesus getauft war, stieg er
bald herauf aus dem Wasser; und siehe, da that sich der
Himmel auf über ihm. Und Johannes sahe den Geist
Gottes, gleich als eine Taube, herabfahren und über ihn
kommen. Und siehe, eine Stimme vom Himmel herab
sprach: Dies ist mein lieber Sohn, an welchem ich Wohl=
gefallen habe".

Wurde er vor der Gründung der Welt, vom Vater
verordnet, ein Sühnopfer für die Sünden aller derer, die
an ihn glauben würden, zu werden? Ja. 1 Petri 1,
18—20: „Und wisset, daß ihr nicht mit vergänglichem
Silber oder Gold erlöset seid, von eurem eiteln Wandel
nach väterlicher Weise; sondern mit dem theuren Blute
Christi, als eines unschuldigen und unbefleckten Lammes;
der zwar zuvor versehen ist, ehe der Welt Grund geleget
war, aber geoffenbaret zu den letzten Zeiten um euret=
willen". Offenb. XIII, 8: „Und Alle, die auf Erden
wohneten, beteten es an, deren Namen nicht geschrieben
sind in dem lebendigen Buche des Lammes, das erwürget
ist, von Anfang der Welt". 1 Corinth, II, 7: „Sondern
wir reden von der heimlichen verborgenen Weisheit Got=
tes, welche Gott verordnet hat vor der Welt, zu unserer

Herrlichkeit". Haben der Vater und der Sohn denselben Willen? Ja. Johanni V, 30: „Ich kann nichts von mir selbst thun. Wie ich höre, so richte ich und mein Gericht ist recht; denn ich suche nicht meinen Willen, sondern des Vaters Willen, der mich gesandt hat". Johanni X, 30: „Ich und der Vater sind eins".

Was ist dieser Wille? Der heilige Geist. Johanni XV, 26: „Wenn aber der Tröster kommen wird, welchen ich euch senden werde vom Vater, der Geist der Wahrheit, der vom Vater ausgehet, der wird zeugen von mir". Galater IV, 6: „Weil ihr denn Kinder seid, hat Gott gesandt den Geist seines Sohnes in eure Herzen".

Bilden der Vater, Sohn und heilige Geist die Gottheit? Ja. Abschnitt V, 2.

Wird der an Jesum Christum Glaubende, durch die Gabe des Geistes mit dem Vater und dem Sohne eins werden, wie der Vater und Sohn eins sind? Ja. Johanni XVII, 20, 21: „Ich bitte aber nicht allein für sie, sondern auch für die, so durch ihr Wort an mich glauben werden, auf daß sie Alle eins seien, gleichwie du, Vater, in mir, und ich in dir; daß auch sie in uns eins seien, auf daß die Welt glaube, du habest mich gesandt."

Legt die vorhergehende Abhandlung von der Gottheit eine sichere Grundlage für die Ausübung des Glaubens an ihn, zur Erlangung des Lebens und der Seligkeit? Ja.

Wie wird es bewiesen? Durch den dritten Paragraph dieser Vorlesung.

1. In den vorhergehenden Vorlesungen haben wir von den Begriffen des Charakters, den Vollkommenheiten und Eigenschaften Gottes gesprochen; zunächst wollen wir von der Kenntniß sprechen, welche Personen haben müssen, daß ihr Lebenslauf nach dem Willen Gottes ist, um es ihnen möglich zu machen, Glauben an ihn zur Erlangung des Lebens und der Seligkeit zu haben.

2. Diese Kenntniß nimmt einen wichtigen Platz in geoffenbarter Religion ein; denn es war in Folge derselben, daß die Alten im Stande waren, auszuharren, als ob sie den sehen konnten, der unsichtbar ist. Die wirkliche Kenntniß einer Person, daß der Lebenslauf, den sie führt, Gott wohlgefällig ist, ist wesentlich nothwendig, um sie in den Stand zu setzen, jenes Vertrauen in Gott zu haben, ohne welches Niemand ewiges Leben erlangen kann. Es war dies, was die alten Heiligen befähigte, alle ihre Mühseligkeiten und Verfolgungen zu ertragen, und freudig die Zerstörung ihrer Güter hinzunehmen, da sie wußten (nicht nur glaubten), daß sie eine bleibendere Habe im Himmel hatten. Ebräer X, 34.

3. Mit der Versicherung, daß sie einen Lauf führten, der nach dem Willen Gottes war, waren sie nicht nur im Stande, die Zerstörung ihrer Güter, und die Zerrüttung ihres Eigenthums, sondern auch den Tod auf die schrecklichste Weise, freudig zu erdulden, im Bewußtsein (nicht nur glaubend), daß nach der Auflösung dieses irdischen Hauses sie einen Bau von

Gott haben werden, ein Haus nicht mit Händen ge=
macht, das ewig ist, im Himmel. 2 Corinth V, 1.

4. Es war und wird immer die Lage der Heiligen
Gottes sein, daß wenn sie nicht eine wirkliche Kenntniß
haben, daß der Lebenslauf, welchen sie führen, nach
dem Willen Gottes ist, sie in ihren Herzen müde und
schwach werden. Denn so ist der Widerstand gewesen
und wird auch immer in den Herzen der Ungläubi=
gen und jener sein, die Gott nicht kennen, gegen die
reine und unverfälschte Religion des Himmels (die
einzige Sache, welche ewiges Lebens gewiß macht),
so daß sie auf's Aeußerste alle diejenigen verfolgen,
welche Gott nach seinen Offenbarungen verehren, die
Wahrheit, der Liebe derselben wegen empfangen und
sich unterwerfen, nach seinem Willen geleitet und ge=
führt zu werden, und sie in solche äußerste Noth trei=
ben, daß nichts Geringeres als die wirkliche Kennt=
niß, die Geliebten des Himmels zu sein und jene
Ordnung der Dinge empfangen zu haben, die Gott
zur Erlösung der Menschheit eingeführt hat, sie in
den Stand setzen wird, jenes Vertrauen in ihn zu
setzen, das nothwendig für sie ist, die Welt zu über=
winden und jene Krone der Herrlichkeit, welche für
diejenigen, die Gott fürchten, aufbewahrt ist, zu er=
langen.

5. Um den Menschen zu befähigen, Alles nieder=
zulegen und aufzugeben, seinen Charakter und Ruf,
seine Ehre, seinen guten Namen und Beifall unter
den Menschen, Häuser, Länder, Brüder und Schwe=
stern, Weib und Kinder und selbst sein eigenes Leben
— alle Dinge nur als Koth und Schaum betrachtend,
der Erhabenheit der Kenntniß Jesu Christi willen —
braucht es mehr als bloßen Glauben oder Vermuthung,
daß er den Willen Gottes thut; sondern eine sichere
Kenntniß, welche ihm verwirklicht, daß nachdem diese
Leiden beendigt sind, er ein Theilhaber der Herrlich=
keit Gottes werden wird.

6. Denn wenn der Mensch nicht weiß, daß er
nach dem Willen Gottes wandelt, so würde er die
Würde des Schöpfers verletzen, zu sagen, er wolle ein
Theilnehmer seiner Herrlichkeit werden, nachdem er

mit den irdischen Dingen dieser Welt fertig wäre.
Doch wenn er diese Kenntniß hat und ganz sicher
weiß, daß er den Willen des Herrn thut, so kann sein
Vertrauen auch im Verhältniß stark, zur Erlangung
der Herrlichkeit Gottes sein.

7. Hier wollen wir bemerken, daß eine Religion,
die nicht das Aufopfern aller Dinge verlangt, nie
Macht genug hat, um den zur Erlangung des Lebens
und der Seligkeit nothwendigen Glauben hervorzu=
bringen; denn seit dem ersten Dasein des Menschen,
konnte der Glaube, welcher nothwendig zur Erlan=
gung des Lebens und der Seligkeit ist, nie ohne das
Aufopfern aller Dinge erlangt werden. Es war durch
dieses Opfer und es allein, daß Gott verordnete, daß
die Menschen sich des ewigen Lebens erfreuen sollten;
und es ist durch das Opfer aller irdischen Dinge, daß
die Menschen wirklich wissen, daß sie die Dinge thuen,
die dem Herrn angenehm sind. Wenn ein Mensch
Alles, was er besitzt, um der Wahrheit willen, ge=
opfert, und selbst sein Leben nicht zurückgehalten hat,
und vor Gott glaubt, daß er berufen worden ist, die=
ses Opfer zu bringen, weil er seinen Willen, zu thun
sucht, so weiß er auch ganz gewiß, daß Gott sein
Opfer und seine Gabe annehmen wird und daß er
sein Gesicht nicht vergeblich sucht, noch suchen wird.
Unter diesen Umständen kann er daher Glauben er=
langen, welcher nothwendig ist, das ewige Leben zu
erfassen.

8. Es ist vergeblich für Personen sich einzubilden,
daß sie Erben mit Jenen sind oder sein können,
welche ihr Alles, als ein Opfer dargebracht, und durch
dieses Mittel, Glauben an Gott und seine Gunst er=
langt haben, so daß sie ewiges Leben erlangen kön=
nen, wenn sie nicht, auf gleiche Weise ihm ein glei=
ches Opfer bringen und durch jenes Opfer die Kennt=
niß erlangen, daß sie von ihm angenommen werden.

9. Es war durch das Darbringen von Opfern,
daß Abel, der erste Märthrer, die Kenntniß erlangte,
daß er von Gott angenommen war. Und von der
Zeit des gerechten Abel an bis auf die jetzige Zeit ist
die Kenntniß, welche die Menschen haben, daß sie an=

genommen worden sind, vor dem Angesichte des Herrn,
durch das Darbringen von Opfern, erlangt worden.
Und in den letzten Tagen, ehe der Herr kommt, wird
er seine Heiligen, die mit ihm einen Bund durch Opfer
gemacht haben, zusammensammeln. Psalm L, 3—5:
„Unser Gott kommt und schweiget nicht. Fressendes
Feuer geht vor ihm her, und um ihn her ein großes
Wasser. Er ruft Himmel und Erde, daß er sein Volk
richte. Er wird sprechen: Versammelt mir meine
Heiligen, die einen Bund mit mir gemacht haben,
durch ein Opfer".

10. Jene, deshalb, welche ein Opfer bringen, wer=
den das Zeugniß haben, daß ihr Lebenslauf angenehm
vor dem Angesichte des Herrn ist; und jene, welche
dieses Zeugniß haben, werden Glauben haben, ewiges
Leben zu erlangen und durch den Glauben im Stande
sein, bis an's Ende auszuharren und die Krone zu
empfangen, welche für diejenigen bereitet ist, welche
die Erscheinung unseres Herrn Jesu Christi lieben.
Doch diejenigen, welche nicht das Opfer bringen, kön=
nen sich dieses Glaubens nicht erfreuen, weil die
Menschen von diesem Opfer abhängig sind, um diesen
Glauben erlangen zu können: deshalb können sie das
ewige Leben nicht erfassen, weil die Offenbarungen
Gottes ihnen nicht das Recht dazu gewährleisten und
ohne diese Gewährleistung der Glaube kein Dasein
haben könnte.

11. Alle Heiligen, von denen wir Bericht in allen,
den uns bekannten, Offenbarungen haben, erlangten
die Kenntniß, welche sie von ihrer Annahme vor dem
Angesichte Gottes, hatten, durch das Opfer, welches
sie ihm darbrachten, und durch die so erlangte Kennt=
niß, wurde ihr Glaube stark genug auf das Verspre=
chen der Erlangung des ewigen Lebens sich zu stützen
und auszuharren, als ob sie ihn sähen, der unsichtbar
ist, und wurden durch den Glauben in den Stand
gesetzt, die Mächte der Finsterniß zu bekämpfen, gegen
die List des Widersachers zu streiten, die Welt zu
überwinden und den Endzweck ihres Glaubens, sogar
die Seligkeit ihrer Seelen zu erlangen.

12. Doch diejenigen, welche Gott jenes Opfer nicht

gebracht haben, wissen nicht, ob der Weg, den sie ein=
schlagen, Gott wohlgefällig ist; denn, was immer ihr
Glaube oder ihre Meinung sein mag, so haben sie doch
Zweifel und Ungewißheit in ihren Herzen. Wo Zweifel
und Ungewißheit herrschen, da ist, und kann kein
Glaube sein. Denn Zweifel und Glaube können nicht
in einer Person zur selben Zeit bestehen; so daß Men=
schen, deren Herzen in Zweifel und Furcht sind, kein
unerschütterliches Vertrauen haben können, und wo
unerschütterliches Vertrauen nicht herrscht, da ist der
Glaube schwach, und wo der Glaube schwach ist, da
werden die Personen nicht im Stande sein, gegen allen
Widerstand, alle Trübsale und Mühseligkeiten, welchen
sie zu begegnen haben, um Erben Gottes und Mit=
erben Jesu Christi zu werden, zu kämpfen. Deshalb
werden sie müde in ihren Herzen und der Widersacher
wird Macht über sie erlangen und sie zerstören.

1. In den vorhergehenden Vorlesungen haben wir erklärt, was der Glaube ist und auf welchem Gegenstand er beruht.

In Uebereinstimmung mit unserem Plane wollen wir jetzt fortfahren von den Wirkungen besselben zu sprechen.

2. Da wir in unseren früheren Vorlesungen gesehen haben, daß der Glaube das Princip der Handlung und Macht in allen vernünftigen Wesen, Himmels und der Erde ist, so ist nicht zu erwarten, daß in einer Vorlesung dieser Art wir versuchen werden, alle seine Wirkungen auseinander zu setzen, auch ist es für unseren Zweck nicht nothwendig, denn es würde alle Dinge im Himmel und auf der Erde enthalten und alle die Schöpfungen Gottes mit ihren endlosen Verschiedenheiten in sich fassen, denn keine Welt ist noch je gebildet worden, die nicht durch den Glauben gebildet worden ist; auch hat es noch niemals ein vernünftiges Wesen, auf irgend einem der Schöpfungen Gottes gegeben, welches dort nicht hingelangte des Glaubens wegen, welcher entweder in ihm selbst oder in einem andern Wesen herrschte; auch ist noch nie eine Veränderung oder Umwälzung in den Schöpfungen vorgekommen, die nicht durch den Glauben bewerkstelligt wurde; noch wird je eine solche Veränderung oder Umwälzung vorkommen, die nicht auf jene Weise in irgend einer der unermeßlichen Schöpfungen des Allmächtigen hervorgebracht wird, denn es ist durch den Glauben, daß die Gottheit wirkt.

5

3. Wir wollen hier eine Auseinandersetzung in Bezug auf den Glauben geben, daß unser Begriff deutlich zu verstehen sein möge. Wir fragen deshalb, wie verstehen wir das Wirken eines Menschen durch den Glauben? Wir antworten — wir verstehen, daß wenn ein Mensch durch den Glauben wirkt, er durch geistige Anstrengung, anstatt der körperlichen Kraft arbeitet. Es ist durch Worte, anstatt der Ausübung seiner körperlichen Kräfte, durch welche jedes Wesen arbeitet, das durch Glauben wirkt. Gott sagte: „Es werde Licht und es ward Licht". Josua sprach — die großen Lichter, welche Gott geschaffen hatte, standen still.

Elias befahl, und der Himmel hörte auf, während eines Zeitraumes von drei und einem halben Jahre Regen herabzugießen: Er befahl wiederum und die Himmel brachten den Regen hervor. Alle diese Dinge wurden durch den Glauben gethan. Der Erlöser sagt: „Wahrlich, so ihr Glauben habt als ein Senfkorn, so möget ihr sagen zu diesem Berge: Hebe dich von hinnen dorthin; so wird er sich heben, und euch wird nichts unmöglich sein".

So arbeitet denn der Glaube durch Worte, und durch diese sind seine mächtigsten Werke ausgeführt worden und werden auch in der Zukunft ausgeführt werden.

4. Es wird sicherlich nicht von uns zu beweisen verlangt werden, daß dies das Princip ist, nach welchem die ganze Ewigkeit gehandelt hat und handeln wird; denn jeder überlegende Geist muß wissen, daß es in Folge dieser Macht ist, daß alle Heerschaaren des Himmels ihre Werke der Wunder, der Majestät und Herrlichkeit thuen. Die Engel bewegen sich von Platz zu Platz, kraft jener Macht; es ist vermöge derselben daß sie im Stande sind, vom Himmel auf die Erde niederzusteigen, und wäre es nicht der Macht des Glaubens wegen, so könnten sie nie Denen dienende Geister sein, welche Erben der Seligkeit sind, auch könnten sie nicht als himmlische Boten handeln, denn sie würden der Macht entblößt sein, die nothwendig ist, sie in den Stand zu setzen, den Willen Gottes zu thun.

5. Es ist nur nothwendig für uns zu sagen, daß die ganze sichtbare Schöpfung, wie sie jetzt ihr Dasein hat, die Wirkung des Glaubens ist. Es war der Glaube, durch welche sie geformt wurde, und es ist durch die Macht des Glaubens, daß sie in ihrer organisirten Form fortfährt und daß die Planeten sich in ihren Bahnen bewegen und in ihrer Herrlichkeit funkeln. So ist also der Glaube wirklich das erste Princip in der Wissenschaft der Gottesgelehrtheit und wenn recht verstanden, leitet er den Geist zurück zum Anfange und trägt ihn vorwärts zum Ende, oder in anderen Worten, von Ewigkeit zu Ewigkeit.

6. Da der Glaube daher das Princip ist, durch welches die himmlischen Heerschaaren ihre Werke thun und durch welchen sie alle ihre Glückseligkeit genießen, so können wir wol erwarten, ihn, in den Offenbarungen Gottes, als ein Princip dargestellt zu finden, nach welchem seine Geschöpfe hienieden handeln müssen, um die Glückseligkeit, deren sich die Heiligen in der ewigen Welt erfreuen, zu erlangen. Wenn Gott es unternimmt, Menschen, für seine eigene Freude, heranzubilden, so lehrt er ihnen die Nothwendigkeit, durch den Glauben zu leben, und die Unmöglichkeit die Segnungen der Ewigkeit ohne denselben genießen zu können; denn alle Segnungen der Ewigkeit sind die Wirkung des Glaubens.

7. Deshalb heißt es sehr angemessen, daß ohne Glauben es unmöglich ist, Gott zu gefallen. Sollte man fragen — warum ist es unmöglich, Gott ohne Glauben zu gefallen? so würde die Antwort sein, — weil ohne den Glauben es unmöglich ist, für die Menschen selig zu werden, und da Gott die Seligkeit des Menschen wünscht, so muß er natürlich wünschen, daß sie Glauben haben und er könnte nicht zufrieden sein, wenn sie keinen hätten, sonst würde er mit ihrem Untergange zufrieden sein.

8. Daraus lernen wir, daß die vielen Ermahnungen, Glauben an ihn zu haben, welche von begeisterten Männern benen, welche das Wort des Herrn empfangen hatten, gegeben worden sind, nicht unnütze Dinge waren, sondern sie wurden der besten Ursache

willen gegeben, welche war, daß ohne Glauben keine
Seligkeit, weder in dieser noch in der nächsten Welt
sein kann. Sobald als die Menschen anfangen durch
den Glauben zu leben, so fangen sie an, sich Gott
näher zu ziehen; und wenn der Glaube vervollkomm=
net ist, so sind sie ihm gleich; und weil er selig ist,
so sind sie auch selig, weil sie zu ihm gekommen sind,
und wenn er erscheint, werden sie ihm gleich sein, denn
sie werden ihn sehen, wie er ist.

9. So wie die ganze sichtbare Schöpfung die Wir=
kung des Glaubens ist, so auch die Seligkeit — wir
meinen die Seligkeit in ihrer breitesten Ausdehnung
der Auslegung, ob es zeitliche oder geistige sei. Um
diesen Gegenstand klar vor dem Geiste zu haben, so
wollen wir uns fragen, in welchem Zustande ein
Mensch sein muß, um selig zu werden? oder was ist
der Unterschied zwischen einem Menschen, der selig ge=
worden ist und einem nicht selig Gewordenen? Wir
antworten, daß aus was wir vorher von den himm=
lischen Welten gesehen haben, müssen sie Wesen sein,
welche durch Glauben wirken und durch den Glauben
im Stande sind, allen denen, welche Erben der Selig=
keit werden, dienende Geister zu sein, und sie müssen
Glauben haben, sie zu befähigen in der Gegenwart
Gottes zu handeln, sonst können sie nicht selig werden.
Und was den wirklichen Unterschied zwischen einer
seliggewordenen und nicht seliggewordenen Person
ausmacht, ist — der Unterschied in dem Grade ihres
Glaubens — der Glaube der einen Person ist voll=
kommen genug geworden, das ewige Leben zu erlan=
gen, derjenige der anderen Person ist es nicht. Doch
um ein wenig genauer zu sein, so wollen wir fragen
— Wo werden wir ein Musterbild finden, dem wir
gleich werden müssen, damit wir Theilhaber des Lebens
und der Seligkeit gemacht werden können? oder in
anderen Worten, wo können wir ein seliges Wesen
finden? Denn wenn wir ein seliges Wesen finden
können, so können wir ohne große Schwierigkeit aus=
finden, was alle anderen sein müssen, um selig zu
werden. Wir denken, daß es keine Streitfrage sein
wird, daß zwei Personen, die einander ungleich

sind, nicht beide selig werden könnnen; denn was
immer die Seligkeit einer Person ausmacht, wird auch
die Seligkeit aller Geschöpfe ausmachen, die selig wer=
ben, und wenn wir ein seliges Wesen im ganzen Da=
sein finden können, so können wir sehen, was alle
Anderen thuen müssen, oder sonst nicht die Seligkeit
erreichen. Wir fragen daher, wo ist das Vorbild?
oder wo ist das erlöste Wesen? Wir schließen, daß
unter denjenigen, welche an die Bibel glauben, keine
Streitfrage entstehen wird, wenn wir sagen, daß es
Christus ist: Alle werden damit übereinstimmen, daß
er das Vorbild oder das Muster der Seligkeit ist,
oder in anderen Worten, daß er ein seliges Wesen ist.
Und wenn wir in unseren Fragen noch fortfahren
und fragen, warum ist es, daß er selig ist? so würde
die Antwort sein — weil er ein gerechtes und heili=
ges Wesen ist; und wenn er anders wäre als er ist,
so würde er nicht selig sein; denn seine Seligkeit hängt
genau von dem ab, was er wirklich ist und nichts
Anderem; denn wäre es möglich für ihn, im gering=
sten Grade sich zu verändern, so wäre es sicher, daß
er seine Seligkeit nicht erhalten, und seine ganze Herr=
schaft, Macht, Autorität und Herrlichkeit, welche die
Seligkeit ausmachen, verlieren würde; denn die
Seligkeit besteht aus der Herrlichkeit, Autorität, Maje=
stät, Macht und Herrschaft, welche Jehovah besitzt und
aus nichts Anderem und kein Wesen besitzt sie, außer
Ihm selbst und Solchen, die ihm gleich sind. Des=
wegen sagt Johannes in seiner ersten Epistel III, 2,
3: „Meine Lieben, wir sind nun Gottes Kinder, und
ist noch nicht erschienen, was wir sein werden. Wir
wissen aber, wenn es erscheinen wird, daß wir ihm
gleich sein werden, denn wir werden ihn sehen, wie er
ist. Und ein Jeglicher, der solche Hoffnung hat zu
ihm, der reiniget sich, gleichwie er auch rein ist".
Warum sich reinigen, wie er rein ist? Weil, wenn sie
es nicht thuen, sie ihm nicht gleich sein können.

10. Der Herr sagte zu Mose, 3 Mose XIX, 2:
„Rede mit der ganzen Gemeine der Kinder Israels,
und sprich zu ihnen: Ihr sollt heilig sein, denn ich
bin heilig, der Herr, euer Gott". Und Petrus sagt,

1 Petri I, 15, 16: „Sondern nach dem, der euch berufen hat, und heilig ist, seid auch ihr heilig in allem eurem Wandel. Denn es stehet geschrieben: Ihr sollt heilig sein, denn ich bin heilig". Und der Heiland sagt, Math. V, 48: „Darum sollt ihr vollkommen sein, gleichwie euer Vater im Himmel vollkommen ist". Wenn Jemand fragen sollte, warum alle diese Sprüche? so ist die Antwort enthalten in was früher angeführt worden ist aus der Epistel Johanni, daß wenn er (der Herr) erscheinen wird, wir ihm gleich sein werden; und wenn sie nicht heilig sind, wie er heilig ist, und vollkommen, wie er vollkommen ist, so können sie ihm nicht gleich sein; denn kein Wesen kann seiner Herrlichkeit sich erfreuen, ohne seine Vollkommenheit und Herrlichkeit zu besitzen, wie sie auch in seinem Reiche nicht regieren könnten, ohne seine Macht.

11. Dieses setzt deutlich die Richtigkeit der Aussage Jesu auseinander, wie geschrieben in Johannis XIV, 12: „Wahrlich, wahrlich ich sage euch: Wer an mich glaubet, der wird die Werke auch thun, die ich thue, und wird größere, denn diese, thun, denn ich gehe zum Vater". Diese Stelle, mit einigen Worten in dem Gebete des Heilands, wie sie im siebzehnten Kapitel geschrieben stehen, verbunden, gibt seinen Ausdrücken große Klarheit. Er sagt vom 20sten bis 24sten Verse: „Ich bitte aber nicht allein für sie, sondern auch für die, so durch ihr Wort an mich glauben werden. Auf daß sie Alle eins seien, gleichwie du, Vater, in mir, und ich in dir; daß auch sie in uns eins seien, auf daß die Welt glaube, du habest mich gesandt. Und ich habe ihnen gegeben die Herrlichkeit, die du mir gegeben hast, daß sie eins seien, gleichwie wir eins sind. Ich in ihnen, und du in mir, auf daß sie vollkommen seien in eins, und die Welt erkenne, daß du mich gesandt hast, und liebest sie, gleichwie du mich liebest. Vater, ich will, daß, wo ich bin, auch die bei mir seien, die du mir gegeben hast, daß sie meine Herrlichkeit sehen, die du mir gegeben hast, denn du hast mich geliebet, ehe denn die Welt gegründet war".

12. Alle diese Worte zusammengenommen, geben

einen so klaren Begriff von dem Zustande der ver=
herrlichten Heiligen, als die Sprache es machen kann
— sie sollten die Werke thuen, die Jesus gethan hat
und größere Werke als jene, welche er that, als er
unter ihnen war, sollten sie thun, und dies, weil er
zu seinem Vater ging. Er sagt nicht, daß sie diese
Werke in der Sterblichkeit thun sollten; doch sie soll=
ten größere Werke thun, weil er zum Vater ging. Er
sagt im 24sten Verse: „Vater, ich will, daß, wo ich
bin, auch die bei mir seien, die du mir gegeben hast,
daß sie meine Herrlichkeit sehen".

Diese Worte im Zusammenhange genommen,
machen es sehr deutlich, daß die größeren Werke,
welche diejenigen, die an seinen Namen glaubten,
thuen sollen, in der Ewigkeit gethan werden sollten,
wohin er ging und wo sie seine Herrlichkeit sehen soll=
ten. Er hatte in einem anderen Theile seines Gebets
gesagt, daß er von seinem Vater wünschte, daß jene,
welche an ihn glaubten, eins mit ihm sein möchten,
wie er und der Vater eins mit einander waren. Ich
bitte aber nicht allein für sie (die Apostel), sondern
auch für die, so durch ihr Wort an mich glauben wer=
den, auf daß sie Alle eins seien; das ist, jene, welche
an ihn glauben durch die Worte der Apostel, so wie
auch die Apostel selbst, daß sie Alle eins sein mögen,
gleichwie du Vater, in mir, und ich in dir, daß auch
sie in uns eins seien.

13. Welche Sprache kann deutlicher, als diese
sein? Der Heiland sicherlich beabsichtigte von seinen
Schülern verstanden zu werden, und er sprach so, daß
sie ihn verstehen konnten; denn er erklärt vor seinem
Vater, in Sprache die nicht leicht mißverstanden wer=
den kann, daß er wünschte, daß seine Schüler, selbst
alle von ihnen, wie er und der Vater sein möchten,
denn wie er und der Vater eins waren, so möchten
auch sie eins mit ihnen sein. Und was im 22sten
Verse gesagt wird, ist berechnet, noch fester diesen
Glauben zu bestätigen, wenn es einer solchen Bestäti=
gung gebrauchen würde. Er sagt — „Und ich habe
ihnen gegeben die Herrlichkeit, die du mir gegeben
hast, daß sie eins seien, gleichwie wir eins sind".

Gleichsam zu sagen, daß wenn sie nicht die Herrlich=
keit hätten, welche ihm der Vater gegeben hatte, sie
nicht mit ihnen gleich sein könnten; denn er sagt, er
hätte ihnen die Herrlichkeit gegeben, welche er vom
Vater hatte, daß sie eins sein möchten; oder in an=
deren Worten, sie eins zu machen

14. Dies macht das Maß der Auskunft über die=
sen Gegenstand voll und zeigt sehr deutlich, daß der
Heiland wünschte, daß seine Schüler verstehen soll=
ten, daß sie Theilhaber mit ihm in allen Dingen,
selbst seine Herrlichkeit nicht ausgenommen, werden
sollten.

15. Es ist fast nicht nothwendig, hier zu bemer=
ken, was wir vorher angeführt haben, daß die Herr.
lichkeit, welche der Vater und der Sohn haben, in
ihrem Besitz ist, weil sie gerechte und heilige Wesen
sind; und daß wären sie unvollkommen, in irgend
einer Eigenschaft, welche sie besitzen, sie sich auch nie
der Herrlichkeit, welche sie haben erfreuen könnten,
denn es ist nothwendig für sie zu sein gerade, was
sie sind, um sich derselben erfreuen zu können; und
wenn der Heiland diese Herrlichkeit Anderen gibt, so
muß er es auf die genaue Weise thun, wie es in sei=
nem Gebete an den Vater, auseinandergesetzt ist —
sie eins mit ihm zu machen, wie er und der Vater
eins sind. Dadurch würde er ihnen die Herrlichkeit
geben, welche der Vater ihm gegeben hat; und wenn
seine Schüler eins mit dem Vater und dem Sohn
gemacht worden sind, wie der Vater und der Sohn
eins sind, wer kann nicht die Richtigkeit der Aussage
des Heilands sehen — die Werke, welche ich thue,
sollen sie thuen, und größere als diese, denn ich gehe
zum Vater.

16. Diese Belehrungen des Heilands zeigen uns
sehr deutlich die Natur der Seligkeit und was er der
menschlichen Familie antrug, als er ihnen antrug, sie
zu erlösen — daß er versprach, sie ihm gleich zu
machen; und er war gleich dem Vater, das große
Vorbild aller erlösten Wesen; und für irgend einen
Theil der menschlichen Familie, ihnen gleich gemacht
zu werden, ist Erlösung; und ihnen nicht gleich zu

sein, ist zerstört zu werden; und an dieser Angel dreht sich das Thor der Erlösung.

17. Wer kann daher nicht sehen, daß die Erlösung die Wirkung des Glaubens ist? Denn, wie wir vorher bemerkt haben, alle himmlischen Wesen wirken durch dieses Princip; und es ist, weil sie im Stande sind, es zu thun, daß sie erlöst sind, denn dies allein nur kann sie selig machen. Und dies ist die Lection, welche der Gott des Himmels, durch den Mund aller seiner heiligen Propheten der Welt zu lehren versucht hat. Deshalb wird uns gesaut, daß ohne Glauben es unmöglich sei, Gott zu gefallen; und derhalben muß die Gerechtigkeit durch den Glauben kommen, auf daß sie sei aus Gnaden, und die Verheißung fest bleibe allem Samen. Römer IV, 16. Und daß Israel welche dem Gesetze der Gerechtigkeit nachfolgten, nicht zu dem Gesetze der Gerechtigkeit gelangten. Römer IX, 32: „Warum das? Darum, daß sie es nicht aus dem Glauben, sondern als aus den Werken des Gesetzes suchen. Denn sie haben sich gestoßen an den Stein des Anlaufens". Und Jesus sagte zu dem Manne, der ihm seinen Sohn brachte, um den Teufel, welcher ihn plagte, auszutreiben, Marci IX, 2, 3: „Wenn du könntest glauben: Alle Dinge sind möglich dem, der da glaubet". Diese Worte, mit einer Menge von Bibelstellen, welche angeführt werden könnten, stellen sehr deutlich dar, in welchem Lichte der Heiland, sowie die Heiligen der früheren Tage, den Plan der Erlösung betrachteten. Es war ein System des Glaubens, fängt mit dem Glauben an und fährt mit dem Glauben fort, und jede Segnung, welche in Bezug darauf erlangt wird, ist die Wirkung des Glaubens. ob es zu diesem Leben gehört oder zu jenem, welches kommen wird. Dazu geben alle Offenbarungen Gottes ihr Zeugniß. Wenn es Kinder der Verheißung gab, so wurden sie es in Folge des Glaubens, selbst den Heiland der Welt nicht ausgenommen. „Und o selig bist du, die du geglaubet hast", sagte Elisabeth zu Maria, als sie sie besuchte, „denn es wird vollendet werden, was dir gesagt ist von dem Herrn". Lucae I, 45.

Auch die Geburt Johannis des Täufers war nicht
weniger eine Sache des Glaubens; denn darum daß
sein Vater Zacharias glauben sollte, mußte er stumm
werden. Durch die ganze Geschichte des Planes des
Lebens und der Seligkeit, ist der Glaube eine noth=
wendige Sache; Jedermann empfing nach seinem
Glauben — wie sein Glaube war, so waren seine
Segnungen und Vorrechte, und nichts wurde von
ihm zurückgehalten, wenn sein Glaube genügend
war, es zu empfangen. Er konnte der Löwen Rachen
verstopfen, des Feuers Kraft auslöschen, des Schwerts
Schärfe entrinnen, stark werden im Streit, der Frem=
den Heere barniederlegen; die Weiber, durch ihren
Glauben, haben ihre Todten von der Auferstehung
wieder gewonnen; in einem Worte, nichts war denen
unmöglich, welche Glauben hatten. Alle Dinge waren
den Heiligen der früheren Tage unterthan, je nach
ihrem Glauben. Durch ihren Glauben, konnten sie
himmlische Gesichte, die Besuche von Engeln, Kennt=
niß von Geistern gerechter, vollkommen gemachter
Menschen und von der allgemeinen Versammlung und
Kirche des Erstgeborenen, deren Namen im Himmel
geschrieben sind, von Gott dem Richter Aller, von
Jesu dem Vermittler des neuen Bundes erlangen
und bekannt mit dem dritten Himmel werden und
Dinge sehen und hören, die nicht nur nicht unaus=
sprechlich, sondern auch ungesetzlich zu erzählen waren.

Peter sagt in der Anschauung der Macht des
Glaubens, 2 Petri 1, 2, 3: „Gott gebe euch viel
Gnade und Frieden, durch die Erkenntniß Gottes,
und Jesu Christi unsers Herrn. Nachdem allerlei
seiner göttlichen Kraft uns geschenket ist, durch die
Erkenntniß, daß der uns berufen hat, durch seine
Herrlichkeit und Tugend“. 1 Petri I, 3—5: „Gelobet
sei Gott und der Vater unsers Herrn Jesu Christi,
der uns nach seiner großen Barmherzigkeit wieder=
geboren hat zu einer lebendigen Hoffnung, durch die
Auferstehung Jesu Christi von den Todten, zu einem
unvergänglichen und unbefleckten und unverwelklichen
Erbe, das behalten wird im Himmel, Euch, die ihr
aus Gottes Macht, durch den Glauben bewahrt wer=

bet zur Seligkeit, welche zubereitet ist, daß sie offen=
bar werde zu der letzten Zeit".

18. Diese Stellen in ihrer Zusammenstellung
zeigen die Anschauungen des Apostels sehr deutlich,
so daß keine Person sich darüber irren könnte. Er
sagt, daß alle Dinge, welche zum Leben und der Gott=
seligkeit gehören, ihnen durch eine Kenntniß Gottes
und unseres Heilands Jesu Christi gegeben wurden.
Und sollte die Frage gestellt werden, auf welche Weise
sollten sie eine Kenntniß Gottes erlangen? (denn es
ist ein großer Unterschied zwischen dem Glauben und
Kennen von Gott — Kenntniß umfaßt mehr als
Glaube. Und alle Dinge, welche zum Leben und der
Gottseligkeit gehören, wurden durch die Kenntniß
Gottes gegeben) so ist die Antwort gegeben — durch
den Glauben sollten sie diese Kenntniß erlangen, und
soweit sie Macht durch den Glauben hatten, konnten
sie damit alle anderen Dinge erlangen, die zum Leben
und der Gottseligkeit gehören.   •

19. Aus diesen Worten des Apostels lernen wir,
daß durch das Erlangen einer Kenntniß Gottes es
war, daß die Menschen die Erkenntniß aller Dinge,
welche zum Leben und der Gottseligkeit gehören, er=
langten; — und diese Kenntniß die Wirkung des
Glaubens ist, so daß alle Dinge, welche zum Leben
und der Gottseligkeit gehören, die Wirkungen des
Glaubens sind.

20. Von diesem Punkte können wir uns aus=
dehnen, so weit als irgend welche Umstände, auf der
Erde oder im Himmel, es verlangen mögen, und wir
werden finden, daß es das Zeugniß aller begeisterten
Männer oder himmlischen Boten ist, daß alle Dinge,
welche zum Leben und der Gottseligkeit gehören, die
Wirkung des Glaubens und keiner andern Sache sind.
Alle Gelehrtheit, Weisheit und Klugheit und alle an=
deren Dinge, mit der Ausnahme des Glaubens ver=
fehlen, Mittel zur Seligkeit zu sein. Deshalb konn=
ten die Fischer aus Galiläa der Welt lehren — weil
sie durch den Glauben suchten und durch denselben,
erlangten. Und deshalb betrachtete Paulus alle Dinge
nur als Koth und Unrath — was er früher seinen

Gewinn erachtete, nannte er seinen Schaden; ja er achtete es Alles für Schaden gegen der überschwäng= lichen Erkenntniß Christi Jesu. Philipper III, 7—10; weil er den Verlust aller Dinge erdulden mußte, um jenen Glauben zu erhalten, durch welchen er sich der Kenntniß Jesu Christi des Herrn erfreuen konnte. Das ist der Grund, warum die Heiligen der früheren Tage mehr als alle Anderen, vom Himmel und himm= lischen Dingen wußten und verstanden, denn diese Erkenntniß ist die Wirkung des Glaubens — uner= langbar durch andere Mittel.

Und darum ist es, daß die Menschen, sobald als sie den Glauben verlieren, sich in Streit, Zank, Fin= sterniß und Schwierigkeiten stürzen, denn die Kennt= niß, welche zum Leben führt, verschwindet, wenn der Glaube sich verliert und kehrt zurück mit der Rück= kehr desselben, denn wenn der Glaube kommt, so bringt er einen Zug von Begleitern mit sich — Apo= stel, Propheten, Evangelisten, Hirten, Lehrer, Gaben, Weisheit, Kenntniß, Wunderthaten, Heilung, Zungen, Auslegung der Zungen u. s. w. Alle diese erscheinen, wenn Glaube auf der Erde erscheint und verschwinden, wenn er von der Erde verschwindet; denn diese sind die Wirkung des Glaubens, haben ihn immer begleitet und werden es immer thun. Denn wo der Glaube ist, da wird auch die Kenntniß Gottes sein, mit allen Dingen, die dazu gehören, Offenbarungen, Gesichten und Träumen, sowol als jedem nothwendigen Ding, damit die Besitzer des Glaubens vervollkommnet wer= den und Seligkeit erlangen mögen; denn Gott muß sich entweder verändern, oder der Glaube muß bei ihm herrschen. Und derjenige, der ihn besitzt, wird dadurch alle nothwendige Kenntniß erlangen, bis er Gott und den Herrn Jesum Christum, den er gesandt hat, kennen lernt — die zu kennen, ewiges Leben ist. Amen.

Bündnisse und Gebote.

Abschnitt I.

Die Bündnisse und Befehle des Herrn an seine Diener der Kirche Jesu Christi der Heiligen der letzten Tage.

1. Horche, o du Volk meiner Kirche, sagt die Stimme dessen, der in der Höhe wohnet und dessen Augen auf allen Menschen ruhen; ja, wahrlich ich sage, horche, o du Volk von ferne, und ihr, die ihr seid auf den Inseln der See, merket auf, Alle! Denn wahrlich, die Stimme des Herrn ergeht an alle Menschen, und da ist Keiner, der entfliehen und kein Auge, das nicht sehen, noch ein Ohr, das nicht hören, oder ein Herz, das nicht durchdrungen werden wird, und die Halsstarrigen sollen mit großem Kummer gepeinigt, ihre Sünden auf den Dächern verkündigt, und ihre verborgenenen Thaten offenbar werden; und die Stimme der Warnung soll an alle Völker ergehen durch den Mund meiner Diener, die ich in diesen letzten Tagen erwählt habe, und sie werden ausgehen, und Niemand soll sie hindern, denn ich, der Herr, habe es ihnen befohlen.

2. Siehe, das ist meine Vollmacht und die Vollmacht meiner Diener und mein Vorwort zu dem Buche meiner Gebote, welche ich ihnen zur Veröffentlichung an Euch gegeben habe, o ihr Bewohner der Erde! Darum habet Furcht und zittert, ihr Völker,

denn was ich, der Herr, in ihnen beschlossen habe, soll erfüllt werden. Und, wahrlich, ich sage Euch, daß denen, welche ausgehen, diese Botschaften den Menschenkindern zu bringen, Macht gegeben ist, die Ungläubigen und Verstockten auf Erden, wie im Himmel zu binden; ja, wahrlich, sie zu versiegeln bis auf den Tag, wann der Zorn Gottes soll ausgegossen werden über die Bösen, ohne Maß; auf den Tag, wenn der Herr kommen wird, Jedem zu vergelten nach seinen Werken, und Jedermann zu messen mit dem Maße, mit dem er seinen Nächsten gemessen hat.

3. Darum ertönt die Stimme des Herrn an alle Enden der Erde, daß Alle, welche hören wollen hören mögen: Bereitet Euch! Bereitet Euch auf das, was da kommen soll, denn der Herr ist nahe; und der Zorn des Herrn ist entzündet und sein Schwert ist schon gezückt im Himmel und wird fallen auf die Bewohner der Erde! ja, des Herrn Arm soll offenbar werden! Und der Tag wird kommen, daß die, welche nicht der Stimme des Herrn, noch der seiner Diener gehorchen, noch Acht geben wollen auf die Worte der Propheten und Apostel, abgeschnitten werden sollen von dem Volke, denn sie sind von meinen Ordnungen gewichen und haben meinen ewigen Bund gebrochen; sie suchen nicht den Herrn, um seine Gerechtigkeit zu erfüllen, sondern Jedermann gehet seinen eigenen Weg, und nach dem Bilde seines eigenen Gottes, dessen Bild dem der Welt gleich, und dessen Beschaffenheit die eines Götzen ist, der alt wird und vergehen soll in Babylon, ja, Babylon dem großen, das fallen wird.

4. Darum ich, der Herr, da ich die Leiden kenne, welche über die Einwohner der Erde kommen werden, habe meinen Diener Joseph Smith jun. berufen und zu ihm gesprochen vom Himmel und ihm Befehle gegeben, und auch Befehle an Andere, daß sie der Welt diese Dinge verkündigen sollten; und Alles das, daß es möchte erfüllet werden, was geschrieben wurde durch die Propheten. Die Schwachen dieser Welt sollen hervorkommen und niederstürzen die Mächtigen und Starken; damit der Mensch nicht zu Rathe gehe

mit seinem Nächsten, noch sich verlasse auf den Arm des Fleisches, sondern daß Jedermann reden möge im Namen Gottes des Herrn, nämlich des Erlösers der Welt; damit Glaube zunehme auf Erden, mein ewiger Bund aufgerichtet und die Fülle des Evangeliums, durch die Schwachen und Einfältigen bis an die Enden der Welt und vor Königen und Fürsten verkündiget werde.

5. Siehe, ich bin Gott und habe es gesprochen. Diese Gebote sind von mir, und wurden meinen Dienern in ihrer Schwachheit gegeben, nach der Weise ihrer Sprache, damit sie zur Erkenntniß kommen möchten, und insofern sie irrten, es kund werde; und insofern sie nach Weisheit strebten, sie unterrichtet, oder insofern sie sündigten, sie gezüchtigt werden könnten, damit sie bereuen möchten; oder wenn sie bemüthig wären, daß sie stark gemacht würden, gesegnet werden von der Höhe und Erkenntniß empfangen von Zeit zu Zeit. Und nachdem er die Urkunden der Nephiten empfangen hat, hat mein Diener Joseph Smith jun. Vollmacht erhalten, das Buch Mormon nach dem Rathschlusse Gottes, durch Gottes Kraft zu übersetzen; und auch diejenigen, denen diese Gebote gegeben wurden, sollen Macht haben, den Grund dieser Kirche zu legen und hervorzubringen aus der Verborgenheit und dem Dunkel, die einzige wahre und lebendige Kirche auf der ganzen Erde, welche mir dem Herrn, wohlgefällig ist; ich rede jedoch von der Kirche im Ganzen und nicht von einzelnen Mitgliedern, denn ich, der Herr, kann nicht auf Sünde mit nur dem geringsten Grade von Nachsicht herabblicken dennoch soll er, welcher bereut und die Gebote des Herrn befolgt. Vergebung finden; von dem aber, welcher nicht bereut, soll das Licht genommen werden, welches er schon gehabt hat, denn mein Geist wird nicht immerdar mit dem Menschen rechten, sagt der Herr der Heerschaaren.

6. Und wiederum sage ich Euch, o ihr Bewohner der Erde, ich der Herr, will diese Dinge bekannt machen allem Fleische, denn ich habe kein Ansehn der Person, und will, daß alle Menschen wissen sollen,

daß der Tag bald kommt. Die Stunde ist noch nicht, ist aber nahe bei der Hand, wenn Friede von der Erde genommen werden und der Satan Gewalt über sein eigenes Reich haben wird; der Herr aber wird auch Macht haben über seine Heiligen und wird regieren in ihrer Mitte und herniederkommen, zum Gericht, über Idumäa, oder die Welt.

7. Forschet nach diesen Geboten, denn sie sind wahr und getreu, und die Prophezeiungen und Verheißungen, welche in ihnen sind, sollen alle erfüllet werden.

8. Was ich, der Herr, gesprochen habe, habe ich gesprochen, und ich entschuldige mich nicht deßhalb; und obwol die Himmel und die Erde vergehen werden, so wird mein Wort doch nicht vergehen, sondern wird erfüllt werden, und es ist eins, ob durch meine eigne Stimme, oder die Stimme meiner Diener; denn merket auf und sehet! Der Herr ist Gott, und der Geist gibt Zeugniß und das Zeugniß ist wahr und die Wahrheit bleibet von Ewigkeit zu Ewigkeit. Amen.

Abschnitt II.

1. Der Anfang der Kirche Jesu Christi in diesen letzten Tagen war Eintausend achthundert und dreißig Jahre seit der Ankunft unsers Herrn und Heilandes Jesu Christi im Fleische; sie wurde regelmäßig organisirt und eingerichtet, den Gesetzen unseres Vaterlandes gemäß, nach dem Willen und den Geboten Gottes, im vierten Monate und am sechsten Tage des Monats, der April genannt wird; welche Gebote an Joseph Smith jun. gegeben wurden, der berufen war von Gott und ordinirt ein Apostel Jesu Christi, als der erste Aelteste dieser Kirche; und an Oliver Cowdery, der auch von Gott berufen war, ein Apostel Jesu Christi, als der zweite Aelteste dieser Kirche und unter seiner Hand ordinirt; und dieses nach der

Gnade unseres Herrn und Heilandes Jesu Christi, welchem sei Ehre von nun an bis in Ewigkeit. Amen.

2. Nachdem es wahrhaftig diesem ersten Aeltesten offenbar geworden war, daß er eine Vergebung seiner Sünden empfangen hatte, wurde er von Neuem in die Eitelkeiten der Welt verwickelt. Aber nach aufrichtiger Reue und Demüthigung seiner selbst durch Glauben theilte sich ihm Gott durch einen heiligen Engel mit, dessen Angesicht leuchtete und dessen Gewänder rein und weiß über alles andere Weiß waren, gab ihm Gebote, die ihn begeisterten; und Kraft von der Höhe, durch die Mittel und Wege, welche vorher bereitet waren, das Buch Mormon zu übersetzen, das die Urkunde eines gefallenen Volkes und die Fülle des Evangeliums Jesu Christi an die Heiden und dann auch an die Juden enthält. Dasselbe wurde durch göttliche Eingebung gegeben, und ist auch Andern bezeuget worden durch die Erscheinung von Engeln, wie auch von jenen der Welt erklärt wird, indem sie derselben beweisen, daß die heilige Schrift wahr ist, und daß Gott Menschen auch in diesem Zeitalter und Geschlechte mit seinem Geiste erfüllt und sie zu seinem heiligen Werke, ebenso, wie vor Alters beruft, und dadurch beweist, daß er ist derselbe Gott, gestern, heute und in alle Ewigkeit. Amen.

3. Daher, da es so viele Zeugen gibt, sollen durch sie die Menschen gerichtet werden, nämlich so viele, als da zur Kenntniß dieses Werkes kommen sollen; und diejenigen, welche es im Glauben annehmen und Gerechtigkeit üben wollen, sollen die Krone des ewigen Lebens empfangen; gegen die aber, welche ihr Herz im Unglauben verhärten und es verwerfen werden, soll es zu ihrer eigenen Verdammniß sich wenden, denn der Herr, unser Gott, hat es gesprochen; und wir, die Aeltesten der Kirche, haben gehört und geben Zeugniß von den Worten der glorreichen Majestät von der Höhe, welcher sei Ehre in Ewigkeit. Amen.

4. Durch diese Dinge wissen wir, daß es einen Gott im Himmel gibt, der unendlich und ewig ist, derselbe unveränderliche Gott von Ewigkeit zu Ewig-

6

keit, der Schöpfer des Himmels und der Erde und aller Dinge, die darin sind; und daß er den Men= schen geschaffen hat, Mann und Weib, nach seinem Ebenbilde, ja nach seinem Bilde hat er sie erschaffen, und gab ihnen Gebote, daß sie ihn lieben und ihm dienen sollten, den allein wahren und lebendigen Gott, und daß er das einzige Wesen ihrer Verehrung sein sollte. Aber durch die Uebertretung dieser heiligen Gebote wurde der Mensch sinnlich und teuflisch und wurde ein gefallenes Geschöpf.

5. Darum hat der allmächtige Gott seinen ein= geborenen Sohn gegeben, wie es geschrieben steht in der Schrift, die von ihm eingegeben wurde. Er litt Versuchungen, aber gab nicht Acht darauf; er wurde gekreuzigt, starb und auferstand am dritten Tage, fuhr gen Himmel und sitzet zur rechten Hand des Vaters, mit allmächtiger Gewalt nach dem Willen des Vaters zu regieren, damit, so viele ihrer auch glaubten und getauft würden, in seinem heiligen Namen, und ausharren im Glauben bis an das Ende, selig werden sollten: nicht allein die, welche glaubten, nachdem er im Mittage der Zeit in das Fleisch ge= kommen war, sondern auch die vom Anfange an, ja so viele ihrer vor ihm waren, die an die Worte der heiligen Propheten glaubten, welche sprachen, wie es ihnen durch die Gabe des heiligen Geistes gegeben wurde, und welche in Wahrheit von ihm in allen Dingen zeugten, sollten ewiges Leben haben; wie auch die später geboren werden sollten und an die Gaben und Berufungen des heiligen Geistes glauben würden, der Zeugniß gibt, von dem Vater und dem Sohne, welche sammt dem heiligen Geiste eine Gottheit bil= den, unbegrenzt, ewig und ohne Ende. Amen.

6. Und wir wissen, daß alle Menschen bereuen, an den Namen Jesu Christi glauben, den Vater in seinem Namen verehren, und im Glauben an seinen Namen bis an's Ende ausharren müssen, oder sie können nicht im Reiche Gottes selig werden. Und wir wissen, daß die Rechtfertigung durch die Gnade unse= res Herrn und Heilandes Jesu Christi gerecht und wahr ist; wie wir auch wissen, daß die Heiligung

durch denselben gerecht und wahr ist, allen denen, die
Gott lieben und ihm dienen mit aller ihrer Macht,
Kraft und ihrem Herzen. Aber, da ist eine Möglich=
keit, daß der Mensch die Gnade verlieren und von
dem lebendigen Gott abfallen kann; daher lasset die
Kirche Acht haben und immer beten, damit sie nicht
in Versuchung falle; ja auch die, welche geheiligt sind,
mögen aufmerken. Und wir bezeugen, daß diese Dinge
wahr und nach den Offenbarungen Johannis sind,
indem sie weder hinzufügen noch von der Prophe=
zeiung seines Buches, der heiligen Schrift oder den
Offenbarungen Gottes hinwegnehmen, die noch kom=
men sollen durch die Gabe und Kraft des heiligen
Geistes, die Stimme Gottes oder die Erscheinnng von
Engeln. Gott der Herr hat es gesprochen, und seinem
heiligen Namen sei Ehre, Macht und Herrlichkeit ge=
geben für immer und ewiglich. Amen.

7. **Und wiederum, als ein Gebot an die
Kirche, über die Art der Taufe.** — Alle die,
welche sich demüthigen vor Gott und wünschen ge=
tauft zu werden und erscheinen mit zerknirschtem Her=
zen und reumüthiger Seele und bezeugen vor der
Kirche, daß sie wahrhaftig, alle ihre Sünden bereut
haben, willig sind, den Namen Jesu Christi auf sich
zu nehmen; den Entschluß fassen, ihm zu dienen bis
an das Ende, und wirklich durch ihre Werke bezeu=
gen, daß sie von dem Geiste Christi zur Vergebung
ihrer Sünden, erhalten haben • sollen durch die
Taufe in die Kirche aufgenommen werden.

8. **Die Pflichten der Aeltesten, Prie=
ster, Lehrer, Diener und Mitglieder der
Kirche Christi.** — Ein Apostel ist ein Aeltester,
und es ist seinem Berufe gemäß, zu taufen und an=
dere Aelteste, Priester, Lehrer und Diener zu weihen,
und das Brot und den Wein auszutheilen — die
Sinnbilder des Fleisches und Blutes Christi — und
jene, welche durch die Taufe in die Kirche gekommen
sind, der Schrift gemäß zu confirmiren, durch das
Auflegen der Hände, zur Taufe mit Feuer und dem
heiligen Geist; und zu lehren, auseinander zu setzen,
zu ermahnen, zu taufen und über die Kirche zu wachen;

und die Kirche zu confirmiren durch das Auflegen
der Hände und die Gabe des heiligen Geistes und
den Vorſitz in allen Verſammlungen zu haben.

9. Die Aelteſten ſollen die Verſammlungen leiten,
wie ſie vom heiligen Geiſte geführt werden, nach den
Geboten und Offenbarungen Gottes.

10. Die Pflicht der Prieſter iſt zu predigen, zu
lehren, auseinander zu ſetzen, zu ermahnen, zu taufen,
und das Abendmahl auszutheilen und das Haus jedes
Mitgliedes zu beſuchen und zu ermahnen, mündlich
und im Stillen zu beten und auf alle Familien-
pflichten Acht zu haben. In allen dieſen Pflichten
ſollte der Prieſter dem Aelteſten beiſtehen, wenn die
Gelegenheit es verlangt.

11. Die Pflicht des Lehrers iſt immer über der
Kirche zu wachen, mit den Mitgliedern derſelben zu
ſein, ſie zu ſtärken, und zu ſehen, daß weder Gottloſigkeit — noch Schwierigkeiten mit einander — noch
Lügen, Verläumden und Uebelreden in der Kirche
herrſchen; auch zu ſehen, daß die Kirche ſich oft verſammelt und daß alle Mitglieder ihre Pflicht thuen.
Er ſoll die Leitnng der Verſammlungen, in der Ab-
weſenheit des Aelteſten oder Prieſters nehmen und
wenn nothwendig, in allen ſeinen Pflichten von den
Dienern unterſtützt werden; doch weder Lehrer noch
Diener haben die Vollmacht zu taufen, das Abendmahl auszutheilen, oder Hände aufzulegen; hingegen
iſt es ihre Pflicht zu warnen, auszulegen, zu ermahnen und Alle einzuladen zu Chriſto zu kommen.

12. Jeder Aelteſte, Prieſter, Lehrer oder Diener
ſoll geweiht werden nach den Gaben und den Berufungen des Herrn an ihn; und er ſoll geweiht werden durch die Macht des heiligen Geiſtes, welche in
demjenigen iſt, der ihn weiht.

13. Die verſchiedenen Aelteſten, welche dieſe Kirche
Chriſti ausmachen, ſollen ſich als eine Conferenz alle
drei Monate verſammeln, oder von Zeit zu Zeit, wie
jene Conferenzen verordnen oder beſtimmen mögen,
und beſagte Conferenzen ſollen alle Kirchengeſchäfte,
welche zur Zeit nothwendig ſind, beſorgen.

14. Die Aelteſten ſollen ihre Vollmachtsſcheine

von andern Aeltesten bekommen, durch die Wahl=
stimme der Kirche, zu welcher sie gehören, oder von
den Conferenzen.

15. Jeder Priester, Lehrer, oder Diener, welcher
durch einen Priester geweiht worden ist, kann ein
Certifikat von ihm zur Zeit nehmen, welches, nach=
dem es einem Aeltesten vorgelegt worden ist, ihn zu
einem Vollmachtsschein berechtigen soll, der ihn er=
mächtigen wird die Pflichten seines Berufs auszu=
führen; oder er kann jenen Schein von einer Confe=
renz erlangen.

16. Keine Person soll zu irgend einem Amte in
dieser Kirche geweiht werden, wo ein regelmäßig
organisirter Zweig derselben ist, ohne die Stimme
jener Kirche, doch die vorstehenden Aeltesten, reisen=
den Bischöfe, Hohen Räthe, Hohenpriester und Aelte=
sten können das Recht zu weihen erlangen, wo kein
Zweig der Kirche ist und keine Abstimmung gehalten
werden kann.

17. Jeder Präsident des Hohenpriesterthumes
(oder vorstehender Aelteste), Bischof, Hohe Rath und
Hohepriester sollte durch die Verordnung eines Hohen
Rathes oder einer allgemeinen Conferenz geweiht
werden.

18. Die Pflichten der Mitglieder, nach=
dem sie durch die Taufe empfangen worden
sind. — Die Aeltesten und Priester sollten eine ge=
nügende Zeit haben, ihnen alle Dinge in Bezug auf
die Kirche Christi zur Anschauung zu bringen, ehe sie
das Abendmahl nehmen und confirmirt werden, durch
das Auflegen der Hände der Aeltesten, so daß alle
Dinge in Ordnung gethan werden mögen. Und die
Mitglieder sollen vor der Kirche und auch vor den
Aeltesten durch einen gottseligen Wandel und Ver=
kehr beweisen, daß sie würdig sind, und der heiligen
Schrift gemäß Werke und Glauben zeigen mögen,
und in Heiligkeit vor dem Herrn wandeln.

19. Jedes Mitglied der Kirche Christi, das Kin=
der hat, soll sie zu den Aeltesten vor die Gemeinde
bringen, welche die Hände auf sie im Namen Jesu
Christi legen und sie in seinem Namen segnen sollen.

20. Niemand kann in die Kirche Christi aufge=
nommen werden, wenn er nicht die Jahre der Ver=
antwortlichkeit vor Gott erreicht hat, und zur Buße
fähig ist.

21. Die Taufe muß in der folgenden Weise an
Allen, die Buße thun, vollzogen werden: — Der
Mann, der von Gott berufen ist und Autorität von
Jesus Christus hat zu taufen, soll mit der Person,
welche zur Taufe erschienen ist, in das Wasser hinab=
steigen und sagen, indem er ihn oder sie beim Namen
ruft: — „Beauftragt von Jesus Christus, taufe ich
dich, in dem Namen des Vaters, des Sohnes und des
heiligen Geistes, Amen! — Darauf soll er ihn oder
sie im Wasser untertauchen und wieder herauskommen
aus dem Wasser.

22. Es ist rathsam, daß sich die Gemeinden oft
versammeln, um das Brod und den Wein zum Ge=
dächtniß Jesu Christi zu genießen; und der Aelteste
oder Priester soll es segnen; und auf diese Weise soll
es gesegnet werden — er soll knieen mit der Gemeinde
und den Vater im feierlichen Gebete anrufen, indem
er sagt: „O Gott, du ewiger Vater, wir bitten dich
in dem Namen deines Sohnes Jesu Christi, dieses
Brod zu segnen und zu heiligen den Seelen aller
derer, welche davon genießen, daß sie es essen mögen,
zum Gedächtniß des Leibes deines Sohnes, und dir
bezeugen, o Gott, du ewiger Vater, daß sie willig
sind, auf sich zu nehmen den Namen deines Sohnes,
und jederzeit seiner gedenken wollen und seine Gebote
halten, welche er ihnen gegeben hat, daß sie immer=
dar seinen Geist mit sich haben mögen. Amen".

23. Die Art und Weise den Wein zu segnen. Er
soll den Kelch nehmen und sagen: „O Gott, du ewi=
ger Vater, wir bitten dich in dem Namen deines Soh=
nes Jesu Christi, diesen Wein zu segnen und zu hei=
ligen den Seelen aller derer, welche davon trinken,
daß sie es thun mögen, zum Gedächtniß des Blutes
deines Sohnes, welches für sie vergossen wurde; da=
mit sie dir bezeugen mögen, o Gott, du ewiger Vater,
daß sie seiner allezeit gedenken und sein Geist mit
ihnen sein möge immerdar. Amen".

24. Jedes Mitglied der Kirche Christi, welches übertritt oder in einem Fehler überrascht worden ist, soll behandelt werden, wie die Schrift es verordnet.

25. Es soll die Pflicht der verschiedenen Gemeinden, welche die Kirche Christi ausmachen, sein, einen oder mehre von ihren Lehrern zu schicken, um den verschiedenen Conferenzen, welche von den Aeltesten gehalten werden, beizuwohnen, mit einer Liste der Namen der verschiedenen Mitglieder, welche sich mit der Kirche seit der letzten Conferenz verbunden haben, oder durch die Hand eines Priesters, so daß eine regelmäßige Liste aller Namen der ganzen Kirche in ein Buch, durch einen Aeltesten, wie derselbe von Zeit zu Zeit durch die anderen Aeltesten bestimmt werden wird, eingetragen werden kann; und auch wenn irgend welche von der Kirche ausgeschlossen worden sind, daß ihre Namen, aus der allgemeinen Kirchenurkunde von Namen gelöscht werden mögen.

26. Alle Mitglieder, welche von der Kirche, wo sie wohnen, wegziehen, sollten wenn sie zu einer Kirche gehen, wo sie nicht bekannt sind, einen Brief nehmen, der bescheinigt, daß sie regelmäßige Mitglieder sind und in gutem Rufe stehen, welches Certifikat, von irgend einem Aeltesten oder Priester unterzeichnet werden kann, wenn das Mitglied, das den Empfehlungsbrief wünscht persönlich mit dem Aeltesten oder Priester bekannt ist, sonst kann er auch von den Lehrern oder Dienern der Kirche unterzeichnet werden.

Abschnitt III.

1. Es gibt in der Kirche zwei Priesterthümer, nämlich das von Melchisedek und das Aaronische, welches das Levitische in sich begreift. Warum das Erstere das Priesterthum Melchisedek's genannt wird, geschieht deßhalb, weil Melchisedek solch ein großer Hoherpriester war. Vor seiner Zeit wurde es das heilige Priesterthum, nach der Ordnung des Sohnes Gottes genannt;

aber aus Ehrfurcht vor dem Namen des höchsten
Wesens, benannte die Kirche in der alten Zeit, um
eine zu häufige Wiederholung seines Namens zu ver=
meiden, jenes Priesterthum nach Melchisedek — das
Priesterthum Melchisedek's.

2. Alle andern Autoritäten oder Aemter in der
Kirche sind Zugaben dieses Priesterthums; aber es
gibt nur zwei Haupteintheilungen — eine ist das
Melchisedekpriesterthum und die andere ist das Aaro=
nische oder Levitische Priesterthum.

3. Das Amt eines Aeltesten gehört zu dem Prie=
sterthume Melchisedek's. Das Melchisedekpriesterthum
besitzt das Recht des Vorsitzes und hat Kraft und
Vollmacht über alle Aemter in der Kirche in allen
Zeitaltern der Welt, um alle geistlichen Angelegen=
heiten zu verwalten.

4. Die Präsidentschaft des Hohenpriesterthums,
nach der Ordnung Melchisedek's hat das Recht, in
allen Aemtern der Kirche zu amtiren.

5. Hohepriester nach der Ordnung des Priester=
thums Melchisedek's haben ein Recht, in ihrem eigenen
Stande, unter der Anleitung der Präsidentschaft, in
geistlichen Angelegenheiten zu amtiren, aber auch in
dem Amte eines Priesters, (nach der Levitischen Ord=
nung), eines Lehrers, Dieners oder Mitgliedes.

6. Wenn der Hohepriester nicht gegenwärtig ist,
hat ein Aeltester das Recht, an seiner Stelle zu
amtiren.

7. Der Hohepriester und Aelteste sollen in geist=
lichen Angelegenheiten amtiren, übereinstimmend mit
den Bündnissen und Geboten der Kirche; und sie
haben das Recht, alle diese Aemter der Kirche zu ver=
sehen, wenn keine höheren Autoritäten gegenwärtig
sind.

8. Das zweite Priesterthum wird nach Aaron ge=
nannt, weil es auf Aaron und seinen Namen über=
tragen wurde, durch alle ihre Geschlechter. Daß es
das geringere Priesterthum genannt wird, geschieht
deshalb, weil es eine Zugabe zum größeren, oder
Melchisedekpriesterthum ist und nur Vollmacht hat, in
äußeren Verordnungen zu amtiren. Das bischöfliche

Amt ist die Präsidentschaft dieses Priesterthums und besitzt die Schlüssel oder oberste Vollmacht desselben. Kein Mensch hat ein gesetzliches Recht zu diesem Amte und die Schlüssel dieses Priesterthums zu führen, er sei denn ein gerader Abkömmling Aaron's. Aber da ein Hoherpriester, nach der Ordnung Melchisedek's das Recht hat, alle geringeren Aemter zu verwalten, mag er auch das Amt eines Bischofes versehen, wenn kein direkter Nachkomme Aaron's gefunden werden kann, vorausgesetzt, daß er unter den Händen der Präsidentschaft des Priesterthums Melchisedek's zu dieser Vollmacht berufen, abgeordnet und ordinirt wird.

9. Die Gewalt und Vollmacht des höheren oder Melchisedekpriesterthums besteht darin, daß sie die Schlüssel zu allen geistigen Segnungen der Kirche besitzt — das Vorrecht hat, die Geheimnisse des Himmelreiches zu empfangen, die Himmel für sich offen zu haben, mit der allgemeinen Versammlung und Kirche des Erstgebornen zu verkehren, und sich der Gemeinschaft und Gegenwart Gottes, des Vaters, und Jesu, des Mittlers im neuen Bunde zu erfreuen.

10. Die Gewalt und Vollmacht des geringeren oder Aaronischen Priesterthums, besteht in dem Besitze der Schlüssel der Erscheinung von Engeln, in der Verwaltung äußerer Verordnungen, des Buchstabens des Evangeliums — der Taufe, der Buße zur Vergebung der Sünden, den Bündnissen und Geboten gemäß.

11. Nothwendigerweise muß es Präsidenten oder vorsitzende Aemter geben, welche aus der Mitte derer hervorgehen, oder von ihnen bestimmt werden, die zu den verschiedenen Aemtern in den beiden Priesterthümern ordinirt worden sind. In dem Melchisedekpriesterthum bilden drei vorsitzende Hohepriester, von der Körperschaft gewählt, bestimmt und ordinirt zu dem Amte, und unterstützt durch das Vertrauen, den Glauben und das Gebet der Kirche, ein Collegium der Präsidentschaft der Kirche. Die zwölf reisenden Räthe sind berufen als die zwölf Apostel, oder besonderen Zeugen des Namens Christi in der ganzen Welt; somit sich von andern Beamten der Kirche, durch die

Pflichten ihrer Berufung unterscheidend. Sie bilden
ein Collegium, das dem vorher erwähnten der drei
Präsidenten an Gewalt und Vollmacht gleich ist. Die
Siebenziger sind ebenfalls berufen worden, das Evan=
gelium zu predigen und als besondere Zeugen an die
Heiden und in aller Welt; somit sich ebenfalls nur
durch die Pflichten der Berufung von den anderen
Beamten der Kirche unterscheidend, und sie bilden ein
Collegium jenem eben genannten der zwölf besonde=
ren Zeugen oder Apostel an Vollmacht gleichstehend.
Und jede von einem dieser Collegien gefällte Entschei=
dung muß durch Einstimmigkeit desselben geschehen,
d. h. jedes Mitglied eines jeden Kollegiums muß mit
seinen Entschließungen übereinstimmen, um ihren
Beschlüssen dasselbe Gewicht oder dieselbe Gültigkeit
zu verleihen. (Eine Majorität kann ein Collegium
bilden, wenn Umstände es unmöglich machen, anders
zu sein.) Wenn das aber nicht der Fall ist, sind ihre
Beschlüsse nicht zu denselben Segnungen berechtigt,
welche die Beschlüsse eines Collegiums der drei Präsi=
denten vor Alters besaßen, die nach der Ordnung
Melchisedek's ordinirt und gerechte und heilige Män=
ner waren. Die Beschlüsse dieser Collegien, oder eines
Jeden von ihnen müssen gefaßt werden in Gerechtig=
keit, Heiligkeit, Demuth des Herzens, Einfalt, Lang=
muth, Glauben, Tugend und Verständniß, Mäßig=
keit, Geduld, Gottseligkeit, brüderlicher Liebe und
Barmherzigkeit; da die Verheißung ist, daß, wenn
diese Dinge in ihnen vorherrschen, sie nicht unfrucht=
bar sein sollen in der Erkenntniß des Herrn. Für
den Fall aber, daß irgend ein Beschluß eines dieser
Kollegien in Ungerechtigkeit gefaßt wurde, soll er vor
die allgemeine Versammlung der verschiedenen Colle=
gien, welche die geistlichen Autoritäten der Kirche bil=
den, gebracht werden; sonst kann man ihren Beschluß
nicht weiter appelliren

12. Die Zwölfe sind ein reisender vorsitzender
hoher Rath, zu amtiren im Namen des Herrn unter
der Anleitung der Präsidentschaft der Kirche, der
Einrichtung des Himmels gemäß, um die Kirche auf=
zubauen und alle Angelegenheiten derselben unter allen

Nationen zu ordnen, zuerst bei den Heiden und dann bei den Juden.

13. Die Siebenziger sollen arbeiten im Namen des Herrn unter der Leitung der Zwölfe, oder des reisenden hohen Rathes, um die Kirche aufzubauen und alle Angelegenheiten derselben zu leiten, unter allen Völkern — zuerst bei den Heiden und dann bei den Juden; die Zwölfe sind ausgesandt im Besitze der Schlüssel zum Oeffnen der Thüre, durch die Ver= kündigung des Evangeliums Jesu Christi — zuerst zu den Heiden und dann zu den Juden.

14. Die ständigen Hohen Räthe in den Pfählen Zions bilden ein Collegium, welches in den Ange= legenheiten der Kirche, in allen ihren Beschlüssen, dem Collegium der Präsidentschaft oder dem reisenden Hohen Rathe in Autorität gleich ist.

15. Der Hohe Rath in Zion bildet ein Collegium, welches in den Angelegenheiten der Kirche, in allen ihren Beschlüssen den Räthen der Zwölfe in den Pfählen Zions, in Autorität gleich ist.

16. Es ist die Pflicht des reisenden Hohen Rathes die Siebenziger, anstatt aller Anderen, zu berufen, wenn sie Hilfe nothwendig haben, um die verschiedenen Nachfragen für das Predigen und Verkündigen des Evangeliums zu befriedigen.

17. Es ist die Pflicht der Zwölfe, in allen großen Zweigen der Kirche Evangelisten zu weihen, wie sie ihnen angezeigt werden sollen, durch Offenbarung.

18. Die Ordnung dieses Priesterthums wurde von Vater zu Sohn herabgehändigt und gehört recht= mäßig den buchstäblichen Nachkömmlingen des aus= erwählten Samens, welchem die Verheißungen gemacht wurden. Diese Ordnung wurde in den Tagen Adams eingeführt und kam herab durch die Stammlinie in der folgenden Weise: —

19. Von Adam auf Seth, welcher von Adam ge= weiht wurde im 69sten Jahre seines Alters und von ihm gesegnet, drei Jahre vor dem Tode Adams und die Verheißung Gottes durch seinen Vater empfing, daß seine Nachkommenschaft die Erwählten des Herrn sein und erhalten werden sollten, bis an's Ende der

Erbe, weil er (Seth) ein vollkommener Mann war
denn er war in dem ausdrücklichen Bilde seines Vaters
insoweit, daß er seinem Vater gleich zu sein schien in
allen Dingen und von ihm nur durch sein Alter unter=
schieden werden konnte.

20. Enos wurde geweiht, als er 134 Jahre und
vier Monate alt war, unter der Hand Adams.

21. Gott besuchte Kenan in der Wildniß in sei=
nem vierzigsten Jahre und er begegnete Adam auf
seiner Reise nach dem Platze Schedolamach. Er war
87 Jahre alt, als er seine Weihe empfing.

22. Mahalaleel war 496 Jahre und sieben Tage
alt, als er geweiht wurde durch die Hand Adams,
der ihn auch segnete.

23. Jared war 200 Jahre alt, als er geweiht
wurde durch die Hand Adams, der ihn auch segnete.

24. Henoch war 25 Jahre alt, als er unter der
Hand Adams geweiht wurde und er war 65 und
Adam segnete ihn. Und er sah den Herrn und wan=
delte mit ihm und war vor seinem Angesichte immer=
während; und er wandelte mit Gott 365 Jahre und
war 430 Jahre alt, als er von der Erde hinweg=
geführt wurde.

25. Methusalah war 100 Jahre alt, als er unter
der Hand Adams geweiht wurde.

26. Lamech war 32 Jahre alt, als er unter der
Hand Seth's geweiht wurde.

27. Noah war 10 Jahre alt, als er unter der Hand
Methusalah's geweiht wurde.

28. Drei Jahre, vor dem Tode Adam's, rief er
Seth, Enos, Kenan, Mahalaleel, Jared, Henoch und
Methusalah, welche alle Hohepriester waren, mit den
Uebrigen seiner Nachkommenschaft, welche gerecht waren,
in das Thal Adam=ondi=ahman und dort gab ihnen
seinen letzten Segen. Und der Herr erschien ihnen
und sie standen auf — und segneten Adam und nann=
ten ihn Michael, den Fürsten, den Erzengel. Und der
Herr tröstete Adam und sprach zu ihm: Ich habe dich
gesetzt an der Spitze zu stehen — eine Menge von
Völkern soll von dir kommen und du bist ein Fürst
über sie immerdar.

29. Und Adam stand auf in der Mitte der Ver= sammlung und obgleich er niedergebeugt mit Alter war, so weissagte er doch, erfüllt mit dem Heiligen Geiste was seinen Nachkommen widerfahren sollte, bis auf die späteste Generation. Diese Dinge wurden alle in dem Buche Enoch's geschrieben, von welchem gezeugt werden wird zur geeigneten Zeit.

30. Es ist auch die Pflicht der Zwölfe, alle die anderen Beamten der Kirche zu weihen und in Ord= nung zu setzen, einer Offenbarung gemäß, welche sagt:

31. An die Kirche Christi im Lande Zions, als Hinzufügung zu den Kirchengesetzen in Bezug auf Kirchengeschäfte — Wahrlich, sage ich euch, spricht der Herr der Heerschaaren, es müssen nothwendiger Weise vorstehende Aelteste sein, denen, welche das Aeltesten= amt halten vorzustehen; und auch Priester, denen vorzustehen, welche das Priesteramt halten und auch Lehrer oder Diener jenen in gleicher Weise vorzu= stehen, welche das Lehrer= oder Dieneramt halten. Deshalb vom Diener zum Lehrer, und vom Lehrer zum Priester und vom Priester zum Aeltesten, jeder wie berufen nach den Bündnissen und Geboten der Kirche. Dann kommt das Hohepriesterthum, welches das Größte von allen ist; deshalb ist es nothwendig, daß einer von der Hohenpriesterschaft berufen werde, der Priesterschaft vorzustehen und er soll Präsident des Hohenpriesterthumes der Kirche genannt werden; oder in anderen Worten, der vorstehende Hohepriester über die Hohepriesterschaft der Kirche. Von derselben kommt die Ertheilung von Verordnungen und Seg= nungen an die Kirche, durch das Auflegen der Hände.

32. Das Amt eines Bischofes ist deshalb jener nicht gleich; denn das Amt eines Bischofes besteht in der Verwaltung aller zeitlichen Dinge; nichtsdestoweniger muß ein Bischof aus dem Hohenpriesterthum gewählt werden, wenn er nicht in gerader Linie ein Abkömm= ling Aaron's ist; denn wenn er nicht ein buchstäb= licher Nachkomme Aaron's ist, so kann er nicht die Schlüssel jenes Priesterthumes halten. Nichtsdesto= weniger, kann ein Hoherpriester nach der Ordnung

Melchisedek's, zur Verwaltung von zeitlichen Dingen
eingesetzt werden, der eine Kenntniß von ihnen durch
den Geist der Wahrheit erlangt hat und auch ein
Richter in Israel sein soll, die Geschäfte der Kirche zu
besorgen, im Gericht zu sitzen gegen Uebertreter, und
nach dem Zeugnisse, das den Gesetzen gemäß, vor ihn
gelegt werden wird, mit dem Beistande seiner Räthe,
welche er erwählt hat oder aus den Aeltesten der Kirche
erwählen wird, zu urtheilen. Dies ist die Pflicht eines
Bischofs, welcher nicht ein buchstäblicher Nachkomme
Aaron's, jedoch zum Hohenpriesterthum, nach der
Ordnung Melchisedek's ordinirt worden ist.

33. So soll er ein Richter sein, selbst ein gewöhn=
licher Richter unter den Einwohnern Zions, oder in
einem Pfahle Zions, oder in irgend einem Zweige
der Kirche, wo er eingesetzt werden wird für dieses
Amt, bis die Grenzen Zions sich erweitern und es
nothwendig wird, andere Bischöfe oder Richter in Zion
oder anderswo zu haben; und insofern andere Bi=
schöfe berufen werden, so sollen sie in demselben Amte
handeln.

34. Doch ein buchstäblicher Abkömmling Aaron's
hat ein gesetzliches Recht zu der Präsidentschaft dieses
Priesterthums, zu den Schlüsseln desselben und in
dem Amte eines Bischofs und Richters in Israel zu
handeln, unabhängig, ohne Räthe, außer in dem Falle,
wenn ein Präsident des Hohenpriesterthums, nach der
Ordnung Melchisedek's vor Gericht gebracht wird.
Und die Beschlüsse jeder dieser Räthe nach dem Ge=
bote, welches sagt:

35. Wiederum, wahrlich, ich sage euch die wich=
tigsten Geschäfte der Kirche und die schwierigsten
Rechtsfälle derselben sollen, im Falle, daß die Be=
schlüsse der Richter nicht Befriedigung geben, dem
Rathe der Kirche übergeben und vor die Präsident=
schaft des Hohenpriesterthums gebracht werden; und
die Präsidentschaft des Rathes des Hohenpriesterthums
soll Macht haben, zwölf andere Hohepriester zu be=
rufen, um als Räthe Hilfe zu leisten; und auf diese
Weise sollen die Präsidentschaft des Hohenpriester=
thums und ihre Räthe, Macht haben, auf Zeugniß

hin, nach den Gesetzen der Kirche zu entscheiden; und nach diesem Beschlusse soll es nicht mehr in Erinnerung gebracht werden, vor dem Herrn; denn dieser ist der höchste Rath der Kirche Gottes und ein Endbeschluß über Streitigkeiten in geistlichen Dingen.

36. Keine Person in der Kirche ist diesem Rathe derselben gegenüber, frei von Verantwortlichkeit.

37. Im Falle, daß ein Präsident des Hohenpriesterthums sich vergehen sollte, soll er zur Rechenschaft, vor dem gewöhnlichen Rathe der Kirche, welchem zwölf Räthe des Hohenpriesterthums beistehen sollen, gezogen werden; und ihre Entscheidung in seinem Falle, muß ein Ende des Processes gegen ihn sein. So denn, ist Niemand von der Gerechtigkeit und den Gesetzen Gottes ausgenommen, daß alle Dinge in Ordnung und Feierlichkeit vor mir gethan werden mögen, nach der Wahrheit und Gerechtigkeit.

38. Und wiederum, wahrlich ich sage euch, die Pflicht eines Präsidenten über das Amt eines Dieners ist, zwölf Dienern vorzustehen, in Berathung mit ihnen zu sitzen und ihnen ihre Pflicht zu lehren — und sich einander zu erbauen, wie es den Bündnissen gemäß gegeben wird.

39. Und die Pflicht des Präsidenten über das Amt der Lehrer ist vier und zwanzig Lehrern vorzustehen und in Berathung mit ihnen zu sitzen und sie zu belehren in den Pflichten ihres Amtes, wie es in den Bündnissen gegeben wird.

40. Und die Pflicht des Präsidenten über die Priesterschaft Aaron's ist acht und vierzig Priestern vorzustehen, in Berathung mit ihnen zu sitzen und ihnen die Pflichten ihres Amtes zu lehren, wie es in den Bündnissen gegeben wird. Dieser Präsident soll ein Bischof sein, denn es ist eine von den Pflichten dieses Priesterthums.

41. Wiederum, die Pflicht des Präsidenten über das Amt der Aeltesten ist sechs und neunzig Aeltesten vorzustehen und in Berathung mit ihnen zu sitzen und sie, gemäß den Bündnissen zu belehren. Diese Präsidentschaft ist eine verschiedene von der

über die Siebenziger und ist beabsichtigt für die, welche nicht in alle Welt gehen.

42. Und wiederum, die Pflicht des Präsidenten über das Amt der Hohenpriesterschaft ist, der ganzen Kirche vorzustehen und gleichwie Moses zu sein. Sehet, hier ist Weisheit; ja, ein Seher, Offenbarer, Ueber= setzer und Prophet zu sein, im Besitze aller Gaben Gottes, welche er dem Haupte der Kirche verleihet.

43. Und es ist nach dem Gesichte, welches die Ordnung der Siebenziger zeigt, daß sie sieben, aus der Anzahl der Siebenzig, gewählte Präsidenten haben sollen, ihnen vorzustehen; und der siebente Prä= sident dieser Präsidenten soll die sechs präsidiren; und diese sieben Präsidenten sollen andere Siebenzig außer den ersten Siebenzig, zu denen sie gehören, er= wählen und ihnen vorstehen; und auch andere sieben= zig, bis sieben mal siebenzig, sollte die Arbeit im Weinberge es nothwendig machen. Und diese Sieben= ziger sollen reisende Prediger sein, zuerst den Heiden und auch den Juden; während andere Beamte der Kirche, welche nicht zu den Zwölfen, noch den Sieben= zigern gehören, nicht unter der Verantwortlichkeit sind, unter allen Nationen zu reisen, sondern es thuen sollen, wie es ihre Umstände erlauben, nichtsdesto= weniger können sie gerade so hohe und verantwort= liche Stellen in der Kirche einnehmen.

44. Deshalb lerne jetzt jeder Mann seine Pflicht und wirke in dem Amte, zu welchem er berufen ist, mit allem Fleiße. Derjenige, welcher träge ist, soll nicht als würdig gerechnet werden, zu stehen und wer seine Pflicht nicht lernt und sich nicht bewährt zeigt, soll nicht würdig erachtet werden, zu stehen. Amen.

Abschnitt IV.

Eine Offenbarung, gegeben den 22. und 23. Sep= tember 1832.

1. Eine Offenbarung von Jesus Christus an seinen Diener Joseph Smith jun. und sechs Aelteste,

als sie ihre Herzen vereinigten und ihre Stimme auf=
hoben zum Himmel; ja, das Wort des Herrn in Be=
zug auf seine Kirche, errichtet in den letzten Tagen
zur Wiederherstellung seines Volkes, wie er geredet
hat durch den Mund seiner Propheten, und zur
Sammlung seiner Heiligen, daß sie stehen sollen auf
dem Berge Zion, welcher die Stadt des Neuen Jeru=
salem werden, und die am Tempelplatze beginnend ge=
baut werden soll, der von dem Finger des Herrn an
den westlichen Grenzen des Staates Missouri bezeich=
net und unter den Händen Joseph Smith's jun. und
Anderer, an denen der Herr Wohlgefallen hatte, ge=
weihet worden war.

2. Wahrlich dies ist das Wort des Herrn, daß
die Stadt Neu Jerusalem gebaut werden soll, durch
die Sammlung der Heiligen, beginnend in diesem
Platze, selbst dem Platze des Tempels, welcher Tempel
in dieser Generation errichtet werden soll; denn wahr=
lich dieses Geschlecht soll nicht gänzlich vergehen, bis
ein Haus dem Herrn gebaut werden und eine Wolke
darauf ruhen soll, welche Wolke sogar die Herrlichkeit
des Herrn sein soll, welche das Haus erfüllen wird.
Und die Söhne Moses, nach dem heiligen Priester=
thume, welches er unter der Hand seines Schwieger=
vaters Jethro erhielt; und Jethro empfing es unter
der Hand Caleb's; und Caleb empfing es unter der
Hand Elihu's; und Elihu unter der Hand Jeremi's;
und Jeremi unter der Hand Gad's; und Gad unter
der Hand des Esaias; und Esaias empfing es unter
der Hand Gottes. Esaias lebte auch in den Tagen
Abraham's und wurde von ihm gesegnet — welcher
Abraham das Priesterthum von Melchisedek empfing,
der es durch die Linie seiner Väter bis Noah, em=
pfing; und von Noah bis Enoch durch die Linie ihrer
Väter; und von Enoch bis Abel, (welcher erschlagen
wurde durch die Gottlosigkeit seines Bruders), welcher
das Priesterthum durch Gottes Gebot, unter der Hand
seines Vaters Adam, der der erste Mensch war, er=
hielt — welches Priesterthum in der Kirche Gottes in
allen Generationen fortbesteht und ohne Anfang der
Tage noch Ende der Jahre ist.

7

3. Und der Herr bestätigte auch ein Priesterthum
auf Aaron und seinen Samen, durch alle ihre Ge=
schlechter —, welches Priesterthum auch fortbesteht
und immer mit dem Priesterthum, welches nach der
heiligsten Ordnung Gottes ist, bleibt: und dieses
größere Priesterthum theilt das Evangelium aus und
hält den Schlüssel der Geheimnisse des Reiches, selbst
den Schlüssel der Erkenntniß Gottes; deshalb in den
Verordnungen desselben, wird die Macht der Gott=
seligkeit kund; und ohne die Verordnungen desselben
und die Autorität des Priesterthums wird die Macht
der Gottseligkeit, den Menschen im Fleische nicht kund
gegeben; denn ohne dieses kann kein Mensch das An=
gesicht Gottes, selbst den Vater, schauen und leben.

4. Mose lehrte dieses den Kindern Israel deut=
lich in der Wildniß und suchte mit Fleiß, sein Volk
zu heiligen, daß sie das Angesicht Gottes schauen
möchten; doch verhärteten sie ihre Herzen und konn=
ten seine Gegenwart nicht ertragen, deshalb schwor
der Herr in seinem Zorne (denn der Zorn war gegen
sie entzündet), daß sie nicht in seine Ruhe eingehen
sollten, während sie in der Wildniß waren, welche
Ruhe die Fülle seiner Herrlichkeit ist. Deshalb nahm
er Mose aus ihrer Mitte und auch das heilige Prie=
sterthum; und das geringere Priesterthum bestand
fort, welches Priesterthum den Schlüssel des Dienens
der Engel und des vorbereitenden Evangeliums hält,
welches Evangelium das Evangelium der Buße und
Taufe und der Vergebung der Sünden ist und das
Gesetz der fleischlichen Gebote, welche der Herr in sei=
nem Zorn, mit dem Hause Aaron's unter den Kin=
dern Israels fortbestehen ließ, bis auf Johannes, den
der Herr erkor, und der erfüllt war mit dem heiligen
Geiste von seiner Mutter Leibe an. Denn er wurde
getauft, als er noch in seiner Kindheit war und wurde
vom Engel des Herrn geweiht, als er acht Tage alt
war, zur Macht das Reich der Juden umzuwerfen,
und den Weg des Herrn gerade zu machen, vor dem
Angesichte seines Volks, sie für das Kommen des
Herrn vorzubereiten, in dessen Hand alle Macht ge=
geben ist.

5. Und wiederum, das Amt des Aeltesten und Bischofs sind nothwendige Zugaben zum Hohenpriesterthum. Und wiederum, die Aemter der Lehrer und Diener sind nothwendige Zugaben zum niederen Priesterthum, welches Priesterthum dem Aaron und seinen Söhnen bestätigt wurde.

6. Deshalb, wie ich sagte in Bezug auf die Söhne Moses — denn die Söhne Moses und auch die Söhne Aaron's sollen eine angenehme Gabe und ein Opfer darbringen im Hause des Herrn, welches Haus dem Herrn gebaut werden wird in diesem Geschlechte, auf dem geheiligten Platze, den ich bestimmt habe: und die Söhne Moses und Aaron's sollen mit der Herrlichkeit des Herrn erfüllt werden auf dem Berge Zion im Hause des Herrn, dessen Söhne ihr seid; und auch viele, welche ich berufen und ausgeschickt habe meine Kirche aufzubauen; denn welche treu zur Erlangung dieser zwei Priesterthümer, von welchen ich gesprochen habe und in der Ausführung ihres Berufes sind, werden geheiligt werden durch den Geist, zur Erneuerung ihrer Körper; sie werden die Söhne Moses und Aaron's und der Same Abraham's und die Kirche und das Reich und die Auserwählten Gottes. Und auch alle diejenigen, welche dieses Priesterthum empfangen, empfangen mich, spricht der Herr; denn wer meine Diener empfängt, empfängt mich; und wer mich empfängt, der empfängt meinen Vater; und wer meinen Vater empfängt, der empfängt meines Vaters Reich; deshalb Alles, was mein Vater hat, soll ihm gegeben werden, und dies ist nach dem Eide und Bunde, der zum Priesterthume gehört. Deshalb alle Jene, welche das Priesterthum empfangen, empfangen diesen Eid und Bund meines Vaters, welchen er weder brechen, noch hinwegthun kann, doch wer immer den Bund, nachdem er ihn empfangen hat, bricht und gänzlich davon sich wegwendet, soll Vergebung der Sünden weder in dieser Welt, noch in der nächsten, erlangen. Und alle Diejenigen, welche nicht zu jenem Priesterthum gelangen, das ihr empfangen habt und welches ich jetzt in euch, die ihr diesen Tag gegenwärtig seid, durch meine eigene Stimme aus dem

Himmel bestätige, und ich habe selbst den himmlischen Heerschaaren und meinen Engeln, Auftrag in Bezug auf euch gegeben.

7. Und nun gebe ich euch ein Gebot in Betreff eurer selbst, daß ihr fleißig Acht habet auf die Worte des ewigen Lebens, da ihr leben sollt von einem jeglichen Worte, das aus dem Munde Gottes kommt; denn das Wort des Herrn ist Wahrheit, und was auch immer Wahrheit ist, ist Licht; und was auch immer Licht ist, ist Geist, nämlich der Geist Jesu Christi; der Geist aber gibt einem jeden Menschen Licht, der in die Welt kommt, er erleuchtet Jedermann in der Welt, der seiner Stimme gehorcht; und wer der Stimme des Geistes gehorcht, kommt zu Gott, dem Vater, und der Vater lehret ihm seinen Bund, welchen er euch erneuert und bestätigt hat und der euretwillen bestätigt worden ist, ja nicht nur euretwillen allein, sondern auch für die ganze Welt; die ganze Welt aber ist in Sünde versunken, und stöhnt in Finsterniß und unter der Knechtschaft der Sünde; und dadurch, daß sie nicht zu mir kommen, könnt ihr wissen, daß sie unter der Knechtschaft der Sünde sind; denn wer nicht zu mir kommt, ist unter der Knechtschaft der Sünde; wer daher meine Stimme nicht annimmt, ist nicht mit derselben bekannt, und ist nicht von mir; woran ihr erkennen möget den Gerechten von dem Bösen, und daß die ganze Welt jetzt unter Sünde und Finsterniß seufzt.

8. Und eure Seelen wurden in früheren Tagen verdunkelt wegen des Unglaubens, weil ihr die Dinge, die ihr empfinget, mit Leichtsinn behandeltet, welche Thorheit und welcher Unglaube die ganze Kirche in Verdammniß gebracht hat. Diese Verdammniß ruht auf den Kindern Zions ohne Ausnahme, und sie sollen darunter verbleiben, bis sie bereuen und des neuen Bundes gedenken, nämlich des Buches Mormon und der früheren Gebote, die ich ihnen gegeben habe, nicht blos zum Reden, sondern zum Thun dessen, was ich geschrieben, damit sie mögen Früchte hervorbringen, würdig des Reiches ihres Vaters, oder sonst erwartet sie Heimsuchung und Gericht, die ausgeschüttet wer-

ben follen über die Kinder Zion's, denn follen die Kinder des Reiches mein heiliges Land beflecken? Wahrlich, ich sage euch, nein!

9. Wahrlich, wahrlich ich sage euch, die ihr meine Worte höret, welches meine Stimme ist, gesegnet seid ihr, sofern ihr diese Dinge annehmet; denn ich will euch eure Sünden vergeben mit diesem Gebote, daß ihr fest bleibet in eurer Seele in dem Ernste und Geiste des Gebetes und im Zeugnißablegen zu aller Welt, von den Dingen, die euch gegeben wurden.

10. Darum gehet hin in alle Welt, und an welchen Ort ihr nicht gehen könnt, sollt ihr senden, damit das Zeugniß mag von euch ausgehen in alle Welt und zu jeder Creatur. Wie ich meinen Aposteln sagte, so sage ich zu euch, denn ihr seid auch meine Apostel, ja Gottes Hohepriester; ihr seid die, welche der Vater mir gegeben hat — ihr seid meine Freunde; darum, wie ich zu meinen Aposteln sagte, wiederhole ich euch, daß jede Seele, die an eure Worte glaubt und im Wasser getauft wird zur Vergebung der Sünden, den heiligen Geist empfangen soll — und diese Zeichen sollen folgen denen, die da glauben:

11. „In meinem Namen sollen sie viele wunderbare Werke thun, in meinem Namen werden sie Teufel austreiben; in meinem Namen werden sie die Kranken heilen; in meinem Namen werden sie den Blinden die Augen aufthun, den Tauben die Ohren öffnen und die Zunge des Stummen soll wieder sprechen; ja, wenn Jemand ihnen Gift geben würde, soll es ihnen Nichts schaden, und das Gift der Schlange soll nicht Kraft haben, ihnen schädlich zu sein". Aber ein Gebot gebe ich ihnen, daß sie sich dieser Dinge nicht rühmen sollen, noch vor der Welt von ihnen reden, denn diese Dinge sind euch gegeben zu eurem Heile und zu eurer Erlösung.

12. Wahrlich, wahrlich, ich sage euch, daß die, welche nicht an eure Worte glauben und nicht getauft werden im Wasser in meinem Namen, zur Vergebung ihrer Sünden, damit sie den heiligen Geist empfangen möchten, verdammt werden und nicht in meines Vaters Reich, wo der Vater und ich sind, kommen

follen. Diefe Offenbarung aber und diefes Gebot an
euch, ift in Kraft von diefer felbigen Stunde auf der
ganzen Welt, und das Evangelium ift an Alle, die
es bis jetzt noch nicht empfangen haben. Aber, wahr=
lich ich fage Allen, denen das Himmelreich gegeben
worden ift, von euch muß es jenen geprediget wer=
den, damit fie ihre früheren Vergehungen bereuen
können; denn fie müffen ihrer böfen und verftockten
Herzen wegen gerügt werden; und eure Brüder in
Zion für ihren Widerftand gegen euch, zur Zeit, als
ich euch fchickte.

13. Und wiederum, ich fage euch meine Freunde,
(denn von nun an will ich euch meine Freunde nen=
nen), es ift rathfam, daß ich euch diefes Gebot gebe,
daß ihr werden möget, wie meine Freunde in den
Tagen, als ich mit ihnen war, diefes Evangelium in
meiner Macht zu predigen, denn ich erlaubt? ihnen
weder Beutel noch Tafche, noch zwei Röcke zu haben;
fehet, ich fende euch aus, die Welt zu prüfen, und der
Arbeiter ift feines Lohnes werth. Und irgend ein
Mann, welcher gehen und das Evangelium vom Reiche
predigen und nicht verfehlen wird, getreu zu bleiben
in allen Dingen, foll nicht verdunkelt, noch müden
Geiftes, Körpers, Gliedes oder Gelenkes werden; und
ein Haar feines Hauptes foll nicht unbeobachtet auf
den Boden fallen. Und fie follen weder hungrig, noch
durftig gehen.

14. Deshalb bekümmert euch nicht um morgen,
was ihr effen oder trinken werdet oder womit ihr
euch kleiden könnt; denn betrachtet die Lilien auf dem
Felde, wie fie wachfen, fie arbeiten nicht, auch fpinnen
fie nicht; und die Reiche der Welt in all ihrer Herr=
lichkeit find nicht bekleidet wie eine von diefen; denn
euer Vater im Himmel weiß, daß ihr aller diefer
Dinge bedürfet. Deshalb laßt das Morgen fich um
feine eigenen Dinge bekümmern. Auch denket nicht
im Voraus, was ihr fagen werdet, fondern häufet
beständig auf in eueren Seelen die Worte des Lebens
und es wird euch gegeben werden in der nämlichen
Stunde, jener Theil, der Jedermann ausgemeffen
werden foll.

15. Darum nehme kein Mann von euch (dieses Gebot ist an alle Gläubigen, die von Gott, in der Kirche, zum Predigeramt berufen sind) von dieser Stunde an Tasche oder Beutel mit sich, der ausgeht, um das Evangelium des Himmelreiches zu verkünden. Sehet, ich sende euch aus, die Welt aller ihrer ungerechten Werke zu zeihen, und sie über ein Gericht zu belehren, das kommen wird, und wer euch aufnimmt, da will auch ich sein, denn ich will vor euch hergehen; ich werde an eurer Rechten und an eurer Linken sein: mein Geist wird in euren Herzen und meine Engel um euch herum sein, euch zu stützen.

16. Wer euch aufnimmt, der nimmt mich auf, und er wird euch sättigen, kleiden und euch Geld geben; wer euch aber sättiget, kleidet, oder Geld gibt, soll auf keine Weise seinen Lohn verlieren; und wer diese Dinge nicht thut, ist nicht mein Jünger; denn an dem sollt ihr meine Jünger erkennen. Von dem, der euch nicht aufnimmt, gehet hinweg für euch allein, und reinigt eure Füße mit Wasser, reinem Wasser, sei es in Hitze oder in Kälte, und zeuget davon zu eurem Vater, der im Himmel ist, und kehret nicht wieder zu dem Manne zurück; und in welches Dorf oder welche Stadt ihr kommen mögt, thut dasselbe. Jedoch forschet eifrig und säumet nicht: aber wehe dem Hause, Dorfe oder der Stadt, die euch, eure Worte oder euer Zeugniß von mir verwerfen! Wehe, sage ich wiederum, dem Hause, Dorfe oder der Stadt, die euch, eure Worte oder euer Zeugniß von mir verwerfen; denn ich, der Allmächtige, habe meine Hand auf die Völker gelegt, sie zu züchtigen wegen ihrer Gottlosigkeit; und Plagen sollen hereinbrechen und nicht wieder von der Erde genommen werden, bis ich vollendet habe mein Werk, das abgekürzt werden soll in Gerechtigkeit, bis Alle mich erkennen werden, die übrig bleiben, von dem Geringsten bis zum Größten; und sollen erfüllt werden mit der Erkenntniß des Herrn, und sollen Auge zu Auge sehen und ihre Stimme erheben und singen zusammen dieses neue Lied:

17. Der Herr hat gebracht wieder sein Zion!
Der Herr hat erlöset sein Volk Israel,

Nach der Wahl seiner Barmherzigkeit,
Welche vermittelt wurde durch den Glauben
Und die Bündnisse ihrer Väter.
Der Herr hat sein Völk erlöst
Und Satan ist gebunden und hinfort soll keine
Zeit mehr sein:
Der Herr hat alle Dinge in Eins gesammelt:
Der Herr hat Zion gebracht von der Höhe:
Der Herr hat Zion gebracht aus der Tiefe:
Die Erde hat geboren und ihre Stärke hervor=
gebracht:
Und Wahrheit ist gegründet in ihren Einge=
weiden
Und die Himmel haben auf sie herabgelächelt:
Und sie ist angethan mit der Herrlichkeit ihres
Gottes:
Denn er steht in der Mitte seines Volkes:
Ehre, Preis, Macht und Stärke
Sei unserm Gott gebracht, denn er ist voller
Gnade,
Gerechtigkeit, Huld, Wahrheit und Friede
Immer und ewiglich, Amen."

18. Und wiederum, wahrlich, wahrlich, ich sage
euch, es ist rathsam, daß jeder Mann, welcher aus=
geht, mein ewiges Evangelium zu verkündigen, daß
insofern sie Familien haben und Gelder als Gaben
empfangen, sie sie ihnen schicken oder Gebrauch für
deren Nutzen davon machen sollten, wie der Herr
ihnen vorschreiben wird, denn so geziemt es mir.
Und jene, welche keine Familien haben, wenn sie
Geld empfangen, sollen sie es zum Bischofe in Zion
schicken oder zum Bischofe in Ohio, daß es gewidmet
werde, für die Hervorbringung und das Drucken der
Offenbarungen und die Gründung Zions.

19. Und wenn irgend Jemand, Einem von euch
einen Rock oder Anzug gibt, so nehmt den alten und
ertheilt ihn den Armen und geht freudig euren Weg.
Und wenn Jemand unter euch stark im Geiste ist, so
lasset ihn denjenigen mit sich nehmen, der schwach ist,
daß er in aller Demuth erbaut werde und auch stark
werden möge.

20. Deshalb, nehmt mit euch solche, welche zur geringeren Priesterschaft geweiht worden sind und sendet sie vor euch her, Anordnungen für Versammlungen zu treffen und den Weg zu bereiten und Versammlungen zu halten, bei denen ihr selbst nicht im Stande seid, anwesend zu sein. Sehet dieses ist die Weise auf welche meine Apostel in vormaliger Zeit, meine Kirche mir aufbauten.

21. Deshalb, laßt jeden Mann in seinem eigenen Amte stehen und in seinem eigenen Berufe arbeiten, und sage das Haupt nicht zum Fuße, er ist der Füße nicht nothwendig, denn ohne die Füße, wie kann der Körper stehen? so hat auch der Körper jedes Glied nöthig, daß alle mit einander erbaut werden mögen, daß das System vollkommen gehalten werden kann.

22. Und sehet die Hohenpriester sollten reisen und auch die Aeltesten, und auch die niedrigeren Priester; doch die Diener und Lehrer sollten bestellt werden über die Kirche zu wachen und ständige Diener der Kirche zu sein.

23. Und der Bischof Newel K. Whitney sollte auch herumreisen und unter den Kirchen nach den Armen forschen, ihnen in ihrer Bedrängniß Hilfe leisten durch das Demüthigen der Reichen und Stolzen; er sollte auch einen Agenten anstellen, seine weltlichen Geschäfte zu besorgen, wie er anweisen wird; nichtsdestoweniger gehe der Bischof in die Stadt Neu York, auch in die Städte Albany und Boston die Einwohner jener Städte durch den Schall des Evangeliums mit lauter Stimme zu warnen, daß Zerstörung und gänzlicher Untergang sie erwartet, wenn sie diese Dinge verwerfen; denn wenn sie diese Dinge verwerfen, so ist die Stunde ihres Gerichts nahe und ihr Haus soll ihnen öde gelassen werden. Er vertraue in mich und er soll nicht verwirrt werden, und ein Haar seines Hauptes soll nicht auf den Boden unbeobachtet fallen.

24. Und wahrlich ich sage zu euch, den Uebrigen meiner Diener, geht hervor wie eure Umstände es euch erlauben werden in euren verschiedenen Berufen, in die großen und ansehnlichen Städte und Dörfer

und rügt die Welt in Gerechtigkeit, ihrer ungerechten und gottlosen Thaten wegen und setzt ihnen klar und deutlich die Zerstörung der Gräuel in diesen letzten Tagen, auseinander; denn, mit euch, spricht Gott der Allmächtige, will ich ihre Reiche zerspalten: Ich will nicht nur allein die Erde erschüttern, sondern die gestirnten Himmel sollen zittern; denn ich, der Herr, habe meine Hand ausgestreckt, die Mächte des Himmels zu bewegen. Ihr seht es jetzt nicht, doch in einer kleinen Weile, so werdet ihr es sehen und wissen, daß ich bin und daß ich kommen werde, mit meinem Volke zu regieren. Ich bin Alpha und Omega, der Anfang und das Ende. Amen.

Abschnitt V.

Protokoll der Organisation des Hohen Rathes der Kirche Jesu Christi der Heiligen der letzten Tage. Kirtland, den 17. Februar 1834.

1. Diesen Tag versammelten sich in Folge von Offenbarung, vier und zwanzig Hohepriester, in dem Hause des Joseph Smith jun., um den Hohen Rath der Kirche Christi zu organisiren, welcher aus zwölf Hohenpriestern und einem oder drei Präsidenten, je nach Umständen, bestehen sollte.

Der Hohe Rath wurde durch Offenbarung verordnet, um wichtige Schwierigkeiten, welche in der Kirche entstehen möchten und nicht durch die Kirche oder den Bischofs Rath, zur Befriedigung der Parteien, geschlichtet werden können, in Ordnung zu bringen.

2. Joseph Smith jun., Sidney Rigdon und Friedrich G. Williams wurden durch die Stimme des Rathes, als Präsidenten anerkannt; und Joseph Smith sen., Johann Smith, Joseph Coe, Johann Johnson, Martin Harris, Johann S. Carter, Jared Carter, Oliver Cowdery, Samuel H. Smith, Orson Hyde, Sylvester Smith und Lucas Johnson, Hohe-

priefter, wurden durch die einmüthige Stimme des
Rathes, zu einem ständigen Rathe der Kirche erwählt.
Die obgenannten Räthe wurden dann gefragt, ob sie
ihre Ernennung annehmen und in jenem Amte, nach
dem Gesetze des Himmels handeln wollten, auf welche
Frage sie alle erwiederten, daß sie ihre Ernennungen
annehmen und ihre Aemter, nach der Gnade, die Gott
ihnen geben würde, erfüllen wollten.

3. Die Zahl, aus welchen der Rath bestand, welche
im Namen der Kirche und für dieselbe, zu der Er=
nennung der obgenannten Räthe stimmten, war drei
und vierzig, wie folgt: „Neun Hohepriester, siebenzehn
Aelteste, vier Priester und dreizehn Mitglieder".

4. Beschlossen: daß der Hohe Rath nicht Macht
haben kann zu handeln, ohne daß sieben der obge=
nannten Räthe oder ihre regelmäßig ernannten Nach=
folger anwesend sind. Diese sieben sollen Macht haben,
andere Hohepriester zu ernennen, welche sie als wür=
dig und fähig erachten in dem Platze abwesender Räthe
zu handeln.

5. Beschlossen: daß allemal, wenn eine Vacanz
vorkommen sollte, durch den Tod, Absetzung vom
Amte wegen Uebertretung, oder Wegziehen außerhalb
der Grenzen dieser Kirchenverwaltung irgend eines
der obgenannten Räthe, dieselbe gefüllt werden soll,
durch den Vorschlag des Präsidenten oder der Präsi=
denten und Bestätigung durch die Stimme eines all=
gemeinen Rathes von Hohenpriestern, welche für jenen
Zweck versammelt worden sind, um im Namen der
Kirche zu handeln.

6. Der Präsident der Kirche, welcher auch Präsi=
dent des Rathes ist, wird durch Offenbarung ernannt
und in seinem Amte bestätigt durch die Stimme der
Kirche; und es ist der Würde seines Amtes gemäß,
daß er dem Rathe der Kirche vorstehen sollte; und es
ist sein Vorrecht von zwei anderen Präsidenten unter=
stützt zu werden, welche auf dieselbe Weise wie er er=
nannt worden sind; und im Falle einer oder beide
von Jenen, welche ernannt worden sind, ihm zu hel=
fen, abwesend sind, so hat er Macht dem Rathe, ohne
einen Gehilfen, vorzustehen; und im Falle, daß er

selbst abwesend ist, so haben die andern Präsidenten
das Recht, miteinander oder einzeln zu präsidiren.

7. Allemal wenn ein Hoher Rath der Kirche
Christi regelmäßig organisirt ist, nach dem vorhergehenden Muster, so soll es die Pflicht der zwölf Räthe
sein, um Nummern zu loosen und dadurch auszufinden, welcher von den Zwölfen zuerst sprechen soll, mit
Nummer eins anfangend und in Folgereihe bis Nummer zwölf.

8. Allemal wenn dieser Rath sich versammelt,
irgend einen Rechtsfall zu verhandeln, so sollen die
zwölf Räthe erwägen, ob es ein schwieriger Fall sei
oder nicht; ist es nicht, so sollen nur zwei Räthe darüber sprechen nach der oben beschriebenen Form. Doch
wenn derselbe für schwierig gehalten wird, so sollen
vier bestimmt werden; und wenn noch schwieriger,
sechs; doch in keinem Falle sollen mehr als sechs zu
sprechen bestimmt werden.

Der Angeklagte hat in allen Fällen ein Recht auf
die Hälfte des Rathes, um Beleidigung oder Ungerechtigkeit zu vermeiden; und die Räthe, welche bestimmt worden sind, vor dem Rathe zu sprechen,
sollen, nachdem die Aussagen der Zeugen geprüft
worden sind, den Fall in seinem wahren Lichte vor
dem Rathe dahinstellen und jeder Mann soll im Ein-
klange mit Unparteilichkeit und Gerechtigkeit sprechen.
Jene Räthe, welche gerade Nummern, nämlich 2, 4,
6, 8, 10 und 12 ziehen, sind Diejenigen, welche für
die Angeklagten auftreten und Beleidigung und Ungerechtigkeit verhindern sollen.

9. In allen Fällen sollen die Angeklagten das
Vorrecht haben für sich selbst, vor dem Rathe zu sprechen, nachdem die Aussagen der Zeugen gehört worden sind, und die Räthe, welche bestimmt sind, über
den Fall zu sprechen ihre Reden geschlossen haben.
Nachdem die Evidenz gehört worden ist, die Räthe,
der Ankläger und Angeklagte gesprochen haben, so soll
der Präsident, nach dem Verständnisse, welches er von
dem Falle hat, seine Entscheidung geben und die zwölf
Räthe auffordern, dieselbe durch ihre Abstimmung zu
bestätigen. Doch sollten die übrigen Räthe, welche nicht

gesprochen haben, oder irgend einer von ihnen, nach=
dem sie der Evidenz und den Reden unparteiisch zu=
gehört haben, einen Irrthum in der Entscheidung des
Präsidenten entdecken, so können sie es kund thun,
und der Fall kann von Neuem untersucht werden,
und wenn nach einer sorgfältigen Wiederuntersuchung,
vermehrtes Licht in jenem Falle gezeigt wird, so soll
die Entscheidung demselben gemäß geändert werden;
doch im Falle, daß kein neues Licht gegeben wird,
so soll die erste Entscheidung stehen, da die Majorität
des Rathes Macht hat, dieselbe festzusetzen.

10. In Fällen von Schwierigkeit, in Bezug auf
Lehre oder Princip (wenn nicht genügend geschrieben
ist, den Fall dem Verständniß des Rathes klar zu
machen), so kann der Präsident anfragen und den
Willen des Herrn durch Offenbarung erlangen.

11. Wenn die Hohenpriester auswärts sind, so
haben sie Macht einen Rath nach der Weise des vor=
hergehenden, zu berufen und zu organisiren, um
Schwierigkeiten zu schlichten, sollten die Parteien oder
iene von ihnen es verlangen; und der benannte Rath der
Hohenpriester soll Macht haben, einen aus ihrer eige=
nen Zahl zu bestimmen, einem solchen Rathe zur Zeit
vorzustehen. Es soll die Pflicht jenes Rathes sein,
eine Abschrift ihrer Verhandlungen mit einer vollen
Auseinandersetzung der Evidenz, welche ihre Entschei=
dung begleitet, sogleich dem Hohen Rathe des Sitzes
der ersten Präsidentschaft der Kirche zu übermitteln.
Sollten die Parteien, oder eine von ihnen mit der
Entscheidung des besagten Rathes unzufrieden sein,
so können sie an den Hohen Rath des Sitzes der ersten
Präsidentschaft der Kirche appelliren und ein Wieder=
verhör erlangen, und jener Fall soll dort, nach dem
früher geschriebenen Muster geleitet werden, gerade
als ob keine Entscheidung gemacht worden wäre.

12. Dieser Rath von auswärtigen Hohenpriestern,
wird nur in den schwierigsten Fällen von Kirchen=
angelegenheiten berufen und kein gewöhnlicher un=
wichtiger Fall soll genügend sein, einen solchen Rath
zu berufen. — Die reisenden oder auswärts ange=
stellten Hohenpriester haben das Recht zu sagen, ob

die Berufung eines solchen Rathes nothwendig ist, oder nicht.

13. Es ist ein Unterschied, zwischen den Entscheidungen des Hohen Rathes von auswärtigen Hohenpriestern und denen des reisenden Hohen Rathes, welcher aus den zwölf Aposteln besteht. Von den Entscheidungen des Ersteren kann apellirt werden, doch von denen des Letzteren kann es nicht geschehen. Die Letzteren können nur im Falle von Uebertretung durch die allgemeinen Autoritäten der Kirche, zur Rechenschaft gezogen werden.

14. Beschlossen, daß der Präsident oder die Präsidenten des Sitzes der ersten Präsidentschaft der Kirche, Macht haben sollen, nach einer Prüfung der Appellation und der Evidenz und Auseinandersetzungen, welche sie begleiten, zu bestimmen, ob irgend ein solcher Fall, welcher appellirt worden ist, gerechter Weise zu einem Wiederverhöre berechtigt ist.

15. Die zwölf Räthe schritten dann vorwärts durch Loosung auszufinden, welcher zuerst sprechen sollte und das Folgende war das Resultat, nämlich:

1. Oliver Cowdery,
2. Joseph Coe,
3. Samuel H. Smith,
4. Lukas Johnson,
5. Johann S. Carter,
6. Sylvester Smith,
7. Johann Johnson,
8. Orson Hyde,
9. Jared Carter,
10. Joseph Smith, sen.,
11. Johann Smith,
12. Martin Harris.

Nach dem Gebete vertagte sich die Conferenz.

Oliver Cowdery, ⎫
Orson Hyde,　　 ⎬ Secretäre.

Abschnitt VI.

Offenbarung zur Erklärung der Parabel vom Weizen und dem Unkraute, December 6., 1832.

1. Wahrlich, so spricht der Herr an seine Diener, in Bezug auf die Parabel vom Weizen und dem Unkraute. Sehet, wahrlich ich sage euch, daß das Feld, die Welt war und die Apostel waren Säer des Weizens, und nachdem sie entschlafen waren, so sitzt die große Verfolgerin der Kirche, die Abgefallene, die Hure, selbst Babylon, welche alle Nationen aus ihrem Becher trinken gemacht hat, in deren Herzen der Feind, sogar Satan regiert. Sehet, er säet das Unkraut, deshalb erstickt das Unkraut den Weizen und treibt die Kirche in die Wildniß.

2. Doch sehet in den letzten Tagen, sogar jetzt, während der Herr anfängt, sein Wort hervor zu bringen und der Halm sprießt auf und ist noch zart. Sehet, wahrlich, ich sage euch, die Engel, welche bereit sind und warten ausgesandt zu werden, die Felder niederzumähen, schreien zum Herrn Tag und Nacht; doch der Herr sagt zu ihnen, reißt das Unkraut nicht heraus, während der Halm noch zart ist (denn wahrlich euer Glaube ist schwach), damit ihr nicht auch den Weizen zerstöret. Deshalb laßt den Weizen und das Unkraut zusammenwachsen, bis die Ernte völlig reif ist, dann sollt ihr zuerst den Weizen aus dem Unkraute heraus sammeln und nach der Sammlung des Weizens, sehet das Unkraut wird in Bündel gebunden und das Feld bleibt übrig, verbrannt zu werden.

3. Deshalb, so spricht der Herr zu euch, mit welchen das Priesterthum durch die Linie eurer Väter geblieben ist, denn ihr seid die rechtmäßigen Erben, nach dem Fleische und seid mit Christus von der Welt verborgen gewesen, in Gott; deshalb ist euer Leben und das Priesterthum geblieben und muß nothwendiger Weise durch euch und eure Linie bleiben, bis auf die Wiederherstellung aller Dinge, gesprochen durch den Mund aller heiligen Propheten, von der Welt an.

4. Deshalb, gesegnet seid ihr, wenn ihr durch meine Güte fortfahret, ein Licht der Heiden und durch dieses Priesterthum ein Wohlgeruch meinem Volke Israel zu sein. Der Herr hat es gesprochen. Amen.

~~~~~~~~

Abschnitt VII.

Offenbarung, gegeben am 27. December 1832.

1. Wahrlich, so spricht der Herr zu euch, die ihr euch zusammen versammelt habt, seinen Willen in Bezug auf euch, zu empfangen. Sehet, dies ist dem Herrn angenehm und die Engel erfreuen sich eurer; eure Gebete sind aufgestiegen in die Ohren des Herrn Zebaoth und sind eingetragen im Buche der Namen der Geheiligten; selbst jener der himmlischen Welt. Deshalb, sende ich euch einen andern Tröster, selbst euch meine Freunde, daß er in euren Herzen bleiben möge, ja selbst der heilige Geist der Verheißung, welcher andere Tröster derselbe ist, welchen ich meinen Schülern versprach, wie es im Zeugnisse des Johannes aufgezeichnet ist.

2. Dieser Tröster ist die Verheißung, welche ich euch vom ewigen Leben gebe; selbst die Herrlichkeit des himmlischen Reiches, welche Herrlichkeit die, der Kirche des Erstgebornen ist, selbst Gottes des Allerheiligsten, durch Jesum Christum seinen Sohn: er, welcher in die Höhe stieg, wie er auch sich unter alle Dinge erniedrigte; indem er alle Dinge verstand, daß er in allen Dingen und durch alle Dinge sein möchte, das Licht der Wahrheit, welche Wahrheit leuchtet. Dies ist das Licht Christi. Wie er auch in der Sonne und das Licht der Sonne ist und die Macht derselben, durch welche sie gemacht wurde. Wie er auch im Monde ist und das Licht des Mondes ist und die Macht desselben, durch welche er gemacht wurde. Wie auch das Licht der Sterne und die Macht derselben, durch welche sie gemacht wurden. Und auch die Erde

und die Macht derselben, sogar die Erde, auf welcher ihr stehet.

3. Und das Licht, welches jetzt leuchtet, welches euch Licht gibt, ist durch ihn, welcher eure Augen er= leuchtet, dasselbe Licht, das eure Erkenntniß belebt, welches Licht von der Gegenwart Gottes ausgeht, die Unendlichkeit des Raumes zu erfüllen. Das Licht, welches in allen Dingen ist; das allen Dingen Leben gibt: welches das Gesetz ist, durch das alle Dinge regiert werden: selbst die Macht Gottes, welcher auf seinem Throne sitzt und im Busen der Ewigkeit und in der Mitte aller Dinge ist.

4. Jetzt, wahrlich sage ich euch, daß durch die Erlösung, welche für euch bereitet ist, die Auferstehung von den Todten zu Stande gebracht wird. Und der Geist und der Körper sind die Seele des Menschen. Und die Auferstehung von den Todten ist die Erlösung der Seele; und die Erlösung der Seele ist durch ihn, welcher alle Dinge belebt, in dessen Busen es verord= net ist, daß die Armen und Demüthigen das Erdreich besitzen sollen. Deshalb muß es nothwendiger Weise von aller Ungerechtigkeit gereinigt werden, daß es für die himmlische Herrlichkeit vorbereitet werde; denn nachdem es den Zweck seiner Schöpfung erfüllt hat, soll es mit Herrlichkeit gekrönt werden, selbst mit der Gegenwart Gottes des Vaters; daß Körper, welche zum himmlischen Reiche gehören, es immer und ewig= lich besitzen mögen; denn aus dieser Absicht wurde es gemacht und erschaffen und aus dieser Absicht werden sie geheiligt.

5. Und diejenigen, welche nicht durch das Gesetz, welches ich euch gegeben habe, selbst das Gesetz Christi, geheiligt werden, müssen ein anderes Reich ererben, selbst ein irdisches oder ein unterirdisches Reich. Denn wer die Gesetze des himmlischen Reiches nicht halten kann, kann auch nicht eine himmlische Herrlichkeit er= langen; und wer das Gesetz eines irdischen Reiches nicht halten kann, kann auch nicht eine irdische Herr= lichkeit erlangen; und wer das Gesetz eines unter= irdischen Reiches nicht halten kann, kann auch nicht eine unterirdische Herrlichkeit empfangen; deshalb ist

er nicht passend für ein Reich der Herrlichkeit und
muß in einem Reiche bleiben, welches nicht ein Reich
der Herrlichkeit ist.

·6. Und wiederum, wahrlich ich sage euch, die Erde
hält das Gesetz eines himmlischen Reiches, denn sie
erfüllt den Zweck ihrer Schöpfung und übertritt das
Gesetz nicht. Deshalb wird sie geheiligt werden; ja,
obgleich sie sterben wird, so wird sie doch wieder belebt werden und in der Macht bleiben, durch welche
sie belebt wurde, und die Gerechten werden sie bewohnen: denn obgleich sie sterben, werden sie auch
wieder erstehen als geistliche Leiber; die, welche einen
himmlischen Geist haben, sollen denselben Leib, welcher
ein natürlicher Leib war, empfangen; selbst ihr sollt
eure Leiber empfangen und eure Herrlichkeit soll jene
sein, durch welche eure Körper belebt werden. Ihr, die
ihr durch einen Theil der himmlischen Herrlichkeit belebt werdet, sollt von derselben empfangen, selbst eine
Fülle; und die, welche belebt werden durch einen Theil
der irdischen Herrlichkeit, werden dann von derselben
empfangen, selbst eine Fülle; und auch die, welche
durch einen Theil der unterirdischen Herrlichkeit belebt
werden, werden dann von derselben empfangen, selbst
eine Fülle; und die, welche übrig bleiben, sollen auch
belebt werden; nichtsdestoweniger sollen sie zurückkehren nach ihrem eigenen Platze, sich dessen zu erfreuen, das sie willig sind zu empfangen, weil sie nicht
willig waren, sich dessen zu erfreuen, das sie hätten
empfangen können.

7. Denn welchen Vortheil hat ein Mensch, wenn
eine Gabe ihm gegeben wird, und er sie nicht empfängt? Sehet, er freut sich dessen nicht, das ihm
gegeben wird, noch dessen, der der Geber der Gabe ist.

8. Und wiederum, wahrlich ich sage euch, das,
welches durch Gesetz regiert wird, wird auch durch
Gesetz erhalten und vervollkommnet und geheiligt
durch dasselbe. Der, welcher ein Gesetz bricht und
sich nicht nach dem Gesetze richtet, sondern sucht, ein
Gesetz sich selbst zu sein und wünscht, in der Sünde
zu bleiben und bleibt gänzlich in der Sünde, kann
weder durch das Gesetz geheiligt werden, noch durch

Gnade, Gerechtigkeit oder Gericht. Deshalb müssen sie noch unrein bleiben.

9. Alle Reiche haben ein gegebenes Gesetz: und es gibt viele Reiche; denn es gibt keinen Raum, in welchem kein Reich ist; und es gibt kein Reich, in welchem kein Raum ist, entweder ein größeres oder kleineres Reich.

Und jedem Reiche ist ein Gesetz gegeben, und zu jedem Gesetze sind auch gewisse Grenzen und Bedingungen.

10. Alle Wesen, welche nicht verbleiben unter jenen Bedingungen, sind nicht gerechtfertigt; denn Erkenntniß paßt zu Erkenntniß, Weisheit empfängt Weisheit; Wahrheit ergreift Wahrheit, Tugend liebt Tugend; Licht trachtet nach Licht, Gnade hat Mitleid mit Gnade und verlangt das ihrige; Gerechtigkeit fährt in ihrem Laufe fort und verlangt ihr eigenes; Gericht geht vor dem Angesichte dessen, der auf dem Throne sitzt und alle Dinge regiert und ausführt; er versteht alle Dinge, und alle Dinge sind vor ihm und alle Dinge sind um ihn herum; und er ist über allen Dingen und in allen Dingen und durch alle Dinge und ist um alle Dinge herum; und alle Dinge sind durch ihn und von ihm, selbst Gott, immer und ewiglich.

11. Und wiederum, wahrlich ich sage euch, er hat allen Dingen ein Gesetz gegeben, durch welches sie in ihren Zeiten und Jahreszeiten sich bewegen; und ihre Laufbahnen sind bestimmt; selbst die Laufbahnen der Himmel und der Erde, welche in sich die Erde und alle Planeten begreifen; und sie geben einander Licht in ihren Zeiten und in ihren Jahreszeiten, in ihren Minuten, Stunden, Tagen, Wochen, Monaten und Jahren; alle diese sind e i n Jahr mit Gott, doch nicht mit dem Menschen.

12. Die Erde rollt auf ihren Flügeln und die Sonne gibt ihr Licht bei Tage und der Mond gibt sein Licht bei Nacht und die Sterne geben auch ihr Licht, wie sie auf ihren Flügeln in ihrer Herrlichkeit, in der Mitte der Macht Gottes, rollen. Und womit soll ich diese Reiche vergleichen, daß ihr verstehen könnt? Sehet, alle diese sind Reiche und irgend Je-

manb, welcher irgenb welche ober die geringſten von ihnen geſehen hat, hat Gott ſich in ſeiner Majeſtät und Macht bewegen ſehen. Ich ſage euch, er hat ihn geſehen; nichtsbeſtoweniger, er, der zu ſeinen Eigenen kam, wurde nicht verſtanden. Das Licht leuchtet in Dunkelheit, und die Dunkelheit begreift es nicht; nichtsbeſtoweniger wird der Tag kommen, wenn ihr ſelbſt Gott begreifen werdet; indem ihr belebt in ihm und durch ihn ſein werdet. Dann werdet ihr wiſſen, daß ihr mich geſehen habt, daß ich bin, und daß ich das wahre Licht bin, das in euch iſt, und daß ihr in mir ſeid, ſonſt könntet ihr nicht zunehmen.

13. Sehet, ich will dieſe Reiche einem Manne, der ein Feld hat, vergleichen, und er ſchickte ſeine Knechte aus in das Feld, in demſelben zu graben; und er ſagte zum Erſten, gehe und arbeite du im Felde und in der erſten Stunde will ich zu dir kom= men und du ſollſt die Freude meines Angeſichtes ſchauen; und er ſagte zum Zweiten, gehe du auch in das Feld und in der zweiten Stunde werde ich dich mit der Freude meines Angeſichtes beſuchen; und auch zum Dritten ſagte er: Ich will dich beſuchen, und zum Vierten und ſo, bis zum Zwölften.

14. Und der Herr des Feldes ging zum Erſten, in der erſten Stunde und blieb mit ihm während jener Stunde und er wurde froh gemacht, mit dem Lichte des Angeſichts ſeines Herrn; und dann zog er ſich von dem Erſten zurück, daß er auch den Zweiten beſuchen könnte und den Dritten und Vierten und ſo bis zum Zwölſten; und auf dieſe Weiſe empfingen ſie Alle das Licht des Angeſichtes ihres Herrn; jeder Mann in ſeiner Stunde, und in ſeiner Zeit und in ſeiner Jahreszeit; beginnend mit dem Erſten und ſo, bis zum Letzten und vom Letzten zum Erſten und vom Erſten zum Letzten; jeder Mann in ſeiner eigenen Ordnung. bis ſeine Stunde beendigt war, ſelbſt wie ſein Herr ihm befohlen hatte, daß ſein Herr in ihm verherrlicht werden möchte und er in ihm, daß ſie alle verherrlicht werden möchten.

15. Deshalb, mit dieſer Parabel will ich alle dieſe Reiche vergleichen und die Einwohner derſelben; jedes

Reich in seiner Würde und in seiner Zeit und in sei=
ner Jahreszeit; selbst nach der Verordnung, welche
Gott gemacht hat.

16. Und wiederum, wahrlich ich sage euch meine
Freunde, ich lasse diese Worte mit euch, sie in euren
Herzen zu erwägen, mit diesem Gebote, welches ich
euch gebe, daß ihr mich anrufen sollt, während ich
nahe bei euch bin; kommet nahe zu mir und ich will
nahe zu euch kommen: suchet mich fleißig und ihr
werdet mich finden; bittet und ihr sollt empfangen;
klopfet und es soll euch geöffnet werden; was ihr den
Vater in meinem Namen bittet, soll euch gegeben
werden, wenn es euch dienlich ist; und wenn ihr um
etwas fragt, das euch nicht dienlich ist, so soll es sich
zu eurer Verdammung wenden.

17. Sehet, was ihr hört ist wie die Stimme
Eines, der in der Wildniß schreit — in der Wildniß,
weil ihr ihn nicht sehen könnt — meine Stimme, weil
meine Stimme Geist ist; mein Geist ist Wahrheit;
die Wahrheit bleibt und hat kein Ende und wenn sie
in euch ist, so soll sie überhand nehmen.

18. Und wenn euer Auge einfältig für meine
Herrlichkeit ist, so werden eure ganzen Körper mit
Licht erfüllt werden, und ihr werdet keine Dunkelheit
in euch haben und jener Körper, welcher mit Licht er=
füllt ist, versteht alle Dinge. Deshalb heiliget euch,
daß eure Seelen einfältig vor Gott werden mögen
und die Tage werden kommen, daß ihr ihn sehen
werdet; denn er wird sein Gesicht euch entschleiern,
und es wird in seiner eigenen Zeit sein, und nach
seiner eigenen Weise und nach seinem eigenen Willen.

19. Erinnert euch der großen und letzten Ver=
heißung, welche ich euch gegeben habe; werfet weit von
euch weg eure thörichten Gedanken und euer über=
mäßiges Gelächter; verweilet euch, verweilet in diesem
Orte und beruft eine feierliche Versammlung, selbst
jener, welche die ersten Arbeiter dieses letzten Reiches
sind; und lasset jene, welche sie auf ihren Reisen ge=
warnt haben, den Herrn anrufen und die Warnung,
welche sie erhalten haben, eine Weile in ihren Herzen
erwägen. Denn sehet! ich will für eure Herden sor=

gen und werde Aelteste erwecken und zu ihnen schicken.

20. Sehet, ich will mein Werk in seiner Zeit beschleunigen; und ich gebe euch, die ihr die ersten Arbeiter in diesem letzten Reiche seid, ein Gebot, daß ihr euch miteinander versammelt und euch organisirt, vorbereitet und heiliget; ja, reinigt eure Herzen, und macht sauber eure Hände und Füße vor mir, daß ich euch rein machen kann; daß ich eurem Vater und eurem Gott und meinem Gott, bezeugen kann, daß ihr rein von dem Blute dieser gottlosen Generation seid: daß ich diese Verheißung, dieses große und letzte Versprechen, welches ich euch gegeben habe, wann ich will, erfüllen kann.

21. Auch gebe ich euch ein Gebot, daß ihr im Gebet und Fasten von dieser Zeit an, fortfahrt. Und ich gebe euch ein Gebot, daß ihr euch einander in der Lehre dieses Reiches belehrt; lehret fleißig und meine Gnade soll euch begleiten, daß ihr vollkommener unterrichtet werden möchtet in der Theorie, dem Principe, der Lehre, dem Gesetze des Evangeliums und in allen Dingen, die zum Reiche Gottes gehören, welche dienlich, für euch zu verstehen, sind; von Dingen, beides im Himmel und auf der Erde und unter der Erde; Dingen, welche gewesen sind, Dingen, welche sind, Dingen, welche sich in Kürze ereignen müssen; Dingen, die zu Hause sind, Dingen, welche auswärts sind; den Kriegen und Verwicklungen von Nationen und den Gerichten, welche über dem Lande sind und auch der Kenntniß von Ländern und Königreichen, daß ihr in allen Dingen vorbereitet sein möchtet, wenn ich euch wieder senden werde, den Beruf, zu welchem ihr berufen seid und die Mission, welche ich euch bestimmt habe, zu ehren.

22. Sehet, ich habe euch ausgesandt Zeugniß zu geben und das Volk zu warnen und es geziemet Jedermann, der gewarnt worden ist, seinen Nachbarn zu warnen. Deshalb haben sie keine Entschuldigung, und ihre Sünden ruhen auf ihren eigenen Häuptern. Derjenige, welcher mich frühe sucht wird mich finden und soll nicht verlassen werden.

23. Deshalb, verbleibet und arbeitet fleißig, daß
ihr vervollkommnet werden möget in eurem Amte,
um unter die Heiden auszugehen, zum letzten Male,
so viele als der Herr nennen wird, das Gesetz zu bin=
den und das Zeugniß zu versiegeln und die Heiligen
vorzubereiten für die Stunde des Gerichts, die da
kommen wird; daß ihre Seelen dem Zorne Gottes
entrinnen mögen und der Zerstörung der Abscheulich=
keit, welche die Gottlosen in dieser und der kommen=
den Welt treffen wird. Wahrlich ich sage euch, laßt
jene, welche nicht die ersten Aeltesten der Kirche sind,
im Weinberge fortfahren, bis der Mund des Herrn
sie abberufen wird, denn ihre Zeit ist noch nicht ge=
kommen; ihre Gewänder sind nicht rein, von dem
Blute dieser Generation.

24. Bleibet in der Freiheit, womit ihr frei ge=
macht worden seid; verwickelt euch nicht in Sünde,
doch lasset eure Hände rein sein, bis der Herr kommt,
denn es wird nicht viele Tage dauern, bis die Erde
zittern und hin und her schwanken wird, wie ein Be=
trunkener; und die Sonne wird ihr Angesicht ver=
bergen und wird verweigern Licht zu geben, und der
Mond wird in Blut gebadet werden, und die Sterne
werden sehr zornig werden und sich herniederwerfen,
wie eine Feige, welche von einem Feigenbaume ab=
fällt.

25. Und nach eurem Zeugnisse kommt Zorn und
Grimm über das Volk; denn nach eurem Zeugnisse
kommt das Zeugniß der Erdbeben, welches Stöhnen
in ihrer Mitte hervorbringen wird und Menschen
werden auf den Boden fallen und nicht im Stande
sein, zu stehen. Auch kommt das Zeugniß der Stimme
des Donners und die Stimme der Blitze, und die
Stimme der Orkane und die Stimme der Wogen des
Meeres, welche sich über ihre Grenzen hinaus thür=
men werden. Und alle Dinge werden in Bewegung
sein und sicherlich die Herzen der Menschen werden
verzagen, denn Furcht soll auf alles Volk kommen;
und Engel werden durch die Mitte des Himmels flie=
gen, mit lauter Stimme schreien. die Posaune Gottes
ertönen lassen und sagen: Bereitet euch, bereitet euch,

o, ihr Einwohner der Erde, denn das Gericht unseres Gottes ist gekommen: denn sehet! der Bräutigam kommt, gehet aus, ihm entgegen.

26. Und sogleich soll ein großes Zeichen im Himmel erscheinen und alle Völker sollen es miteinander sehen. Und ein anderer Engel wird seine Posaune erschallen lassen und sagen, jene große Kirche, die Mutter der Gräuel, die alle Nationen zu trinken genöthigt hat, von dem Weine des Zornes ihrer Hurerei, welche die Heiligen Gottes verfolget und ihr Blut vergoß; sie, die auf vielen Gewässern sitzt und auf den Inseln des Meeres; siehe sie ist das Unkraut der Erde, sie wird in Bündel gebunden, ihre Bande werden stark gemacht, kein Mensch kann sie auflösen; deshalb ist sie zum Verbrennen bereit. Und er wird seine Posaune lange und laut erschallen lassen und alle Nationen sollen es hören.

27. Und wird sein Stillschweigen im Himmel eine halbe Stunde lang, und sogleich darauf wird der Vorhang des Himmels enthüllt werden, wie eine Rolle entfaltet wird, nachdem sie aufgerollt worden ist, und das Angesicht des Herrn wird entschleiert sein, und die Heiligen, welche auf der Erde und am Leben sind, werden verwandelt und aufgehoben werden, ihm zu begegnen. Und diejenigen, welche in ihren Gräbern geschlummert haben, werden hervorkommen; denn ihre Gräber werden geöffnet und sie werden auch aufgehoben werden, ihm in der Mitte der Säule des Himmels zu begegnen: sie sind Christi, die ersten Früchte: Diejenigen, welche mit ihm zuerst herniedersteigen werden und die, welche auf der Erde und in ihren Gräbern sind, welche zuerst aufgehoben werden, ihm zu begegnen: und alles Dieses durch die Stimme des Schalles der Posaune des Engels Gottes.

28. Und nachher soll ein anderer Engel die zweite Posaune erschallen lassen; und dann kommt die Erlösung jener, die Christi sind bei seiner Ankunft, welche ihren Theil in jenem Gefängnisse erhalten haben, welches für sie bereitet war, daß sie das Evangelium empfangen möchten und gerichtet werden, wie Menschen im Fleische.

29. Und wiederum soll eine andere Posaune er=
schallen, welches die dritte Posaune ist: und dann
kommen die Geister der Menschen, welche gerichtet
werden sollen und unter Verdammniß gefunden wer=
den; und diese sind die Uebrigen der Todten, und sie
leben nicht wieder bis die tausend Jahre beendigt sind,
noch auch, bis zum Ende der Erde.

30. Und eine andere Posaune soll erschallen, wel=
ches die vierte Posaune ist, und sagen, diese sind ge=
funden unter jenen, welche bleiben müssen bis auf
jenen großen und letzten Tag, selbst das Ende und
welche noch unrein bleiben werden.

31. Und eine andere Posaune soll erschallen, wel=
ches die fünfte Posaune ist, welcher der fünfte Engel
ist, der das ewige Evangelium überliefert — fliegend
durch die Mitte des Himmels zu allen Nationen, Ge=
schlechtern, Zungen und Völkern; und dies soll der
Schall seiner Posaune sein an alles Volk, beides im
Himmel und auf Erden und welche unter der Erde
sind; denn jedes Ohr soll es hören und jedes Knie
sich beugen und jede Zunge bekennen, während sie den
Schall der Posaune hören, der da sagt: „Fürchtet
Gott und gebet ihm die Ehre, der da sitzet auf dem
Throne immer und ewiglich, denn die Stunde seines
Gerichts ist gekommen".

32. Und wiederum, ein anderer Engel soll seine
Posaune ertönen, welcher der sechste Engel ist und
sagt, sie ist gefallen, welche alle Nationen nöthigte zu
trinken, von dem Weine des Zornes ihrer Hurerei:
sie ist gefallen! gefallen!

33. Und wiederum, ein anderer Engel wird seine
Posaune erschallen lassen, welcher der siebente Engel
ist, sagend: „Es ist vollbracht! Es ist vollbracht!"
Das Lamm Gottes hat überwunden und hat getreten
die Kelter allein; selbst die Kelter des Grimmes des
Zornes des Allmächtigen Gottes; und dann sollen die
Engel gekrönt werden mit der Herrlichkeit seiner
Macht, und die Heiligen werden mit seiner Herrlich=
keit erfüllt werden und ihr Erbtheil empfangen und
ihm gleich gemacht werden.

34. Und dann soll der erste Engel seine Posaune

wieder erſchallen, in den Ohren aller Lebendigen und
die geheimen Handlungen der Menſchen und die
mächtigen Werke Gottes, in dem erſten Jahrtauſend,
offenbaren.

35. Und dann ſoll der zweite Engel ſeine Poſaune
ertönen laſſen und die verborgenen Handlungen der
Menſchen und die Gedanken und Abſichten ihrer Her=
zen und die mächtigen Werke Gottes im zweiten Jahr=
tauſend, offenbaren; und ſo fort, bis der ſiebente
Engel ſeine Poſaune erſchallen wird: und er ſoll her=
vortreten, auf dem Lande und auf dem Meere, und
im Namen deſſen, der da ſitzet auf dem Throne,
ſchwören, daß Zeit nicht länger mehr ſein wird, und
Satan gebunden werden ſoll, jene alte Schlange, die
der Teufel genannt wird und nicht los gelaſſen wer=
den ſoll, während der tauſend Jahre. Und dann ſoll
er eine kurze Zeit losgelaſſen werden, daß er ſeine
Armeen zuſammen ſammeln kann: und Michael, der
ſiebente Engel, ſelbſt der Erzengel wird ſeine Armeen
zuſammenſammeln, ſelbſt die Heerſchaaren des Him=
mels. Und der Teufel wird ſeine Armeen ſammeln,
ſelbſt die Scharen der Hölle und wird gegen Michael
und ſeine Armeen zur Schlacht kommen: und dann
kommt die Schlacht des großen Gottes; und der Teufel
und ſeine Armeen werden in ihren eigenen Platz ge=
worfen werden, daß ſie durchaus keine Macht mehr
über die Heiligen haben können; denn Michael wird
ihre Schlachten ſchlagen und wird überwinden den,
der da trachtet nach dem Throne deſſen, der auf dem
Throne ſitzet, ſelbſt des Lammes. Dies iſt die Herr=
lichkeit Gottes und der Geheiligten, und ſie werden
den Tod nicht mehr ſchmecken.

36. Deshalb, wahrlich ich ſage euch, meine Freunde,
berufet eure feierliche Verſammlung, wie ich euch be=
fohlen habe; und da alle nicht Glauben haben, ſo
ſuchet eifrig und lehret einander Worte der Weisheit;
ja ſuchet Weisheit aus den beſten Büchern; ſuchet
Kenntniſſe durch Studium und auch durch Glauben.
Organiſirt euch, bereitet jedes nothwendige Ding vor,
und errichtet ein Haus, ſelbſt ein Haus des Gebets,
ein Haus des Faſtens, ein Haus des Glaubens, ein

Haus der Wissenschaft, ein Haus der Herrlichkeit, ein Haus der Ordnung, ein Haus Gottes; daß eure Eingänge im Namen des Herrn sein mögen; daß eure Ausgänge im Namen des Herrn sein mögen; daß alle eure Begrüßungen im Namen des Herrn sein mögen, mit aufgehobenen Händen zum Allerhöchsten.

37. Deshalb, stellt alle eure leichtfertigen Reden ein, und alles Gelächter; und alle eure üppigen Verlangen, all' euren Stolz und Leichtsinn und alle eure gottlosen Handlungen. Ernennt unter euch einen Lehrer und seid nicht Alle Wortführer auf einmal; doch lasset Einen auf einmal sprechen, und Alle auf seine Worte hören, daß wenn Alle gesprochen haben, Alle, durch Alle erbaut werden mögen, und daß Jedermann ein gleiches Vorrecht habe.

38. Sehet, daß ihr einander liebt; hört auf habgierig zu sein, lernt einander zu geben, wie es das Evangelium verlangt; höret auf träge zu sein; höret auf unrein zu sein; höret auf euch über einander auszusetzen; höret auf länger, als nothwendig ist, zu schlafen; gehet frühe zu Bette, daß ihr nicht müde sein möget; stehet frühe auf, daß eure Körper und Seelen gestärkt werden: und vor allen Dingen, bekleidet euch mit den Banden der Liebe wie mit einem Mantel, welches ist das Band der Vollkommenheit und des Friedens; betet immerdar, daß ihr nicht schwach werdet bis ich komme: denn sehet ich komme bald und empfange euch, zu mir selbst. Amen.

39. Und wiederum, die Ordnung des Hauses, bereitet für die Präsidentschaft der Schule der Propheten, eingerichtet für ihren Unterricht in allen Dingen, die ihnen dienlich sind, selbst für alle Beamten der Kirche, oder in andern Worten, jene welche zum Werke des Amtes in der Kirche berufen worden sind, anfangend mit den Hohenpriestern, selbst herab bis auf die Diener: und dies soll die Ordnung des Hauses der Präsidentschaft der Schule sein: Derjenige, welcher verordnet ist, Präsident oder Lehrer zu sein, soll stehend gefunden werden in seinem Platze, in dem Hause, welches für ihn bereitet werden soll. Deshalb soll er zuerst im Hause Gottes sein, in seinem

Platze, daß die Versammelten im Hause seine Worte genau und deutlich hören mögen, ohne daß sie laut gesprochen werden. Und wenn er in das Haus Gottes kommt, (denn er sollte der Erste im Hause sein; sehet dieses ist schön, daß er ein Beispiel sein möge).

40. So sollte er sich darbieten auf seinen Knieen, im Gebete vor Gott, zum Zeichen der Erinnerung an den ewigen Bund und wenn irgend Jemand, nach ihm hinein kommt, so soll der Lehrer aufstehen und mit zum Himmel emporgehobenen Händen, ja selbst sogleich, seinen Bruder oder seine Brüder mit diesen Worten begrüßen:

41. Bist du ein Bruder oder seid ihr Brüder? Ich begrüße euch im Namen des Herrn Jesu Christi, als ein Zeichen oder zur Erinnerung an den ewigen Bund, in welchem Bunde ich euch zur Gemeinschaft aufnehme, mit einem Vorsatze, welcher fest, unbeweg= lich und unabänderlich ist, euer Freund und Bruder durch die Gnade Gottes, in den Banden der Liebe zu sein, in allen Geboten Gottes tadellos zu wandeln, in Dankbarkeit immer und ewiglich, Amen!

42. Und Derjenige, welcher dieses Grußes un= würdig erfunden ist, soll keinen Platz unter euch haben: denn ihr sollt nicht erlauben, daß mein Haus durch sie verunreinigt werde.

43. Und der, welcher hereinkommt und vor mir getreu und ein Bruder ist, oder wenn sie Brüder sind, so sollen sie den Präsidenten oder Lehrer begrüßen, mit aufgehobenen Händen zum Himmel, mit demsel= ben Gebet oder Bund und durch das Sagen von „Amen", als ein Zeichen desselben.

44. Sehet, wahrlich ich sage euch, dies ist ein Muster für euch, für die Begrüßung von einander im Hause Gottes, in der Schule der Propheten. Und wir sind berufen dieses zu thun mit Gebet und Dank, wie der Geist Aeußerung geben wird in allen euren Handlungen im Hause des Herrn, in der Schule der Propheten, daß es ein Heiligthum, ein Tabernakel des Heiligen Geistes zu eurer Erbauung werden möge.

45. Und ihr sollt Niemanden von euch in diese

Schule aufnehmen, der nicht rein, von dem Blute dieser Generation ist: und er soll empfangen werden, durch die Verordnung des Fußwaschens, denn für diesen Zweck wurde die Verordnung des Waschens der Füße eingeführt.

46. Und wiederum, die Verordnung des Fußwaschens sollte durch den Präsidenten oder vorstehenden Aeltesten der Kirche vollzogen werden. Es sollte mit Gebet angefangen werden, und nach der Theilnahme am Brote und Weine, so soll er sich umgürten, nach dem Muster wie es gegeben wird, im dreizehnten Kapitel des Zeugnisses Johannis, in Bezug auf mich. Amen.

———————

Abschnitt VIII.

Offenbarung, gegeben im April 1829, an Oliver Cowdery und Joseph Smith Jun.

1. Ein großes und wunderbares Werk wird bald hervorkommen für die Menschenkinder. Sehet, ich bin Gott, und merket auf mein Wort, welches lebendig und mächtig ist, schärfer als ein zweischneidiges Schwert, zum Auseinanderschneiden beides der Gelenke und des Markes; deshalb achtet auf meine Worte.

2. Sehet das Feld ist schon weiß zur Ernte, deshalb wer immer wünscht zu schneiden, der schlage seine Sichel ein mit Macht und schneide, so lange der Tag währt, daß er für seine Seele ewige Seligkeit im Reiche Gottes aufhäufe: ja, wer immer seine Sichel einschlagen will und schneiden, derselbe ist von Gott berufen; deshalb wenn ihr mich fragen werdet, so sollt ihr empfangen; wenn ihr anklopfen wollt, so wird euch geöffnet werden.

3. Jetzt, da ihr gefragt habet, sehet, so sage ich euch, haltet meine Gebote und suchet die Sache Zions hervorzubringen und aufzurichten, suchet nicht nach Reichthum, sondern nach Weisheit und sehet, die Geheimnisse Gottes sollen euch entfaltet werden und

dann werdet ihr reich gemacht werden. Sehet, wer ewiges Leben hat, der ist reich.

4. Wahrlich, wahrlich ich sage euch, gerade wie ihr es von mir wünscht, so soll es mit euch sein; und wenn ihr wünscht, sollt ihr die Werkzeuge sein, viel Gutes in dieser Generation zu thun. Saget nichts als Buße zu diesem Geschlechte: haltet meine Gebote und helft mein Werk hervorzubringen, nach meinen Geboten und ihr sollt gesegnet werden.

5. Siehe du hast eine Gabe und gesegnet bist du deiner Gabe wegen. Gedenke sie ist heilig und kommt von oben: und wenn du nachfragen willst, so sollst du Geheimnisse kennen lernen, welche groß und wunderbar sind: Deshalb sollst du deine Gabe benützen, daß du Geheimnisse ausfinden könntest, daß du Viele zur Erkenntniß der Wahrheit bringen kannst; ja, überzeuge sie von dem Irrthum ihrer Wege. Mache deine Gabe Niemanden bekannt, es sei denn jenen, die deines Glaubens sind. Tändle nicht mit heiligen Dingen. Wenn du gut sein willst, ja getreu ausharren bis an's Ende, so sollst du selig werden im Reiche Gottes, welches die größte aller Gaben Gottes ist; denn es gibt keine größere Gabe, als die der Seligkeit.

6. Wahrlich, wahrlich ich sage dir, gesegnet bist du für was du gethan hast, denn du hast mich gefragt und siehe so oft als du angefragt hast, hast du Belehrungen von meinem Geiste erlangt. Wäre dem nicht so, so wärest du nicht zu dem Platze gekommen, wo du zur gegenwärtigen Zeit bist.

7. Siehe du weißt, daß du mich gefragt hast und ich deinen Geist erleuchtet habe; und jetzt sage ich dir diese Dinge, daß du wissen mögest, daß du durch den Geist der Wahrheit erleuchtet worden bist; ja ich sage dir, daß du wissen mögest, daß es Niemanden gibt außer Gott, der deine Gedanken und die Absichten deines Herzens kennt: Ich sage dir diese Dinge, als ein Zeugniß für dich, daß die Worte oder das Werk, welches du geschrieben hast, wahr ist.

8. Deshalb sei fleißig, stehe bei der Seite meines Dieners Joseph getreulich, in was für schwierigen

Umständen er auch sein mag, um des Himmels willen. Ermahne ihn wegen seiner Fehler und empfange auch Ermahnung von ihm. Sei geduldig, nüchtern und mäßig; habe Geduld, Glauben, Hoffnung und Liebe.

9. Siehe du bist Oliver und ich habe zu dir gesprochen, beines Wunsches wegen; deshalb bewahre diese Worte in deinem Herzen auf. Sei getreu und fleißig im Halten der Gebote Gottes und ich will dich schließen in die Arme meiner Liebe.

10. Siehe, ich bin Jesus Christus, der Sohn Gottes. Ich bin derselbe, der zu den Seinen kam, und meine Eigenen empfingen mich nicht. Ich bin das Licht, welches in der Finsterniß scheint, und die Finsterniß begreift es nicht.

11. Wahrlich, wahrlich, ich sage dir, wenn du ein weiteres Zeugniß wünschest, so richte deine Gedanken auf die Nacht, in welcher du zu mir in deinem Herzen flehtest, daß du wissen möchtest in Bezug auf die Wahrheit dieser Dinge. Sprach ich nicht Frieden in dein Herz, in Bezug auf diese Sache? Welches größere Zeugniß kannst du haben, als von Gott? Und jetzt, siehe du hast ein Zeugniß erlangt, denn wenn ich dir Dinge gesagt habe, die kein Mensch weiß, hast du nicht ein Zeugniß empfangen? Und siehe, ich gewähre bir eine Gabe, wenn du es von mir wünschest, selbst wie mein Diener Joseph zu übersetzen.

12. Wahrlich, wahrlich ich sage dir, daß es Urkunden gibt, welche viel von meinem Evangelium enthalten, welche zurückgehalten worden sind, wegen der Gottlosigkeit des Volkes; und jetzt befehle ich dir, daß wenn du ein gutes Verlangen hast — einen Wunsch für dich selbst Schätze im Himmel zu sammeln — dann sollst du behilflich sein, mit deiner Gabe, jene Theile meiner heiligen Schriften an's Licht zu bringen, welche verborgen worden sind, der Gottlosigkeit wegen.

13. Und jetzt siehe, ich gebe bir und auch meinem Diener Joseph, die Schlüssel dieser Gabe, welche diese Sache an's Licht bringen wird; und in dem Munde von zwei oder brei Zeugen soll jedes Wort bestätigt werden.

14. Wahrlich, wahrlich ich sage euch, wenn sie meine Worte verwerfen und diesen Theil meines Evangeliums und Amtes; gesegnet seid ihr, denn sie können euch nicht mehr anhaben, als sie mir gethan haben; und wenn sie mit euch verfahren würden, selbst wie sie mir es gethan haben, gesegnet seid ihr, denn ihr sollt mit mir in Herrlichkeit wohnen; doch wenn sie meine Worte nicht verwerfen, welche bestätigt werden sollen durch das Zeugniß, welches gegeben werden wird, gesegnet sind sie, und dann sollt ihr Freude haben an der Frucht eurer Arbeit.

15. Wahrlich, wahrlich ich sage euch, wie ich zu meinen Schülern sagte, wo zwei oder drei versammelt sind in meinem Namen, als eine Sache berührend, sehet da will ich in ihrer Mitte sein, so bin ich auch in eurer Mitte. Fürchtet euch nicht Gutes zu thun, meine Söhne, denn was ihr säet, das sollt ihr auch ernten; deshalb wenn ihr Gutes säet, so werdet ihr auch Gutes zum Lohne ernten.

16. Deshalb fürchtet euch nicht, kleine Herde, thut Gutes; wenn auch die Erde und Hölle gegen euch verbunden sind, wenn ihr auf meinen Felsen gebaut habet, so können sie euch nicht überwinden. Sehet, ich verdamme euch nicht, gehet eurer Wege und sündiget nicht mehr, thut mit Ernst das Werk, welches ich euch geboten habe; sehet auf mich in jedem Gedanken; zweifelt nicht, fürchtet nicht; sehet die Wunden, welche meine Seite stachen, und auch die Nägelmale in meinen Händen und Füßen; seid getreu, haltet meine Gebote und ihr werdet das Himmelreich ererben. Amen.

Abschnitt IX.

Offenbarung, gegeben an Joseph Smith jun. und Oliver Cowdery, im Juli 1830.

1. Siehe, du warst berufen und erwählt das Buch Mormon zu schreiben und zu meinem Dienste; und ich habe dich aus deinen Trübsalen emporgehoben

und habe dir Rath gegeben, so daß du von allen
beinen Feinden befreit worden bist, und du bist be=
freit worden von den Mächten Satans und von der
Finsterniß! Dennoch bist du nicht zu entschuldigen in
beinen Uebertretungen; nichtsbestoweniger, gehe beinen
Weg und sündige nicht mehr.

2. Ehre bein Amt; und nachdem bu beine Fel=
ber gesät und sicher gemacht hast, so gehe eiligst zu
ber Kirche, welche in Colesville, Fayette und Man=
chester ist, und sie sollen bich unterstützen; und ich
will sie geistig und zeitlich segnen; doch wenn sie bich
nicht empfangen, so will ich ihnen einen Fluch anstatt
eines Segens senden.

3. Und bu sollst fortfahren, Gott in meinem
Namen anzurufen, und die Dinge zu schreiben, welche
bir vom Tröster eingegeben werden, und alle Schrif=
ten der Kirche auszulegen; und es wird bir in bem=
selben Augenblicke gegeben werden, was bu sprechen
und schreiben sollst, und sie sollen es hören, sonst will
ich ihnen einen Fluch anstatt eines Segens senden.

4. Denn bu sollst Zion beinen ganzen Dienst
wibmen; und barin sollst bu Stärke haben. Sei ge=
buldig in Trübsalen denn du wirst viele haben; doch
halte sie aus, denn siehe ich bin mit dir, selbst bis
an's Ende beiner Tage. Und in zeitlichen Arbeiten
sollst bu keine Stärke haben, denn das ist nicht dein
Beruf. Gehe beinem Berufe nach und bu sollst em=
pfangen, womit bu dein Amt ehren kannst, und lege
alle Schriften aus und fahre fort im Händeauflegen
und Confirmiren der Kirchen.

5. Und dein Bruder Oliver soll fortfahren mei=
nen Namen vor der Welt und auch vor der Kirche
zu erklären. Und er soll nicht vermuthen, daß er ge=
nug sagen kann in meiner Sache; und siehe! ich bin
mit ihm bis an's Ende. In mir soll er Ehre haben,
und nicht aus sich selbst; ob in Stärke oder in
Schwachheit, ob in Banden oder frei, und zu allen
Zeiten und in allen Plätzen, soll er seinen Mund
öffnen und mein Evangelium, mit der Stimme einer
Posaune, bei Tag und bei Nacht verkündigen. Und

9

ich werde ihm solche Stärke geben, wie sie nicht unter den Menschen gekannt wird.

6. Verlangt keine Wunder, wenn ich euch nicht Befehl gebe, außer dem Austreiben von Teufeln, dem Heilen der Kranken und Macht gegen giftige Schlangen und tödtliche Gifte; und diese Dinge sollt ihr nicht thun, außer es werde von euch, von denen, die es wünschen, verlangt, daß die Schriften erfüllt werden mögen; denn ihr sollt thun, nach dem das geschrieben steht. Und in welchen Platz ihr eingehet und sie empfangen euch nicht in meinem Namen, da sollt ihr einen Fluch anstatt eines Segens lassen, dadurch, daß ihr den Staub von euren Füßen schüttet, als ein Zeugniß gegen sie, und eure Füße bei der Wegseite reiniget.

7. Und es wird sich ereignen, daß wenn Jemand seine Hände auf euch legen wird mit Gewaltthätigkeit, so sollt ihr gebieten, daß dieselben geschlagen werden, in meinem Namen: und sehet, ich will sie schlagen nach euren Worten in meiner eigenen, bestimmten Zeit. Und wer auch immer mit euch zu Gerichte geht, der soll durch das Gesetz verflucht werden. Und du sollst weder Beutel noch Tasche, noch Stab, noch zwei Röcke mit dir nehmen, denn die Kirche soll dir geben in der nämlichen Stunde, in welcher du Nahrung und Kleidung, Schuhe, Geld und Beutel nöthig hast; denn du bist berufen meinen Weinberg zu beschneiden mit einem mächtigen Beschneiden, ja selbst, zum letzten Male. Ja, und auch alle Diejenigen, welche du geweiht hast, sollen nach diesem Muster thun. Amen.

─────〰〰〰─────

Abschnitt X.

Eine Offenbarung, gegeben in der Gegenwart von sechs Aeltesten, in Fayette, New-York, September 1830.

1. Höret auf die Stimme Jesu Christi, eures Erlösers, des großen „ICH BIN", dessen Arm der Gnade für eure Sünden gesühnt hat; welcher sein

Volk sammeln wird, selbst wie eine Henne ihre Küch=
lein unter ihre Flügel sammelt, selbst so Viele als
meiner Stimme Gehör geben wollen, sich vor mir bemü=
thigen und mich in mächtigem Gebete anrufen. Sehet
wahrlich, wahrlich ich sage euch, daß zu dieser Zeit
eure Sünden euch vergeben sind, deßhalb empfangt
ihr diese Dinge; doch hütet euch, mehr zu sündigen,
damit nicht Gefahren über euch kommen.

2. Wahrlich, ich sage euch, daß ihr aus der Welt
gewählt worden seid, mein Evangelium, mit dem
Klange der Freude, wie mit der Stimme einer Po=
saune zu erklären: erhebt eure Herzen und seib froh,
denn ich bin in eurer Mitte und euer Vermittler bei
dem Vater; und es ist sein guter Wille, euch das Reich
zu geben; und wie es geschrieben steht, was immer
ihr im Glauben bitten möget und vereinigt seib im
Gebete nach meinem Gebote, das sollt ihr empfangen;
und ihr seib berufen die Sammlung meiner Auser=
wählten zu Stande zu bringen, denn meine Auser=
wählten hören meine Stimme und verhärten ihre
Herzen nicht; deßhalb ist die Verordnung vom Vater
ausgegangen, daß sie in einem Platze versammelt
werden sollten, auf der Oberfläche dieses Landes, ihre
Herzen vorzubereiten, und in allen Dingen vorbereitet
zu sein, auf den Tag, wenn Trübsal und Zerstörung
auf die Gottlosen gesandt werden wird; denn die
Stunde ist nahe, und der Tag bald da, wenn die
Erde reif sein wird: und alle Stolzen und Gottlosen
sollen sein wie Stroh und ich werde sie verbrennen,
sagt der Herr der Heerschaaren, daß Gottlosigkeit nicht
mehr auf der Erde sein soll; denn die Stunde ist
nahe und das, was von meinen Aposteln gesprochen
worden ist, muß erfüllt werden; denn wie sie spra=
chen, so wird es sich ereignen; denn ich will mich vom
Himmel offenbaren, mit Macht und großer Herrlich=
keit, mit allen den Heerschaaren desselben und in
Gerechtigkeit mit den Menschen auf der Erde tausend
Jahre wohnen, und die Gottlosen sollen nicht bestehen.

3. Und wiederum, wahrlich, wahrlich ich sage
euch, es ist durch einen festen Beschluß, nach dem
Willen des Vaters verordnet, daß meine Apostel, die

Zwölfe, welche mit mir in meinem Dienste zu Jeru=
salem waren, bei meiner Rechten stehen sollen, am
Tage meiner Zukunft, in einer Feuersäule, angethan
mit Gewändern der Gerechtigkeit, mit Kronen auf
ihren Häuptern, in Herrlichkeit, selbst wie ich bin, das
ganze Haus Israels zu richten, selbst so viele als mich
geliebt und meine Gebote gehalten haben und keine
Anderen; denn eine Posaune wird erschallen lange
und laut, selbst wie auf dem Berge Sinai, und die
ganze Erde soll zittern, und sie werden hervorkom=
men: ja, selbst die Todten, welche in mir gestorben
sind, eine Krone der Gerechtigkeit zu empfangen und
bekleidet zu sein, selbst wie ich bin, mit mir zu sein,
daß wir eins sein mögen.

4. Doch sehet, ich sage euch, daß ehe dieser große
Tag kommen wird, soll die Sonne verfinstert und
der Mond zu Blut werden und die Sterne vom
Himmel fallen und größere Zeichen sollen sein im
Himmel oben und in der Erde unten; und da wird
sein Weinen und Klagen unter den Scharen der
Menschen; und ein großes Hagelwetter wird hernieder
gesandt werden, die Früchte der Erde zu zerstören;
und es wird sich begeben, wegen der Gottlosigkeit der
Welt, daß ich mich an den Gottlosen rächen werde,
weil sie nicht Buße thun wollen; daher ist die Schale
meines Zornes voll; denn sehet, mein Blut soll sie
nicht reinigen, wenn sie mich nicht hören.

5. Deshalb, ich Gott der Herr werde Fliegen auf
die Erde hervorsenden, welche die Einwohner der Erde
anfassen und ihr Fleisch fressen werden und ich werde
Maden auf sie kommen lassen; und ihre Zungen
sollen stille stehen, daß sie sich nicht mehr gegen mich
äußern können; und ihr Fleisch soll von ihren Kno=
chen fallen und ihre Augen aus ihren Höhlen: und
es wird sich ereignen, daß die Thiere des Waldes
und die Vögel der Luft sie auffressen werden; und
jene große und abscheuliche Kirche, welche ist die Hure
der ganzen Erde, soll niedergeworfen werden durch
verzehrendes Feuer, wie es gesprochen worden ist,
aus dem Munde des Propheten Hesekiel, welcher von
diesen Dingen sprach, die sich noch nicht ereignet haben,

doch, so wahr ich lebe, sicherlich sich ereignen müssen, denn Gräuel werden nicht regieren.

6. Und wiederum, wahrlich, wahrlich ich sage euch, daß wenn die tausend Jahre geendet sind und die Menschen wiederum anfangen werden, Gott zu läugnen, dann werde ich die Erde nur eine kurze Zeit schonen; und das Ende wird kommen und Himmel und Erde werden verzehrt werden und vergehen, und es wird ein neuer Himmel und eine neue Erde sein, denn alle alten Dinge werden vergehen, und alle Dinge werden neu werden, selbst der Himmel und die Erde und die ganze Fülle derselben, Menschen und Thiere, die Vögel des Himmels und die Fische des Meeres; und nicht ein Haar, noch Stäubchen soll verloren gehen, denn es ist die Arbeit meiner Hand.

7. Doch sehet, wahrlich ich sage euch, ehe die Erde vergehen wird, so wird Michael, mein Erzengel, seine Posaune erschallen lassen und dann werden alle Todten erwachen, denn ihre Gräber sollen geöffnet werden und sie sollen hervorkommen; ja, selbst alle. Und die Gerechten sollen versammelt werden zu meiner Rechten, zum ewigen Leben; und die Gottlosen an meiner Linken werde ich mich schämen zu erkennen vor dem Vater; deshalb werde ich zu ihnen sagen — Weichet von mir ihr Verfluchten in das ewige Feuer, welches für den Teufel und seine Engel bereitet ist.

8. Und jetzt, sehet, ich sage euch, nie habe ich aus meinem eigenen Munde erklärt, daß sie zurückkehren sollten, denn wo ich bin, können sie nicht kommen, denn sie haben keine Macht; doch gedenket, daß alle meine Gerichte den Menschen nicht gegeben sind; und wie die Worte aus meinem Munde hervorgegangen sind, so sollen sie auch erfüllt werden, daß die Ersten die Letzten und die Letzten die Ersten sein sollen, in allen Dingen, welche ich erschaffen habe, durch das Wort meiner Macht, welches ist die Macht meines Geistes; denn durch die Macht meines Geistes erschuf ich sie; ja, alle Dinge, sowol geistige, als auch körperliche: zuerst, geistig — zweitens, zeitlich, welches ist der Anfang meines Werkes; und wiederum, zuerst,

zeitlich — und zweitens geistig, welches ist das Letzte meines Werkes: zu euch sprechend, daß ihr es natürlich verstehen könnt, denn für mich haben meine Werke weder Ende noch Anfang; doch wird es euch gegeben, daß ihr verstehen möget, weil ihr mich gefragt habt und übereinstimmt.

9. Deswegen, wahrlich, sage ich euch, sind alle Dinge für mich geistig, und zu keiner Zeit habe ich euch ein Gesetz gegeben, welches zeitlich war; noch irgend einem Menschen, noch den Menschenkindern, noch Adam euerm Vater, welchen ich erschuf. Sehet, ich machte, daß er seinen freien Willen haben sollte; und ich gab ihm Gebote, doch kein zeitliches Gebot gab ich ihm, denn meine Gebote sind geistig, sie sind weder natürlich, noch zeitlich, fleischlich oder sinnlich.

10. Und es begab sich, daß Adam, vom Teufel versucht wurde (denn sehet, der Teufel war vor Adam, denn er empörte sich gegen mich, sagend, gib mir deine Ehre, welche meine Macht ist): und auch den dritten Theil der Heerschaaren des Himmels führte er hinweg, wegen ihres freien Willens; und sie wurden herabgeworfen und so kamen der Teufel und seine Engel. Und, sehet, ein Platz ist bereitet für sie, vom Anfange an, welcher Platz die Hölle ist: und es ist nothwendig, daß der Teufel die Menschenkinder versuchen sollte, sonst könnten sie nicht ihren eigenen freien Willen haben, denn wenn sie nie das Bittere hätten, so könnten sie nicht das Süße kennen.

11. Deshalb begab es sich, daß der Teufel Adam versuchte, und er nahm von der verbotenen Frucht und übertrat das Gebot, wodurch er dem Willen des Teufels unterthan wurde, weil er der Versuchung unterlag. Deshalb ließ ich der Herr, Gott ihn aus dem Garten Eden und aus meiner Gegenwart verbannen, seiner Uebertretung wegen, wodurch er geistig todt wurde, welches der erste Tod ist, selbst derselbe Tod, welcher der letzte Tod ist, der geistig ist, welcher gegen die Gottlosen ausgesprochen werden wird, wenn ich sagen werde — Weichet von mir, ihr Verfluchten.

12. Doch, sehet, ich sage euch, daß ich der Herr, Gott, Adam und seinem Samen gewährte, daß sie

nicht den zeitlichen Tod sterben sollten, ehe ich Gott der Herr, Engel hervorsenden würde, ihnen Buße und Erlösung zu verkünbigen, durch Glauben an den Namen meines eingeborenen Sohnes. Und so bestimmte ich, Gott der Herr, dem Menschen die Tage seiner Prüfungszeit; daß durch seinen natürlichen Tod, er zur Unsterblichkeit und dem ewigen Leben gelangen möchte, selbst so viele als glauben möchten; und die nicht glauben, zu ewiger Verdammniß, denn sie können nicht von ihrem geistigen Falle erlöst werden, weil sie nicht Buße thun; denn sie lieben die Finsterniß mehr als das Licht, und ihre Thaten sind böse und sie empfangen ihren Lohn, von demjenigen, dem sie sich ergeben zu gehorchen.

13. Doch, sehet, ich sage euch, daß kleine Kinder von der Gründung der Welt an, durch meinen Eingeborenen erlöst worden sind; deshalb, können sie nicht sündigen, denn dem Satan ist keine Macht gegeben, kleine Kinder zu versuchen, bis sie anfangen, vor mir verantwortlich zu werden; denn es wird ihnen gegeben, gerade wie ich will, nach meinem eigenen Guthaben, daß große Dinge von ihren Vätern verlangt werden mögen.

14. Und wiederum, sage ich euch, daß wem, der Erkenntniß hat, habe ich nicht befohlen, Buße zu thun? und wer keine Erkenntniß hat, mit dem thue ich, wie es geschrieben steht. Und jetzt erkläre ich euch nichts Weiteres dieses Mal. Amen.

Abschnitt XI.

Offenbarung an Joseph Smith jun. und Sidney Rigdon, December 1830.

1. Höret auf die Stimme des Herrn eures Gottes, selbst Alpha und Omega, der Anfang und das Ende, dessen Lauf eine ewige Runde ist, derselbe heute, gestern und immerdar. Ich bin Jesus Christus, der Sohn Gottes, der für die Sünden der Welt gekreu=

zigt wurde, selbst so viele, als an meinen Namen glauben wollen, daß sie die Söhne Gottes werden mögen, selbst eins mit mir, wie ich eins mit dem Vater bin, daß wir eins sein mögen.

2. Sehet, wahrlich, wahrlich, ich sage zu meinem Diener Sidney, ich habe auf dich und deine Werke geschaut. Ich habe deine Gebete gehört und dich für ein größeres Werk bereitet. Du bist gesegnet, denn du sollst große Dinge thun. Siehe du warst ausgesandt, selbst wie Johannes den Weg vor mir zu bereiten und vor Elias, welcher kommen sollte, und du wußtest es nicht. Du hast getauft mit Wasser zur Buße, doch sie empfingen den Heiligen Geist nicht; doch jetzt gebe ich dir ein Gebot, daß du mit Wasser taufen sollst und sie sollen den Heiligen Geist empfangen durch das Auflegen der Hände, selbst wie die Apostel vor Alters.

3. Und es soll sich begeben, daß ein großes Werk im Lande sein wird, selbst unter den Heiden, denn ihre Thorheit und Gräuel sollen kund gemacht werden vor den Augen aller Leute; denn ich bin Gott und mein Arm ist nicht verkürzt; und ich werde Wunder und Zeichen geben, Allen, die an meinen Namen glauben. Und wer immer im Glauben es erbitten wird in meinem Namen, soll Teufel austreiben, die Kranken heilen, den Blinden ihr Gesicht wiederherstellen, die Tauben hörend machen, die Stummen sprechend und die Lahmen gehend machen; und die Zeit wird eiligst kommen, daß große Dinge, den Menschenkindern gezeigt werden sollen; doch ohne Glauben soll nichts gezeigt werden, außer Zerstörungen über Babylon, dasselbe, welches alle Nationen genöthigt hat, von dem Weine des Zornes seiner Hurerei zu trinken. Und es gibt keine, die wohl thun, außer jenen, welche bereit sind die Fülle des Evangeliums zu empfangen, welches ich dieser Generation hervorgesandt habe.

4. Deshalb, habe ich die schwachen Dinge dieser Welt berufen, jene, welche ungelehrt und verachtet sind, die Nationen zu dreschen mit der Macht meines Geistes: und ihr Arm soll mein Arm sein und ich

will ihr Schild und ihr Panzer sein; und ich will
ihre Lenden gürten und sie sollen männlich für mich
kämpfen; und ihre Feinde sollen unter ihren Füßen
sein; und ich will das Schwert um ihretwillen fallen
laffen und durch das Feuer meines Zornes will ich
sie erhalten. Und den Armen und Demüthigen soll
das Evangelium gepredigt werden, und sie werden
hinblicken auf die Zeit meiner Zukunft, denn sie ist
nahe bei: und sie sollen die Parabel vom Feigen=
baume lernen, denn gerade jetzt ist der Sommer nahe
und ich habe die Fülle meines Evangeliums hervor=
gebracht, durch die Hand meines Dieners Joseph
Smith; und in seiner Schwachheit habe ich ihn ge=
segnet, und ich habe ihm die Schlüssel des Geheim=
nisses jener Dinge gegeben, welche gesiegelt gewesen
sind, selbst Dinge, welche von der Gründung der Welt
an waren, und die Dinge, welche kommen werden,
von dieser Zeit, bis zur Zeit meiner Zukunft, wenn
er in mir bleibt und wenn nicht, so werde ich einen
Andern an seine Stelle setzen.

5. Deshalb wache über ihn, daß sein Glaube
nicht ermatte, und es soll gegeben werden durch den
Tröster, den Heiligen Geist. der alle Dinge kennt:
und ein Gebot gebe ich dir, daß du für ihn schreiben
sollst; und die Schriften sollen gegeben werden, wie
sie in meinem eigenen Busen sind für die Seligkeit
meiner Auserwählten; denn sie werden meine Stimme
hören und mich sehen und werden nicht schlafen, son=
dern den Tag meiner Zukunft aushalten, denn sie sollen
gereinigt werden, wie ich rein bin. Und jetzt sage ich,
bleibe mit ihm und er wird mit dir reisen; verlasse
ihn nicht und sicherlich diese Dinge werden erfüllt
werden. Und insofern als du nicht schreibst, so soll
es ihm gewährt werden zu weissagen: und du sollst
mein Evangelium predigen und dich auf die heiligen
Propheten berufen seine Worte zu beweisen, wie sie
ihm gegeben werden sollen.

6. Haltet alle Gebote und Bündnisse, durch welche
ihr gebunden seid; und ich will die Himmel erzittern
machen euretwillen und Satan soll zittern und Zion
sich erfreuen auf den Hügeln und blühen, und Israel

soll erlöst werden, in meiner eigenen bestimmten Zeit.
Und durch die Schlüssel, welche ich gegeben habe,
sollen sie geleitet und gar nicht mehr verwirrt wer=
den. Erhebet eure Herzen und seid froh, denn
eure Erlösung rücket heran. Fürchtet nicht, kleine
Herde, das Reich ist euer, bis ich komme. Sehet, ich
komme bald. Amen.

Abschnitt XII.

Eine Offenbarung, gegeben im Januar 1831.

1. So spricht der Herr, euer Gott, nämlich Jesus
Christus, der Große: Ich bin, das A und das O,
der Anfang und das Ende, derselbe, welcher auf die
unendliche Ausdehnung der Ewigkeit und die Menge
der seraphischen Heerschaaren blickte, ehe denn die
Welt war; derselbe, der alle Dinge weiß, denn alle
Dinge sind vor meinen Augen; ich bin derselbe, der
da sprach, und siehe da, die Welt wurde; ja alle
Dinge sind durch mich; ich bin derselbe, der das Zion
Enochs zu seinem Busen genommen hat; und wahr=
lich, ich sage euch, wie viele ihrer auch geglaubt haben
an meinen Namen, denn ich bin Christus, habe ich
vertreten in meinem eignen Namen und durch die
Kraft des Blutes, welches ich vergossen habe, vor
dem Vater; denn siehe die Uebrigen der Bösen habe
ich gehalten in den Ketten der Finsterniß bis zum
Tage des Gerichts, welcher soll kommen am Ende der
Welt; und so will ich auch die Bösen halten lassen,
welche meine Stimme nicht hören wollen, sondern
ihre Herzen verhärten; denn Wehe, Wehe, Wehe ist
ihr Loos.

2. Aber siehe, wahrlich ich sage euch, meine Augen
ruhen auf euch. Ich bin in eurer Mitte, ihr könnet
mich aber nicht sehn; doch soll der Tag bald kommen,
an dem ihr mich sehen werdet, und wissen, daß ich
bin; denn der Schleier der Dunkelheit wird bald zer=
rissen werden, der aber, welcher nicht gereinigt ist,

kann den Tag nicht ertragen. Darum gürtet eure Lenden und bereitet euch. Siehe, eurer ist das Reich und der Widersacher soll nicht überwinden.

3. Wahrlich ich sage euch, ihr seid rein, aber nicht alle, und da ist Keiner weiter, an dem ich Wohlgefallen habe; denn alles Fleisch ist verderbt vor mir; die Mächte der Finsterniß walten auf Erden unter den Kindern der Menschen, und zwar in der Gegenwart der himmlischen Heerschaaren, welches ist die Ursache, daß der Himmel geschwiegen hat; die ganze Ewigkeit ist betrübt und die Engel warten auf das große Gebot, die Erde niederzumähen, das Unkraut zu sammeln, auf daß es verbrannt werde; und siehe, der Feind ist vereinigt.

4. Nun zeige ich euch ein Geheimniß, Etwas, das noch in verborgenen Kammern ist, das auch eure Vernichtung im Verlaufe der Zeit hätte herbeiführen müssen, ihr aber wußtet es nicht; nun aber sage ich es euch und ihr seid gesegnet, nicht eurer Ungerechtigkeit oder eurer Herzen Ungläubigkeit wegen; denn wahrlich einige von euch sind schuldig vor mir, doch will ich eurer Schwachheit barmherzig sein. Darum seid stark von nun an, fürchtet euch nicht, denn das Reich ist euer; und zu eurer Seligkeit gebe ich euch ein Gebot, denn ich habe eure Gebete gehört und die Armen haben vor mir geklagt; die Reichen habe ich gemacht und alles Fleisch ist mein; auch habe ich kein Ansehn der Person. Ich habe die Erde reich gemacht, und siehe, sie ist meiner Füße Schemel, weshalb ich auch wieder darauf zu stehen gedenke. Ich verkündige und verheiße euch größere Schätze, ja das Land der Verheißung, da Milch und Honig innen fließt, auf dem kein Fluch ruhen soll, wenn der Herr kommt, und ich will es euch geben als ein Land des Erbtheiles, wenn ihr darnach trachtet von ganzem Herzen. Das soll mein Bund mit euch sein, daß ihr es haben sollt als das Land eures Erbtheiles und des Erbes eurer Kinder immerdar, so lange die Erde steht und sollt es wieder haben in der Ewigkeit, es nie wieder zu verlieren.

5. Aber wahrlich, ich sage euch, daß nach und

nach ihr weder König noch Herrscher mehr haben
werdet, denn ich will euer König sein und über euch
wachen. Deshalb gehorchet meiner Stimme und folget
mir, denn ihr sollt ein freies Volk werden und sollt
keine andern Gesetze haben, als meine Gebote, wenn
ich komme, denn ich bin euer Gesetzgeber. Wer kann
meine Hand aufhalten? Aber, wahrlich, ich sage euch,
lehret einander nach dem Amte, wozu ich euch berufen
habe, und lasset Jedermann seinen Bruder lieben, wie
sich selbst, und übet Tugend und Heiligkeit vor mir.
Wiederum sage ich euch, es halte Jedermann seinen
Bruder werth wie sich selbst; denn welcher Mensch
unter euch hätte zwölf Söhne, und machte keinen
Unterschied zwischen ihnen, und sie dienten ihm getreulich; er aber wollte zu dem einen sagen, sei ge-
kleidet in herrliche Gewänder und setze dich hieher,
und zu dem andern, sei gehüllt in Lumpen und setze
dich dorthin, und wollte dann auf seine Söhne blicken
und ausrufen: ich bin gerecht?

6. Siehe, das habe ich euch im Gleichnisse gegeben, und es ist eben wie ich bin. Ich sage euch, seid
eins, denn wenn ihr nicht eins seid, seid ihr nicht
mein. Und wiederum sage ich euch, daß der Feind
im Verborgenen nach eurem Leben trachtet. Ihr höret
von Krieg in fernen Landen, und ihr saget, daß es
bald große Kriege in fernen Ländern geben wird,
aber ihr kennet nicht die Herzen der Menschen in
eurem eigenen Lande. Ich sage euch diese Dinge um
eurer Gebete willen; darum sammelt Weisheit in eure
Herzen, damit nicht die Bosheit der Menschen euch
diese Dinge kund mache durch ihre Bosheit, und zwar
auf eine Weise, die mit einer Stimme in eure Ohren
schreien soll, lauter als die, welche die Erde erzittern
macht; seid ihr aber bereitet, so fürchtet nichts.

7. Damit ihr aber entfliehen möget der Gewalt
des Feindes und versammelt werdet um mich, als
ein rechtschaffenes Volk ohne Makel und tadellos, gab
ich euch das Gebot, daß ihr solltet nach Ohio gehen;
dort will ich euch mein Gesetz geben, und sollt ihr mit
Macht von der Höhe ausgerüstet werden; von dort
aber, wen ich auch immer will, der soll ausgehen

unter alle Völker, und es wird ihnen gesagt werden, was sie thun sollen, denn ich habe ein großes Werk in Bereitschaft; Israel soll erlöset werden, und ich will sie leiten wohin immer ich will, und keine Gewalt kann meine Hand aufhalten.

8. Und jetzt gebe ich der Kirche, in diesem Theile des Landes ein Gebot, daß gewisse Männer unter ihnen ernannt werden sollen, und sie sollen durch die Stimme der Kirche ernannt werden; und sie sollen nach den Armen und Nothleidenden sehen und ihnen Unterstützung angedeihen lassen, so daß sie nicht leiden müssen; und sendet sie nach dem Orte, wie ich ihnen befohlen habe; und es soll ihre Arbeit sein, den Eigenthumsangelegenheiten dieser Kirche vorzustehen. Und diejenigen, welche Ländereien haben, die nicht verkauft werden können, sollten sie zurücklassen, oder verpachten, wie es ihnen gut dünkt. Sehet zu, daß alle Dinge erhalten werden; und wenn Männer mit Macht von der Höhe ausgerüstet und ausgesandt sind, so sollen alle diese Dinge, zu dem Busen der Kirche versammelt werden.

9. Wenn ihr nach den Schätzen trachtet, welche es der Wille des Vaters ist, euch zu geben, werdet ihr die reichsten unter allen Völkern sein, denn ihr werdet die Schätze der Ewigkeit besitzen: es muß also sein, daß die Schätze dieser Erde mein sind, sie zu geben, wem ich will. Aber hütet euch vor Stolz, damit ihr nicht werdet wie die Nephiten vor Alters. Wiederum sage ich euch, ich gebe euch ein Gebot, daß Jedermann, sei er Aeltester, Priester, Lehrer oder nur ein Glied, mit aller Macht daran gehe, mit seinen Händen zu arbeiten, die Dinge vorzubereiten und auszuführen, die ich geboten habe. Lasset euer Predigen eine Stimme der Warnung sein, von Jedermann an seinen Nächsten, in Milde und Demuth. Gehet aus von der Mitte der Bösen. Rettet euch selbst. Seid rein, die ihr traget die Gefäße des Herrn. So sei es. Amen.

Abschnitt XIII.

Offenbarung, gegeben im Februar 1831.

1. Höret, o ihr Aeltesten meiner Kirche, die ihr versammelt seid in meinem Namen, nämlich Jesu Christi, des Sohnes des lebendigen Gottes, des Erlösers der Welt, insofern ihr an meinen Namen glaubt und meine Gebote haltet, sage ich euch abermals, merket auf und gehorchet dem Gebote, welches ich euch geben werde; denn wahrlich ich sage euch, wie ihr euch versammelt habt nach meinem Gebote, welches ich euch gegeben, und seid einig dieses Eine betreffend, und habt den Vater in meinem Namen gefragt, so sollt ihr auch empfangen.

2. Sehet, wahrlich ich sage euch, ich gebe euch dieses erste Gebot, daß ihr in meinem Namen ausgehen sollt, ein Jeder von euch, ausgenommen meine Diener Joseph Smith jun. und Sidney Rigdon. Und ich gebe ihnen ein Gebot, daß sie sollen ausgehen eine kleine Weile, worauf es wird durch die Kraft meines Geistes kund gethan werden, wenn sie zurückkehren sollen; ihr aber sollt ausgehen in der Kraft meines Geistes, das Evangelium predigen, zwei und zwei, in meinem Namen, eure Stimme erheben wie die Stimme einer Posaune und mein Wort verkündigen gleich den Engeln Gottes und sollt taufen im Wasser und ausrufen: Bereuet und thut Buße, denn das Himmelreich ist bei der Hand.

3. Und von diesem Platze sollt ihr in die westlichen Gegenden gehen; und insoweit ihr Solche finden werdet, die euch empfangen wollen, sollt ihr meine Kirche in jeder Gegend aufbauen, bis auf die Zeit, daß es geoffenbart werden wird von der Höhe, wenn die Stadt des Neuen Jerusalems bereitet werden soll, daß ihr in eins versammelt und mein Volk sein möget, und ich euer Gott sei. Und wiederum, sage ich euch, daß mein Diener Eduard Partridge in dem Amte bleiben soll, welches ich ihm gegeben habe. Und es wird sich begeben, daß wenn er übertritt, ein Anderer in seinen Platz eingesetzt werden wird. So sei es. Amen.

4. Wiederum sage ich euch, daß es Niemandem zugetheilt sein soll, mein Evangelium zu predigen oder meine Kirche aufzubauen, er sei denn von Jemandem ordinirt, der die Autorität hat, und der der Kirche als Einer, der Autorität hat, bekannt ist, und ordnungsgemäß von den Häuptern der Kirche ordinirt worden ist.

5. Und wiederum die Aeltesten, Priester und Lehrer dieser Kirche sollen die Grundsätze meines Evangeliums lehren, welche in der Bibel und dem Buche Mormon sind, in denen die Fülle des Evangeliums ist; und sollen die Bündnisse und Kirchensätze beobachten, sie zu erfüllen, und diese sollen ihre Belehrungen sein, wie sie geleitet werden sollen durch den Geist; der Geist aber soll euch gegeben werden durch das Gebet im Glauben; wenn ihr aber den Geist nicht empfanget, sollt ihr nicht lehren. Und dieses Alles sollt ihr beobachten, es zu thun, wie ich euch geboten habe in Bezug auf euer Lehren, bis die Fülle meiner heiligen Schriften euch gegeben sein wird. Ihr sollt eure Stimmen erheben durch den Tröster, ihr sollt reden und prophezeien wie es mir gut dünkt; denn siehe, der Tröster kennet alle Dinge und gibt Zeugniß von dem Vater und dem Sohne.

6. Und nun, siehe, ich rede zu meiner Kirche: Du sollst nicht tödten, denn wer da tödtet, soll nicht Vergebung finden in dieser noch in der künftigen Welt.

7. Wiederum sage ich, du sollst nicht tödten; wer aber tödtet, muß sterben. Du sollst auch nicht stehlen; und wer stiehlt, und bereuet nicht, soll ausgestoßen werden. Du sollst nicht lügen, denn wer lügt und nicht bereut, soll auch ausgestoßen werden. Du sollst lieben dein Weib mit ganzem Herzen und ihr anhangen und Niemand weiter; denn der ein Weib ansieht, ihrer zu begehren, wird den Glauben verläugnen und kann den Geist nicht mehr mit sich haben; und wenn er nicht bereut, wird er ausgestoßen werden. Du sollst nicht Ehebruch treiben, wer aber Ehebruch treibt und bereut nicht, muß ausgestoßen werden: wenn aber Jemand Ehebruch getrieben hat und bereut es

von ganzem Herzen und lässet davon ab und thut es
nicht mehr, so sollt ihr ihm vergeben; thut er es aber
wieder, so soll man ihm nicht mehr vergeben, sondern
er soll ausgestoßen werden. Du sollst nicht übel reden
gegen deinen Nächsten, noch ihm irgend einen Schaden
thun. Ihr wisset meine Gebote über diese Dinge in
der Schrift. Wer sündigt und nicht bereut, soll aus=
gestoßen werden.

8. Wenn du mich liebst, so wirst du mir dienen
und alle meine Gebote halten. Und siehe, du wirst
der Armen gedenken und für ihre Unterstützung, von
deinem Eigenthume das, was du ihnen zu geben hast,
widmen, mit einem Bunde und Contracte, der nicht
gebrochen werden kann; und insoweit als ihr den
Armen von euren Mitteln mittheilt, so thut ihr mir
es, und sie sollen niedergelegt werden vor den Bischof
meiner Kirche und seinen Räthen, zwei von den Ael=
testen oder Hohenpriestern, solche als er ernennen
wird oder ernannt und eingesetzt hat für jenen Zweck.

9. Und es wird sich begeben, daß nachdem sie vor
den Bischof der Kirche gelegt worden sind und er
diese Zeugnisse empfangen hat, in Bezug auf die Wid=
mung der Eigenthümer meiner Kirche, die meinem
Gebote gemäß nicht von der Kirche genommen werden
können, Jedermann mir verantwortlich werden wird,
als ein Verwalter über sein eigenes Eigenthum, oder
das, welches er durch Widmung empfangen hat, so
viel als für ihn und Familie genügend ist.

10. Und wiederum, wenn es nach dieser ersten
Widmung Eigenthum in den Händen der Kirche oder
irgend welcher Personen gibt, mehr als für ihren
Unterhalt nothwendig ist, welches ein Rest ist, der
dem Bischof geweiht werden sollte; so soll derselbe
behalten werden, denen von Zeit zu Zeit auszutheilen,
die nicht genug haben, so daß Jedermann, welcher
Noth hat, hinreichend versorgt werden möge und nach
seinen Bedürfnissen empfange. Deshalb soll der Rest
in meinem Speicher aufbewahrt werden, um den
Armen und Nothleidenden beizustehen, wie es von
dem Hohen Rathe der Kirche und dem Bischofe und
seinem Rathe verordnet werden soll, und für den

Zweck, Ländereien zu kaufen für den öffentlichen Nutzen der Kirche, Häuser zur Verehrung Gottes zu bauen und das Neue Jerusalem, von welchem später geoffenbart werden wird, aufzurichten, daß mein Bundesvolk in Eins versammelt sein könne, an dem Tage, wenn ich zu meinem Tempel kommen werde.

11. Und es wird sich ereignen, daß wer sündigt und nicht Buße thut, von der Kirche ausgeschlossen werden und nicht wieder empfangen soll, was er den Armen und Nothleidenden der Kirche, oder in andern Worten, mir gewidmet hat; denn insoweit ihr es den Geringsten dieser thut, so thut ihr es mir; denn es wird sich begeben, daß was ich durch den Mund meiner Propheten gesprochen habe, erfüllt werden wird; denn ich will von den Reichthümern jener, welche mein Evangelium unter den Heiden annehmen, den Armen meines Volkes, welche aus dem Hause Israels sind, widmen.

12. Und wiederum, du sollst nicht stolz in deinem Herzen sein; darum sei deine Kleidung einfach; und deren Schönheit die Schönheit des Werkes deiner eigenen Hände; und laß alle Dinge in Reinlichkeit vor mir gethan werden. Du sollst nicht träge sein, denn wer da träge ist, soll nicht des Arbeiters Brod essen, noch sein Gewand tragen. Wer auch immer unter euch krank ist, und nicht Glauben, geheilt zu werden hat, aber sonst gläubig ist, soll gepflegt werden mit aller Sorgfalt mit Kräutern und milder Nahrung, jedoch nicht von der Hand eines Gegners. Die Aeltesten der Kirche, zwei oder mehr, sollen gerufen werden und für ihn beten und die Hände auf ihn legen in meinem Namen; und sollte Jemand dann sterben, so stirbt er in mir; lebt er aber, so lebt er in mir. Ihr sollt in Liebe zusammenleben, so daß ihr sollt weinen um den Verlust derer, welche sterben, vorzüglich aber derer, die keine Hoffnung auf eine glorreiche Auferstehung haben. Und es soll geschehen, daß die, so in mir sterben, den Tod nicht schmecken sollen, denn er wird ihnen süß sein; die aber, die nicht in mir sterben, wehe ihnen, denn ihr Tod ist bitter.

13. Und wiederum soll es geschehen, daß wer Glauben an mich hat, geheilt zu werden und ist nicht zum Tode verordnet, soll geheilt werden; wer Glauben hat zum Sehen, soll sehen; wer Glauben hat zum Hören, soll hören; der Lahme, der Glauben zum Gehen hat, soll gehen; die aber, welche nicht Glauben an diese Dinge haben, aber an mich glauben, sollen Kraft haben meine Söhne zu werden; und insofern sie nicht meine Gebote brechen, sollt ihr mit ihren Schwachheiten Geduld haben.

14. Du sollst stehen in dem Amte deiner Verwaltung; du sollst deines Bruders Gewand nicht nehmen; du sollst für das bezahlen, was du von deinem Bruder empfängst; und wenn du mehr erlangst, als für deinen Unterhalt nothwendig ist, so sollst du es in meinen Speicher geben, daß alle Dinge gethan werden mögen, wie ich gesagt habe.

15. Du sollst fragen und meine Schriften werden gegeben werden, wie ich verordnet habe und sie müssen in Sicherheit aufbewahrt werden; und es ist rathsam, daß du in Bezug auf dieselben schweigest, und sie nicht lehrest, bis du sie gänzlich empfangen hast. Und ich gebe dir ein Gebot, daß du sie dann allen Menschen lehren kannst; denn sie müssen allen Nationen, Geschlechtern, Sprachen und Völkern gelehrt werden.

16. Du sollst die Dinge, die du empfangen hast, welche dir in meinen Schriften als ein Gesetz gegeben worden sind, als mein Gesetz zur Leitung meiner Kirche annehmen; und wer nach diesen Dingen thut, soll selig werden, und wer sie nicht thut, soll verdammt werden, wenn er so fortfährt.

17. Wenn du bitten willst, so wirst du Offenbarung auf Offenbarung, Kenntniß um Kenntniß empfangen, daß du wissen mögest die Geheimnisse und friedlichen Dinge — das, was Freude und ewiges Leben bringt. Du sollst bitten, und es wird dir in meiner eigenen, bestimmten Zeit geoffenbart werden, wo das Neue Jerusalem gebaut werden soll.

18. Und siehe, es soll sich begeben, daß meine Diener ausgehen sollen, gen Osten und Westen, gen

Norden und Süden; und selbst jetzt laßt den, der
gen Osten geht, jenen, die bekehrt werden, lehren nach
dem Westen zu fliehen, der Dinge wegen, welche auf
die Erde kommen werden und auch in Folge von ge=
heimen Verbindungen. Siehe, du sollst alle diese
Dinge beobachten und groß wird dann dein Lohn
sein; denn dir ist es gegeben, die Geheimnisse des
Reiches zu wissen, doch der Welt ist es nicht gegeben,
sie zu kennen. Ihr sollt die Gesetze, welche ihr er=
halten habt, beobachten und getreu sein. Und ihr sollt
künftig Kirchenbündnisse erlangen, welche genügend
sein werden, euch hier und im Neuen Jerusalem fest=
zusetzen. Deshalb, mangelt Jemand Weisheit, so bitte
er mich und ich will ihm reichlich geben und ihn nicht
tadeln. Erhebet eure Herzen und freuet euch, denn
euer ist das Reich, oder in andern Worten, euch sind
die Schlüssel der Kirche gegeben worden. So sei es.
Amen.

19. Die Priester und Lehrer sollen ihre Verwalter=
stellen, gerade wie die Mitglieder haben; die Fami=
lien der Aeltesten oder Hohenpriester, welche verordnet
sind dem Bischof als Räthe in allen Dingen, behilf=
lich zu sein, sollen erhalten werden aus den Mitteln,
welche dem Bischofe zum Nutzen der Armen, sowie
für andere Zwecke, wie vorher erwähnt, gewidmet
worden sind; oder sie sollen eine gerechte Entschädi=
gung für alle ihre Dienste erhalten, entweder eine
Verwalterstelle oder etwas anderes, wie es für am
Besten von den Räthen und dem Bischofe gehalten
wird. Und auch der Bischof soll seinen Lebensunter=
halt empfangen, oder eine gerechte Entschädigung für
alle seine Dienste in der Kirche.

20. Sehet, wahrlich ich sage euch, daß solche Leute
unter euch, welche ihre Lebensgefährten, der Hurerei
wegen, verstoßen haben, oder in anderen Worten,
wenn sie vor euch in aller Demuth bezeugen, daß
dieses der Fall ist, so sollt ihr sie nicht von euch aus=
stoßen; doch wenn ihr ausfindet, daß irgend welche
Personen, ihre Gefährten des Ehebruches wegen ver=
lassen haben, und sie selbst die Uebertreter und ihre
Gefährten am Leben sind, so sollen sie von euch

ausgeworfen werden. Und wiederum, sage ich euch, daß ihr wachsam und vorsichtig sein sollt mit allen Nachfragen, daß ihr keine solchen Leute empfangt, wenn sie verheirathet sind; und wenn sie nicht verheirathet sind, sollen sie ihre Sünden bereuen, sonst sollt ihr sie nicht aufnehmen.

21. Und wiederum, jede Person, die zu dieser Kirche Christi gehört, soll alle die Gebote und Bündnisse der Kirche halten. Und es soll sich begeben, daß wenn irgend Jemand unter euch tödten sollte, so sollen sie überliefert und nach den Gesetzen des Landes behandelt werden; denn gedenke, daß er keine Vergebung hat, und daß er nach den Gesetzen des Landes überführt werden soll.

22. Und wenn irgend ein Mann oder eine Frau Ehebruch begeht, so sollen er oder sie verhört werden, vor zwei oder mehren Aeltesten der Kirche und jedes Wort soll gegen ihn oder sie bestätigt werden, durch zwei Zeugen der Kirche und nicht des Feindes; doch sollen er oder sie aus dem Munde zweier Zeugen verdammt werden, und die Aeltesten sollen die Sache vor die Kirche legen und die Kirche soll ihre Hand gegen ihn oder sie aufheben, daß sie nach dem Gesetze Gottes behandelt werden möchten. Und wenn es sein kann, so ist es nothwendig, daß der Bischof auch gegenwärtig sein solle. Und so sollt ihr in allen Fällen thun, die vor euch kommen werden. Und wenn ein Mann oder eine Frau rauben sollte, sollen er oder sie dem Gesetze des Landes überliefert werden. Und wenn er oder sie stiehlt, so sollen sie den Gesetzen des Landes überliefert werden. Und wenn er oder sie lügt, so sollen sie den Gesetzen des Landes überliefert werden. Wenn er oder sie irgend eine Art von Gottlosigkeit thut, so sollen er oder sie dem Gesetze ausgeliefert werden, selbst dem Gesetze Gottes.

23. Wenn dein Bruder oder deine Schwester dich beleidigt, so sollst du ihn oder sie vor dich allein nehmen, und wenn er oder sie es bekennt, sollst du ausgesöhnt sein; wenn sie es aber nicht bekennen, sollst du sie vor die Kirche, nicht die Mitglieder, sondern die Aeltesten nehmen, und es soll in einer Sitzung

geschehen, daß aber nicht vor der Welt. Wenn dein Bruder oder deine Schwester Viele beleidigt haben, soll es ihnen vor Vielen verwiesen werden; so Jemand öffentlich Aergerniß gibt, soll er öffentlich getadelt werden, daß er sich schämen möge, und wenn er es nicht eingestehen will, soll er dem Gesetze des Herrn übergeben werden. Wenn Jemand im Geheimen fehlt, sollen er oder sie im Stillen verwiesen werden, damit er oder sie eine Gelegenheit habe, im Stillen dem ein Geständniß zu machen, dem er oder sie ein Unrecht gethan und zu Gott, damit die Kirche nicht mit Tadel von ihm oder ihr rede. Und so sollt ihr alle Dinge leiten.

Abschnitt XIV.

Eine Offenbarung, gegeben im Februar 1831.

1. O höret, ihr Aeltesten meiner Kirche und leihet ein Ohr den Worten, die ich zu euch reden will; denn siehe, wahrlich, wahrlich ich sage euch, daß ihr ein Gebot als ein Gesetz für meine Kirche empfangen habt durch den, welchen ich euch berufen habe, Gebote und Offenbarungen von meiner Hand zu empfangen. Und das sollt ihr für gewiß wissen, daß kein Anderer für euch berufen ist, Gebote und Offenbarungen zu empfangen, bis er hinweggenommen wird, wenn er in mir verbleibt.

2. Aber wahrlich, wahrlich ich sage euch, daß Niemand anders zu dieser Begabung berufen werden soll, es sei denn durch ihn; denn wenn sie von ihm genommen werden sollte, soll er keine Vollmacht mehr haben, ausgenommen einen Andern an seine Stelle zu berufen; und das soll ein Gesetz unter euch sein, daß ihr nicht die Lehren irgend Jemandes, der zu euch kommen soll, als Offenbarungen und Gebote aufnehmet, und ich gebe es euch, damit ihr nicht betrogen werdet, und daß ihr wissen möget, sie sind nicht von mir. Denn wahrlich, ich sage euch, daß der, welcher von mir geweiht ist, wird zur Thüre eintreten und

wird eingesetzt werden, wie ich euch vorher gesagt habe, jene Offenbarungen zu lehren, welche ihr empfangen habt und noch empfangen werdet durch den, welchen ich berufen habe.

3. Und nun siehe, ich gebe euch ein Gebot, daß, wenn ihr euch gemeinschaftlich versammelt, sollt ihr euch einander belehren und erbauen, damit ihr wissen möget, wie zu handeln und meine Kirche zu leiten, und wie zu verfahren in allen Punkten meines Gesetzes und meiner Gebote, die ich gegeben habe; und auf diese Weise sollt ihr unterrichtet werden in dem Gesetze meiner Kirche und geheiliget durch das, was ihr empfangen habt, und ihr sollt euch verbindlich machen in aller Heiligkeit vor mir zu wandeln, damit, insofern ihr das thut, Herrlichkeit zu dem Reiche gefügt werde, welches ihr empfangen habt. Wenn ihr es aber nicht thut, wird es hinweggenommen werden, sogar das, was ihr schon empfangen habt. Thut euer böses Wesen von euch, heiliget euch vor mir, und wenn ihr wünscht die Herrlichkeit des Reiches, beruft meinen Knecht Joseph Smith jun. und haltet ihn aufrecht durch das Gebet im Glauben. Und wiederum sage ich euch, daß wenn ihr die Geheimnisse des Reiches wünscht, so sehet ihn vor mit Speise und Kleidung, und solchen andern Dingen als er nöthig hat das Werk zu vollbringen, welches ich ihm geboten habe zu thun; und wenn ihr es nicht thut, soll er mit denen bleiben, die ihn empfangen haben, daß ich ein reines Volk aufbewahre, vor mir.

4. Wiederum sage ich, höret ihr Aeltesten meiner Kirche, die ich berufen habe; ihr seid nicht ausgesandt, belehrt zu werden, sondern den Kindern der Menschen die Dinge zu lehren, welche ich durch die Kraft meines Geistes in eure Hände gelegt habe, und ihr sollt von der Höhe Belehrung empfangen. Heiliget euch und ihr sollt mit Kraft ausgerüstet werden, daß ihr es gerade so geben möchtet, wie ich gesprochen habe.

5. Höret, denn siehe der große Tag des Herrn ist nahe bei der Hand. Denn der Tag kommt, an dem der Herr wird seine Stimme von dem Himmel ertönen lassen; die Himmel werden beben und die Erbe

zittern, ja die Posaune Gottes wird erschallen lang
und laut und rufen zu den schlummernden Völkern:
„Ihr Heiligen, stehet auf und lebet; ihr Sünder aber
wartet und schlummert, bis daß ich wiederum rufen
werde; darum gürtet eure Lenden damit ihr nicht
unter den Bösen erfunden werdet. Erhebet eure Stim=
men und schonet nicht. Fordert die Völker zur Buße
auf, Alt wie Jung, Knecht und Herrn, und rufet:
Bereitet euch auf den großen Tag des Herrn; denn
wenn schon ich, der ich ein Mensch bin, meine Stimme
erhebe und euch zur Buße auffordere, und ihr hasset
mich, was werdet ihr sagen, wenn der Tag kommt,
an dem die Donner sollen ihre Stimmen ertönen
lassen an allen Enden der Erde, und in die Ohren
aller Lebendigen brüllen: Bereuet und rüstet euch auf
den großen Tag des Herrn; ja, und wiederum, wenn
die Blitze fahren werden von Ost nach West und
ebenfalls ihre Stimme an Alles, das da lebt, erheben
werden und die Ohren Derer klingen machen, die
hören können, rufend: „Thut Buße, denn der große
Tag des Herrn ist gekommen".

6. Abermals wird der Herr seine Stimme erheben
vom Himmel und sagen: Horchet auf, o ihr Völker
der Erde, und merket auf die Worte des Gottes, der
euch gemacht hat. O, ihr Völker der Erde, wie oft habe
ich euch versammeln wollen, wie eine Henne ihre
Küchlein unter ihre Flügel versammelt, ihr aber habt
nicht gewollt! Wie oft habe ich euch mahnen lassen
durch den Mund meiner Diener, durch die Botschaft
von Engeln, durch meine eigene Stimme oder die
Stimme des Donners und der Blitze, der Stürme,
der Erdbeben, Hagel, Hungersnoth, Pestilenzen aller
Art, und durch den großen Schall der Posaune, durch
die Stimme des Gerichts, durch die Stimme der
Barmherzigkeit alle Tage lang, durch die Stimme von
Herrlichkeit und Ehren, durch die Schätze des ewigen
Lebens, und würde euch mit ewiger Seligkeit gesegnet
haben — aber ihr wolltet nicht. Siehe, der Tag ist
gekommen. an dem der Kelch des Zornes meiner Ent=
rüstung voll ist.

7. Siehe, wahrlich ich sage euch, daß diese sind die

Worte des Herrn, eures Gottes; darum arbeitet, ar=
beitet in meinem Weinberge zum letzten Male —
zum letzten Male fordert die Bewohner der Erde auf,
denn in der von mir bestimmten Zeit werde ich über
die Erde im Gerichte kommen, mein Volk aber wird
erlöset werden und mit mir regieren auf Erden, denn
das große tausendjährige Reich, von dem ich durch
den Mund meiner Diener gesprochen habe, wird kom=
men; und Satan wird gebunden werden, darnach
wird er wieder frei werden und eine kleine Weile
wieder Gewalt haben, dann aber kommet das Ende
der Erde; und der, welcher in Gerechtigkeit lebt, soll
in einem Augenblicke verwandelt werden, und die Erde
wird vergehen wie durch Feuer; die Bösen aber wer=
den hingehen in ein unauslöschliches Feuer und ihr
Ende wird kein Mensch auf Erden jemals wissen, bis
sie vor mir im Gericht erscheinen.

8. Merket auf diese Worte; siehe, ich bin Jesus
Christus, der Erlöser der Welt. Bewahret diese Dinge
in euren Herzen, und lasset die Feierlichkeit der Ewig=
keit auf euren Gemüthern ruhen. Seid nüchtern.
Haltet meine Gebote. So sei es. Amen.

Abschnitt XV.
Eine Offenbarung, gegeben den 7. März 1831.

1. Höre, o Volk meiner Kirche, dem das Reich
gegeben worden ist, — horche auf und gib Gehör Dem,
der die Grundfesten der Erde gelegt hat, der die
Himmel schuf und die Heerschaaren derselben, und von
dem alle Dinge gemacht sind, die da leben, wandeln
und ein Dasein haben. Und wiederum sage ich: Ge=
horchet meiner Stimme, damit euch nicht der Tod
übereile; denn zu einer Stunde, wenn ihr es nicht
denket, wird der Sommer vorüber, die Ernte beendet
und eure Seele nicht erlöset sein. Merket auf ihn,
der der Fürsprecher bei dem Vater ist und eure Sache
vor ihm vertritt und spricht: Vater, gedenke des Lei=

bens und Todes dessen, der keine Sünde gethan hat
und an dem du Wohlgefallen hattest; gedenke des
Blutes deines Sohnes, das vergossen wurde — das
Blut von ihm, den du hingabest, damit du selbst verherrlicht werdest; darum, o Vater, schone diese meine
Brüder, die an meinen Namen glauben, daß sie zu
mir kommen mögen und ewiges Leben haben.

2. Höre, o Volk meiner Kirche, und ihr Aeltesten
lauschet Alle zusammen und höret meine Stimme,
während sie noch heute gerufen wird, und verhärtet
eure Herzen nicht, denn wahrlich, ich sage euch: Ich
bin das Alpha und das Omega, der Anfang und das
Ende, das Licht und Leben der Welt, ein Licht, das
da scheinet in der Finsterniß, die Finsterniß aber begreifet es nicht. Ich kam zu den Meinigen, die Meinigen aber nahmen mich nicht auf; so Vielen aber,
als mich aufnahmen, gab ich Macht, viele Wunder
zu thun und die Söhne Gottes zu werden, und auch
Denen, die an meinen Namen glaubten, gab ich Macht,
das ewige Leben zu erlangen. Und ebenso habe ich
meinen ewigen Bund in die Welt gesandt, der Welt
ein Licht und eine Standarte für mein Volk zu sein,
und für die Heiden, darnach zu trachten, und ein Bote,
vor meinem Angesichte zu sein, den Weg vor mir zu
bereiten; darum kommet herzu, und mit dem, der da
kommet, will ich rechten wie mit den Menschen vor
Alters, und ich will euch meine starke Beweisführung
zeigen; darum höret Alle zusammen und lasset mir
euch meine Weisheit kund thun — die Weisheit dessen,
von dem ihr sagt: er ist der Gott Enoch's und seiner
Brüder, die von der Erde getrennt und zu mir aufgenommen wurden — eine Stadt vorbehalten, bis ein
Tag der Gerechtigkeit kommen soll — ein Tag, nach
dem alle heiligen Männer getrachtet und ihn nicht
gefunden haben, der Sünden und Laster wegen; und
haben bekannt, daß sie Fremdlinge und Pilger wären
auf Erden; sie erlangten aber eine Verheißung, daß
sie ihn noch in ihrem Fleische finden und sehen sollten.
Darum höret, und ich will mit euch rechten und zu
euch reden und prophezeien, wie zu den Menschen vor
Alters, und es euch klar machen, wie ich es gezeigt

habe meinen Jüngern, als ich mit ihnen war im
Fleische und redete mit ihnen und sprach: „Da ihr
mich gefragt habt in Betreff der Zeichen meines Kom=
mens an dem Tage, an welchem ich kommen werde
in meiner Herrlichkeit in den Wolken des Himmels,
um die Verheißungen zu erfüllen, die ich euren Vätern
gemacht habe, und ihr auch die lange Abwesenheit
eurer Seelen von euern Körpern als eine Knechtschaft
anseht, so will ich euch zeigen, wie der Tag der Er=
lösung, die Wiederherstellung des zerstreuten Israels
kommen soll.“

3. „Sehet den Tempel an, der in Jerusalem ist,
den ihr das Haus Gottes nennt und von dem eure
Feinde sagen, daß dieses Haus niemals fallen soll;
aber wahrlich, ich sage euch, daß Zerstörung über die=
ses Geschlecht kommen wird, wie ein Dieb in der
Nacht, und dieses Volk wird zerstört und unter alle
Völker zerstreut werden; der Tempel aber, den ihr
jetzt sehet, wird niedergeworfen werden, daß auch nicht
ein Stein auf dem andern bleiben soll, und es wird
geschehen, daß dieses Geschlecht der Juden nicht ver=
gangen sein wird, bis alle Zerstörung, von der ich
über sie, euch gesagt habe, geschehen soll. Ihr saget,
ihr wisset, daß das Ende der Welt kommt; ihr saget
auch, ihr wisset, daß Himmel und Erde vergehen wer=
den, und darin saget ihr recht, denn es ist so; aber
diese Dinge, welche ich euch gesagt habe, werden nicht
vergehen, bis sie alle erfüllt sind. Und dieses habe
ich euch über Jerusalem gesagt, und wenn jener Tag
kommen wird, soll ein Ueberrest unter allen Völkern
zerstreut werden; sie werden zwar wieder gesammelt
werden, müssen aber verbleiben, bis die Zeit der Hei•
den erfüllet ist.“

4. „Und an jenem Tage wird man hören von
Krieg und Kriegsgeschrei, ja die ganze Erde wird in
Aufregung sein und das Herz der Menschen soll ihnen
beben; sie werden aber sagen, daß Christus seine
Wiederkunft bis auf der Welt Ende verschoben hat;
die Menschenliebe soll kalt werden und Ungerechtigkeit
überhand nehmen; wenn aber die Zeit der Heiden
hereingebrochen sein wird, soll ein Licht hervorbrechen

unter Denen, die in Finsterniß sitzen, und es wird
die Fülle meines Evangeliums sein; sie aber werden
es nicht annehmen, denn sie begreifen das Licht nicht
und wenden ihre Herzen von mir wegen der Men=
schensaßungen; und in demselben Geschlechte wird die
Zeit der Heiden erfüllt werden; und es soll Leute in
jenem Geschlechte geben, die nicht hinweggenommen
werden sollen, bis sie eine große allgemeine Heim=
suchung gesehen haben; denn verheerende Krankheit
soll das Land bedecken; meine Jünger aber werden
an heiligen Orten stehen und nicht berührt werden;
aber unter den Bösen werden Leute ihre Stimmen
erheben und Gott fluchen und sterben; es wird auch
Erdbeben an verschiedenen Orten geben und viele Ver=
heerungen, und dennoch werden die Menschen ihre
Herzen gegen mich verhärten und werden das Schwert
nehmen, einer gegen den andern, und werden einander
tödten."

5. Und nun, als ich, der Herr, diese Worte zu
meinen Jüngern geredet hatte, waren sie beunruhigt;
ich aber sagte ihnen: Bekümmert euch nicht, denn wenn
alle diese Dinge werden geschehen, möget ihr wissen,
daß die Verheißungen, welche ich euch gegeben habe,
erfüllt werden sollen; und wenn das Licht anfangen
soll, hervorzubrechen, soll es mit ihnen sein wie in
in einem Gleichnisse, das ich euch geben will: Ihr
sehet die Feigenbäume mit euern Augen und ihr saget,
wenn sie anfangen auszuschlagen und ihre Blätter
noch zart sind, daß der Sommer nahe bei der Hand
ist; gerade so soll es an jenem Tage sein, wenn sie
alle diese Dinge sehen werden; dann sollen sie wissen,
daß die Stunde nahe ist.

6. Und es soll geschehen, daß wer mich fürchtet,
auf den großen Tag des Herrn warten wird, nämlich
auf die Zeichen der Ankunft des Menschensohnes; und
sie sollen Zeichen und Wunder sehen, welche sich oben
am Himmel kund thun und unten auf der Erde, und
werden Blut und Feuer und Rauchdämpfe erblicken;
ja, ehe der Tag des Herrn kommt, wird die Sonne
verfinstert werden und der Mond sich in Blut ver=
wandeln, Sterne vom Himmel fallen und der Ueber=

reſt an dieſem Orte verſammelt werden; dann aber mögen ſie mich erwarten, denn ſiehe, ich werde kommen und man wird mich in den Wolken des Himmels ſehen, angethan mit Macht und Herrlichkeit, mit allen heiligen Engeln; wer aber mich nicht erwartet, der ſoll abgeſchnitten werden.

7. Aber ehe der Arm des Herrn herabfallen ſoll, wird ein Engel ſeine Poſaune erſchallen laſſen, und die Heiligen, die entſchlafen geweſen ſind, werden hervorkommen mir entgegen in den Wolken; darum, wenn ihr geſchlummert habet im Frieden, geſegnet ſeid ihr, denn wie ihr mich jetzt ſehet und wiſſet, daß ich bin, eben ſo ſollt ihr zu mir kommen und eure Seelen ſollen leben und eure Erlöſung wird bewerkſtelligt ſein und die Heiligen werden von den vier Himmelsgegenden herzukommen.

8. Dann wird der Arm des Herrn auf die Völker fallen und der Herr wird ſeinen Fuß auf dieſen Berg ſetzen und ihn ſpalten, und die Erde wird erbeben und hin und her ſchwanken, ſogar die Himmel werden erzittern, und der Herr wird ſeine Stimme erſchallen laſſen, daß alle Enden der Erde ſie hören ſollen, und die Völker der Erde werden weheklagen, und die, welche gelacht haben, werden ihre Thorheit einſehen, denn Elend wird über die Spötter kommen, und der Gottesläſterer wird verzehrt werden, die aber, welche nach dem Böſen getrachtet haben, werden umgehauen und in das Feuer geworfen werden.

9. Dann werden die Juden mich anſchauen und ſagen: Was ſind das für Wunden an deinen Händen und Füßen? und ſie werden erkennen, daß ich der Herr bin; und ich werde ihnen antworten: Dieſe Wunden ſind die, die mir geſchlagen wurden in dem Hauſe meiner Freunde. Ich bin der, der erhöhet wurde. Ich bin Chriſtus, der Gekreuzigte. Ich bin der Sohn Gottes. Dann werden ſie ihre Uebelthaten beweinen und beklagen, daß ſie ihren König verfolgt haben.

10. Der Heiden Völker ſollen dann erlöſet werden, und die, ſo kein Geſetz gekannt haben, werden Theil haben an der erſten Auferſtehung; und es wird

erträglich für sie sein, denn Satan wird gebunden werden, daß er keine Stätte mehr haben soll in den Herzen der Kinder der Menschen. Und an jenem Tage, wann ich werde kommen in meiner Herrlichkeit, wird das Gleichniß erfüllt werden, das ich von den zehn Jungfrauen gesagt habe; denn die, welche weise sind, und haben die Wahrheit angenommen und den heiligen Geist als ihren Führer und sich nicht haben täuschen lassen, wahrlich, ich sage euch, die sollen nicht umgehauen und in das Feuer geworfen werden, sondern sollen jenen Tag überstehen, denn die Erde soll ihnen zum Erbe gegeben werden, und ihre Kinder werden aufwachsen ohne Sünde zur Seligkeit, denn der Herr wird in ihrer Mitte sein und seine Herrlichkeit wird auf ihnen ruhen und er wird ihr König und ihr Gesetzgeber sein.

11. Und nun, siehe ich sage euch, es wird euch nicht gegeben werden, mehr von diesen Dingen zu wissen, bis das neue Testament übersetzt sein wird und darin werden euch alle diese Dinge kund gethan werden; deßwegen erlaube ich euch, daß ihr es jetzt übersetzet, daß ihr vorbereitet werdet für die Dinge, die da kommen werden; denn wahrlich, ich sage euch, daß große Dinge eurer warten. Ihr höret von Kriegen in fernen Landen, aber, siehe, ich sage euch, sie sind nahe, ja an euren Thüren, und nicht viele Jahre von nun an sollt ihr von Kriegen hören in eurem eignen Lande.

12 Darum habe ich, der Herr, gesagt: Ziehet aus von den östlichen Ländern, versammelt euch, ihr Aeltesten meiner Kirche; gehet hin in die westlichen Länder, fordert die Bewohner der Erde zur Buße auf und, insofern sie bereuen, errichtet Gemeinden meinem Namen und in einem Herz und Sinn, sammelt eure Reichthümer zusammen, um euch ein Erbtheil zu kaufen, das euch späterhin noch gezeigt und ein neues Jerusalem genannt werden soll, ein Land des Friedens, eine Zufluchtsstätte und eine Stadt der Sicherheit für die Heiligen des Allerhöchsten Gottes; die Herrlichkeit des Herrn wird dort sein und der Schrecken des Herrn wird auch dort sein, so, daß die

Böfen nicht hinkommen werden, und es wird Zion
genannt werden.

13. Und es wird geschehen unter den Böfen, daß
Jedermann, der nicht fein Schwert aufheben will
gegen feinen Nächsten, muß nothwendig nach Zion
zur Sicherheit fliehen, wohin aus allen Völkern unter
dem Himmel gefammelt werden follen, denn es wird
das einzige Volk fein, das nicht im Kriege mit fich
felbst fein wird; darum wird man unter den Böfen
fagen, laffet uns nicht hinaufziehen gegen Zion zu
kämpfen, denn die Bewohner von Zion find fchreck=
lich, und wir können nicht vor ihnen bestehen.

14. Es foll aber auch geschehen, daß die Gerech=
ten werden aus allen Völkern verfammelt werden und
follen nach Zion kommen und fingen Gefänge unver=
gänglicher Freude.

15. Und nun fage ich euch, bewahret diefe Dinge,
daß fie nicht unter die Leute kommen, bis daß es zu=
läffig ist vor mir, damit ihr diefes Werk vollenden
möget vor den Augen des Volkes und vor den Augen
eurer Feinde, daß fie eure Werke nicht verstehen mögen,
bis daß ihr vollbracht habt die Sache, die ich euch
befohlen habe; damit, wenn fie es erkennen werden,
fie diefe Dinge bedenken mögen; denn wenn der Herr
wird erfcheinen, wird er ihnen fchrecklich vorkommen,
Furcht wird fich ihrer bemächtigen und fie follen von
ferne stehen und zittern, ja, alle Völker follen entfetzt
werden über den Schrecken des Herrn und die Ge=
walt feiner Macht. So ist es. Amen.

Abschnitt XVI.

Eine Offenbarung, gegeben im März 1831.

1. Höre, o Volk meiner Kirche, denn wahrlich ich
fage euch, daß alle diefe Dinge zu euch geredet wor=
den find, eures Vortheiles und eurer Belehrung willen;
aber ungeachtet der Dinge, welche gefchrieben find, ist
es jederzeit den Aelteften meiner Kirche vom Anfange

an überlassen gewesen, und so soll es immer bleiben, alle Versammlungen so zu leiten, wie sie sich von dem heiligen Geiste geführt und angetrieben fühlen. Dennoch gebiete ich euch, daß ihr Niemanden von euren öffentlichen Versammlungen ausschließen sollt, die vor der Welt gehalten werden; auch gebiete ich euch Niemanden, der zur Kirche gehört von euren Abendmahlsversammlungen auszuschließen; dennoch wenn irgend Welche übertreten haben, so sollen sie nicht am Abendmahle Theil haben, bis sie sich versöhnt haben.

2. Und wiederum sage ich euch, daß ihr Niemanden von euren Abendmahlsversammlungen ausschließen sollt, der das Reich Gottes ernstlich sucht. Ich sage dieses, in Bezug auf Solche, die nicht zur Kirche gehören.

3. Wiederum sage ich euch in Bezug auf die Confirmationsversammlungen, daß, wenn es etwa Einige gibt, die nicht der Kirche angehören, aber ernstlich nach dem Reiche Gottes forschen, ihr sie nicht ausschließen sollt; sondern es ist euch geboten, in allen Dingen Gott zu fragen, der da im Ueberfluß gibt; und das, was euch der Geist bezeuget, sollt ihr thun in Heiligkeit des Herzens, und sollt aufrichtig vor mir wandeln, das Ende eurer Erlösung bedenken und alle Dinge mit Gebet und Danksagung thun, damit ihr nicht durch böse Geister, Lehren des Satans oder durch Menschensatzungen, denn einige sind von Menschen, andere aber vom Teufel, verführt werdet.

4. Darum hütet euch, damit ihr nicht verführt werdet, und damit das nicht geschehe, strebet ernstlich nach den besten Gaben, und bedenket stets, weshalb sie gegeben werden; denn wahrlich ich sage euch, sie werden gegeben zum Wohle derer, welche mich lieben und meine Gebote halten und für den, der sich bemühet, so zu handeln, daß Alle mögen gesegnet werden, welche nach mir forschen und suchen und der nicht nach einem Zeichen fragt, um seine eignen Begierden damit zu befriedigen.

5. Und wiederum, wahrlich ich sage euch, ich will, daß ihr sollt allezeit bedenken und es beständig vor

Augen haben, was für Gaben es sind, die der Kirche
gegeben werden, denn Alle haben nicht jede Gabe er=
halten; denn es gibt mancherlei Gaben, und Jeder=
mann hat eine Gabe durch den Geist Gottes empfan=
gen: Einigen ist die gegeben, einem Andern wiederum
eine andere, damit Alle möchten dadurch gesegnet wer=
den; Einigen ist es durch den heiligen Geist gegeben,
zu wissen, daß Jesus Christus der Sohn Gottes ist,
und daß er gekreuzigt wurde für die Sünden der Welt;
Andern ist es gegeben, dem Worte zu glauben, damit
sie auch möchten ewiges Leben erlangen, wenn sie im
Glauben verharren.

6. Und wiederum, Einigen ist es gegeben durch
den heiligen Geist die Verschiedenheiten der Spendun=
gen zu kennen, wie es demselben Herrn angenehm sein
wird, wie der Herr will und seine Gnadesgaben aus=
theilt, nach den verschiedenen Beschaffenheiten der
Menschenkinder. Und wiederum ist es Einigen durch
den heiligen Geist gegeben, die Verschiedenheiten der
Wirkungen zu kennen, ob sie von Gott sind, daß die
Kundgebungen des Geistes Jedermann gegeben wer=
den mögen, daraus Nutzen zu ziehen.

7. Und abermals sage ich euch, Einigen ist durch
den Geist des Herrn das Wort der Weisheit gegeben
worden; Andern das Wort der Erkenntniß, damit
Alle können belehrt werden, selbst weise zu werden
und Erkenntniß zu erlangen; ja Einigen ist es gege=
ben, daß sie Glauben haben, geheilt zu werden und
Andern der Glaube zu heilen, oder Einigen ist es ge=
geben, Wunder zu thun, Andern zu prophezeien, An=
dern Geister zu unterscheiden; Einigen wiederum in
fremden Zungen zu reden und Andern dagegen die
Auslegung der Zungen — alle diese Gaben aber kom=
men von Gott zum Nutz und Frommen der Men=
schenkinder. Den Bischöfen der Kirche und denen,
welche Gott berufen und eingesetzt hat, über die Kirche
zu wachen und Aelteste zu sein in der Kirche, ist es
aber gegeben, alle diese Gaben zu erkennen, damit nicht
etwa Einige unter euch solche vorgeben und sie doch
nicht von Gott sind.

8. Und es soll geschehen, daß, wer im Geiste bittet,

foll im Geiste empfangen; daß Einige werden alle diese Gaben erhalten, damit ein Haupt sei und so jedes Mitglied gesegnet werde. Wer aber im Geiste bittet, der bittet stets in Uebereinstimmung mit Gottes Willen, darum wird ihm geschehen, wie er gebeten hat.

9. Und wiederum sage ich euch, alle diese Dinge müssen gethan werden im Namen Jesu Christi und was sonst auch immer ihr noch thun möget im Geiste; und ihr müßt Gott Dank sagen im Geiste für alle Segnungen, die ihr empfangen habt und müßt Tugend und Gerechtigkeit üben vor mir ohne Unterlaß. So sei es. Amen.

Abschnitt XVII.

Offenbarung, gegeben im Mai 1831.

1. Höret, o ihr Aeltesten meiner Kirche, gebet Gehör der Stimme des lebendigen Gottes und merket auf die Worte der Weisheit, die euch gegeben werden sollen, da ihr gefragt habt und einig seid über die Kirche und die Geister, welche sich über die Erde verbreitet haben. Siehe wahrlich ich sage euch, es gibt viele Geister, die böse sind und in die Welt ausgingen, sie zu betrügen; so hat auch Satan gesucht, euch zu verführen, damit er euch überwältige.

2. Siehe, ich der Herr habe euch angesehen und die Gräuel bemerkt in der Kirche, die meinen Namen bekennt; gesegnet aber sind die, so getreu bleiben und ausharren, ob im Leben oder im Tode, denn sie sollen das ewige Leben ererben; wehe aber denen, die da Betrüger und Heuchler sind, denn so spricht der Herr, ich will sie vor das Gericht bringen.

3. Wahrlich ich sage euch, es gibt Heuchler unter euch und diese haben Einige irre geführt, was dem Widersacher Gewalt gegeben hat, aber siehe, solche sollen zurückgebracht werden; die Heuchler aber wird man entdecken und ausstoßen, entweder schon im Leben

11

ober nach dem Tobe, wie ich es beschließe; und wehe benen, die von meiner Kirche ausgestoßen sind, denn dieselben sollen von der Welt überwunden werden; barum hüte sich Jedermann, damit er nicht thue, was nicht in Wahrheit und Gerechtigkeit vor mir ist.

4. Und nun kommet her, spricht der Herr durch den Geist zu den Aeltesten seiner Kirche, und lasset uns zusammen rechten damit ihr begreifet; ja, lasset uns rechten wie ein Mann mit einem andern rechtet von Angesicht zu Angesicht. Wenn nun ein Mensch rechtet, so wird er von Menschen verstanden, denn er rechtet wie ein Mensch; ebenso will ich auch, spricht der Herr, mit euch rechten, damit ihr mich verstehen möget. Darum ich, der Herr, stelle euch die Frage: Wozu seid ihr berufen worden? Doch wol um das Evangelium zu predigen durch den Geist, nämlich den Tröster, der gesandt war, die Wahrheit zu lehren, und doch habt ihr Geister aufgenommen, die ihr nicht kanntet, und hieltet sie für von Gott gekommen; seid ihr darin gerechtfertigt? Siehe, ihr möget diese Frage selber beantworten: doch will ich barmherzig mit euch sein und der da schwach ist unter euch, soll von nun an stark gemacht werden.

5. Wahrlich ich sage euch, der, welcher von mir berufen und ausgesandt ist, das Wort der Wahrheit durch den Tröster im Geiste der Wahrheit zu predi= gen, thut er es durch den Geist der Wahrheit oder auf eine andere Art? Wenn es auf eine andere Art geschieht, so ist es nicht von Gott. Und wiederum, wer das Wort der Wahrheit annimmt, nimmt er es an durch den Geist der Wahrheit oder aus einem an= deren Grunde? Thut er es aus einem anderen Grunde, so ist Gott mit ihm nicht. Wie kommt es daher, daß ihr nicht einsehet und wisset, daß der, wel= cher das Wort durch den Geist der Wahrheit an= nimmt, es empfängt, wie es durch den Geist der Wahr= heit gepredigt wird?

6. Darum der, welcher predigt und der, welcher annimmt, verstehen einander und Beide werden er= baut und freuen sich zusammen; das aber, was nicht erbaut, ist nicht von Gott, sondern ist Finsterniß:

Das, was von Gott kommt, ist Licht, und der, wel=
cher das Licht aufnimmt und in Gott verbleibt, em=
pfängt mehr Licht und das Licht wird heller in ihm
bis zum Tage der Vollkommenheit. Und wiederum
sage ich euch, und ich sage es euch, damit ihr möget
die Wahrheit erkennen und die Finsterniß aus eurer
Mitte bannen, denn wer von Gott berufen und ge=
sandt ist, derselbe ist auch bestimmt, der Größte zu
sein, trotzdem er sehr gering und ein Knecht Aller sein
mag; darum ist er Herr über alle Dinge, denn alle
Dinge sind ihm unterthan, im Himmel sowol wie auf
Erden; das Leben und das Licht, der Geist und die
Kraft, ausgesandt nach dem Willen des Vaters durch
Jesum Christum, seinen Sohn; kein Mensch aber kann
Herr über alle Dinge sein, wenn er nicht rein und
unbefleckt von aller Sünde ist; sobald ihr das aber
seid, so möget ihr bitten, was ihr auch immer wollt
im Namen Jesu, und es wird euch gegeben werden.
Wisset daher, es wird euch gegeben werden, was ihr
bittet; und da ihr an die Spitze berufen seid, so wer=
den euch die Geister unterworfen sein.

7. Darum wird es geschehen, daß, wenn ihr einen
Geist sich kundthun sehet, den ihr nicht versteht, und
ihr empfanget diesen Geist nicht, ihr den Vater im
Namen Jesu bitten sollt, und wenn er euch diesen
Geist dann nicht zu Theil werden läßt, sollet ihr
wissen, daß er nicht von Gott ist, und es wird euch
Gewalt über jenen Geist gegeben werden, und ihr sollt
mit lauter Stimme gegen den Geist erklären, daß er
nicht von Gott ist; aber nicht mit herausfordernden
Beschuldigungen, damit ihr nicht überwältigt, noch
mit Großthun oder Schadenfreude, damit ihr nicht
von ihm erfüllt werdet. Wer von Gott empfängt,
mag Gott Rechenschaft geben, und sich freuen, daß er
von Gott für würdig berufen wurde zu empfangen,
durch das Beobachten und Thun von den Dingen,
welche ihr empfangen habt, und die ihr künftighin
empfangen werdet; denn das Reich ist euch von dem
Vater gegeben, und die Kraft, alle Dinge zu über=
winden, die nicht von ihm sind. Und siehe, wahrlich
ich sage euch, selig seid ihr, die ihr jetzt diese meine

Worte höret durch den Mund meines Knechtes, denn
eure Sünden sind euch vergeben.

8. Mein Diener Joseph Wakefield, mit dem ich
wohl zufrieden bin, und mein Diener Parley P. Pratt
sollen ausgehen, unter die Gemeinden und sie durch
das Wort der Ermahnung stärken; und auch mein
Diener Johann Corill, oder so viele meiner Diener,
als zu diesem Amte berufen worden sind, um im
Weinberge des Herrn zu arbeiten; und Niemand soll
sie hindern, das zu thun, wofür sie berufen worden
sind; deshalb ist mein Diener Eduard Partridge
nicht gerechtfertiget in dieser Sache, dennoch wenn er
Buße thut, so soll er Vergebung erlangen. Sehet, ihr
seid kleine Kinder und könnt jetzt noch nicht alle Dinge
ertragen; ihr müßt wachsen in Gnade und in der
Erkenntniß der Wahrheit. Fürchtet nicht, kleine Kin=
der, denn ihr seid mein und ich habe die Welt über=
wunden und ihr seid aus denen, die der Vater mir
gegeben hat, und Keine von denen, welche mir der
Vater gegeben hat, werden verloren gehen: und der
Vater und ich sind eins: Ich bin im Vater und der
Vater in mir: und insofern als ihr mich empfangen
habet, seid ihr in mir und ich in euch; deshalb bin
ich in eurer Mitte und ich bin der gute Hirte und
der Stein Israel's, (wer da baut auf diesen Felsen,
wird nie fallen,) und der Tag kommt, daß ihr meine
Stimme hören, mich sehen und wissen sollt, daß ich
bin. Wachet deshalb, daß ihr bereit sein möget. So
sei es. Amen.

Abschnitt XVIII.

Offenbarung, gegeben in Zion im August 1831.

1. Höret, o ihr Aeltesten meiner Kirche, gebet Ge=
hör meinem Worte und lernet von mir, was ich
euretwegen beabsichtige und auch in Bezug auf das
Land, in welches ich euch gesandt habe; denn wahrlich
ich sage euch, gesegnet ist der, welcher meine Gebote

hält, ob im Leben oder im Tode; und der, welcher treu bleibt in Trübsal, desselbigen Lohn wird größer sein im Himmelreiche.

2. Ihr könnet gegenwärtig noch nicht mit euren natürlichen Augen den Plan eures Gottes in Bezug auf die Dinge schauen, welche nachher kommen sollen, und auch die Herrlichkeit nicht, die nach vieler Trübsal folgen wird. Denn nach vieler Trübsal kommt der Segen. Darum wird der Tag kommen, an dem ihr sollt gekrönt werden mit großer Herrlichkeit; die Stunde ist zwar noch nicht, aber sie ist nahe bei der Hand.

3. Erinnert euch dessen, das ich euch zuvor ver= kündigte, daß ihr es möget zu Herzen nehmen und das empfangen, was das kommen soll. Wahrlich, ich sage euch, darum habe ich euch gesandt, daß ihr möchtet gehorsam sein und eure Herzen zubereitet werden, Zeugniß zu geben der Dinge, die da kommen sollen; wie auch, daß ihr sollt beehrt werden, den Grund zu legen und Zeugniß zu geben von dem Lande, in wel= chem das Zion des Herrn stehen wird: wie auch, daß ein Genuß herrlicher Dinge für die Armen bereitet ist; ja, ein herrliches Mahl mit feinem Weine, daß die Erde erkennen mag, der Mund der Propheten habe nicht fälschlich geredet; ja, ein Abendmahl im Hause des Herrn, wohl zugerichtet, zu dem alle Völ= ker geladen sein sollen. Zum Ersten, die Reichen und Gelehrten, die Weisen und Vornehmen; darnach aber kommet der Tag meiner Kraft, denn dann sollen die Armen, die Lahmen, die Blinden und die Tauben zur Hochzeit des Lammes kommen und Theil nehmen am Abendmahle des Herrn, zubereitet für den großen Tag, der da kommen wird. Siehe, Ich, der Herr, habe es gesprochen.

4. Und daß das Zeugniß aus Zion hervorgehen möge, ja, aus dem Munde der Stadt des Erbtheiles Gottes; ja, für diesen Zweck habe ich euch hieher ge= schickt und habe meinen Diener Eduard Partridge ernannt und ihm seine Mission in diesem Lande be= stimmt; doch wenn er seine Sünden nicht bereut, welche Unglaube und Blindheit des Herzens sind, so nehme

er sich in Acht, daß er nicht falle. Siehe, seine Mission ist ihm gegeben worden und sie soll nicht von Neuem gegeben werden. Und wer immer in seiner Mission steht, der ist ernannt, ein Richter in Israel zu sein, wie es war vor Alters, die Länder des Erbtheiles Gottes seinen Kindern auszutheilen, und sein Volk zu richten durch das Zeugniß der Gerechten, und mit dem Beistande seiner Räthe nach den Gesetzen des Reiches, welche durch die Propheten Gottes gegeben worden sind; denn wahrlich ich sage euch, mein Gesetz soll auf diesem Lande gehalten werden.

5. Lasset Niemand denken, er sei ein Lenker, sondern lasset Gott lenken den, der da richtet, nach dem Rathe seines eigenen Willens, oder in andern Worten, den, der Rath gibt oder auf dem Richterstuhle sitzt. Niemand breche die Gesetze des Landes; denn der, welcher die Gebote Gottes hält, braucht die Gesetze des Landes nicht zu brechen; darum seid unterthan der Obrigkeit, die Gewalt über euch hat, bis D e r regieren wird, dessen Recht es ist, zu regieren, und er alle seine Feinde unter seine Füße gethan haben wird. Siehe, die Gebote, die ihr von meiner Hand empfangen habt, sind die Gesetze der Kirche, und in diesem Lichte sollt ihr sie darstellen. Siehe, hier ist Weisheit.

6. Und jetzt, wie ich sprach in Bezug auf meinen Diener Eduard Partridge, dieses Land ist das Land seines Wohnortes und jener, welche er als seine Räthe ernannt hat. Und auch der Wohnort von Jenem, den ich ernannt habe, meinen Speicher zu bestellen; deshalb sollen sie ihre Familien nach diesem Lande bringen, wie sie sich, unter sich selbst und mit mir berathschlagen werden: denn sehet, es ist nicht dienlich, daß ich in allen Dingen gebieten sollte, denn derjenige, welcher in allen Dingen gezwungen werden muß, ist ein träger und nicht ein weiser Diener; deshalb empfängt er keinen Lohn. Wahrlich sage ich, daß Leute eifrig in einer guten Sache beschäftigt sein, viele Dinge aus freien Stücken thun und große Gerechtigkeit wirken sollten; denn die Kraft ist in ihnen, wodurch sie nach eigenem Willen handeln können. Und insoweit

als Leute Gutes thun, so sollen sie keineswegs ihren Lohn verlieren. Doch derjenige, welcher nichts thut, bis es ihm befohlen ist und ein Gebot mit zweifel= haftem Herzen empfängt und es mit Trägheit hält, derselbe soll verdammt sein. Wer bin ich, der ich den Menschen machte, spricht der Herr, und denjenigen als schuldlos erachten würde, welcher meine Gebote nicht hält? Wer bin ich, spricht der Herr, daß ich verheißen und nicht gehalten habe? Ich befehle und ein Mensch gehorcht nicht, ich widerrufe und sie em= pfangen die Segnung nicht; dann sagen sie in ihren Herzen, dies ist nicht das Werk des Herrn, denn seine Verheißungen werden nicht erfüllt. Doch wehe sol= chen! Denn ihr Lohn lauert von unten und kommt nicht von oben.

7. Und jetzt gebe ich euch weitere Vorschriften in Bezug auf dieses Land. Es ist Weisheit in mir, daß mein Diener Martin Harris ein Beispiel für die Kirche sei und seine Gelder vor den Bischof der Kirche lege. Und dies ist auch ein Gesetz für Jeden, der nach diesem Lande kommt, ein Erbtheil zu empfan= gen; und er soll mit seinen Geldern thun, wie das Gesetz vorschreibt. Und es ist auch weislich, daß Län= dereien in Independence gekauft werden für den Platz meines Speichers und auch für die Druckerei.

8. Und andere Vorschriften in Bezug auf meinen Diener Martin Harris sollen ihm durch den Geist gegeben werden, daß er sein Erbtheil erhalte, wie es ihm gut scheint. Doch bereue er seine Sünden, denn er sucht die Ehre der Welt.

9. Auch sollte mein Diener Wilhelm W. Phelps in dem Amte stehen, zu welchem ich ihn ernannt habe und sein Erbtheil in dem Lande empfangen; und auch er sollte Buße thun, denn ich der Herr bin nicht wohl mit ihm zufrieden, denn er sucht sich hervorzuthun und ist nicht demüthig genug vor mir. Sehet wer Buße gethan hat, dem sind seine Sünden vergeben, und ich der Herr erinnere mich derselben nicht mehr. Dadurch könnt ihr wissen, ob ein Mensch seine Sün= den bereut. Sehet, er wird sie bekennen und ver= lassen. Und jetzt, wahrlich sage ich, in Bezug auf die

Uebrigen der Aeltesten meiner Kirche, die Zeit wird
noch nicht in vielen Jahren kommen für sie ihre Erb=
theiler in diesem Lande zu erhalten, wenn sie es nicht
durch das Gebet des Glaubens wünschen, wie es
ihnen von dem Herrn bestimmt werden wird. Denn
sehet, sie sollen das Volk zusammenstoßen von den
Enden der Erde; deshalb versammelt euch und jene,
welche nicht verordnet sind in diesem Lande zu blei=
ben, sollen das Evangelium in den umliegenden Ge=
genden predigen und nachher sollen sie in ihre Hei=
math zurückkehren. Sie sollen am Wege predigen und
Zeugniß von der Wahrheit geben in allen Orten und
die Reichen, Hohen und Niedrigen und die Armen
auffordern, Buße zu thun; und sie sollen Kirchen auf=
bauen, insofern die Einwohner der Erde Buße thun
wollen.

10. Und es soll ein Agent durch die Stimme der
Kirche ernannt werden, für die Kirche in Ohio, Gel=
der zum Ankaufe von Ländern in Zion zu empfangen.

11. Und ich gebe meinem Diener Sidney Rigdon
ein Gebot, daß er eine Beschreibung des Landes
Zion schreiben soll und eine Darlegung des Willens
Gottes, wie es ihm durch den Geist bekannt gemacht
werden wird; und eine Epistel und Subscription,
welche allen Gemeinden vorgelegt werden soll, zur
Erlangung von Geldern, welche in die Hände des
Bischofs gegeben werden sollen, um selbst oder durch
den Agenten, wie es ihm gut dünkt oder er anord=
nen will, Ländereien zu einem Erbgute für die Kin=
der Gottes zu kaufen. Denn siehe, wahrlich sage ich
euch, der Herr will, daß seine Schüler und die Men=
schenkinder ihre Herzen öffnen sollen, selbst diese ganze
Umgegend zu kaufen, so bald als es die Zeit erlauben
wird. Sehet, hier ist Weisheit. Dies sollen sie thun,
sonst werden sie kein Erbtheil erhalten, außer durch
Blutvergießen

12. Und wiederum, insofern Land erlangt wird,
so sollen Arbeiter von allen Gattungen ausgesandt
werden zu diesem Lande, für die Heiligen Gottes zu
arbeiten. Alle diese Dinge müssen in Ordnung ge=
than werden; und die Landangelegenheiten durch den

Bischof oder Agenten der Kirche von Zeit zu Zeit bekannt gemacht werden; eure Sammlung sollte weder in Eile, noch durch Flucht geschehen, doch laßt sie veranstaltet werden nach dem Rathe der Aeltesten der Kirche bei den Conferenzen, nach der Kenntniß, welche sie von Zeit zu Zeit empfangen.

13. Mein Diener Sidney Rigdon sollte dem Herrn dieses Land und den Platz des Tempels weihen und widmen. Eine Conferenzversammlung sollte berufen werden und nach dieser sollten meine Diener Sidney Rigdon, Joseph Smith jun. und Oliver Cowdery zurückkehren, den übrigen Theil des Werkes auszuführen, welches ich ihnen verordnet habe in ihrem eigenen Lande und das Uebrige wie es von den Conferenzen bestimmt werden wird.

14. Auch sollte Niemand von diesem Lande zurückkehren, ohne am Wege Zeugniß von dem abzulegen, was er weiß und ganz sicherlich glaubt. Das, was dem Ziba Peterson übergeben worden ist, sollte von ihm genommen werden und er soll als ein Mitglied der Kirche stehen und mit seinen eigenen Händen arbeiten, mit den Brüdern, bis er genug gestraft ist für alle seine Sünden, denn er bekennt sie nicht und sucht sie zu verbergen.

15. Die Uebrigen der Aeltesten dieser Kirche, welche zu diesem Lande kommen, einige von welchen sehr gesegnet worden sind, selbst im Ueberflusse, sollten auch eine Conferenz auf diesem Lande halten. Mein Diener Eduard Partridge sollte die Conferenz leiten, die von ihnen gehalten werden wird. Und sie können auch zurückkehren, das Evangelium am Wege verkündigen und Zeugniß von den Dingen geben, die ihnen geoffenbart worden sind; denn wahrlich, der Schall muß ausgehen von diesem Platze in alle Welt und an die äußersten Theile der Erde — das Evangelium muß aller Creatur geprebigt werden; mit Zeichen, die den Gläubigen folgen. Und siehe, der Menschensohn kommt. Amen.

Abſchnitt XIX.

Offenbarung, gegeben in Zion im Auguſt 1831.

1. Siehe, ſo ſpricht der Herr, geſegnet ſind die, ſo zu dieſem Lande heraufgezogen ſind mit einfälti= gem Herzen nach meinem Gebote: denn die, welche leben, ſollen die Erde ererben, und die, welche ſterben, ſollen ruhen von ihrer Arbeit und ihre Werke folgen ihnen nach und ſollen empfangen eine Krone in den Wohnungen meines Vaters, die ich für ſie bereitet habe; ja, geſegnet ſind die, deren Füße auf dem Lande Zion ſtehen, und die meinem Evangelium gehorchet haben, denn ſie werden als ihren Lohn die guten Dinge dieſer Erde empfangen, und dieſelbe wird in ihrer ganzen Kraft hervorbringen; ſie werden aber auch mit Segnungen von oben gekrönt werden, ja und mit Geboten, nicht nur wenig, und mit Offen= barungen zu ſeiner Zeit, alle die, ſo da treu und eifrig ſind vor mir.

2. Darum gebe ich ihnen ein Gebot und ſpreche ſo: Du ſollſt lieben den Herrn, deinen Gott, mit dei= nem ganzen Herzen, mit aller deiner Kraft, deinem Gemüthe und deiner Stärke, und ſollſt ihm dienen im Namen Jeſu Chriſti. Du ſollſt deinen Nächſten lieben, wie dich ſelbſt. Du ſollſt nicht ſtehlen, noch ehebrechen oder tödten, noch irgend etwas dem Aehn= liches thun. Du ſollſt dem Herrn, deinem Gott, in allen Dingen danken. Du ſollſt ein Opfer bringen dem Herrn, deinem Gott, in Gerechtigkeit, ja, das eines gebrochenen Herzens und zerknirſchten Gemüthes. Und daß du dich möchteſt noch vollſtändiger rein hal= ten von der Welt, ſollſt du gehen zum Hauſe des Gebetes und deine Spenden darbringen an meinem heiligen Tage; denn wahrlich, dies iſt der Tag, für euch zur Ruhe von euern Arbeiten beſtimmt und da= mit ihr eure Verehrung zollet dem Allerhöchſten; trotzdem aber ſollen deine Gelübde jeden Tag und zu allen Zeiten in Gerechtigkeit dargebracht werden; be= denke aber, daß an dieſem, dem Tage des Herrn, du beine Gaben und heiligen Spenden opfern ſollſt, und

beine Sünben bekennen vor beinen Brübet.
bem Herrn.

3. An biefem Tage aber follft bu kein an.
Ding thun, außer baß bu beine Nahrung bereit.
mögeft mit einfältigem Herzen, bamit bein Faften
recht fei, ober in anbern Worten, baß bu vollkommene
Freube habeft. Wahrlich, bas ift Faften unb Gebet
ober vielmehr Freube unb Gebet.

4. Unb insofern ihr biefe Dinge mit Dankfagung
unb freubigem Herzen unb Angeficht thut, unb nicht
mit lautem Gelächter, benn bas ift Sünbe, fonbern
mit fröhlichem Herzen unb freunblichem Angeficht,
wahrlich, ich fage euch, bie Fülle biefer Erbe wirb
euer fein. Die Thiere bes Felbes, bie Vögel in ber Luft
unb was an ben Bäumen klettert ober auf ber Erbe
läuft, ja, bas Kraut unb alle guten Dinge, bie von
ber Erbe kommen, ob zur Nahrung ober Kleibung,
zu Häufern, Scheuern, Gärten ober Weinbergen, ja
alle Dinge biefer Erbe in ihrer Jahreszeit finb zum
Nutzen unb Wohle bes Menfchen gemacht, feinem
Auge zu gefallen unb fein Herz zu erfreuen; ja, zu
feiner Nahrung unb Kleibung, zum Schmecken unb
Riechen, ben Körper zu ftärken unb bie Seele zu er=
freuen.

5. Unb es gefällt bem Herrn, baß er alle biefe
Dinge bem Menfchen gegeben hat, benn zu biefem
Enbe wurben fie gefchaffen, um mit Weisheit gebraucht
zu werben unb nicht im Uebermaße, auch nicht burch
Erpreffung: unb in Nichts beleibigt ber Menfch Gott
mehr, ober gegen Niemanb ift fein Zorn mehr ent=
flammt, als gegen bie, welche nicht feine Hanb in
allen Dingen anerkennen unb feinen Geboten nicht
gehorchen. Siehe, bas ift nach bem Gefetze unb ben
Propheten; barum gehet mich nicht mehr an um biefe
Dinge, fonbern lernet, baß ber, welcher bie Werke ber
Gerechtigkeit thut, feinen Lohn empfangen wirb, näm=
lich Frieden in biefer Welt unb ewiges Leben in ber
zukünftigen. Ich, ber Herr, habe es gefprochen unb
ber Geift gibt Zeugniß. Amen.

Abschnitt XX.

Offenbarung, gegeben in Kirtland im August 1831.

1. Horche auf, o du Volk, öffne dein Herz und gib Gehör von Ferne. Merket auf, ihr, die ihr euch das Volk des Herrn nennt, und höret das Wort des Herrn und seinen Willen über euch: ja, wahrlich, sage ich, höret das Wort von ihm, dessen Zorn entbrannt ist gegen die Bösen und Aufrührer; der gesonnen ist anzunehmen die, welche er annehmen will, und zu bewahren die, welche er bewahren will; der nach seinem eignen Willen und Wohlgefallen aufbauet, und zerstöret, wenn es ihn recht dünkt, und der die Seele in die Hölle zu werfen vermag.

2. Siehe, ich, der Herr, erhebe meine Stimme und man muß ihr gehorchen. Darum, wahrlich, ich sage euch, lasset die Bösen Acht haben, die Aufrührerischen zittern und beben und die Ungläubigen ihre Lippen halten, denn der Tag des Zornes wird über sie kommen wie ein Wirbelwind und alles Fleisch soll erkennen, daß ich Gott bin. Wer nach Zeichen trachtet, soll Zeichen sehen, aber nicht zum Heile.

3. Wahrlich, ich sage euch, es gibt Solche unter euch, die nach Zeichen trachten und Solche hat es vom Anfange an gegeben; sehet aber, Glaube kommt nicht durch Zeichen, sondern die Zeichen folgen denen, die da glauben. Ja, Zeichen kommen durch Glauben und nicht durch den Willen der Menschen, noch nach ihrem Belieben, sondern durch den Willen Gottes. Ja, Zeichen kommen durch Glauben an mächtige Werke, denn Niemand kann Gott gefallen ohne Glauben: und mit dem Gott zornig ist, ist er nicht wohl zufrieden, darum gibt er auch Solchen keine Zeichen, sondern nur im Zorne zu ihrer Verdammniß.

4. Darum ich, der Herr, habe kein Wohlgefallen an denen unter euch, die nach Zeichen und Wundern, um zu glauben, trachten, und nicht für das Heil der Menschen zu meiner Herrlichkeit; dennoch gebe ich Gebote, Viele aber haben sich von meinen Geboten gewendet und sie nicht gehalten. Es gibt Ehebrecher

und Ehebrecherinnen unter euch; einige von denen
haben sich zwar von euch gewendet, andere aber sind
noch mit euch geblieben, die später offenbar werden
sollen. Solche mögen sich hüten, und schleunigst Buße
thun, damit nicht das Gericht über sie komme wie
eine Schlinge, ihre Thorheit offenbar werde und ihre
Werke ihnen nachfolgen in den Augen der Leute.

5. Und wahrlich, ich sage euch, wie ich schon
früher geredet habe: Der, welcher ein Weib ansieht,
sie zu begehren, oder irgend Jemand Ehebruch treibt
in seinem Herzen, soll den Geist nicht behalten, sondern den Glauben verläugnen und sich fürchten; deshalb habe ich, der Herr, gesagt, daß die Furchtsamen
und Ungläubigen und alle Lügner und wer sonst noch
das Lügen liebt und treibt, der Hurer und der Zau-
berer, ihren Theil haben sollen in dem See, der mit
Feuer und Schwefel brennt, welches der zweite Tod
ist. Wahrlich ich sage euch, sie werden keinen Theil
haben an der ersten Auferstehung.

6. Und nun siehe, ich, der Herr, sage euch, daß
ihr nicht gerechtfertigt seid, weil eben diese Dinge
unter euch sind; trotzdem aber, wer anhält im Glauben und meinen Willen thut, derselbige soll überwinden und ein Erbtheil empfangen auf Erden, wenn
der Tag der Verklärung kommen wird; denn die
Erde soll verkläret werden nach dem Vorbilde, welches ich meinen Aposteln auf dem Berge gezeigt habe,
von welchem Berichte ihr noch nicht das Ganze empfangen habt.

7. Und nun wahrlich, ich sage euch, da ich gesagt
habe, ich wolle meinen Willen euch kund thun, siehe,
so will ich ihn euch kund thun, aber nicht nach der
Weise eines Gebotes, denn es gibt Viele, die nicht
trachten meine Gebote zu halten, sondern demjenigen,
der meine Gebote hält, will ich die Geheimnisse meines Reiches mittheilen, und dieselbigen sollen in ihm
gleich einer Quelle lebendigen Wassers sein, hervor-
quellend zum ewigen Leben.

8. Und nun siehe, dies ist der Wille des Herrn,
eures Gottes, in Bezug auf die Heiligen, daß sie sich
im Lande Zion versammeln sollen, aber nicht in Hast,

damit nicht Unordnung werde, die da Plagen bringt. Siehe, ich, der Herr, halte das Land Zion in meiner Hand; aber trotzdem gebe ich, der Herr, dem Kaiser die Dinge, die des Kaisers sind; darum will ich, der Herr, daß ihr die Ländereien ankaufen sollt, daß ihr das Vorrecht vor der Welt und einen Anspruch an dieselbe habt, damit sie nicht zum Zorne aufgereizt werden können; denn der Satan gibt ihnen Haß und Blutdurst gegen euch in das Herz; darum soll das Land Zion nicht anders als durch Ankauf oder Blut erlangt werden, sonst gibt es kein Erbtheil für euch. Wenn aber durch Ankauf, siehe, so seid ihr gesegnet; und wenn durch Blut, da es euch doch verboten ist, Blut zu vergießen, siehe, eure Feinde sind über euch, und ihr sollt heimgesucht werden von Stadt zu Stadt und von Synagoge zu Synagoge, und nur Wenige werden bleiben, ein Erbtheil zu empfangen.

9. Ich, der Herr, bin zornig mit den Ungerech= ten; ich halte ferne meinen Geist von den Bewohnern der Erde. Ich habe es geschworen in meinem Grimme und Kriegsplagen beschlossen über die Erde; und die Bösen sollen die Bösen erschlagen und Furcht soll fallen auf Jedermann. so daß selbst die Heiligen kaum entrinnen werden; doch bin ich, der Herr, mit ihnen und will hernieder kommen vom Himmel aus der Gegenwart meines Vaters und die Bösen mit ewigem Feuer verzehren. Siehe aber, das ist noch nicht, son= dern nach einer Weile; darum, daß ich der Herr alle diese Dinge auf Erden verordnet habe, will ich, daß meine Heiligen sich im Lande Zion versammeln sollen, und Jedermann von nun an Gerechtigkeit in seine Hand nehme und Treue um seine Hüften und erhebe seine Stimme der Warnung an die Bewohner der Erde, und erkläre durch sein Wort und seine Flucht, daß das Verderben über die Bösen kommen wird. Deshalb sollen meine Schüler in Kirtland, welche auf diesem Landgute wohnen, ihre zeitlichen Angelegen= heiten in Ordnung bringen.

10. Mein Diener Titus Billings sollte das Land, für welches er Sorge trägt, verkaufen, daß er bereitet sein möchte, im nächsten Frühjahr seine Reise nach

dem Lande Zion anzutreten, mit denen, welche auf demselben wohnen, mit der Ausnahme von Jenen, welche ich mir selbst vorbehalten will, die nicht gehen sollen, bis ich ihnen gebiete. Und alle Gelder, welche erspart werden können, sei es viel oder wenig, es macht mir nichts aus, sollten nach dem Lande Zion geschickt werden, an diejenigen, welche ich ernannt habe zu empfangen.

11. Sehet, ich, der Herr, will meinem Diener Joseph Smith jun. Kraft geben, daß er im Staube sein kann, durch den Geist zu unterscheiden, welche nach dem Lande Zion gehen und welche von meinen Schülern bleiben sollen.

12. Mein Diener Newel K. Whitney sollte seinen Kaufladen oder in anderen Worten, den Kaufladen noch eine kurze Zeit behalten. Dennoch soll er alles Geld, welches er geben kann, geben, um nach dem Lande Zion gesandt zu werden. Sehet, diese Dinge sind in seinen eigenen Händen und er sollte mit Weis=heit handeln. Wahrlich sage ich, er sollte verordnet werden ein Agent für die bleibenden Schüler zu sein und er sollte zu dieser Macht ordinirt werden und jetzt mit meinem Diener Oliver Cowdery eiligst die Kirchen besuchen und ihnen diese Dinge erklären. Sehet, dies ist mein Wille, Gelder zu erlangen, selbst wie ich verordnet habe.

13. Wer getreu bleibt und ausharrt wird die Welt überwinden. Wer Schätze nach dem Lande Zion sendet, wird ein Erbtheil in dieser Welt erlangen und seine Werke werden ihm nachfolgen und auch ein Lohn in der künftigen Welt: ja und gesegnet sind die Todten, welche im Herrn sterben von jetzt an, wann der Herr kommen wird und alle Dinge vergehen und alle Dinge neu werden, da werden sie auferstehen und nicht wieder sterben und ein Erbtheil vor dem Herrn empfangen, in der heiligen Stadt und wer da lebt, wann der Herr kommt und ist im Glauben ge=blieben, gesegnet ist er, dennoch ist es ihm bestimmt im Alter eines Menschen zu sterben; deshalb sollen Kinder wachsen bis sie alt werden und alte Leute sterben; doch sollen sie nicht im Staube schlafen, son=

bern sollen verwandelt werden in einem Augenblick; deshalb predigten die Apostel, der Welt die Auferstehung von den Todten; diese Dinge sind die, welche ihr erwarten müßt und nach der Weise des Herrn sprechend, so sind sie nahe bei der Hand; und in kommender Zeit, selbst zur Zeit der Zukunft des Menschensohnes und bis auf jene Stunde, wird es thörichte mit den klugen Jungfrauen geben und zu jener Stunde kommt eine gänzliche Trennung der Gerechten von den Gottlosen und an jenem Tage werde ich meine Engel senden, die Gottlosen herauszupflücken und sie in unauslöschbares Feuer werfen.

14. Und jetzt, sehet, wahrlich ich sage euch, ich der Herr bin nicht wohl zufrieden mit meinem Diener Sidney Rigdon, er erhöhte sich in seinem Herzen und empfing keinen Rath, sondern betrübte den Geist; deswegen ist sein Schreiben dem Herrn nicht angenehm und er soll ein anderes machen und wenn es der Herr nicht empfängt, so soll er nicht länger in dem Amte stehen, welches ich ihm verordnet habe.

15. Und wiederum, wahrlich ich sage euch, diejenigen, welche aus ihren Herzen wünschen, Sünder in Demuth, zur Buße zu bewegen, sollen ordinirt werden zu jener Macht; denn es ist ein Tag der Warnung und nicht ein Tag vieler Worte, denn ich, der Herr, gedenke nicht verspottet zu werden in den letzten Tagen. Sehet, ich bin von oben und meine Macht liegt unten. Ich bin über allen und in allen Dingen und durch alle Dinge, und ich erforsche alle Dinge, und der Tag wird kommen, daß alle Dinge mir unterthan sein werden. Sehet, ich bin Alpha und Omega, selbst Jesus Christus. Deshalb nehme sich Jedermann in Acht wie er meinen Namen auf seinen Lippen führe; denn siehe, wahrlich sage ich, daß es Viele gibt, welche unter dieser Verdammniß sind, die den Namen des Herrn gebrauchen und ihn unnütz und ohne Autorität gebrauchen. Deshalb bereue die Kirche ihre Sünden und ich, der Herr, will sie anerkennen, sonst sollen sie ausgeschlossen werden.

16. Erinnert euch, daß das, welches von oben kommt, heilig ist, mit Sorgfalt und durch den An-

trieb des Geistes gesprochen werden muß, und darin ist keine Verdammung und ihr empfangt den Geist durch Gebet; deshalb ohne dieses bleibt ihr unter Verdammung. Meine Diener Joseph Smith jun. und Sidney Rigdon sollten sich eine Heimath suchen, wie sie von dem Geiste durch Gebet gelehrt werden sollen. Diese Dinge bleiben, durch Geduld zu überwinden, daß Solche empfangen mögen einen außerordentlichen und ewigen Grad der Herrlichkeit — wo nicht, eine größere Verdammung. Amen.

Abschnitt XXI.

Offenbarung, gegeben in Kirtland im September 1831.

1. Siehe, so spricht der Herr, euer Gott, zu euch, o ihr Aeltesten meiner Kirche; merket auf und höret, und vernehmet meinen Willen über euch; denn wahrlich, ich sage euch, ich will, daß ihr die Welt überwinden sollt; darum will ich auch Erbarmen mit euch haben. Es sind Einige unter euch, die gesündigt haben, aber ich sage euch für dieses Mal um meines eigenen Ruhmes und eurer Seelen Seligkeit willen, habe ich euch eure Sünden vergeben.

2. Ich will barmherzig mit euch sein, denn ich habe euch das Reich gegeben: darum sollen auch die Schlüssel der Geheimnisse des Reiches nicht von meinem Knechte Joseph Smith genommen werden durch die Vorschriften, welche ich verordnet habe, so lange er lebt, insofern er meinen Geboten gehorcht. Es gibt welche unter euch, die ohne Grund eine Gelegenheit gegen ihn gesucht haben: er hat jedoch auch gesündigt, aber wahrlich, ich sage euch, ich, der Herr, vergebe die Sünden denen, welche ihre Sünden vor mir bekennen und Vergebung erflehen und die keine Sünde zum Tode begangen haben. Meine Jünger vor Alters suchten Gelegenheit gegen einander und vergaben einander nicht in ihren Herzen, und um dieses Uebels willen wurden sie heimgesucht und bitter

12

gezüchtigt; darum sage ich euch, daß ihr einander ver=
geben solltet, denn wer seinem Bruder seine Ueber=
tretungen nicht vergibt, derselbige steht gerichtet vor
dem Herrn. denn in ihm verbleibet die größere Sünde.
Ich, der Herr, werde vergeben, wem ich vergeben
will; von euch aber wird gefordert, daß ihr allen
Menschen vergeben solltet, und ihr solltet in euern
Herzen sagen: Laß Gott Richter · sein zwischen mir
und dir und er vergelte dir nach deinen Thaten. Wer
aber seine Sünden nicht bereuet und sie nicht bekennt,
denselben sollt ihr vor die Kirche bringen und mit
ihm verfahren, wie die Schrift es euch sagt, entweder
durch Gebote oder Offenbarung; und das sollt ihr
thun. damit Gott die Ehre geschehe, nicht weil ihr
nicht vergebet oder kein Mitleid habet, sondern damit
ihr in den Augen des Gesetzes gerechtfertigt seid und
nicht ihn beleidiget, der euer Gesetzgeber ist.

3. Wahrlich ich sage, darum sollt ihr diese Dinge
thun. Siehe, ich, der Herr, war zornig mit ihm, der
mein Diener Ezra Booth war und auch mit meinem
Diener Isaak Morley, denn sie hielten weder das
Gesetz noch das Gebot; sie suchten Böses in ihren
Herzen und ich, der Herr, hielt meinen Geist zurück.
Sie verdammten als etwas Böses, die Sache, in wel=
cher nichts Böses war; dennoch habe ich meinem
Diener Isaak Morley vergeben. Und auch mein Diener
Eduard Partridge hat gesündigt und Satan sucht
seine Seele zu zerstören; doch wenn diese Dinge ihnen
bekannt gemacht worden sind und sie das Böse be=
reuen, so soll ihnen vergeben werden.

4. Und jetzt, wahrlich sage ich, daß es rathsam
ist, daß mein Diener Sidney Gilbert in einigen Wochen
zu seinem Geschäfte und seiner Agentur im Lande
Zions zurückkehren sollte; und was er gesehn und ge=
hört hat, kann meinen Schülern bekannt gemacht
werden, daß sie nicht umkommen. Und darum habe
ich diese Dinge gesprochen. Und wiederum, sage ich
euch, daß damit mein Diener Isaak Morley nicht über
das, was er im Stande ist zu ertragen, versucht werde
und euch zu eurem Schaden rathe, so gab ich ein
Gebot, daß sein Landgut verkauft werden sollte. Ich

wünsche nicht, daß mein Diener Friedrich G. Williams sein Landgut verkaufe, denn ich, der Herr, wünsche, eine starke Stütze in dem Lande Kirtland zu behalten, während eines Zeitraumes von fünf Jahren, in welchem ich die Gottlosen nicht umwerfen werde, daß ich dadurch Einige retten möchte; und nach jenem Tage, will ich Niemanden als schuldig halten, der mit offenem Herzen nach dem Lande Zions gehen wird; denn ich der Herr verlange die Herzen aller Menschenkinder.

5. Siehe jetzt, man sagt heute (bis zur Ankunft des Menschensohnes) und wahrlich es ist ein Opfertag und ein Tag für den Zehnten meines Volkes; denn der, welcher den Zehnten gibt, wird nicht zerstört werden (bei seiner Ankunft); denn nach dem Heute kommt das zerstörende Feuer: das ist gesprochen in der Weise des Herrn; denn wahrlich, ich sage morgen werden alle die Stolzen und die, welche unrecht thun, wie Stoppeln sein; und ich werde sie verbrennen. denn ich bin der Herr der Heerschaaren, und werde Keinen verschonen, der in Babylon übrig ist. Darum, wenn ihr mir glaubet, werdet ihr wirken, so lange man noch „heute" sagen wird. Und es ist nicht rathsam, daß meine Diener Newel K. Whitney und Sidney Gilbert ihren Kaufladen und ihr Besitzthum hier verkaufen sollten, denn es ist weise, bis die Uebrigen meiner Kirche, welche in diesem Orte bleiben, nach dem Lande Zion gehen werden.

6. Siehe, es ist in meinen Gesetzen gesagt oder verboten, daß du sollst in Schulden kommen zu deinen Feinden: aber siehe, es ist zu keiner Zeit gesagt worden, daß der Herr nicht nehmen könnte, wo es ihm gefällt und geben, wie es ihm gut dünkt; darum, da ihr Sachwalter seid und in des Herren Dienste, so ist das, was ihr auch immer nach dem Willen des Herrn thut, des Herrn Sache; und er hat euch verordnet, für seine Heiligen in diesen letzten Tagen zu sorgen, damit sie ein Erbtheil erhalten möchten im Lande Zion. Siehe, ich, der Herr erkläre euch, und meine Worte sind sicher und werden nicht fehlen, daß sie dasselbe erhalten werden. Alle Dinge aber müssen

zu ihrer Zeit geschehen; darum werdet nicht müde im Gutesthun, denn ihr leget den Grund zu einem großen Werke; denn aus kleinen Dingen entspringet das, was groß ist.

7. Siehe, der Herr fordert das Herz und ein williges Gemüth; und die Willigen und Gehorsamen werden genießen das Gute im Lande Zion in diesen letzten Tagen; die Widersetzlichen aber werden aus dem Lande Zion gestoßen werden und fortgeschickt und sollen kein Erbtheil erhalten im Lande; denn wahrlich ich sage, daß die Widersetzlichen nicht vom Blute Ephraims sind, darum sollen sie auch ausgerissen werden. Siehe, ich, der Herr, habe meine Kirche in diesen letzten Tagen einem Richter gleich gemacht, der auf einem Berge oder einem hohem Platze sitzt, die Völker zu richten; denn es wird geschehen, daß die Bewohner Zions alle Dinge richten werden, die zu Zion gehören, und die Lügner und Heuchler sollen von ihnen überwiesen werden, und die, welche nicht Apostel und Propheten sind, werden offenbar werden.

8. Ja sogar der Bischof, der ein Richter ist, und seine Räthe, wenn sie in ihren Verwaltungen nicht treu sind, sollen verurtheilt und Andere an ihre Stelle gesetzt werden; denn siehe, ich sage euch, daß Zion blühen und die Herrlichkeit des Herrn auf ihm sein wird; und es wird eine Standarte dem Volke sein und aus jeglichem Volke unter dem Himmel soll man zu ihm kommen. Der Tag aber wird kommen, daß die Völker der Erde vor ihm zittern werden und erbeben vor Furcht vor seinen Helden. Das hat der Herr gesagt. Amen!

Abschnitt XXII.

Offenbarung, gegeben im November 1831, an Orson Hyde, Lukas Johnson, Lyman Johnson und Wilhelm E. M'Cellin. Der Wunsch und Wille des Herrn, wie er einer Conferenz kundgegeben wurde, durch die Stimme des Geistes, in Bezug auf gewisse Aelteste und auch gewisse Punkte, wie sie kund gemacht worden sind, als ein Zusatz zu den Bündnissen und Geboten.

1. Mein Diener Orson Hyde wurde berufen durch seine Ordination das ewige Evangelium zu verkündigen, durch den Geist des lebendigen Gottes, von Volk zu Volk und von Land zu Land, in den Gemeinden der Gottlosen, in ihren Synagogen und mit ihnen zu rechten und ihnen alle Schriften auszulegen. Und siehe, dies ist ein Beispiel für alle jene, welche zu diesem Priesterthum ordinirt worden sind, deren Mission ihnen bestimmt ist, auszugehen; und dieses ist das Muster für sie, daß sie sprechen sollen, wie sie vom heiligen Geiste getrieben werden, und was sie sprechen werden, wenn angetrieben durch den heiligen Geist, soll Schrift sein, soll der Wille des Herrn sein, soll der Sinn des Herrn sein, soll das Wort des Herrn sein, soll die Stimme des Herrn sein und die Kraft Gottes zur Seligkeit: sehet dies ist die Verheißung des Herrn an euch, o ihr meine Diener; deshalb seid guten Muthes und fürchtet nicht, denn ich, der Herr, bin mit euch und will bei euch stehen; und ihr sollt Zeugniß von mir geben, selbst von Jesus Christus, daß ich der Sohn des lebendigen Gottes bin, daß ich war, daß ich bin und daß ich kommen werde. Dies ist das Wort des Herrn an dich mein Diener Orson Hyde und auch an meinen Diener Lukas Johnson und an meinen Diener Lyman Johnson und an meinen Diener Wilhelm E. M'Cellin und an alle getreuen Aeltesten der Kirche. Gehet in alle Welt, prediget das Evangelium aller Creatur, nach der Autorität handelnd, die ich euch gegeben habe, taufend im Namen des Vaters und des Sohnes

und des heiligen Geistes; und wer da glaubt und
getauft wird, der soll selig werden und wer nicht glau=
bet, der wird verdammt werden; und wer da glaubet,
soll gesegnet werden mit den nachfolgenden Zeichen,
selbst wie es geschrieben steht; und euch soll es gege=
ben werden, die Zeichen der Zeiten zu erkennen und
die Zeichen der Zukunft des Menschensohnes; und so
viele als vom Vater kund gemacht werden, sollt ihr
Macht haben, zum ewigen Leben zu versiegeln. Amen.

2. Und jetzt in Bezug auf die Punkte, als ein
Zusatz zu den Bündnissen und Geboten, sie sind diese:
— In der bestimmten Zeit des Herrn sollen später=
hin andere Bischöfe für die Kirche eingesetzt werden,
zu dienen selbst wie der Erste; deshalb sollen sie
Hohepriester sein, die würdig sind und sollen durch
die erste Präsidentschaft des Priesterthums Melchise=
dek's ernannt werden, außer daß sie wirkliche Ab=
kömmlinge Aaron's seien, und wenn sie wirkliche Nach=
kommen Aaron's sind, so haben sie ein gesetzliches
Recht zum Bisthum, wenn sie die erstgeborenen Söhne
unter den Söhnen Aaron's sind; denn der Erst=
geborene hält das Recht der Präsidentschaft über dieses
Priesterthum und die Schlüssel oder Autorität des=
selben. Niemand hat ein gesetzliches Recht zu diesem
Amte, die Schlüssel dieses Priesterthums zu halten,
er sei denn ein wirklicher Abkömmling und der Erst=
geborene Aaron's; doch da ein Hoherpriester des Mel=
chisedek=Priesterthums Autorität hat, in allen niedri=
geren Aemtern zu handeln, so kann er in dem Amte
eines Bischofs handeln, wenn kein buchstäblicher Nach=
kömmling Aaron's gefunden werden kann, voraus=
gesetzt er ist berufen, eingesetzt und geweiht zu dieser
Macht unter den Händen der ersten Präsidentschaft
des Priesterthums Melchisedek's. Und ein wirklicher
Nachkomme Aaron's muß auch bezeichnet werden durch
diese Präsidentschaft und würdig erfunden, gesalbt
und ordinirt werden unter den Händen dieser Präsi=
dentschaft, sonst sind sie nicht gesetzlich bevollmächtigt
in ihrem Priesterthume zu wirken; doch kraft des
Dekrets, welches Bezug hat auf ihr Recht zum Prie=
sterthume durch Uebertragen desselben vom Vater auf

den Sohn, können sie ihr Recht zur Salbung bean=
spruchen, wenn sie zu irgend einer Zeit im Stande
sind, ihre Abstimmung zu beweisen oder es ausfinden
durch Offenbarung vom Herrn, unter den Händen
der obgenannten Präsidentschaft.

3. Und wiederum, kein Bischof oder Hoherpriester,
welcher für dieses Amt abgesondert worden ist, soll
verhört oder verdammt werden für irgend ein Ver=
brechen, außer vor der ersten Präsidentschaft der Kirche;
und insofern er schuldig gefunden worden ist vor
dieser Präsidentschaft, durch Zeugniß, welches nicht in
Zweifel gesetzt werden kann, soll er verdammt werden;
und bereut er, so soll ihm vergeben werden, nach den
Bündnissen und Geboten der Kirche.

4. Und wiederum, insofern als Eltern Kinder in
Zion haben oder in irgend einem der organisirten
Pfähle Zions, welche sie nicht belehren, die Lehren der
Buße, Glauben in Christum, den Sohn des leben=
digen Gottes und die Taufe und Gabe des heiligen
Geistes durch das Auflegen der Hände zu verstehen,
wenn sie acht Jahre alt sind, so soll die Sünde auf
den Häuptern der Eltern ruhen; denn dies soll ein
Gesetz für die Einwohner in Zion sein, oder in irgend
einem seiner Pfähle, welche organisirt sind, und ihre
Kinder sollen zur Vergebung ihrer Sünden getauft
werden, wenn sie acht Jahre alt sind und das Auf=
legen der Hände empfangen; auch sollen sie ihren
Kindern lehren zu beten und gerecht vor dem Herrn
zu wandeln. Und die Einwohner Zion's sollen auch
beobachten den Sabbathtag heilig zu halten. Und die
Einwohner Zion's sollen auch ihrer Arbeiten geden=
ken, insofern als sie bestimmt sind zu arbeiten, in aller
Redlichkeit; denn der Müssiggänger soll vor dem Herrn
in Erwähnung gebracht werden. Ich, der Herr, bin
jetzt nicht wohl zufrieden mit den Einwohnern Zion's,
denn es gibt Müssiggänger unter ihnen, auch wachsen
ihre Kinder in Gottlosigkeit auf; sie suchen auch nicht
ernstlich die Schätze der Ewigkeit, sondern ihre Augen
sind erfüllt mit Habgierigkeit. Diese Dinge sollten
nicht sein und müssen von euch abgethan werden;
deßhalb trage mein Diener Oliver Cowdery diese

Worte nach dem Lande Zions. Und ein Gebot gebe
ich ihnen, daß derjenige, welcher seine Gebete nicht in
der rechten Zeit verrichtet, vor dem Richter meines
Volks in Erinnerung gebracht werden soll. Diese
Worte sind wahr und getreu; deshalb übertretet sie
nicht, auch nehmt nicht davon weg. Siehe, ich bin
Aplha und Omega und ich komme bald. Amen.

Abschnitt XXIII.

Offenbarung, gegeben im Mai 1831.

1. Horchet auf mich, spricht der Herr euer Gott
und ich will zu meinem Diener Eduard Partridge
sprechen und ihm Anweisungen geben, denn es ist
nothwendig, daß er Vorschriften empfange über die
Organisirung dieses Volkes; denn es ist nöthig, daß
sie nach meinen Gesetzen organisirt werden — wenn
anders, so werden sie ausgeschlossen werden; deshalb
soll mein Diener Eduard Partridge und jene, welche
er erwählt hat, mit denen ich wohl zufrieden bin,
diesem Volke ihren Antheil bestimmen, jedem Manne
im Verhältniß zu seiner Familie, nach ihren Um=
ständen, Bedürfnissen und ihrer Nothdurft. Und mein
Diener Eduard Partridge, wenn er einem Manne
seinen Antheil bestimmt, so soll er ihm eine Schrift
geben, welche ihm seinen Antheil zusichert, daß er
denselben behalten kann, selbst dieses Recht und dieses
Erbtheil in der Kirche, bis er übertritt und durch die
Stimme der Kirche unwürdig erachtet wird zu der=
selben zu gehören, nach den Gesetzen und Bündnissen
derselben; und wenn er übertreten sollte und nicht
würdig erachtet ist, zur Kirche zu gehören, so soll er
keine Macht haben, jenen Theil zu verlangen, welchen
er dem Bischofe gewidmet hat, für die Armen und
Nothleidenden meiner Kirche; deshalb soll er die Gabe
nicht beibehalten, sondern soll nur Anspruch machen
können auf jenen Theil, welcher ihm zugeschrieben

war. Und auf diese Weise sollen alle Dinge sicher gemacht werden, nach den Gesetzen des Landes.

2. Und was diesem Volke gehört, sollte diesem Volke ertheilt werden; und mit dem Geld, das diesem Volke übrig bleibt, sollte ein Agent, der für sie ernannt ist, Nahrung und Kleidungsstücke anschaffen, je nach den Bedürfnissen dieses Volkes. Und Jedermann sollte ehrlich handeln und gleich sein unter diesem Volke und gleich empfangen, daß ihr eins sein möget, selbst wie ich euch geboten habe.

3. Und das, welches diesem Volke gehört, sollte nicht genommen und dem einer anderen Gemeinde gegeben werden; deshalb wenn eine andere Gemeinde Geld zu empfangen wünscht von dieser Gemeinde, so sollen sie es dieser Gemeinde zurückbezahlen, wie sie miteinander darüber eins werden können; und das soll durch den Bischof oder Agenten gethan werden, welcher durch die Stimme der Kirche erwählt werden muß.

4. Und wiederum sollte der Bischof einen Speicher für diese Kirche einrichten und alle Dinge in Geld oder Lebensmitteln, von welchen mehr als nothwendig für die Bedürfnisse des Volkes vorhanden sind, sollten in den Händen des Bischofs aufbewahrt werden. Auch kann er genug für seine eigenen Bedürfnisse und diejenigen seiner Familie zurückbehalten, da er beschäftigt sein wird, nach diesen Geschäften zu sehen. Und auf diese Weise bewillige ich meinem Volke ein Vorrecht, sich nach meinen Gesetzen zu organisiren; und ich weihe ihnen dieses Land für eine kurze Zeit, bis ich, der Herr, anders für sie sorgen und ihnen befehlen werde von hier zu gehen; und die Stunde und der Tag wird ihnen nicht gegeben; deshalb sollten sie arbeiten auf diesem Lande, als ob sie jahrelang bleiben würden und dies soll ihnen zum Nutzen gereichen.

5. Siehe, dieses soll ein Muster sein für meinen Diener Eduard Partridge, in anderen Oertern, in allen Gemeinden. Und wer erfunden wird, ein getreuer, gerechter und weiser Verwalter, soll in die Freude seines Herrn eintreten und ewiges Leben er-

erben. Wahrlich ich sage euch, ich bin Jesus Christus, der da baldigst kommt, in einer Stunde, in der ihr es nicht denket. So sei es. Amen.

~~~~~~~~

Abschnitt XXIV.

Offenbarung über Gebet, gegeben im October 1831.

Horchet auf und sehet, eine Stimme wie von Einem aus der Höhe, der mächtig und gewaltig ist, dessen Ausgang ist bis zu den Enden der Welt, ja, dessen Stimme zu allen Menschen geschieht: – „Bereitet dem Herrn den Weg und machet seine Steige richtig. Die Schlüssel des Himmelreiches sind Menschen übergeben worden auf Erden, und von da an soll das Evangelium bis an die Enden der Erde rollen, wie der Stein, welcher losgerissen wurde von dem Berge, aber ohne Hände, und herabrollen wird, bis er die ganze Erde erfüllt hat, ja, es ruft eine Stimme: – Bereitet den Weg des Herrn, bereitet das Abendmahl des Lammes, rüstet euch für den Bräutigam; betet zum Herrn, rufet an seinen heiligen Namen, machet kund seine wunderbaren Werke unter dem Volke; rufet an den Herrn, daß sein Reich möge ausgehen über die Erde und die Bewohner derselben es empfangen und vorbereitet werden für den künftigen Tag, an welchem des Menschen Sohn hernieder kommen wird vom Himmel; angethan mit dem Glanze seiner Herrlichkeit, dem Reiche Gottes entgegenzukommen, das auf Erden errichtet ist!“ Darum möge das Reich Gottes ausgehen, daß das Himmelreich komme, und du, o Gott, verherrlichet werdest wie im Himmel, so auch auf Erden, und deine Feinde unterworfen werden. Denn dein ist die Ehre, Macht und Herrlichkeit von Ewigkeit zu Ewigkeit: Amen.

~~~~~~~~

Abschnitt XXV.

Offenbarung, gegeben im November 1831.

1. Merket auf und horchet, o ihr Aeltesten meiner Kirche, die ihr euch versammelt habt, und deren Gebete ich gehört, deren Herzen ich kenne und deren Wünsche aufgestiegen sind zu mir. Sehet, meine Augen ruhen auf euch, und die Himmel und die Erde sind in meinen Händen, und die Schätze der Ewigkeit sind mein, zu geben wem ich will. Ihr habt gestrebt, zu glauben, daß ihr die Segnung empfangen werdet, die euch verheißen wurde; aber, siehe, wahrlich ich sage euch, es fand sich Furcht vor in euren Herzen, und darum empfinget ihr sie nicht.

2. Und nun, Ich, der Herr, gebe euch ein Zeugniß von der Wahrheit dieser Gebote, die vor euch liegen. Eure Augen sind auf meinen Knecht Joseph Smith jun. gerichtet gewesen und seine Rede habt ihr gekannt, so auch seine Unvollkommenheiten; und ihr habt in euren Herzen nach Kenntniß getrachtet, daß ihr euch besser als seine Sprache ausdrücken könntet, das ist euch wohl bekannt. Nun wählet aus dem Buche meiner Gebote das allergeringste von ihnen, und berufet den, welcher der Gelehrteste unter euch ist. oder wenn da sonst noch Einer unter euch ist, der eines machen kann gleich demselbigen, dann sollt ihr gerechtfertigt sein im Sagen, daß ihr nicht wisset, ob sie wahr sind. Wenn ihr aber nicht eines dem gleich machen könnt, seid ihr unter Verdammniß, so ihr nicht Zeugniß gebet, daß sie wahr sind; denn ihr wisset, daß keine Ungerechtigkeit in ihnen ist; was aber gerecht ist. kommet von oben, vom Vater des Lichts.

3. Und wiederum, wahrlich ich sage euch, daß es euer Vorrecht ist, und eine Verheißung gebe ich euch, die ihr zu diesem Priesterthume berufen worden seid, daß, insofern ihr diese Eifersüchteleien und Aengstlichkeiten von euch abthut und euch vor mir bemüthigt (denn ihr seid noch nicht bemüthig genug), der Schleier zerrissen werden soll und ihr mich sehen werdet und wissen, daß ICH BIN; nicht mit dem Leibe, noch

mit dem natürlichen Verstande, sondern im Geiste.
Denn Niemand hat Gott je gesehen im Fleische, aus=
genommen er war verzückt durch den Geist Gottes;
auch kann ein natürlicher Mensch nicht in der Gegen=
wart Gottes bestehen; auch nicht nach irdischen Be=
griffen; ihr seid nicht im Stande, die Gegenwart
eures Gottes jetzt zu ertragen, noch die Erscheinung
von Engeln, darum haltet an in Geduld, bis ihr ver=
vollkommnet seid.

4. Lasset eure Gemüther nicht zurück sich wenden,
und wenn ihr würdig seid, sollt ihr in meiner eigenen
rechten Zeit sehen und wissen das, was ich euch durch
die Hände meines Knechtes Joseph Smith jun über=
tragen habe. Amen.

Abschnitt XXVI.

Offenbarung, gegeben im November 1831.

1. Sehet und horchet, o ihr Einwohner Zion's
und alle ihr Mitglieder meiner Kirche, die in der
Ferne sind, und höret das Wort des Herrn, welches
ich meinen Dienern Joseph Smith jun., Martin Har=
ris, Oliver Cowdery, Johannes Whitmer, Sidney
Rigdon und Wilhelm W. Phelps, als ein Gebot für
sie gebe; deshalb horchet und höret, denn so spricht
der Herr zu ihnen — Ich, der Herr, habe sie erwählt
und zu Verwaltern ordinirt, über die Offenbarungen
und Gebote, welche ich ihnen gegeben habe und welche
ich künftig ihnen geben werde; und eine Rechenschaft
dieser Verwaltung werde ich von ihnen, am Tage des
Gerichts verlangen: deshalb habe ich sie dazu erwählt
und dies ist ihr Geschäft in der Kirche Gottes, das=
selbe zu leiten und die Angelegenheiten desselben; ja,
die Vortheile desselben.

2. Deshalb gebe ich ihnen ein Gebot, daß sie diese
Dinge weder der Kirche noch der Welt geben sollen;
dennoch insofern als sie mehr empfangen, als für ihre
Bedürfnisse nothwendig ist, so soll es in meinen

Speicher gethan werden und der Gewinn soll den Einwohnern Zions gewidmet werden und ihren Geschlechtern, insofern als sie Erben werden, nach den Gesetzen des Reiches.

3. Sehet, dies verlangt der Herr von Jedermann in seiner Verwaltung, selbst wie ich, der Herr, verordnet habe, oder künftighin dem Menschen verordnen werde. Und sehet, Niemand ist von diesem Gesetze ausgenommen, der zur Kirche des lebendigen Gottes gehört; ja, weder der Bischof, noch der Agent, welcher des Herrn Speicher versieht, noch derjenige, welcher zu einer Verwaltung über zeitliche Dinge eingesetzt worden ist; wer eingesetzt worden ist in geistigen Dingen zu dienen, derselbe ist seines Lohnes werth, gerade so wie diejenigen, welche bestimmt worden sind, zu einer Verwaltung zeitlicher Dinge; ja in reichlicherem Maße, welches Maß ihnen vervielfältigt wird durch die Kundgebungen des Geistes; dennoch sollt ihr gleich sein in euren zeitlichen Dingen und das nicht mit Murren sonst wird euch die Fülle der Kundgebungen des Geistes entzogen werden.

4. Dieses Gebot gebe ich jetzt meinen Dienern für ihren Nutzen, während sie bleiben, als eine Offenbarung meiner Segnungen auf ihren Häuptern und als einen Lohn für ihren Fleiß und für ihre Versicherung; für Nahrung und Kleidung; für ein Erbtheil; für Häuser und Länder, in was für Umstände immer ich, der Herr, sie stellen mag und wohin so immer ich, der Herr, sie senden werde; denn sie sind über viele Dinge getreu gewesen und haben wohl gethan, insoweit sie nicht gesündigt haben. Sehet, ich der Herr, bin barmherzig und werde sie segnen und sie sollen in den Genuß dieser Dinge eintreten. So sei es. Amen.

Abschnitt XXVII.

Offenbarung, gegeben in Zion, im Juli 1831.

1. Horchet, o ihr Aeltesten meiner Kirche, spricht der Herr, euer Gott, die ihr euch versammelt habt, meinen Geboten gemäß, in diesem Lande, welches ist das Land Missouri; das Land, welches ich bestimmt und geweiht habe für die Versammlung der Heiligen: deshalb ist es das Land der Verheißung und der Ort für die Stadt Zions. Und so spricht, der Herr, euer Gott, wenn ihr Weisheit empfangen wollt, hier ist Weisheit. Sehet, der Ort, welcher jetzt Independence genannt wird, ist der Mittelpunktsplatz, und der Ort für den Tempel liegt westlich, auf einem Bauplatze, welcher nicht weit von dem Gerichtshause liegt; deshalb ist es rathsam, daß das Land von den Heiligen gekauft werde; und auch jedes Stück in westlicher Richtung, ja bis an die Grenzlinie, welche unmittelbar zwischen den Israeliten und Heiden läuft. Und auch jedes Stück, welches an die Prairien grenzt, soweit als meine Schüler im Stande sind, Land zu kaufen. Sehet, dies ist Weisheit, daß sie es für ein ewiges Erbtheil erlangen möchten.

2. Mein Diener Sidney Gilbert soll in dem Amte stehen bleiben, welches ich ihm gegeben habe, Gelder zu empfangen, ein Agent für die Kirche zu sein, Land in allen den Umgegenden zu kaufen, so weit als es in Gerechtigkeit gethan werden kann, oder Weisheit erfordern wird.

3. Und mein Diener Eduard Partridge soll in seinem Amte stehen, welches ich ihm bestimmt habe, den Heiligen ihr Erbtheil auszutheilen, selbst wie ich geboten habe und auch jene, welche er erwählt hat, ihm beizustehen.

4. Und wiederum, wahrlich sage ich euch, mein Diener Sidney Gilbert soll sich in diesem Platze niederlassen und einen Kaufladen einrichten, daß er Güter verkaufen kann, ohne Betrug, daß er Geld erlangen möge, Land für das Wohl der Heiligen zu kaufen und daß er solche Dinge erlange, welche die

Schüler nöthig haben, sie in ihrem Erbtheile zu gründen. Auch sollte mein Diener Sidney Gilbert einen Erlaubnißschein erlangen — (sehet hier ist Weisheit, und wer es liest, der lerne es zu verstehen) — daß er Güter auch unter die Leute schicken könnte, ja wie er will, durch, in seinem Dienste beschäftigte Commis und so für meine Heiligen sorgen möge, daß mein Evangelium geprediqt werde, denen die in Finsterniß und in der Gegend und dem Schatten des Todes sitzen.

5. Und wiederum, wahrlich ich sage euch, mein Diener Wilhelm W. Phelps sollte in diesem Platze sich nieder lassen und eingerichtet werden, als Buchdrucker für die Kirche; und sehet, wenn die Welt seine Schriften empfängt — (sehet hier ist Weisheit) — so soll er erlangen, was er in Gerechtigkeit erlangen kann, für das Wohl der Heiligen. Und mein Diener Oliver Cowdery soll ihm beistehen, ja, wie ich geboten habe, in welchen Platz auch immer ich ihn setzen werde, zu copiren, durchzusehen und auszuwählen, daß alle Dinge recht vor mir sein mögen, wie es erfunden werden wird, durch den Geist, welcher in ihm ist.

Und so sollen die, von welchen ich gesprochen habe in Zion sich niederlassen, so eilig als möglich, mit ihren Familien jene Dinge zu thun, wie ich gesprochen habe.

6. Und jetzt in Bezug auf die Sammlung. Der Bischof und der Agent sollten so bald als möglich Vorbereitungen für jene Familien treffen, welchen geboten worden ist nach diesem Lande zu kommen, und sie in ihre Erbtheile einsetzen. Und den übrigen der Aeltesten und Mitglieder sollen weitere Vorschriften künftig gegeben werden. So sei es. Amen.

Abschnitt XXVIII.

Offenbarung, gegeben im November 1831.

1. Horchet auf mich, spricht der Herr euer Gott, um meines Dieners Oliver Cowdery willen. Es ist

nicht rathsam, daß ihm die Gebote und Gelder, welche er nach dem Lande Zions nehmen soll, anvertraut würden, es sei denn, daß Einer mit ihm gehe, der treu und redlich sei. Deshalb, will ich, der Herr, daß mein Diener Johann Whitmer mit meinem Diener Oliver Cowdery gehen soll; und auch, daß er fortfahre, zu schreiben und eine Geschichte zu machen von allen wichtigen Dingen, welche er bemerken und lernen wird in Bezug auf meine Kirche: und auch daß er Rath und Beistand von meinem Diener Oliver Cowdery und Anderen empfange.

2. Und auch meine Diener, welche draußen in der Welt sind, sollten die Berichte ihrer Verwaltungen nach dem Lande Zion schicken; denn das Land Zion soll ein Sitz und Ort werden, alle diese Dinge zu empfangen und zu thun; dennoch sollte mein Diener Johann Whitmer oft von Ort zu Ort und von Gemeinde zu Gemeinde reisen, daß er dadurch leichter Kenntniß erlangen kann; predigen und auseinander setzen, schreiben, abschreiben, auslesen und alle Dinge erlangen, welche der Kirche zum Nutzen sein mögen und den heranwachsenden Geschlechtern, welche aufwachsen werden auf dem Lande Zions, es von Geschlecht zu Geschlecht, für immer und ewig zu besitzen. Amen.

Abschnitt XXIX.

Offenbarung an Joseph Smith jun. und Sidney Rigdon, im Januar 1832. Das Wort des Herrn, an sie, in Bezug auf die Aeltesten der Kirche des lebendigen Gottes, errichtet in den letzten Tagen, den Willen des Herrn an die Aeltesten bekannt machend, was sie thun sollen bis zur Conferenz.

1. Denn wahrlich, so spricht der Herr, es ist rathsam, daß sie fortfahren sollten, das Evangelium zu predigen und die Kirchen in der ganzen Umgegend zu ermahnen bis zur Conferenz; und dann sehet, ihre

verschiedenen Missionen sollen ihnen kundgemacht wer=
den, durch die Stimme der Conferenz.

2. Jetzt, wahrlich, sage ich, zu meinen Dienern
Joseph Smith jun. und Sidney Rigdon, daß es dien=
lich ist wieder zu übersetzen, und insoweit es praktisch
ist, in der Umgegend zu predigen bis zur Conferenz;
und nachher wird es rathsam sein, mit dem Werke
der Uebersetzung fortzufahren, bis dasselbe beendigt
ist. Und dies soll ein Muster sein für die Aeltesten,
bis auf weitere Kundgebung, ja wie es geschrieben
ist. Jetzt gebe ich euch nicht mehr, zur gegenwärtigen
Zeit. Gürtet eure Lenden und seid verständig. So
sei es. Amen.

～～～～～～

Abschnitt XXX.

Offenbarung, gegeben an Joseph Smith jun. im Juli
1828, wegen einiger Manuscripte des ersten
Theiles des Buches Mormon, welche aus den
Händen von Martin Harris, dem er sie anvertraut
hatte, genommen worden waren.

1. Die Werke, Pläne und Absichten Gottes kön=
nen nicht vereitelt werden, auch kann man sie nicht
zu Nichte machen, denn Gott wandelt nicht auf krum=
men Wegen, noch wendet er sich zur rechten Hand
oder zur linken, und läßt sich nicht abwendig machen
von dem, was er geredet hat; darum sind auch seine
Pfade gerade und sein Wandel ist eine ewige Runde.

2. Bedenke, bedenke, daß es nicht Gottes Werk
ist, das man vereitelt hat, sondern das Werk von
Menschen; denn obgleich ein Mann viele Offenbarun=
gen und auch Kraft haben kann, viele mächtige Werke
zu verrichten, wenn er sich aber seiner eigenen Stärke
rühmt, läßt die Weisungen Gottes bei Seite liegen
und folgt den Eingebungen seines eigenen Willens
und der fleischlichen Lust, so muß er fallen und den
Zorn eines gerechten Gottes auf sich bringen.

3. Siehe, du bist mit diesen Dingen betraut ge=

weſen und wie ſtreng waren deine Weiſungen! Erinnere dich auch der Verheißungen, die dir gegeben
wurden, wenn du ſie nicht übertreten würdeſt! Und
nun ſiehe, wie oft haſt du die Gebote und Geſetze
Gottes übertreten und biſt den Ueberredungen der
Menſchen nachgegangen; denn ſiehe, du ſollteſt nicht
die Menſchen mehr gefürchtet haben als Gott, und
ſeine Worte verachtet, ſondern ſollteſt treu geblieben
ſein, und er würde ſeinen Arm ausgeſtreckt und dich
beſchützt haben gegen alle feurigen Pfeile des Wider-
ſachers, ja, er würde mit dir geweſen ſein in jeder
Zeit der Noth.

4. Siehe, du biſt Joſeph und du wareſt erwählet,
das Werk des Herrn zu thun, aber wegen deiner Uebertretung, wenn du nicht Acht haſt, wirſt du fallen;
bedenke aber, daß Gott barmherzig iſt; darum bereue,
was du gethan haſt, und gegen das Gebot iſt, welches ich dir gegeben habe und du biſt immer noch erwählet und wiederum berufen zu dem Werke. Wenn
du das nicht thuſt, ſo ſollſt du überantwortet werden,
wie ein anderer Menſch ſein und keine Gabe mehr
haben.

5. Und als du das aushändigteſt, zu dem dir
Gott Einſicht und Kraft gegeben hatte, es zu über-
ſetzen, händigteſt du das aus, das heilig war, in die
Hände eines böſen Mannes, der die Weiſungen Gottes
für Nichts achtete und gebrochen hat die heiligſten Gelübde, die vor Gott gemacht waren, der ſich auf ſein
eigen Urtheil verließ und ſich brüſtete mit ſeiner
Weisheit; und das iſt der Grund, weshalb du deine
Vorrechte für eine Zeit verloren haſt, denn du haſt
die Weiſungen deines Führers mit Füßen treten laſſen,
vom Anfange an.

6. Trotzdem aber ſoll mein Werk vorwärts ſchrei-
ten, denn da die Erkenntniß eines Erlöſers in die
Welt gekommen iſt, durch das Zeugniß der Juden,
ſo ſoll auch die Kenntniß eines Erlöſers zu meinem
Volke kommen, und zu den Nephiten, den Jakobiten,
den Joſephiten und den Zoramiten, durch das Zeugniß ihrer Vorväter — und dieſes Zeugniß ſoll kommen zu den Ohren der Lamaniten, der Lemueliten

und der Ismaeliten, die im Unglauben ausarteten,
wegen der Sünden ihrer Väter, welchen der Herr zu=
ließ, zu vernichten die Nephiten, ihre Brüder, deren
Sünden und Gräuel halber; und um dieses Zweckes
willen sind die Platten bewahrt worden, welche alle
diese Urkunden enthalten, damit die Verheißungen
des Herrn erfüllt würden, die er seinem Volke gemacht
hat, und die Lamaniten zu der Erkenntniß ihrer Väter
gelangen könnten und verstehen die Verheißungen des
Herrn, damit sie das Evangelium glauben und sich
verlassen mögen auf die Verdienste Jesu Christi und
verherrlichet werden durch Glauben an seinen Namen
und erlöset werden durch Buße. Amen.

Abschnitt XXXI.

Offenbarung an Joseph Smith sen., gegeben im Februar 1829.

1. Jetzt, siehe, ein wunderbares Werk ist im Be=
griffe hervorzukommen, unter den Menschenkindern;
deshalb, o du, der du in den Dienst Gottes eintrittst,
sehe zu, daß du ihm dienest. mit deinem ganzen Her=
zen und Gemüthe und deiner ganzen Kraft und Stärke,
daß du vor dem Herrn tabellos stehen möchtest, am
letzten Tage; deshalb wenn du Gott zu dienen wün=
schest, so bist du zur Arbeit berufen, denn siehe, das
Feld ist schon weiß zum Ernten, und wer seine Sichel
mit seiner Macht hinein schlägt, derselbe sammelt
einen Vorrath, daß er nicht verderbe, sondern seiner
Seele, Seligkeit bringe; und Glaube, Hoffnung und
Liebe, mit einem Auge, einfältig für die Ehre Gottes,
befähigt ihn zum Werke.

2. Denke an Glauben, Tugend, Erkenntniß,
Mäßigkeit, Geduld, brüderliche Liebe, Gottseligkeit,
Liebe, Demuth, Fleiß. Bitte und du sollst empfan=
gen, klopfe und es wird dir aufgethan. Amen.

Abschnitt XXXII.

Offenbarung, gegeben im März 1829.

1. Siehe, ich sage dir, indem mein Diener Martin Harris von meiner Hand einen Zeugen verlangt hat darüber, daß du, mein Diener Joseph Smith die Platten habest, über deren Empfängniß von mir du Zeugniß abgelegt hast, nun siehe, so sollst du zu ihm sagen, der, welcher zu dir gesprochen hat, sagte dir: Ich, der Herr, bin Gott, und habe diese Dinge dir, meinem Diener Joseph Smith gegeben, und habe dir geboten, daß du solltest als ein Zeuge für diese Dinge einstehen, und ich habe dir geboten, in einen Bund mit mir zu treten, dieselben Niemandem zu zeigen, ausgenommen solchen Personen, wegen deren ich dir Befehl gegeben habe; und du hast keine Gewalt über sie, es sei denn ich gäbe sie dir. Du hast eine Gabe, diese Platten zu übersetzen, und dies ist die erste Gabe, die ich dir verliehen habe; ich habe dir geboten, daß du sollst nach keiner anderen Gabe verlangen, bis mein Zweck dadurch erreicht ist; denn ich werde dir keine andere Gabe verleihen, bis er vollendet ist.

2. Wahrlich ich sage dir, über die Bewohner der Erde soll Jammer kommen, wenn sie nicht wollen auf meine Worte hören; denn künftighin wirst du berufen werden und ausgehen, meine Worte den Menschenkindern zu verkünden. Siehe, wenn sie meinen Worten nicht glauben wollen, so würden sie dir, meinem Diener Joseph auch nicht glauben, sogar wenn es möglich wäre, daß du ihnen alle diese Dinge zeigen könntest, die ich dir anvertraut habe. O! dieses ungläubige und hartnäckige Geschlecht! Mein Zorn ist entflammt über sie.

3. Siehe, wahrlich, ich sage dir, ich habe diese Dinge, welche ich dir anvertraut habe, mein Diener Joseph, für einen weisen Zweck in mir selbst bewahret; es soll künftigen Geschlechtern bekannt gemacht werden: dieses Geschlecht aber soll mein Wort durch dich empfangen und als Zugabe zu deinem Zeugniß, das Zeugniß von dreien meiner Diener, die ich ernennen

und berufen will. Zu denen werde ich diese Dinge
zeigen, und sie sollen ausgehen mit meinen Worten,
die durch dich gegeben sind; ja, sie sollen mit Gewiß=
heit wissen, daß diese Dinge wahr sind, denn vom
Himmel will ich es ihnen kund thun. Ich werde ihnen
die Kraft geben, diese Dinge zu schauen und zu sehen,
wie sie sind; Niemandem weiter werde ich die Kraft
verleihen, unter diesem Geschlechte dasselbe Zeugniß
zu empfangen, jetzt, da der Aufgang und das Her=
vortreten meiner Kirche aus der Wüste seinen Anfang
nimmt, klar wie der Mond, hell wie die Sonne und
furchtbar wie ein Heer mit fliegenden Fahnen. Das
Zeugniß von drei Zeugen zu meinem Worte will ich
aussenden, und siehe, wer da an meine Worte glaubt,
denselbigen will ich eine Kundgebung meines Geistes
ertheilen und sie sollen aus mir geboren werden,
nämlich aus dem Wasser und Geist. Du mußt noch
eine kleine Weile warten, denn du bist noch nicht ordi=
nirt; und ihr Zeugniß soll ebenfalls ausgehen zur
Verdammniß dieses Geschlechtes, sollte es sein Herz
wider sie verstocken; denn es soll eine zerstörende Plage
unter die Bewohner der Erde ausgehen, und soll von
Zeit zu Zeit über sie ausgegossen werden, so sie nicht
Buße thun, bis daß die Erde geleert und ihre Be=
wohner verzehret und vor dem Glanze meiner Er=
scheinung gänzlich zerstört werden. Siehe, ich sage
dir diese Dinge, wie ich zu dem Volke von der Zer=
störung Jerusalems geredet habe, und mein Wort soll
wahr gemacht werden zu dieser Zeit, wie es zuvor
wahr gemacht worden ist.

4. Und nun gebiete ich dir, mein Diener Joseph,
Buße zu thun, aufrichtiger vor mir zu wandeln, und
den Ueberredungen der Menschen nicht mehr nachzu=
geben. Sei fest in dem Halten der Gebote, die dir
gegeben sind, und wenn du das thust, siehe, so will
ich dir ewiges Leben verleihen, solltest du auch ge=
tödtet werden.

5. Und abermals, mein Diener Joseph, spreche
ich zu dir in Betreff des Mannes, welcher das Zeug=
niß verlangt. Siehe, zu ihm sage ich, er erhebet sich
selbst und bemüthiget sich nicht genugsam vor mir;

aber wenn er sich beugen will vor mir und sich er-
niedrigen im mächtigen Gebet und Glauben, in der
Aufrichtigkeit seines Herzens, dann will ich ihm eine
Ansicht der Dinge, welche er zu sehen begehrt, zu Theil
werden lassen. Dann soll er zu dem Volke dieses
Geschlechtes sagen: Sehet, ich habe die Dinge gesehen,
welche der Herr dem Joseph Smith jun. gezeigt hat,
und ich weiß gewiß, daß sie wahr sind, denn ich habe
sie gesehen, und sie sind mir gezeigt worden durch die
Macht Gottes und nicht der Menschen. Ich der Herr,
gebiete ihm, meinem Diener Martin Harris, in Betreff dieser Dinge nichts weiter zu ihnen zu sagen,
als: Ich habe sie gesehen, und sie sind mir durch die
Macht Gottes gezeigt worden; das sind die Worte,
die er sagen soll. Sollte er aber dies verläugnen, so
wird er den Bund brechen, den er zuvor mit mir
gemacht hat, und siehe, er ist verdammt. Nun, ausgenommen, er bemüthige sich und bekenne mir die
Dinge, die er gethan hat, und die nicht recht sind,
und mache mit mir einen Bund, meine Gebote zu
halten, und an mich zu glauben, so soll er sie nicht
sehen, und ich will ihm nicht erlauben, daß er schauen
soll die Dinge, von denen ich gesprochen habe. Und
sollte das der Fall sein, so befehle ich dir, mein Diener Joseph, ihm zu sagen in Bezug auf diese Sache
nichts mehr zu thun, noch mich weiter damit zu be-
lästigen.

6. In diesem Falle nun, siehe, Joseph, sage ich
dir, wenn du einige Blätter mehr wirst übersetzt
haben, so höre für eine Weile auf, bis ich dir wieder
gebieten werde; darnach magst du abermals übersetzen.
Ausgenommen nun du thuest dies, siehe so sollst du
keine Gabe mehr haben, und ich werde die Dinge,
welche ich dir anvertraut habe, hinwegnehmen. Und,
weil ich vorhersehe, daß, sollte mein Diener Martin
Harris sich nicht bemüthigen, und ein Zeugniß von
meiner Hand erlangen, er in Uebertretung verfallen
wird; Da deren Viele sind, die dir auflauern werden
dich zu vertilgen vom Angesichte der Erde, darum,
daß deine Tage nun verlängert sein mögen, habe ich
dir diese Gebote gegeben, und eben dieser Ursache

willen habe ich gesagt, Halt an bis ich dir gebiete, ich
werde Wege anbahnen, wobei du wirst die Dinge erreichen, die ich dir geboten habe; und wenn du getreu
bist im Halten meiner Gebote, sollst du am letzten
Tage erhöhet werden. Amen.

~~~~~~~~

Abschnitt XXXIII.

Offenbarung, gegeben an Joseph Smith jun. und
Oliver Cowdery, in Harmony, Pennsylvanien, im
April 1829, als sie zu wissen wünschten, ob Johannes, der geliebte Jünger auf der Erde sich
verweile. Uebersetzt aus einem Pergament, geschrieben und verborgen von ihm selbst.

1. Und der Herr sagte zu mir, Johannes, mein
Geliebter, was wünschest du? Denn wenn du bitten
wirst, was du willst, so soll es dir gewährt werden.
Und ich sagte zu ihm, Herr gib mir Macht über den
Tod, daß ich leben kann und Seelen zu dir bringe.
Und der Herr sagte zu mir, wahrlich, wahrlich ich
sage dir, weil du dies gewünscht hast, so sollst du
verbleiben, bis ich in meiner Herrlichkeit komme und
sollst weissagen vor Nationen, Geschlechtern, Zungen
und Völkern.
2. Und aus diesem Grunde sagte der Herr zu
Petrus, wenn ich will, daß er bleibe bis ich komme,
was bekümmert dich das? Denn er wünschte von
mir, daß er Seelen zu mir bringen möchte, doch du
hast gewünscht, daß er eiligst zu mir in mein Reich
kommen möchtest. Ich sage dir, Petrus, dies war ein
gutes Verlangen, doch mein Geliebter hat gewünscht,
daß er mehr oder ein größeres Werk unter den Menschen als er zuvor noch gethan hat thun möchte; ja,
er hat ein größeres Werk unternommen, deshalb will
ich ihn machen wie flammendes Feuer und wie einen
dienenden Engel: er soll denen dienen, welche Erben
der Seligkeit werden und auf der Erde wohnen: und
ich will dich einen Diener machen für ihn und deinen

Bruder Jakobus; und euch dreien will ich diese Kraft
geben und die Schlüssel dieses Amtes, bis ich komme.

3. Wahrlich, ich sage euch, ihr sollt es beide nach
euren Wünschen haben, denn ihr beide habt Freude
an dem, was ihr gewünscht habt.

~~~~~~~~

Abschnitt XXXIV.

Offenbarung, gegeben im April 1829.

1. Oliver Cowdery, wahrlich, wahrlich ich sage
dir, daß so wahr als der Herr lebt, der dein Gott
und Erlöser ist, so sicher auch sollst du eine Erkenntniß von allen solchen Dingen erlangen, über welche
du mich im Glauben und mit einem ehrlichen Herzen
fragst; und wenn du glaubst, so sollst du eine Kenntniß in Bezug auf die Gravirungen alter Urkunden
erhalten, welche alterthümlich sind und jene Theile
meiner Schriften enthalten, von welchen gesprochen
worden ist, durch die Offenbarungen meines Geistes;
ja, siehe ich will es deiner Seele und deinem Herzen
verkünden, durch den heiligen Geist, welcher über dich
kommen wird und welcher in deinem Herzen wohnen
soll.

2. Siehe, dies ist der Geist der Offenbarung;
siehe dies ist der Geist, durch welchen Moses die Kinder Israels durch das rothe Meer auf trockenem Grunde
geführt hat; deshalb dies ist deine Gabe; suche nach
derselben und gesegnet bist du denn sie wird dich aus
den Händen deiner Feinde befreien, wenn, wäre dem
nicht so. sie dich erschlagen und deine Seele zum
Untergange bringen würden.

3. O! Gedenke dieser Worte und halte meine Gebote. Gedenke, daß dies deine Gabe ist. Nun aber
ist dies nicht deine ganze Gabe; denn du hast eine
andere Gabe, welche ist die Gabe Aaron's: siehe sie
hat dir viel bekannt gemacht; siehe, es gibt keine Macht,
außer der Macht Gottes, welche verursachen könnte,
diese Gabe Aaron's mit dir zu sein; deshalb zweifle

nicht, denn es ist die Gabe Gottes und du sollst sie in deinen Händen halten und wunderbare Werke thun; und keine Macht soll im Stande sein, sie dir aus den Händen zu nehmen, denn sie ist das Werk Gottes. Und deshalb, was immer du mich bitten wirst dir zu sagen, das will ich dir gewähren durch jenes Mittel, und du sollst Kenntniß bezüglich desselben erlangen: gedenke, daß ohne Glauben du nichts thun kannst, deshalb bitte im Glauben. Mache nicht Spiel aus diesen Dingen: bitte nicht für dasjenige, das du nicht solltest: bitte, daß du die Geheimnisse Gottes wissen möchtest und daß du übersetzen und Kenntniß von allen jenen alten Urkunden, welche verborgen wurden und heilig sind, erlangen mögest. und nach deinem Glauben soll es dir geschehen. Siehe, ich habe ge- sprochen, und ich bin derselbe, der zu dir sprach vom Anfange an. Amen.

～～～～～

Abschnitt XXXV.

Offenbarung, gegeben an Oliver Cowdery, im April 1829.

1. Siehe, ich sage dir mein Sohn, daß weil du nicht übersetzt hast wie du von mir wünschtest, und anfingest wiederum für meinen Diener Joseph Smith jun. zu schreiben, deshalb wünsche ich, daß du fort- fahren solltest bis du diese Urkunde vollendet hast, welche ich ihm anvertraut habe: und dann, siehe, an- dere Urkunden habe ich, in der Uebersetzung welcher ich dir Macht geben will, behilflich zu sein.

2. Sei geduldig, mein Sohn, denn es ist Weis- heit in mir, und es ist nicht dienlich, daß du zur gegenwärtigen Zeit übersetzen solltest. Siehe das Werk, zu dem du berufen bist, ist, für meinen Diener Joseph zu schreiben; und siehe, es ist, weil du nicht fortfuhrst, wie du anfingst, als du begannst zu übersetzen, daß ich dieses Vorrecht von dir genommen habe. Murre

nicht mein Sohn, denn es ist Weisheit in mir, daß ich mit dir auf diese Weise umgegangen bin.

3. Siehe, du hast nicht verstanden; du hast vermuthet, daß ich es dir geben würde, wenn du dir keine Gedanken machtest, außer mich zu bitten; doch siehe, ich sage dir, daß du es in deinem Geiste ausstudiren mußt; dann mußt du mich fragen, ob es recht sei, und wenn es recht ist, so will ich dein Herz in dir entbrennen machen; deshalb sollst du fühlen, daß es recht ist; doch ist es nicht recht, so sollst du keine solchen Gefühle haben, dagegen sollst du eine Verwirrung deiner Gedanken haben, welche verursachen wird, daß du das vergißest, was unrichtig war; deshalb kannst du nicht schreiben dasjenige, welches heilig ist, es sei denn, daß es dir von mir gegeben worden sei.

4. Nun aber hättest du dies gewußt, so hättest du übersetzen können, dennoch ist es nicht dienlich, daß du jetzt übersetzen solltest. Siehe, es war dienlich, als du anfingest, doch hattest du Furcht und die Zeit ist vorüber und es ist nicht rathsam jetzt: denn siehst du nicht, daß ich meinem Diener Joseph genügende Stärke gegeben habe, wodurch mein Werk ausgerichtet wird? — Und Keinen von euch habe ich verdammt.

5. Thue diese Sache, welche ich dir geboten habe und es wird dir wohl gehen. Sei getreu und ergib dich nicht der Versuchung. Stehe fest in dem Werke, für welches ich dich berufen habe und ein Haar deines Hauptes soll nicht verloren gehen, und du sollst erhöht werden, am letzten Tage. Amen.

Abschnitt XXXVI.

Offenbarung, gegeben an Joseph Smith jun. im Mai 1829, welche ihm die Abänderung des Manuscriptes des ersten Theiles des Buches Mormon anzeigte.

1. Nun siehe, ich sage dir, da du die Schriften, welche du durch die Vermittlung des Urim und Thummim, Macht hattest zu übersetzen, in die Hände

eines bösen Mannes überliefert haft, so hast du sie
verloren; und du hast deine Gabe zu gleicher Zeit
verloren und dein Geist wurde verdunkelt; dennoch
ist sie jetzt wiederhergestellt, deshalb sehe zu, daß du
getreu bleibst und fortfährst, bis der übrige Theil des
Werkes der Uebersetzung, welches du angefangen hast,
vollendet ist. Strenge dich nicht mehr an, als du
Kraft und Mittel hast dich in den Stand zu setzen zu
übersetzen; doch sei fleißig bis an's Ende: bete immer=
dar, daß du den Sieg erlangen mögest; ja daß du
mögest den Satan überwinden und daß du den Hän=
den der Diener Satans, welche sein Werk aufrecht=
erhalten, entgehen möchtest. Siehe, sie haben versucht
dich zu vernichten; ja selbst der Mann, in den du
vertraut hast, hat gesucht, dich zu Grunde zu richten.
Und deshalb sagte ich, daß er ein gottloser Mann sei,
denn er hat gesucht die Dinge wegzunehmen, mit denen
du vertraut worden bist; und er hat auch gesucht,
deine Gabe zu vernichten; und weil du die Schriften
in seine Hände überliefert hast, siehe gottlose Menschen
haben sie von dir genommen: deshalb hast du sie
überliefert, ja das, was heilig ist, der Gottlosigkeit.
Und siehe, Satan hat es in ihre Herzen geflüstert, die
Worte, welche du hast schreiben lassen, abzuändern,
oder welche du übersetzt hast und aus deinen Händen
gegangen sind: und, siehe, ich sage dir, daß weil sie
die Worte verändert haben, so ist auch die Lesart ver=
schieden von dem, das du übersetzt hast und schreiben
ließest; und auf diese Weise hat der Teufel einen
schlauen Plan angelegt, daß er dieses Werk zerstören
möchte; denn er hat es ihren Herzen eingegeben, dies
zu thun, daß durch Lügen, sie sagen mögen, daß sie
dich gefangen haben in den Worten, die du vorgabst
zu übersetzen.

2. Wahrlich, ich sage dir, ich will es nicht dulden,
daß Satan seine böse Absicht in dieser Sache aus=
führen soll; denn siehe, er hat es ihnen eingegeben,
dich zu bewegen, den Herrn deinen Gott zu versuchen,
durch ein Verlangen es wieder zu übersetzen; und
dann siehe, sagen und denken sie in ihren Herzen,
wir wollen sehen, ob Gott ihm Kraft gegeben hat zu

übersetzen, wenn dem so ist, so wird er ihm auch
wieder Kraft geben; und wenn ihm Gott wieder Kraft
gibt, oder wenn er wieder übersetzt oder in andern
Worten, wenn er dieselben Worte wieder hervorbringt,
siehe, wir haben dieselben bei uns und haben sie ab=
geändert: deshalb werden sie nicht übereinstimmen
und wir wollen sagen, daß er mit seinen Worten ge=
logen hat und daß er weder Gabe noch Macht hat;
daher werden wir ihn zu Grunde richten und auch
das Werk und wir wollen es thun, daß wir uns nicht
am Ende schämen müssen, sondern daß wir Ehre von
der Welt erlangen können.

3. Wahrlich, wahrlich, ich sage dir, daß Satan
großen Einfluß über ihre Herzen hat; er regt sie auf
zu Ungerechtigkeit gegen das Gute und ihre Herzen
sind verderbt und voller Gottlosigkeit und Gräuel,
und sie lieben Finsterniß mehr als Licht, weil ihre
Thaten böse sind, deswegen fragen sie mir nichts nach.
Satan reizt sie auf, daß er ihre Seelen zum Unter=
gange bringen möchte. Und auf diese Weise hat er
einen schlauen Plan angelegt und denkt, daß er das
Werk Gottes zerstören kann, doch will ich es ihnen
nachtragen und es soll sich zu ihrer Schande und
Verdammniß am Tage des Gerichts wenden; ja er
reizt ihre Herzen zum Zorne gegen dieses Werk auf,
ja er sagt ihnen: täuschet und lauert auf zu fangen,
daß ihr zerstören könnet: seht darin liegt kein Arg,
und so schmeichelt er ihnen und sagt, daß es keine
Sünde ist zu lügen, wenn sie einen Mann in einer
Lüge fangen und ihn vernichten können und auf diese
Weise schmeichelt er ihnen und führt sie mit sich, bis
er ihre Seelen in die Hölle hinabzieht; und so läßt
er sie, sich in ihrer eigenen Schlinge fangen; und so
geht er auf und nieder, hin und wieder auf der Erde
und sucht die Seelen der Menschen zu verderben

4. Wahrlich, wahrlich ich sage dir, wehe ihm, der
da lügt zu täuschen, weil er vermuthet, daß ein An=
derer lügt um zu täuschen, denn ein solcher ist nicht
ausgenommen von der Gerechtigkeit Gottes.

5. Nun siehe, sie haben diese Worte abgeändert,
weil Satan zu ihnen sagt: er hat euch getäuscht und

so schmeichelt er ihnen, Böses zu thun, daß sie dich bewegen möchten, den Herrn, deinen Gott, zu versuchen.

6. Siehe, ich sage dir, daß du nicht wieder jene Worte, welche aus deinen Händen gegangen sind, übersetzen sollst; denn siehe, sie sollen nicht ihre bösen Absichten ausführen in ihren Lügen gegen jene Worte. Denn siehe, wenn du dieselben Worte hervorbringen würdest, so werden sie sagen, daß du gelogen hast; daß du vorgegeben hast, zu übersetzen, doch daß du dich selbst widersprochen hast: und siehe, sie werden es veröffentlichen und Satan wird die Herzen der Leute verhärten und sie zum Zorne gegen dich aufreizen, daß sie meinen Worten nicht glauben werden. So gedenkt Satan dein Zeugniß in dieser Generation zu überwältigen, daß das Werk nicht hervorkommen könnte in diesem Geschlechte: denn siehe, hier ist Weisheit und weil ich dir Weisheit zeige und dir in Bezug auf diese Dinge Gebote ertheile, was du zu thun hast, so zeige es der Welt nicht, bis du das Werk der Uebersetzung vollbracht hast.

7. Wundere dich nicht, daß ich dir sagte: Hier ist Weisheit, zeige es der Welt nicht, denn ich sagte: Zeige es der Welt nicht, daß du erhalten werden mögest. Siehe ich sage nicht, daß du es den Gerechten nicht zeigen solltest; doch da du nicht immer die Gerechten beurtheilen kannst, oder da du nicht immer die Gerechten von den Ungerechten unterscheiden kannst, so sage ich dir, sei stille, bis ich es für rathsam halte, alle diese Dinge in Bezug auf diesen Gegenstand, der Welt bekannt zu machen.

8. Und nun, wahrlich sage ich dir, daß ein Bericht jener Dinge, welche du geschrieben hast und aus deinen Händen gegangen sind, auf den Platten Nephi's gravirt stehen; ja, und du erinnerst dich, daß in jenen Schriften gesagt wurde, daß ein genauerer Bericht dieser Dinge auf den Platten Nephi's gegeben war.

9. Und nun, da der Bericht, welcher auf den Platten Nephi's gravirt ist, genauer, in Bezug auf die Dinge, welche ich, in meiner Weisheit, zur Erkenntniß des Volkes, in diesem Berichte hervorbringen

wollte, ift; deshalb follft du die Gravirungen, welche
auf den Platten Nephi's find, bis du zur Regierung
des Königs Benjamin kommft oder bis du zu dem
Theile kommft, den du überfeßt und behalten haft;
und fiehe, du follft es als die Urkunde Nephi's veröffentlichen, und auf diefe Weife, will ich Jene ver-
wirren, welche meine Worte verändert haben. Ich
will es nicht dulden, daß fie mein Werk zerftören
follen; ja, ich will ihnen zeigen, daß meine Weisheit
größer, als die Lift des Teufels ift.

10. Siehe, fie haben nur einen Theil oder eine
Abkürzung des Berichtes Nephi's. Siehe, viele Dinge
find auf den Platten Nephi's gravirt, welche größere
Anschauungen über mein Evangelium geben; deshalb
ift es Weisheit in mir, daß du diefen erften Theil der
Gravirungen Nephi's überfeßen und in diefem Werke
ausfenden follteft. Und fiehe, der ganze übrige Theil
diefes Werkes, enthält alle jene Theile meines Evangeliums, welche meine heiligen Propheten, ja, und
auch meine Schüler, in ihren Geboten wünfchten, daß
fie diefem Volke hervorgebracht würden. Und ich fagte
ihnen, daß es ihnen gewährt werden follte, nach dem
Glauben in ihren Gebeten; ja und dies war ihr
Glaube, daß mein Evangelium, welches ich ihnen gab
und welches fie in ihren Tagen predigten, an ihre
Brüder, die Lamaniten, kommen möchte und auch an
Alle, die Lamaniten, in Folge ihrer Spaltungen geworden waren.

11. Doch ift dies nicht Alles — ihr Glaube in
ihren Gebeten war ein folcher, daß diefes Evangelium
auch bekannt gemacht werden follte, fo daß wo möglich, auch andere Nationen diefes Land befißen könnten; und fo ließen fie durch ihre Gebete einen Segen
auf diefem Lande ruhen, daß wer immer das Evangelium in diefem Lande glauben follte, ewiges Leben
haben möchte; ja, daß es frei fein möchte für Alle,
zu welcher Nation und Zunge, welchem Gefchlechte
oder Volke fie auch gehören würden.

12. Und nun fiehe, nach ihrem Glauben in ihren
Gebeten, werde ich diefen Theil meines Evangeliums
zur Erkenntniß meines Volkes bringen. Siehe, ich

bringe es nicht das zu zerstören, was sie empfangen
haben, sondern es aufzubauen.

13. Und darum habe ich gesagt, daß wenn dieses
Geschlecht ihr Herz nicht verhärten will, so will ich
meine Kirche unter ihm aufbauen. Ich sage dies nicht,
meine Kirche zu zerstören, sondern sie aufzubauen;
deshalb wer zu meiner Kirche gehört, braucht sich nicht
zu fürchten, denn Solche werden das Himmelreich er=
erben; doch Jene, welche mich weder fürchten, noch
meine Gebote halten, und für sich selbst Kirchen, um
des Gewinnes halber aufbauen, ja, alle Jene, welche
gottlos sind und das Reich des Teufels aufbauen,
ja wahrlich, wahrlich ich sage euch, Jene werde ich
stören und sie erzittern und bis in's Innere beben
machen.

14. Siehe, ich bin Jesus Christus, der Sohn
Gottes. Ich kam zu den Meinigen und sie empfingen
mich nicht. Ich bin das Licht, das in der Finsterniß
scheint, doch die Finsterniß versteht es nicht. Ich bin,
der da sagte zu meinen Schülern: andere Schafe
habe ich auch, welche nicht aus diesem Stalle sind,
und Viele waren dort, die mich nicht verstanden.

15. Und ich will diesem Volke zeigen, daß ich
andere Schafe hatte und daß sie ein Zweig des Hau=
ses Jakobs waren; und ich werde ihre wunderbaren
Werke zu Lichte bringen, welche sie in meinem Namen
thaten; ja, und ich will auch mein Evangelium an's
Licht bringen, welches ihnen verkündigt wurde und
siehe, sie werden nicht verläugnen, was du empfan=
gen hast, sondern sie werden es aufbauen und zu
Lichte bringen die wahren Punkte meiner Lehre, ja
und die einzige Lehre, welche in mir ist; und dies
thue ich, daß ich mein Evangelium aufrichte, daß es
nicht mehr so viel Streit gäbe; ja Satan regt die
Herzen der Menschen zum Streite an, in Bezug auf
die Punkte meiner Lehre; und in diesen Dingen irren
sie sich, denn sie verdrehen die Schrift und verstehen
sie nicht; deshalb will ich ihnen dieses große Geheim=
niß entfalten, denn siehe, ich will sie sammeln, wie
eine Henne ihre Küchlein unter ihre Flügel sammelt,
wenn sie ihre Herzen nicht verhärten, ja, wenn sie

wünschen, so können sie kommen und von dem Wasser des Lebens ungehindert trinken.

16. Siehe, dies ist meine Lehre: wer auch immer Buße thut, und zu mir kommt, derselbe ist von meiner Kirche und wer mehr oder weniger als dasselbe erklärt, derselbe ist nicht von mir, sondern gegen mich; deshalb ist er nicht von meiner Kirche.

17. Und siehe, wer auch immer von meiner Kirche ist und in derselben bis an's Ende ausharrt, den will ich auf meinem Felsen gründen und die Pforten der Hölle sollen nicht wider ihn siegen.

18. Und nun gedenke der Worte dessen, der da ist das Leben und Licht der Welt, dein Erlöser, dein Herr und dein Gott. Amen.

Abschnitt XXXVII.

Offenbarung, gegeben an Hyrum Smith, im Mai 1829.

1. Ein großes und wunderbares Werk ist im Entstehen unter dem Menschengeschlechte. Siehe, ich bin Gott, gib meinem Worte Gehör, welches scharf und mächtig ist, schärfer als ein zweischneidiges Schwert, das durch Mark und Bein bringt; darum beherzige mein Wort.

2. Siehe, das Feld ist bereits weiß zur Ernte, darum, wer ernten will, der schlage mächtig mit seiner Sichel ein, und mähe, während es Tag ist, auf daß er möge für seine Seele ewige Seligkeit einsammeln im Reiche Gottes; ja, wer seine Sichel anschlägt und schneidet, derselbige ist von Gott berufen; darum, wenn du mich bitten wirst, so soll dir gegeben und so du anklopfest, soll dir aufgethan werden.

3. Nun, daß du gefraget hast: siehe so sage ich dir, halte meine Gebote und trachte, die Sache Zions hervorzubringen und zu gründen. Suche nicht nach Reichthum, sondern nach Weisheit, und siehe, Gottes Geheimnisse sollen vor dir entfaltet werden, und dann

wirst du reich sein. Siehe, wer da ewiges Leben hat, der ist reich.

4. Wahrlich, wahrlich ich sage dir, wie du von mir erbitten wirst, so soll dir geschehen, und wenn du es wünschest, so soll durch dich in diesem Geschlechte viel Gutes geschehen. Rede nichts als Buße zu diesem Geschlechte. Halte meine Gebote, und hilf, mein Werk zu gründen wie ich geboten habe und du sollst gesegnet sein.

5. Siehe, du hast eine Gabe, oder du wirst eine Gabe haben, so du mich bitten wirst im Glauben, mit einem aufrichtigen Herzen, glaubend in die Macht Jesu Christi, oder an meine Kraft, so zu dir redet; denn siehe, ich bin es, der da redet. Siehe, ich bin das Licht, das in der Finsterniß scheint und durch meine Macht gebe ich dir diese Worte.

6. Und nun, wahrlich, wahrlich ich sage dir, vertraue dem Geiste, der dich führt Gutes zu thun; ja, rechtschaffen zu handeln, demüthig zu wandeln, und gerecht zu richten, das ist mein Geist.

7. Wahrlich, wahrlich ich sage dir, ich will dir von meinem Geiste geben, der soll deinen Geist erleuchten, deine Seele mit Freude erfüllen und dann sollst du wissen, oder sollst du alle Dinge dadurch kennen lernen, so du auch immer von mir im Glauben an mich erbittest, wenn sie zu den Dingen der Gerechtigkeit gehören.

8. Siehe, ich gebiete dir, daß du nicht denkest, du seiest berufen zu predigen, ehe du berufen bist: Warte eine Weile, bis du haben wirst mein Wort, meinen Felsen, meine Kirche und mein Evangelium, damit du gewißlich meine Lehre wissest. Dann, siehe, nach deinem Verlangen, ja, nach deinem Glauben soll es dir geschehen.

9. Halte meine Gebote, sei stille, rufe meinen Geist an; ja, hange mir von ganzem Herzen an; damit du helfen mögest die Dinge zu Tage zu bringen, von denen geredet worden ist, ja, die Uebersetzung meines Werkes. Sei geduldig, bis du es zu Stande bringest.

10. Siehe, das ist dein Werk, zu halten meine

14

Gebote, ja, mit deiner ganzen Kraft, Seele und
Macht; trachte nicht, mein Wort zu verkündigen, sondern trachte erst mein Wort zu erhalten, und dann
soll deine Zunge gelöset werden; dann, wenn du es
wünschest, sollst du meinen Geist und mein Wort
haben, ja die Kraft Gottes, Menschen zu überzeugen;
jetzt aber sei stille, befleißige dich meines Wortes, das
ausgegangen ist zu den Menschenkindern, und befleißige
dich auch des Wortes, das noch hervorkommen wird
unter den Kindern der Menschen, oder des, welches
jetzt übersetzt wird, ja, bis daß du Alles erlangt habest,
was ich den Menschenkindern in diesem Geschlechte
ertheilen werde, und dann soll alles Andere auch noch
hinzugethan werden.

11. Siehe, du bist Hyrum, mein Sohn, trachte
nach dem Reiche Gottes, und Alles soll hinzugefüget
werden nach dem Maße dessen, was recht ist. Baue
auf meinen Felsen, welcher mein Evangelium ist; ver-
läugne nicht den Geist der Offenbarung, noch den
Geist der Weissagung; denn wehe dem, der diese Dinge
verläugnet: darum sammle Schätze in deinem Herzen,
bis zu der Zeit, die meiner Weisheit vorbehalten ist,
daß du sollst ausgehen. Siehe, ich spreche zu Allen,
die guten Begehrens sind, und ihre Sichel angeschlagen
haben zur Ernte.

12. Siehe, ich bin Jesus Christus, der Sohn
Gottes. Ich bin das Leben und das Licht der Welt.
Ich bin derselbige, der zu den Meinen kam, und die
Meinen nahmen mich nicht auf; aber wahrlich, wahr-
lich ich sage dir, daß so viele derer sind, die mich auf-
nehmen, denen will ich Kraft geben, Söhne Gottes
zu werden, ja denen, die an meinen Namen glauben.
Amen.

Abschnitt XXXVIII.

Offenbarung, gegeben an Joseph Knight sen., im Mai 1829.

1. Ein großes und wunderbares Werk ist im
Entstehen, unter dem Menschengeschlechte. Siehe, ich

bin Gott, gib meinem Worte Gehör, welches scharf und mächtig ist, schärfer als ein zweischneidiges Schwert, das burch Mark und Bein bringt; darum beherzige mein Wort.

2. Siehe, das Feld ist bereits weiß zur Ernte, barum, wer ernten will, der schlage mächtig mit seiner Sichel ein, und mähe, während es Tag ist, auf baß er möge für seine Seele ewige Seligkeit einsammeln im Reiche Gottes; ja, wer seine Sichel anschlägt und schneidet, derselbige ist von Gott berufen; barum, wenn bu mich bitten wirst, so soll bir gegeben und so bu anklopfest, soll bir aufgethan werden.

3. Nun, baß bu gefraget haft; siehe so sage ich bir, halte meine Gebote und trachte, die Sache Zions hervorzubringen und zu gründen.

4. Siehe, ich spreche zu bir und auch zu Allen benen, welche wünschen dieses Werk hervorzubringen und zu gründen; und Niemand kann bei diesem Werke helfen, er sei benn bemüthig und voll Liebe und habe Glauben, Hoffnung und Liebe nnd sei mäßig in allen Dingen, welche auch immer ihm anvertraut worden sind.

5. Siehe, ich bin das Licht und Leben der Welt und spreche diese Worte, beshalb merke auf. von ganzer Seele und bann bist bu berufen. Amen.

~~~~~~~~~

Abschnitt XXXIX.

Offenbarung, gegeben an David Whitmer, im Juni 1829.

1. Ein großes und wunderbares Werk ist im Entstehen, unter dem Menschengeschlechte. Siehe, ich bin Gott, gib meinem Worte Gehör, welches scharf und mächtig ist, schärfer als ein zweischneidiges Schwert, das burch Mark und Bein bringt; darum beherzige mein Wort.

2. Siehe, das Feld ist bereits weiß zur Ernte, barum, wer ernten will, der schlage mächtig mit sei=

ner Sichel ein, und mähe, während es Tag ist, auf
daß er möge für seine Seele ewige Seligkeit einsam=
meln im Reiche Gottes; ja, wer seine Sichel anschlägt
und schneidet, derselbige ist von Gott berufen;
darum, wenn du mich bitten wirst, so soll dir gege=
ben und so du anklopfest, soll dir aufgethan werden.
3. Suche Zion hervorzubringen und zu gründen.
Halte meine Gebote in allen Dingen; und, wenn du
meine Gebote hältst und ausharrst bis an's Ende, so
sollst du ewiges Leben haben, welche Gabe die größte
aller Gaben Gottes ist.

4. Und es wird sich begeben, daß wenn du den
Vater in meinem Namen im Glauben bitten wirst,
so sollst du empfangen den heiligen Geist, welcher
Aeußerung gibt, daß du als ein Zeuge von den Din=
gen die du hören und sehen wirst, stehen und auch
diesem Geschlechte Buße predigen mögest.

5. Siehe, ich bin Jesus Christus, der Sohn des
lebendigen Gottes, der die Himmel und die Erde er=
schuf; ein Licht, welches nicht in der Dunkelheit ver=
borgen werden kann; deshalb, muß ich die Fülle
meines Evangeliums hervorbringen von den Heiden
an das Haus Israels. Und siehe, du bist David und
bist berufen zu helfen; welches, wenn du es thust und
getreu bist, dich geistig und leiblich segnen wird, und
groß wird dein Lohn sein. Amen.

Abschnitt XL.

Offenbarung, gegeben an Johann Whitmer, im Juni 1829.

1. Höre, mein Diener Johann und horche auf die
Worte Jesu Christi, deines Herrn und Erlösers, denn
siehe, ich spreche zu dir mit Schärfe und Macht, denn
mein Arm ist über die ganze Erde und ich will dir
das sagen, was Niemand weiß außer mir und dir
allein, denn oft hast du von mir gewünscht, was für
dich vom größten Werthe sein würde.

2. Siehe, gesegnet bist du deshalb, und für das Sprechen meiner Worte, welche ich dir gegeben habe, in Uebereinstimmung mit meinen Geboten.

3. Und nun, siehe, sage ich dir, daß die Sache, die für dich von dem größten Werthe ist, diesem Volke Buße zu erklären sein wird, daß du Seelen zu mir bringen und mit ihnen, im Reiche meines Vaters, ruhen mögest. Amen.

Abschnitt XLI.

Offenbarung, gegeben an Peter Whitmer jun., im Juni 1829.

1. Horche mein Diener Peter und höre auf die Worte Jesu Christi deines Herrn und Erlösers, denn siehe ich spreche zu dir mit Schärfe und Macht, denn mein Arm ist über die ganze Erde, und ich will dir das sagen, was Niemand weiß, außer mir und dir allein, denn oftmals hast du von mir gewünscht, was für dich vom größten Werthe sein würde.

2. Siehe, gesegnet bist du deshalb und für das Sprechen meiner Worte, welche ich dir gegeben habe, in Uebereinstimmung mit meinen Geboten.

3. Und nun siehe, sage ich dir, daß die Sache, die für dich von dem größten Werthe ist, diesem Volke Buße zu erklären sein wird, daß du Seelen zu mir bringen und mit ihnen, im Reiche meines Vaters ruhen mögest. Amen.

Abschnitt XLII.

Offenbarung, gegeben an Oliver Cowdery, David Whitmer und Martin Harris, im Juni 1829, vor ihrer Besichtigung der Platten, welche das Buch Mormon enthalten.

1. Sehet, ich sage euch, daß ihr euch auf mein Wort verlassen müßt; wenn ihr dies thut von gan=

zem Herzen, so sollt ihr die Platten sehen und auch
das Brustschild, das Schwert Laban's und den Urim
und Thummim, welcher dem Bruder Jared's auf
dem Berge gegeben wurde, als er mit dem Herrn
von Angesicht zu Angesicht redete, und die wunder=
baren Wegweiser, welche dem Lehi gegeben wurden,
während er in der Wildniß war an den Ufern des
Rothen Meeres; und durch euern Glauben ist es,
daß ihr einen Anblick derselben erhalten werdet, selbst
durch jenen Glauben, welchen die Propheten vor
Alters hatten.

2. Und nachdem ihr Glauben erlangt und sie
mit euren Augen gesehen habt, so sollt ihr von ihnen
zeugen, durch die Kraft Gottes; und das sollt ihr
thun, daß mein Diener Joseph Smith jun. nicht ver=
nichtet werde, daß ich zu Stande bringen möge meine
gerechten Absichten mit den Menschenkindern, in die=
sem Werke. Und ihr sollt bezeugen, daß ihr sie ge=
sehen habt, gerade wie mein Diener Joseph Smith
jun. sie gesehen hat; denn es ist durch meine Macht,
daß er sie sah und weil er Glauben hatte; und er
hat das Buch übersetzt, selbst jenen Theil, welchen ich
ihm befohlen habe, und so wahr der Herr euer Gott
lebt, so ist es die Wahrheit.

3. Deßhalb habt ihr dieselbe Kraft und Gabe und
denselben Glauben empfangen, wie er; und wenn ihr
diese meine letzten Gebote haltet, welche ich euch gege=
ben habe, so sollen die Pforten der Hölle nicht gegen
euch siegen; denn meine Gnade ist genügend für euch
und ihr sollt erhöht werden am letzten Tage. Und ich
Jesus Christus, euer Herr und Gott habe es zu euch
gesprochen, daß ich meine gerechten Pläne unter den
Menschenkindern ausführen möchte. Amen.

Abſchnitt XLIII.

Offenbarung, an Joſeph Smith jun., Oliver Cowdery
und David Whitmer, welche ihnen die Berufung
von zwölf Apoſteln, in dieſen letzten Tagen bekannt macht; und auch Belehrungen gibt, in Bezug auf den Aufbau der Kirche Chriſti, nach der
Fülle des Evangeliums. Gegeben in Fayette,
New-York, im Juni 1829.

1. Nun, ſiehe, wegen der Sache, welche du, mein
Diener Oliver Cowdery zu wiſſen gewünſcht haſt,
gebe ich dir dieſe Worte: ſiehe, ich habe dir in vielen
Fällen, durch meinen Geiſt geoffenbart, daß die Dinge,
welche du geſchrieben haſt, wahr ſind; deshalb weißt
du, daß ſie wahr ſind; und da du weißt, daß ſie
wahr ſind, ſo gebe ich dir ein Gebot, daß du dich
verlaſſeſt auf die Dinge, die geſchrieben ſind; denn
darin ſind alle Dinge geſchrieben, betreffend die
Grundlage meiner Kirche, meines Evangeliums und
meines Felſens; deshalb wenn du meine Kirche aufbauen wirſt, auf der Grundlage meines Evangeliums
und meines Felſens, ſo ſollen die Pforten der Hölle
dich nicht überwinden.

2. Siehe, die Welt reift in Gottloſigkeit, und es
iſt nothwendig, daß die Menſchenkinder zur Buße erweckt werden, die Heiden ſowol wie auch das Haus
Iſraels: deshalb, da du getauft worden biſt, durch
die Hände meines Dieners Joſeph Smith jun., nach
dem, was ich ihm geboten habe, ſo hat er die Sache
erfüllt, die ich ihm geboten habe. Und jetzt wundere
dich nicht, daß ich ihn für meinen eigenen Zweck berufen habe, welcher Zweck mir bekannt iſt; deshalb,
wenn er fleißig ſein wird, im Halten meiner Gebote,
ſo wird er ewiges Leben erlangen, und ſein Name iſt
Joſeph.

3. Und nun, Oliver Cowdery, ich ſpreche zu dir
und auch zu David Whitmer, in einem Gebote; denn
ſehet, ich gebiete allen Menſchen überall, Buße zu thun
und ich ſpreche zu euch, wie ich es that zu Paulus,
meinem Apoſtel, denn ihr ſeid berufen mit dem näm-

lichen Amte, zu welchem er berufen war. Gedenket,
der Werth von Seelen ist groß in den Augen Gottes;
denn, sehet, der Herr euer Erlöser erbuldete den Tod
im Fleische; deßhalb erbuldete er den Schmerz aller
Menschen, daß alle Menschen Buße thun und zu ihm
kommen möchten. Und er ist wieder von den Todten
erstanden, daß er alle Menschen zu ihm bringen
möchte, unter den Bedingungen der Buße; und wie
groß ist seine Freude über die Seele, die Buße thut!
Deßhalb seid ihr berufen, dieses Volk zur Buße zu
erwecken; und wäre es, daß nachdem ihr alle Tage
eures Lebens Buße diesem Volke geprediget hättet und
nur eine Seele zu mir brächtet, wie groß würde eure
Freude mit ihr sein, in dem Reiche meines Vaters!

4. Und nun, wenn eure Freude groß sein wird,
wegen einer Seele, welche ihr zu mir in meines
Vaters Reich gebracht habt, wie groß wird eure Freude
sein, solltet ihr viele Seelen zu mir bringen! Sehet,
ihr habt mein Evangelium vor euch, meinen Felsen
und mein Heil. Bittet den Vater in meinem Namen,
im Glauben, daß ihr empfangen werdet, so sollt ihr
den heiligen Geist haben, welcher alle Dinge offen=
bart, die den Menschenkindern dienlich sind. Und
wenn ihr nicht Glaube, Hoffnung und Liebe habet,
so könnt ihr nichts thun. Streitet gegen keine Kirche,
es sei denn die Kirche des Teufels. Nehmet auf euch
den Namen Christi und sprechet die Wahrheit in
Nüchternheit; und so viele als da Buße thun, in
meinem Namen, welches der Name Jesu Christi ist,
getauft werden und bis an's Ende ausharren, diesel=
ben sollen selig werden. Sehet Jesus Christus ist der
Name, welcher von dem Vater gegeben ist, und es
gibt keinen andern Namen, wodurch der Mensch selig
werden kann; deßhalb müssen Alle auf sich den Namen
nehmen, der vom Vater gegeben ist, denn in jenem
Namen werden sie am letzten Tage gerufen werden;
deswegen, wenn sie nicht denselben kennen, durch den
sie berufen sind, können sie keinen Platz im Reiche
meines Vaters haben.

5. Und nun, sehet, Andere gibt es, welche berufen
sind mein Evangelium zu verkündigen, den Heiden

sowol wie auch den Juden; ja, selbst zwölf, und die Zwölfe sollen meine Schüler sein, und sie sollen auf sich meinen Namen nehmen; und die Zwölfe sind diejenigen, welche wünschen sollten, auf sich meinen Namen zu nehmen, von ganzem Herzen; und wenn sie wünschen meinen Namen auf sich zu nehmen, von ganzem Herzen, so sind sie berufen, in alle Welt zu gehen und mein Evangelium jeder Creatur zu predigen; und sie sind die, welche von mir geweiht sind in meinem Namen zu taufen, nach dem, was geschrieben steht; und ihr habt vor euch, was da geschrieben ist, deshalb müßt ihr es vollbringen, nach den Worten, welche geschrieben stehen. Und nun spreche ich zu euch, den Zwölfen — Sehet meine Gnade ist genügend für euch: ihr müßt gerecht vor mir wandeln und nicht sündigen. Und sehet, ihr seid jene, die ihr von mir geweiht seid, Priester und Lehrer zu weihen, mein Evangelium zu verkündigen, nach der Kraft des heiligen Geistes, welcher in euch ist und nach den Berufungen und Gaben Gottes an die Menschen; und ich Jesus Christus euer Herr und Gott habe es gesprochen. Diese Worte sind nicht von den Menschen, noch aus einem Menschen, sondern aus mir; deshalb sollt ihr bezeugen, daß sie aus mir sind und nicht von Menschen; denn es ist meine Stimme, die sie euch kundgibt, denn sie sind euch durch meinen Geist gegeben und durch meine Macht könnt ihr sie zu einander lesen, und ohne meine Macht könntet ihr sie nicht haben, deshalb könnt ihr bezeugen, daß ihr meine Stimme gehört habt und meine Worte kennt.

6. Und nun, siehe, ich mache es dir, Oliver Cowdery, und auch dir, David Whitmer, zur Aufgabe, daß ihr die Zwölfe aussuchen sollt, welche die Wünsche haben, von welchen ich gesprochen habe; und nach ihren Wünschen und Werken sollt ihr sie erkennen; und wenn ihr sie gefunden habt, so sollt ihr ihnen diese Dinge zeigen. Und ihr sollt niederfallen und den Vater in meinem Namen verehren; und ihr müßt der Welt predigen und sagen: thuet Buße und werdet getauft, im Namen Jesu Christi; denn alle Menschen müssen Buße thun und getauft werden, und

nicht nur Männer, sondern auch Frauen und Kinder, welche zu den Jahren der Verantwortlichkeit herangewachsen sind.

7. Und nun, nachdem ihr dies empfangen habt, so müßt ihr meine Gebote in allen Dingen halten; und durch eure Hände will ich ein wunderbares Werk unter den Menschenkindern thun, zur Ueberzeugung vieler ihrer Sünden, daß sie zur Buße kommen mögen, und in das Reich des Vaters gelangen; deshalb sind die Segnungen, welche ich euch gebe, erhaben über alle Dinge. Und nachdem ihr dies empfangen habt und meine Gebote nicht haltet, so könnt ihr nicht in dem Reiche des Vaters selig werden. Sehet, ich Jesus Christus, euer Herr, euer Gott und Erlöser habe es durch die Kraft meines Geistes gesprochen. Amen.

Abschnitt XLIV.

Ein Gebot Gottes, und nicht eines Menschen, an Martin Harris, gegeben in Manchester, New-York, im März 1830, von Ihm, der ewig ist.

1. Ich bin Alpha und Omega, Christus, der Herr; ja selbst der Anfang und das Ende, der Erlöser der Welt. Ich habe gethan und vollendet den Willen des Vaters, dessen ich bin, in Bezug auf mich selbst — ich habe es gethan, daß ich alle Dinge mir unterthan machen möchte — und alle Macht behalte, selbst bis auf die Vernichtung Satans und seiner Werke, am Ende der Welt und dem letzten großen Tage des Gerichts, welches ich über die Einwohner derselben halten und Jedermann nach den Werken und Thaten, die er gethan hat, richten werde. Und sicherlich jeder Mensch muß Buße thun oder leiden, denn ich, Gott bin endlos; deshalb nehme ich die Richtersprüche nicht zurück, welche ich sprechen werde, sondern Elend soll kommen, Weinen, Wehklagen und Zähnklappen, ja, für diejenigen, welche zu meiner Linken sind; dennoch ist es nicht geschrieben, daß

jene Qual kein Ende haben sollte, sondern es ist ge=
schrieben: endlose Qual.

2. Wiederum, ist geschrieben: ewige Verdammung,
deßhalb ist es deutlicher als andere Schriften, daß es
auf die Herzen der Menschenkinder einwirken möchte,
gänzlich zu meines Namens Ehre; doch will ich dir
dieses Geheimniß auseinandersetzen, denn es ist recht,
daß du es wissen solltest, gerade wie meine Apostel.
Denn ich spreche zu dir, der du in dieser Sache er=
wählt bist, selbst als zu Einem, daß du in meine
Ruhe eingehen mögest; denn siehe das Geheimniß der
Gottseligkeit, wie groß es ist! denn siehe ich bin end=
los und die Strafe, welche ich ertheile, ist endlose
Strafe, denn Endlos ist mein Name: deßhalb —
  Ewige Strafe ist Gottes Strafe,
  Endlose Strafe ist Gottes Strafe.
 Deßhalb befehle ich dir Buße zu thun und die
Gebote zu halten, welche du aus der Hand meines
Dieners Joseph Smith jun. in meinem Namen em=
pfangen hast; und es ist durch meine allmächtige
Kraft, daß du sie empfangen hast; deßhalb gebiete ich
dir. Buße zu thun — bereue, damit ich dich nicht
schlage mit der Ruthe meines Mundes und mit mei=
nem Zorn und Grimm und deine Leiden groß wer=
den — ja, wie groß weißt du nicht! wie außerordent=
lich verstehst du nicht! ja, wie schwer zu ertragen be=
greifst du nicht! Denn siehe, ich, dein Gott, habe diese
Dinge für Alle erduldet, daß sie nicht dulden müß=
ten, wenn sie Buße thun, doch wenn sie ihre Sünden
nicht bereuen, so müssen sie dulden, wie ich, welches
Leiden machte mich, selbst Gott, dem Größten von
Allen, erzittern der Schmerzen halber, und zu bluten
aus jeder Pore und zu leiden im Körper und Geiste;
und wünschte, daß ich den bitteren Kelch nicht zu
trinken brauchte — dennoch, Ehre sei dem Vater, ich
trank ihn und vollendete meine Vorbereitungen für
die Menschenkinder, deßhalb gebiete ich dir wieder,
daß du Buße thuest, damit ich dich nicht bemüthige
mit meiner allmächtigen Kraft, und daß du deine
Sünden bekennst, damit du nicht erleidest jene Stra=
fen, von denen ich gesprochen habe, von welchen du

im geringsten Grade genaßeſt, als ich meinen Geiſt
dir entzog. Und ich befehle dir, daß du nichts an=
deres als Buße predigeſt, und zeige dieſe Dinge der
Welt nicht, bis es Weisheit in mir iſt, denn ſie kön=
nen jetzt noch nicht Fleiſch ertragen, ſondern müſſen
zuerſt Milch empfangen; deshalb müſſen ſie dieſe
Dinge nicht wiſſen, damit ſie nicht umkommen. Lerne
von mir und gib meinen Worten Gehör; wandle in
der Demuth meines Geiſtes und du wirſt Frieden in
mir haben. Ich bin Jeſus Chriſtus; Ich kam durch
den Willen des Vaters und ich thue ſeinen Willen.

3. Und wiederum gebiete ich dir, daß du nicht
deines Nächſten Weib begehren, auch nicht deines
Nachbars Leben ſuchen ſollſt. Und wiederum ſage ich
dir, daß du dein Eigenthum nicht verehren mußt,
ſondern freigebig mittheilen für das Drucken des
Buches Mormon, welches die Wahrheit enthält und
das Wort Gottes, welches mein Wort iſt an die Hei=
den, daß es bald zu den Juden gehen könne, von
welchen die Lamaniten ein Ueberbleibſel ſind, daß ſie
das Evangelium glauben und nicht auf einen Meſſias
warten möchten, der ſchon gekommen iſt.

4. Und wiederum, gebiete ich dir, daß du mit
Worten beten ſolleſt, ſowol als auch in deinem Her=
zen; ja, vor der Welt, als auch im Stillen, öffentlich
ſowol, als auch im Verborgenen. Und du ſollſt frohe
Botſchaften erklären, ja veröffentliche ſie auf den Ber=
gen und auf jedem hohen Platze und unter jedem
Volke, welches es dir erlaubt ſein wird, zu ſehen.
Und du ſollſt es mit aller Demuth thun, in mich ver=
trauen und die Schmäher nicht wieder ſchmähen. Und
von Glaubenspunkten ſollſt du nicht reden, doch ſollſt
du Buße und Glauben an den Erlöſer erklären und
Vergebung der Sünden durch die Taufe und Feuer,
ja ſelbſt den heiligen Geiſt.

5. Siehe, dies iſt ein großes Gebot, und das letzte,
welches ich dir geben werde, in Bezug auf dieſen
Gegenſtand; denn dies ſoll genügen für deinen täg=
lichen Lebenswandel, ſelbſt bis an dein Lebensende.
Und Elend wirſt du empfangen, wenn du dieſen Rath
gering achteſt; ja ſelbſt den Untergang deines Eigen=

thums und deiner selbst. Theile mit, einen Theil dei=
nes Vermögens; ja, selbst einen Theil deines Landes
und Alles außer was zum Unterhalte deiner Familie
nöthig ist. Bezahle die Schuld, die du dem Buch=
drucker schuldest. Erlöse dich aus der Knechtschaft.
Verlasse dein Haus und deine Heimath, außer wenn
du wünschest, deine Familie zu sehen: und spreche
frei zu Allen, ja, predige, ermahne, erkläre die Wahr=
heit, selbst mit einer lauten Stimme, mit einem
Schalle der Freude und rufe — Hosianna, Hosianna!
gesegnet sei der Name Gottes des Herrn.

6. Bete fortwährend und ich werde meinen Geist
über dich ausgießen und groß soll dein Segen sein;
ja, selbst mehr als ob du Schätze der Erde und die
Vergänglichkeit derselben erhalten würdest. Siehe,
kannst du dieses lesen, ohne Freude und ohne dein
Herz mit Wonne zu erfüllen? Oder kannst du länger
wie ein blinder Führer herumlaufen? oder kannst du
demüthig und sanft sein und dich weise vor mir be=
tragen? Ja, komm zu mir, deinem Erlöser. Amen.

Abschnitt XLV.

Offenbarung an Oliver Cowdery, Hyrum Smith, Samuel H. Smith, Joseph Smith sen. und Joseph
Knight sen., gegeben im April 1830.

1. Siehe, ich spreche einige Worte zu dir, Oliver.
Siehe, du bist gesegnet und bist unter keiner Ver=
dammniß. Doch hüte dich vor Stolz, damit du nicht
in Versuchung fällst. Mache deinen Beruf der Kirche
kund und auch vor der Welt und dein Herz soll ge=
öffnet werden, die Wahrheit zu predigen von jetztan
und immerdar. Amen.

2. Siehe, ich spreche zu dir, Hyrum, einige Worte:
denn auch du bist unter keiner Verdammung und dein
Herz ist offen und deine Zunge gelöst; und dein
Beruf ist, zu ermahnen und die Kirche beständig zu

stärken. Deshalb ist beine Pflicht für bie Kirche immerbar und dies, wegen beiner Familie. Amen.

3. Siehe, ich spreche einige Worte an bich, Samuel, benn auch bu bist unter keiner Verdammung und bein Beruf ist auch zur Ermahnung, und bie Kirche zu stärken und bu bist noch nicht berufen, vor ber Welt zu predigen. Amen.

4. Siehe, ich spreche einige Worte zu bir, Joseph, benn auch bu bist unter keiner Verdammung und bein Beruf ist auch zur Ermahnung und bie Kirche zu stärken und bies ist beine Pflicht von jetzan und immerbar. Amen.

5. Siehe, burch biese Worte gebe ich bir Joseph Knight kund, baß bu mir nachfolgen und münblich vor ber Welt und auch im Stillen beten sollest, und auch in beiner Familie, unter beinen Freunden und in allen Orten. Und siehe, es ist beine Pflicht mit ber wahren Kirche bich zu vereinigen und in beinen Gesprächen mit Ermahnung beständig zu sein, baß bu ben Lohn bes Arbeiters empfangen mögest. Amen.

Abschnitt XLVI.

Offenbarung, gegeben an Joseph Smith, den 6. April 1830.

1. Siehe, es soll eine Urkunde unter euch geführt werden, in ber bu ein Seher, Uebersetzer, Prophet und Apostel Jesu Christi, ein Aeltester ber Kirche burch ben Willen Gottes bes Vaters und bie Gnade beines Herrn Jesu Christi genannt werden sollst, bieweil bu erfüllt bist von bem Heiligen Geiste, ben Grund bavon zu legen und sie zu bem heiligsten Glauben heranzubilden: welche Kirche organisirt und begründet worden war, im Jahre unseres Herrn achtzehnhundert und breißig im vierten Monate und am sechsten Tage bes Monates, welcher April genannt wird.

2. Darum, o meine Kirche, sollst du Acht haben auf alle seine Worte und Weisungen, welche er dir geben wird, wie er sie empfängt, so lange er in Heiligkeit vor mir wandelt; denn ihr sollt sein Wort annehmen, als sei es aus meinem eignen Munde, in aller Demuth und im Glauben; denn so ihr diese Dinge thut, werden die Pforten der Hölle euch nicht überwinden; ja, und Gott der Herr wird die Mächte der Finsterniß vor euch zerstreuen und die Himmel erbeben lassen zu eurem Heile und seines Namens Herrlichkeit. Denn so spricht der Herr: Ich habe ihn erfüllt mit meinem Geiste, die Sache Zions mit gewaltiger Kraft anzuregen zu eurem Segen, auch kenne ich seinen Eifer und seine Gebete habe ich gehört, ja sein Weinen um Zion habe ich gesehen; ich will aber machen, daß er nicht länger um dasselbe klagen soll, denn seine Tage der Freude sind gekommen zu der Vergebung seiner Sünden und die Kundgebungen meines Segens auf seine Werke.

3. Denn, siehe ich werde segnen alle die, welche in meinem Weinberge arbeiten mit einem mächtigen Segen, darum sollen sie an seine Worte glauben, die ihm durch mich den Tröster, gegeben werden, der bezeuget, daß Jesus durch sündige Menschen für die Sünden der Welt, ja, zur Vergebung der Sünden für das zerknirschte Gemüth, gekreuzigt wurde. Darum will ich, daß er von dir, Oliver Cowdery, als mein Apostel ordinirt werde; und sei dir ein Gebot, daß du ein Aeltester seiest unter seiner Hand, denn er ist ein Vorgesetzter, damit du ein Aeltester werdest in der Kirche Christi, die meinen Namen trägt, und der erste Prediger der Kirche seiest zu der Kirche und vor der Welt, ja auch vor den Heiden; und dieses sagt der Herr, siehe und auch zu den Juden. Amen.

Abschnitt XLVII.

Offenbarung an die Kirche Christi, welche in diesen letzten Tagen gegründet wurde, in dem Jahre unseres Herrn Ein tausend achthundert und dreißig, gegeben im April 1830, in Folge des Wunsches einiger Personen, welche früher getauft worden waren und sich der Kirche, ohne Wiedertaufe an= zuschließen wünschten.

1. Sehet, ich sage euch, daß alle alten Bündnisse habe ich in dieser Sache auf die Seite setzen lassen und dies ist ein neuer und ewiger Bund, selbst jener, welcher vom Anfange an war. Deshalb, obgleich ein Mann hundertmal getauft worden wäre, so würde es ihm nichts nützen, denn ihr könnt nicht eingehen in die enge Pforte, durch das Gesetz Moses, noch durch eure todten Werke; denn es ist eurer todten Werke willen, daß ich diesen letzten Bund und diese Kirche mir habe aufbauen lassen, selbst wie in den Tagen vor Alters. Deshalb tretet ein in die Pforte, wie ich geboten habe und suchet nicht Gott Rath zu geben. Amen.

Abschnitt XLVIII.

Offenbarung, gegeben im Juli 1830.

1. Höre auf die Stimme des Herrn deines Got= tes, während ich zu dir rede, meine Tochter Emma Smith, denn wahrlich ich sage dir, alle jene, welche mein Evangelium empfangen, sind Söhne und Töch= ter in meinem Reiche. Eine Offenbarung gebe ich dir betreffend meinen Willen und wenn du getreu bist und in den Pfaden der Tugend vor mir wandelst, so will ich dein Leben erhalten und du sollst ein Erb= theil in Zion erlangen. Siehe, deine Sünden sind dir vergeben und du bist eine auserwählte Frau, die ich berufen habe. Murre nicht der Dinge wegen, die du nicht gesehn hast, denn sie sind dir und der Welt

vorenthalten, welches Weisheit in mir ist, in einer zukünftigen Zeit.

2. Und das Amt deines Berufs soll sein, ein Trost für meinen Diener Joseph Smith jun., deinem Ehemanne in seinen Trübsalen mit tröstenden Worten, in dem Geiste der Demuth zu sein. Und du sollst mit ihm gehen, wenn er fortgeht und ein Schreiber für ihn sein, während er Niemanden als einen Schreiber hat, daß ich meinen Knecht Oliver Cowdery senden könne wo immer ich will. Und du sollst unter seiner Hand geweiht werden, die Schriften auszulegen und die Kirche zu ermahnen, so wie es dir von dem Geiste eingegeben werden wird; denn er wird seine Hände auf dich legen und du sollst empfangen den Heiligen Geist und deine Zeit soll angewandt werden zum Schreiben und um viel zu lernen. Und du brauchst dich nicht zu fürchten, denn dein Ehemann wird dich ernähren in der Kirche; denn für sie, ist sein Beruf, daß alle Dinge ihr geoffenbart werden möchten, was immer ich will, nach ihrem Glauben.

3. Und wahrlich, ich sage dir, daß du die Dinge dieser Welt auf die Seite legen, und die Dinge einer besseren Welt suchen solltest. Und du sollst auch eine Auswahl von heiligen Gesängen treffen, wie es dir gegeben werden soll, nach meinem Wohlgefallen, für meine Kirche; denn mein Geist erfreut sich des Gesanges des Herzens, ja der Gesang der Gerechten ist ein Gebet zu mir und es soll ihnen erhört werden mit Segnungen auf ihre Häupter. Deshalb erhebe dein Herz und freue dich und halte fest an dem Bunde, den du gemacht hast.

4. Fahre fort im Geiste der Demuth und hüte dich vor Stolz. Deine Seele erfreue sich deines Mannes und der Herrlichkeit, welche über ihn kommen wird. Halte meine Gebote beständig und du wirst eine Krone der Gerechtigkeit empfangen. Und es sei denn, daß du dies thuest, so kannst du nicht gelangen wo ich bin. Und wahrlich, wahrlich ich sage dir, dies ist meine Stimme an Alle. Amen.

15

Abſchnitt XLIX.

Offenbarung an Joſeph Smith jun., Oliver Cowdery und Johann Whitmer, gegeben im Juli 1830.

1. Sehet, ich ſage euch, daß ihr eure Zeit anwen= den ſollt, zum Studium der Heiligen Schrift, zum Predigen und zum Bekräftigen der Kirche in Coles= ville und zur Ausführung eurer Arbeiten auf dem Lande, wie es nöthig ſein mag, bis nachdem ihr gegen Weſten die nächſte Conferenz zu halten gegangen ſeid, und dann ſoll es euch kund gethan werden, was zu thun. Und alle Dinge ſollen gethan werden durch allgemeine Einwilligung in der Kirche durch häufiges Gebet und Glauben, denn alle Dinge ſollt ihr durch den Glauben empfangen. Amen.

Abſchnitt L.

Offenbarung, gegeben im September 1830.

1. Höret auf die Stimme Jeſu Chriſti, eures Herrn, eures Gottes und eures Erlöſers, deſſen Wort ſcharf und mächtig iſt. Denn ſiehe, ich ſage euch, daß es nicht darauf ankommt, was ihr eſſen ſollt, oder was ihr trinken ſollt, wenn ihr das Abendmahl ge= nießet, ſo ihr es thut im Hinblick auf mich, und vor dem Vater gedenket meines Leibes, der für euch zer= ſchlagen ward, und meines Blutes, welches für die Vergebung eurer Sünden vergoſſen ward. Darum nun gebe ich euch ein Gebot, daß ihr weder Wein noch ſtarkes Getränke von euren Feinden kaufen ſollt, und deswegen ſollt ihr keines davon genießen, aus= genommen es ſei wiederum unter euch bereitet, ſelbſt in dieſem meines Vaters Reiche, welches ſoll gegründet werden auf Erden.

2. Sehet, das iſt von mir weislich ſo beſtimmt; darum ſtaunet nicht, denn es wird die Stunde kom= men, daß ich werde mit Euch von dem Gewächs des

Weinstockes trinken auf Erden und mit Moroni, den ich zu euch gesandt habe das Buch Mormon kund zu machen, welches die Fülle meines ewigen Evangeliums enthält, und dem ich die Schlüssel zu der Urkunde des Holzes Ephraim's übergeben habe; und mit Elias, dem ich die Schlüssel übergeben habe, die Wiederbringung aller Dinge zu Stande zu bringen, wovon durch den Mund aller heiligen Propheten seit Anbeginn der Welt gesprochen worden, bezüglich der letzten Tage. Ferner mit Johannes, dem Sohne des Zacharias, zu welchem Zacharias, Elias kam, und ihm verhieß, er solle einen Sohn haben, deß Name solle Johannes sein, und derselbe solle mit dem Geiste des Elias erfüllt sein. Diesen Johannes aber habe ich gesandt zu euch, meine Diener Joseph Smith jun. und Oliver Cowdery daß er euch ordinire zu dieser ersten Priesterschaft, welche ihr erhalten habt, auf daß ihr möchtet berufen und bestätiget sein gleichwie Aaron. Ferner mit Elias, dem ich die Schlüssel der Macht, die Herzen der Väter zu den Kindern und die Herzen der Kinder zu den Vätern zu kehren, übergeben habe, auf daß nicht die ganze Erde von dem Fluche getroffen werde; und auch mit Joseph und Jakob und Isaak, und Abraham, euern Vätern, auf denen die Verheißungen ruhen; ferner mit Michael oder Adam, der da ist der Vater Aller, der Fürst über Alle, der Alte der Tage.

3. Und auch mit Petrus, Jakobus und Johannes, welche ich zu euch gesandt und durch welche ich euch ordinirt und bestätiget habe, Apostel und besondere Zeugen meines Namens zu sein, die Schlüssel eures Amtes zu tragen und derselben Dinge, die ich ihnen geoffenbaret habe, welchen ich auch die Schlüssel meines Reiches und die Verkündigung des Evangeliums für die letzten Zeiten übergeben habe, und die Erfüllung der Zeit, in welcher ich alle Dinge vereinen will, beides derer, die im Himmel sind, und derer, die auf der Erde sind. Ferner mit allen Denen, die mir mein Vater aus der Welt gegeben hat. Darum, erhebet eure Herzen und freuet euch, gürtet eure Lenden, leget meine ganze Rüstung an, auf daß ihr fähig

werdet, dem bösen Tage zu widerstehen, indem ihr alles gethan habt, was ihr ertragen möget. Stehet, daher, eure Lenden umgürtet mit Wahrheit, das Brustschild der Gerechtigkeit angethan, und eure Füße bekleidet mit der Bereitung des Evangeliums des Friedens, welches euch zu bringen ich meine Engel gesandt habe. Nehmet den Schild des Glaubens, mit welchem ihr werdet alle die feurigen Pfeile der Bösen machtlos machen können; nehmt den Helm der Seligkeit und das Schwert meines Geistes, den ich will ausgießen über euch und mein Wort, welches ich euch offenbaren will, und seid einig in Bezug auf alle Dinge, so ihr von mir erfragen werdet, und seid getreu bis ich komme, und ihr sollt emporgehoben werden, auf daß wo ich bin, ihr auch sein werdet. Amen.

Abschnitt LI.

Offenbarung, gegeben an Oliver Cowdery, im September 1830.

1. Siehe ich sage dir, Oliver, daß es dir gegeben werden soll, daß du von der Kirche in allen Dingen gehört werden sollst, was immer du ihnen lehren mögest, durch den Tröster, in Bezug auf die Offenbarungen und Gebote, welche ich gegeben habe.

2. Doch siehe, wahrlich, wahrlich, ich sage dir, daß Niemand berufen werden soll, Gebote und Offenbarungen in dieser Kirche zu erlangen, als mein Diener Joseph Smith jun., denn er empfängt sie, gerade wie Mose, und du sollst gehorsam sein, den Dingen, welche ich ihm geben werde, gerade wie Aaron, getreulich die Gebote und Offenbarungen, der Kirche mit Macht und Autorität zu erklären. Und wenn du zu irgend einer Zeit oder zu allen Zeiten durch den Tröster geleitet wirst, zu sprechen oder zu lehren, in der Art und Weise eines Gebotes für die Kirche, so kannst du es thun. Schreiben sollst du mit Weisheit, doch darfst du keine geschriebenen Gebote ertheilen:

und ihm, der an deiner Spitze und an der Spitze
der Kirche steht, sollst du nicht gebieten, denn ich
habe ihm die Schlüssel der Geheimnisse gegeben und
die Offenbarungen, welche versiegelt sind, bis ich da=
für einen Anderen an seine Stelle einsetzen werde.

3. Und nun siehe, ich sage dir, daß du zu den
Lamaniten gehen, und ihnen mein Evangelium pre=
digen sollst; und insofern als sie deine Belehrungen
empfangen, so sollst du meine Kirche unter ihnen
gründen lassen und du sollst Offenbarungen haben,
doch schreibe sie nicht als Gebote. Und nun siehe, ich
sage dir, daß es nicht geoffenbart ist, und Niemand
weiß, wo die Stadt gebaut werden soll, doch soll es
späterhin gegeben werden. Siehe, ich sage dir, daß
es an der Grenze, nahe bei den Lamaniten sein wird.

4. Du sollst diesen Ort nicht verlassen, bis nach
der Conferenz und mein Diener Joseph soll ernannt
werden, der Conferenz vorzustehen durch die Stimme
derselben und was er dir sagt, das sollst du verkün=
digen. Und wiederum sollst du deinem Bruder unter
vier Augen sagen, daß die Dinge, welche er von jenem
Steine geschrieben hat, nicht von mir sind und daß
der Satan ihn betrügt; denn siehe, diese Dinge sind
ihm nicht verordnet worden, auch soll Niemandem
in dieser Kirche etwas bestimmt werden, im Gegen=
satze zu den Kirchenbündnissen, denn alle Dinge müssen
in der Ordnung geschehen und durch die allgemeine
Bewilligung der Kirche, durch das Gebet des Glaubens.

5. Und du sollst behilflich sein, alle diese Dinge
in Ordnung zu bringen, nach den Bündnissen der
Kirche, ehe du deine Reise unter die Lamaniten an=
trittst. Und von der Zeit an, daß du gehst, bis du
wieder zurückkommst wird es dir eingegeben werden,
was du thun sollst. Und du mußt allezeit deinen
Mund öffnen und mein Evangelium mit dem Tone
der Freude verkündigen. Amen.

Abſchnitt LII.

Offenbarung an David Whitmer, Peter Whitmer jun. und Johann Whitmer, gegeben im September 1830.

1. Siehe, ich ſage bir, David, daß bu die Men=ſchen gefürchtet haſt unb bich nicht auf mich für Stärke verließeſt wie bu ſollteſt: bein Geiſt hat ſich mehr bekümmert um die Dinge dieſer Erbe, als um die Dinge beines Schöpfers unb das Amt, zu welchem bu berufen worben biſt; unb haſt auf meinen Geiſt nicht geachtet unb auf Jene, welche über bich geſetzt waren, ſonbern biſt überrebet worben von Solchen, benen ich keine Gebote gegeben hatte; beshalb biſt bu genöthigt, bei mir nachzufragen; erwäge baher die Dinge, die bu empfangen haſt. Unb beine Heimath ſoll in beines Vaters Hauſe ſein, bis ich bir weitere Gebote gebe. Unb bu ſollſt beinem Amte pflegen in ber Kirche unb vor ber Welt unb in ben Gegenden rings herum. Amen.

2. Siehe, ich ſage bir, Peter, daß bu beine Reiſe mit beinem Bruder Oliver antreten ſollſt, benn die Zeit iſt ba, daß ich es für rathſam halte, daß bu bei=nen Mund öffnen ſollſt, mein Evangelium zu erklä=ren; beshalb fürchte nicht, ſonbern habe Acht auf die Worte unb ben Rath beines Bruders, welchen er bir geben wirb. Unb an ſeinen Trübſalen nehme bu Theil unb erhebe immer bein Herz zu mir im Gebet unb Glauben für ſeine unb beine Befreiung: benn ich habe ihm Kraft gegeben meine Kirche unter ben Lamaniten aufzubauen: unb Niemanden habe ich be=ſtimmt, ſein Rathgeber, über ihm in ber Kirche zu ſein, in Bezug auf Kirchenangelegenheiten, außer ſei=nen Bruder Joſeph Smith jun. Deshalb merke auf bieſe Dinge unb ſei getreu im Halten meiner Gebote, unb bu ſollſt mit einem ewigen Leben geſegnet wer=ben. Amen.

3. Siehe, ich ſage bir, mein Diener Johann, baß bu von bieſer Zeit an, anfangen ſollſt, mein Evan=gelium zu verkünden, als mit bem Schalle einer Poſaune. Unb bein Werk ſoll ſein bei beinem Bru=

der Philipp Burroughs und in jener Umgegend; ja, wo immer man dich hören will, bis ich dir gebiete von hier fort zu gehen. Und deine ganze Arbeit soll in Zion sein, mit deiner ganzen Seele von jetzt an; ja du sollst immer deinen Mund für meine Sache öffnen und nicht fürchten, was Menschen thun können, denn ich bin mit dir. Amen.

Abschnitt LIII.

Offenbarung an Thomas B. Marsh, gegeben im September 1830.

1. Thomas, mein Sohn, gesegnet bist du, wegen deines Glaubens an mein Werk. Siehe, du hast viele Trübsale wegen deiner Familie gehabt: dennoch will ich dich und deine Familie segnen, ja deine Kleinen; und der Tag wird kommen, daß sie glauben, die Wahrheit erkennen und eins mit dir in der Kirche sein werden.

2. Erhebe dein Herz und freue dich, denn die Stunde deiner Mission ist gekommen: und deine Zunge soll gelöst werden, und du sollst diesem Geschlechte frohe Botschaften großer Freuden erklären. Du sollst die Dinge erklären, welche meinem Diener Joseph Smith jun. geoffenbart worden sind. Du sollst anfangen zu predigen von jetzt an; ja, im Felde zu ernten, das schon weiß ist zum Verbrennen; deßhalb schlage deine Sichel ein mit deiner ganzen Seele. Deine Sünden sind dir vergeben und dein Rücken soll mit Garben beladen werden, denn der Arbeiter ist seines Lohnes werth. Deßhalb, soll deine Familie ihren Lebensunterhalt haben.

3. Siehe, wahrlich ich sage dir, gehe weg von ihnen nur eine kurze Zeit und erkläre mein Wort und ich will einen Platz für sie bereiten; ja, ich will die Herzen der Leute öffnen und sie werden euch empfangen. Und ich werde eine Gemeinde durch deine Hand gründen; und du sollst sie bekräftigen und vor=

bereiten auf die Zeit, wenn sie versammelt werden sollen. Sei geduldig in Trübsal, schmähe nicht die Schmäher. Regiere über dein Haus in Demuth und sei standhaft.

4. Siehe, ich sage dir, daß du der Kirche ein Arzt sein sollst, doch nicht der Welt, denn sie werden dich nicht empfangen. Gehe deines Weges, wohin immer ich wünsche und es soll dir vom Tröster eingegeben werden, was du thun und wohin du gehen sollst. Bete immer, daß du nicht in Anfechtung fallest und deinen Lohn verlierest. Sei getreu bis an's Ende und siehe ich bin mit dir.

Diese Worte sind nicht von einem Menschen oder von Menschen, sondern von mir, der ich bin Jesus Christus, dein Erlöser, durch den Willen des Vaters. Amen.

~~~~~~

Abschnitt LIV.

Offenbarung an Parley P. Pratt und Ziba Peterson, gegeben im October 1830.

1. Und nun, in Bezug auf meinen Diener Parley P. Pratt, siehe ich sage zu ihm, daß, so wahr ich lebe, wünsche ich, daß er mein Evangelium verkündige, von mir lerne und sanften und demüthigen Herzens sei; und was ich ihm bestimmt habe, ist, mit meinen Dienern Oliver Cowdery und Peter Whitmer jun. in die Wildniß unter die Lamaniten zu gehen; und Ziba Peterson soll auch mit ihnen gehen und ich selbst will mit ihnen gehen und in ihrer Mitte sein; und ich bin ihr Vermittler bei dem Vater und nichts soll die Oberhand über sie gewinnen. Und sie sollen Acht haben auf das, was geschrieben ist und nach keiner andern Offenbarung streben und sie sollen immer beten, daß ich ihnen ihre Erkenntniß erweitern möge; und sie sollen diesen Worten Gehör geben und sie nicht gering schätzen, und ich werde sie segnen. Amen.

~~~~~~

Abschnitt LV.

Offenbarung, gegeben an Ezra Thayre und Northrop
Sweet, im October 1830.

1. Siehe, ich sage euch, meine Diener Ezra und
Northrop öffnet eure Ohren und merket auf die
Stimme des Herrn, eures Gottes, dessen Wort scharf
und mächtig ist, schärfer denn ein zweischneidiges
Schwert, Mark und Bein, Seele und Geist zu durch=
schneiden, und das ein Kündiger der Gedanken und
Rathschläge des Herzens ist. Denn wahrlich, wahr=
lich, ich sage euch, daß ihr berufen seid, eure Stimme
zu erheben gleich wie Posaunenton, mein Evangelium
zu einem verkehrten und verstockten Geschlechte zu
verkündigen; denn, siehe, das Feld ist bereits weiß
zur Ernte, und es ist die elfte Stunde und das letzte
Mal, daß ich werde Arbeiter in meinen Weinberg
rufen. Und mein Weinberg ist verderbt worden durch
und durch, und da ist Keiner, der Gutes thue, mit
Ausnahme nur Weniger, und selbe gehen in vielen
Fällen irre wegen des Pfaffentruges, denn sie sind
alle verderbten Sinnes.

2. Und wahrlich, wahrlich, ich sage euch, daß ich
diese Kirche gegründet und aus der Wüste hervorge=
rufen habe; und ebenso werde ich meine Auserlesenen
von den vier Himmelsgegenden zusammenholen, so
viele ihrer an mich glauben und auf meine Stimme
horchen werden. Ja, wahrlich, wahrlich, ich sage euch,
daß das Feld bereits weiß zur Ernte ist; darum
schlaget eure Sicheln an und schneidet mit aller eurer
Macht, mit aller eurer Seele und Kraft. Oeffnet euren
Mund und er soll gefüllt werden, und ihr sollet auch
werden gleich wie Nephi vor Zeiten gewesen, der da
wanderte von Jerusalem in die Wildniß; ja öffnet
euren Mund und schonet nicht, und euer Rücken soll
auch mit Garben beladen werden, denn ich bin mit
euch. Ja, öffnet euren Mund und er soll euch gefüllt
werden, und rufet: Thut Buße, thut Buße, und be=
reitet den Weg des Herrn und machet seine Steige
richtig, denn das Reich Gottes ist nahe herbei gekom=

men; ja, thut Buße und lasset euch taufen, ein Jeglicher von euch, für die Vergebung eurer Sünden. Ja, lasset euch taufen mit Wasser, und darnach kommt die Taufe mit Feuer und mit dem heiligen Geiste.

3. Siehe, wahrlich, wahrlich, ich sage euch, dies ist mein Evangelium und seid eingedenk, daß sie müssen Glauben haben an mich, oder sie können sonst auf keine Weise selig werden. Auf diesen Felsen will ich meine Kirche bauen! und auf denselben Felsen seid ihr gebaut, und wenn ihr anhaltet so sollen die Pforten der Hölle euch nicht überwinden. Ihr müßt der Kirchensätze und Bündnisse eingedenk sein, dieselben zu halten, und wen ihr, so Glauben an meine Kirche hat, bestätigen werdet durch Auflegen der Hände, denen will ich die Gabe des heiligen Geistes geben. Ferner ist von mir das Buch Mormon und die heilige Schrift gegeben worden zu eurer Belehrung; und die Kraft meines Geistes belebt alle Dinge; darum seid treu, betet ohne Unterlaß, habt eure Lampen geschmückt und angezündet und Oel mit euch, damit ihr bereit sein möget, wenn der Bräutigam kommt; denn siehe, wahrlich, wahrlich, ich sage euch, daß ich schnell komme. So sei es. Amen.

Abschnitt LVI.

Offenbarung, gegeben an Orson Pratt, im November 1830.

1. Mein Sohn Orson, horche und vernimm und schaue, was ich, Gott der Herr, zu dir sagen will, selbst Jesus Christus, dein Erlöser, das Licht und das Leben der Welt; ein Licht, das in Finsterniß scheint, und die Finsterniß erkennt es nicht; der die Welt so geliebet hat, daß er sein eigenes Leben dahin gegeben hat, damit ihrer so viele, als da glauben wollen, Söhne Gottes werden können. Deswegen bist du mein Sohn, und gesegnet bist du, weil du mir ge-

glaubt haft, und mehr gesegnet bist du, weil du von
mir berufen bist, mein Evangelium zu predigen, deine
Stimme zu erheben gleich wie Posaunenton, beides,
lang und laut. und einem verkehrten und verstockten
Geschlechte Buße zuzurufen, den Weg des Herrn be=
reitend für seine zweite Ankunft. Denn siehe, wahr=
lich, wahrlich, ich sage dir, die Zeit ist nahe herbei=
gekommen, daß ich kommen werde in einer Wolke
mit Macht und großer Herrlichkeit, und es wird ein
großer Tag sein zur Zeit meiner Zukunft, denn alle
Nationen sollen erzittern.

2. Aber ehe jener große Tag kommen wird, soll
die Sonne ihren Schein verlieren und der Mond in
Blut gekehrt werden, und die Sterne werden aufhören
zu scheinen, und etliche derselben werden hernieder=
fallen, und große Zerstörung wird den Bösen warten.
Darum erhebe deine Stimme und schone nicht, denn
Gott der Herr hat gesprochen. Deswegen prophezeie
und es soll dir gegeben werden durch die Macht des
heiligen Geistes; und wenn du treu bist, siehe, so bin
ich mit dir bis ich komme, und wahrlich, wahrlich ich
sage dir, ich komme ohne Verzug. Ich bin der Herr
und dein Erlöser. So sei es. Amen.

Abschnitt LVII.
Offenbarung an Eduard Partridge, gegeben im December 1830.

1. So spricht der Herr, der Mächtige Israels,
siehe ich sage dir, mein Diener Eduard, daß du ge=
segnet bist und dir deine Sünden vergeben sind. Du
bist berufen mein Evangelium zu predigen, wie mit
dem Schalle einer Posaune; und ich will meine Hand
auf dich legen, durch die Hand meines Dieners Sid=
ney Rigdon und du sollst meinen Geist, den heiligen
Geist, selbst den Tröster empfangen, welcher dir die
friedlichen Dinge des Reiches lehren wird; und du
sollst es mit lauter Stimme erklären und sagen:

„Hofianna, gesegnet sei der Name des Allerhöchsten Gottes"!

2. Und nun gebe ich euch diesen Beruf und dieses Gebot in Bezug auf alle Menschen, daß so viele als zu meinen Dienern Sidney Rigdon und Joseph Smith jun. kommen und diesen Beruf und dieses Gebot annehmen wollen, ordinirt und ausgesandt werden sollen, das ewige Evangelium unter den Nationen zu predigen und zu rufen: „Thut Buße und rettet euch aus diesem verkehrten Geschlechte, kommt heraus aus dem Feuer und hasset selbst die mit dem Fleische befleckten Gewänder".

3. Und dieses Gebot soll den Aeltesten meiner Kirche gegeben werden, daß Jedermann, der es mit Einfältigkeit des Herzens empfängt, ordinirt und ausgesandt werden kann, wie ich es gesprochen habe. Ich bin Jesus Christus, der Sohn Gottes: deßhalb gürte deine Lenden und ich werde plötzlich zu meinem Tempel kommen. So sei es. Amen.

~~~~~~~~

Abschnitt LVIII.

Offenbarung an Joseph Smith jun. und Sidney Rigdon, gegeben im December 1830.

1. Sehet, ich sage euch, es ist nicht rathsam, daß ihr noch mehr übersetzen solltet, bis ihr zu dem Ohio gegangen seid und dies wegen des Feindes und um euretwillen. Und wiederum, sage ich euch, daß ihr nicht gehen sollt bis ihr mein Evangelium in jenen Theilen des Landes gepredigt, und die Gemeinden bekräftiget habt, wo immer sie zu finden sind und besonders in Coleville; denn sehet, sie beten zu mir mit großem Glauben.

2. Und wiederum gebe ich ein Gebot für die Kirche, daß ich es für rathsam halte, daß sie sich am Ohio sammeln sollten, um die Zeit, zu welcher mein Diener Oliver Cowdery zu ihnen zurückkehren wird.

Siehet dies ist weislich und Jedermann sollte für sich
selbst wählen, bis ich komme. So sei es. Amen.

Abschnitt LIX.

Offenbarung an Jakob Covill, gegeben im Januar 1831.

1. Horche und höre auf die Stimme dessen, der
von Ewigkeit zu aller Ewigkeit ist, des Großen „ICH
BIN", selbst Jesu Christi, des Lichtes und Lebens
der Welt; ein Licht, welches in der Finsterniß scheint,
und die Finsterniß begreift es nicht: derselbe, der ich
im Mittelpunkte der Zeit zu den Meinen kam und
die Meinen empfingen mich nicht; doch so Vielen, als
mich empfingen, gab ich Macht, meine Söhne zu wer=
den und so will ich so Vielen, als mich empfangen
wollen, Macht geben, meine Söhne zu werden.

2. Und wahrlich, wahrlich sage ich dir, wer mein
Evangelium empfängt, empfängt mich; und wer mein
Evangelium nicht empfängt, empfängt auch mich nicht.
Und dies ist mein Evangelium: Buße und Wasser=
taufe und dann kommt die Taufe mit Feuer und dem
heiligen Geist, selbst der Tröster, welcher alle Dinge
zeigt und die friedlichen Dinge des Reiches lehrt.

3. Und nun, siehe ich sage dir mein Diener
Jakob, ich habe auf deine Werke geschaut und ich
kenne dich: und wahrlich ich sage dir, dein Herz ist
nun recht vor mir zur gegenwärtigen Zeit und siehe,
ich habe große Segnungen auf dein Haupt ergossen:
jedoch hast du große Trübsal gesehen, denn du hast
mich oftmals verworfen des Stolzes und der Sorgen
der Welt halber: doch, siehe die Tage deiner Befrei=
ung sind gekommen, wenn du meiner Stimme horchen
willst, welche zu dir spricht: „Stehe auf und lasse
dich taufen, wasche deine Sünden ab, rufe meinen
Namen an und du sollst meinen Geist empfangen
und einen größeren Segen, als du jemals gekannt
hast. Und wenn du dies thust, so habe ich dich für
ein größeres Werk vorbereitet. Du sollst die Fülle

meines Evangeliums, welches ich in diesen letzten
Tagen hervorgesandt habe, verkündigen; den Bund,
welchen ich ausgeschickt habe mein Volk, welches vom
Hause Israels ist, wiederherzustellen.

4. Und es wird sich ereignen, daß Kraft auf dir
ruhen soll; du sollst großen Glauben haben und ich
will mit dir sein und vor deinem Angesichte gehen.
Du bist berufen in meinem Weinberge zu arbeiten,
meine Kirche aufzubauen und Zion hervorzubringen,
daß es sich erfreuen und auf den Hügeln blühen
möge. Siehe, wahrlich, wahrlich ich sage dir, du bist
nicht berufen, in die östlichen Länder zu gehen, son=
dern du bist berufen an den Ohio zu gehen. Und in=
sofern sich mein Volk am Ohio versammeln wird, so
habe ich einen Segen für sie aufbewahrt, einen sol=
chen, als die Menschenkinder nicht kennen und er soll
auf ihre Häupter ausgegossen werden. Und von dort
werden Männer ausgehen zu allen Nationen.

5. Siehe, wahrlich, wahrlich ich sage dir, daß das
Volk in Ohio mich in großem Glauben anrufen und
denken, daß ich meine Hand zurückhalten werde, im
Gerichte über die Nationen, doch kann ich mein Wort
nicht läugnen: deshalb strenge dich an und rufe ge=
treue Arbeiter für meinen Weinberg, daß er beschnit=
ten werde, zum letzten Male. Und insofern, als sie
Buße thun, die Fülle meines Evangeliums annehmen
und geheiligt werden, so will ich meine Hand vom
Gerichte zurückhalten: deshalb, gehe aus und rufe mit
lauter Stimme: „Das Himmelreich ist nahe bei,
Hosianna! Gesegnet sei der Name des Allerhöchsten
Gottes!" Gehe aus und taufe mit Wasser, bereite
den Weg vor meinem Angesichte, für die Zeit meiner
Zukunft; denn die Zeit ist bei der Hand; deren Tag
noch die Stunde kein Mensch weiß: doch sie wird
sicherlich kommen, und wer diese Dinge empfängt,
empfängt mich; und sie sollen zu mir versammelt
werden in Zeit und Ewigkeit.

6. Und wiederum, es wird sich begeben, daß auf
so Viele, als du mit Wasser taufen wirst, sollst du
deine Hände legen und sie sollen empfangen die
Gabe des Heiligen Geistes und sollen auf die Zeichen

meiner Zukunft hinblicken und mich kennen lernen. Siehe ich komme bald. So sei es. Amen.

～～～～～～

Abschnitt LX.

Offenbarung an Joseph Smith jun. und Sidney Rigdon, gegeben im Januar. 1831, auseinandersetzend, warum Jakob Covill der Offennbarung nicht gehorchte, welche ihm gegeben wurde.

1. Sehet, wahrlich ich sage euch, daß das Herz meines Knechtes Jakob Covill recht vor mir war, denn er machte einen Bund mit mir, daß er meinem Worte gehorchen wollte. Und er empfing das Wort mit Freude, doch geradenwegs versuchte ihn der Satan; und die Furcht vor Verfolgung und die Sorgen der Welt verursachten ihn, das Wort zu verwerfen; deshalb brach er meinen Bund und es bleibt mir übrig mit ihm zu thun, wie es mir gut dünkt. Amen.

～～～～～～

Abschnitt LXI.

Offenbarung, gegeben im Februar 1831.

1. Höre zu und vernimm, o du mein Volk, so sagt der Herr und dein Gott, du, das ich gern segne mit den größten Segnungen, du, das mich höret. Und euch, die ihr mich nicht höret, meinen Namen aber gleich bekannt habt, will ich fluchen mit dem schwersten aller Flüche. Horchet, o ihr Aelteste meiner Kirche, die ich berufen habe: Sehet, ich gebe euch ein Gebot, daß ihr euch versammeln sollt, um euch über mein Wort zu vereinigen, und durch das Gebet eures Glaubens sollt ihr mein Gesetz erhalten, damit ihr wissen möget, wie ihr meine Kirche regieren sollt und alle Dinge recht habet vor mir.

2. Und ich werde euer Regierer sein, wann ich komme; sehet, ich komme ohne Verzug, und ihr werdet sehen, daß mein Gesetz gehalten wird. Wer mein Gesetz annimmt und es befolgt, derselbige ist mein Jünger, und wer da sagt er nehme es an, befolgt es aber nicht, derselbige ist nicht mein Jünger, und er soll aus eurer Mitte gestoßen werden: denn es ist nicht sein, daß das, was den Kindern des Reiches gehört, denen gegeben werde, die nicht würdig sind, oder den Hunden, oder daß man die Perlen vor die Schweine werfe.

3. Und wiederum es ist rathsam, daß meinem Diener Joseph Smith jun. ein Haus gebaut werden solle, worin er wohnen und übersetzen könne. Und wiederum ist es recht, daß mein Diener Sidney Rig=bon sich nähren sollte wie es ihm gut dünkt, insoweit als er meine Gebote hält. Und wiederum habe ich meinen Diener Eduard Partridge berufen und ein Gebot gebe ich, daß er durch die Stimme der Kirche ernannt und zu einem Bischof über die Kirche geweiht werden soll und daß er seine Güter verlasse und seine ganze Zeit dem Dienste der Kirche widme; alle Dinge zu versehen, wie es ihm verordnet werden wird in meinen Gesetzen, am Tage wann ich sie geben werde. Und dies, weil sein Herz rein vor mir ist, denn er ist wie Nathaniel vor Alters, ohne Arg. Diese Worte sind euch gegeben und sie sind rein vor mir, darum sehet zu, wie ihr sie befolget, denn am Tage des Ge=richts werden sie von eueren Seelen gefordert werden. So sei es. Amen.

Abschnitt LXII.

Offenbarung an Joseph Smith jun. und Sidney Rigdon, gegeben im Februar 1831.

1. Sehet, so spricht der Herr zu euch meine Die=ner, es ist rathsam, daß die Aeltesten meiner Kirche zusammen berufen werden sollten von Osten und

Westen, vom Norden und Süden, durch Briefe oder auf irgend eine andere Weise.

2. Und es wird sich begeben, daß insofern als sie getreu sind und Glauben an mich haben, daß ich meinen Geist über sie ausgießen werde an dem Tage, an welchem sie sich versammeln werden. Und es wird sich begeben, daß sie ausgehen sollen in die Umgebungen rings herum, um dem Volke Buße zu predigen; und Viele sollen bekehrt werden und sollen im Stande sein, sich zu organisiren nach den Gesetzen des Landes; daß eure Feinde nicht Macht über euch haben möchten, daß ihr in allen Dingen erhalten werden und im Stande sein möget meine Gesetze zu halten, daß jedes Band gebrochen werde, womit der Feind sucht mein Volk zu vernichten.

3. Sehet, ich sage euch, daß ihr die Armen und Nothleidenden besuchen und zu ihrer Unterstützung beitragen solltet, daß sie erhalten werden mögen, bis alle Dinge gethan werden können, nach dem Gesetze, welches ihr empfangen habt. Amen.

Abschnitt LXIII.

Offenbarung an Joseph Smith jun. und Johann Whitmer, gegeben im März 1831.

1. Sehet, es ist dienlich, daß mein Diener Johann schreiben und eine regelmäßige Geschichte führen sollte und dich, meinen Diener Joseph unterstützen, alle Dinge, welche dir gegeben werden sollen, abzuschreiben, bis er zu weitern Pflichten berufen wird.

2. Und wiederum sage ich dir, daß er ernannt werden soll die Urkunden und Geschichte der Kirche fortwährend zu führen, denn Oliver Cowdery habe ich zu einem anderen Amte erwählt. Deshalb soll es ihm durch den Tröster eingegeben werden, insoweit er getreu ist, diese Dinge zu schreiben. So sei es. Amen.

Abschnitt LXIV.

Offenbarung, gegeben im März 1831.

1. Es ist nothwendig, daß ihr zur gegenwärtigen Zeit in euren Wohnörtern bleiben sollt, wie es euren Umständen anpassend ist; und insofern als ihr Ländereien habt, so sollt ihr den östlichen Brüdern mittheilen; und insofern als ihr keine Länder habt, so sollen sie gegenwärtig kaufen, in jenen Gegenden ringsherum, wie es ihnen gut dünkt, denn sie müssen nothwendiger Weise Plätze haben, wo sie zur gegenwärtigen Zeit wohnen können.

2. Es ist nothwendig, daß ihr so viel Geld als möglich ersparet, und daß ihr soviel als möglich erlangt in Gerechtigkeit, daß seiner Zeit ihr im Stande sein möget, Land für ein Erbtheil zu kaufen, selbst die Stadt. Der Ort ist noch nicht geoffenbart, doch nachdem eure Brüder vom Osten kommen, werden gewisse Männer berufen werden, und ihnen wird es bekannt gemacht oder geoffenbart werden, jenen Ort zu kennen. Sie werden erwählt werden, Länder zu kaufen und einen Anfang zur Gründung der Stadt zu machen; und dann sollt ihr anfangen, euch mit euren Familien zu sammeln, Jedermann seiner Familie gemäß und nach seinen Umständen und wie es ihm verordnet wird durch die Präsidentschaft und den Bischof der Kirche, nach den Gesetzen und Geboten, welche ihr empfangen habt und welche ihr in Zukunft empfangen werdet. So sei es. Amen.

~~~~~~~

Abschnitt LXV.

Offenbarung, gegeben an Sidney Rigdon, Parley P. Pratt und Lemon Copley, im März 1831.

1. Horchet auf mein Wort, meine Knechte Sidney, Parley und Lemon, denn sehet, wahrlich ich sage euch, daß ich euch ein Gebot gebe, daß ihr gehen und

mein Evangelium, welches ihr empfangen habt, wie ihr es empfinget, den tanzenden Quäkern predigen sollt. Sehet ich sage euch, daß ein Theil von ihnen die Wahrheit zu wissen wünscht, doch nicht Alle, denn sie sind nicht recht vor mir und haben Alle die Buße nöthig; deshalb sende ich euch, meine Diener, Sidney und Parley das Evangelium ihnen zu predigen; und mein Diener Lemon soll für dieses Werk geweiht werden, daß er mit ihnen rechten möchte, nicht wie er es von ihnen empfangen hat, sondern wie es ihm durch euch meine Kinder gelehrt werden wird, und wenn er dies thut, so werde ich ihn segnen, sonst wird er nicht gedeihen. So sagt der Herr, ich bin Gott und habe meinen eingebornen Sohn in die Welt gesendet zur Erlösung der Welt, und habe es so beschlossen, daß, wer ihn aufnimmt, der soll selig werden, und wer ihn nicht aufnimmt, der soll verdammt werden.

2. Und sie haben dem Menschensohne gethan, wie es ihnen gelüstete; aber er hat seine Macht zur rechten Hand seiner Herrlichkeit eingenommen und regieret nun im Himmel und wird regieren bis er herniederkommt zur Erde, alle Feinde unter seine Füße zu legen; diese Zeit ist nahe herbeigekommen — ich, Gott der Herr, habe es gesprochen, die Stunde aber und den Tag weiß kein Mensch, auch nicht die Engel im Himmel, weder sollen sie es wissen, bis er kommt. Derohalben will ich, daß alle Menschen sollen Buße thun, denn sie sind alle der Sünde theilhaftig, ausgenommen die, so ich für mich aufbehalten habe, heilige Männer, von denen ihr nichts wisset; darum sage ich euch, daß ich zu euch meinen ewigen Bund geschickt habe, der da vom Anbeginn gewesen, und darin habe ich erfüllt, was ich verheißen habe. Die Völker der Erde sollen sich vor ihm beugen, und, so sie es nicht aus sich selbst thun; so sollen sie erniedrigt werden; denn was da jetzt aus eigener Kraft erhaben steht, soll durch Macht niedergeworfen werden. Deshalb gebe ich euch ein Gebot, daß ihr unter dieses Volk geht und ihnen sagt, wie mein Apostel vor Alters, dessen Name Petrus war — Glaubet an den

Namen des Herrn Jesu Christi, der auf der Erde war und kommen wird, der Anfang und das Ende, thut Buße und werdet getauft im Namen Jesu Christi, nach seinem heiligen Gebote, zur Vergebung der Sünden; und wer solches thut, wird empfangen die Gabe des Heiligen Geistes, durch das Auflegen der Hände der Aeltesten dieser Kirche.

3. Wiederum sage ich euch, wer die Ehe verbietet, ist nicht von Gott berufen; denn die Ehe ist von Gott für den Menschen eingesetzt; darum ist es gesetzlich, daß der Mann ein Weib habe und die Beiden sollen ein Fleisch sein, auf daß die Erde den Zweck ihrer Erschaffung erfüllen möge und mit dem Maße des Menschen gefüllet werde, der Wahl gemäß, ehe die Welt gemacht war. Und wer immer befiehlt, daß der Mensch sich des Fleisches gänzlich enthalten sollte ist nicht von Gott berufen; denn sehet, die Thiere des Feldes und die Vögel unter dem Himmel und das was aus der Erde kommt ist bestimmt für den Gebrauch des Menschen für Nahrung und Kleidung, und daß er im Ueberfluße haben möchte; doch ist es nicht bestimmt, daß ein Mensch mehr besitzen sollte als ein anderer, denn deswegen liegt die Welt in Sünde; und wehe dem, der Blut vergießt oder Fleisch verderben läßt, wenn er es nicht nothwendig braucht.

4. Und wiederum, wahrlich ich sage euch, daß des Menschen Sohn nicht kommt in Gestalt eines Weibes, noch eines Mannes, auf der Erde wandelnd; darum lasset euch nicht betrügen, sondern haltet an mit Festigkeit und erwartet, daß der Himmel erzittere und die Erde erbebe, und daß sie taumle wie ein Betrunkener, erwartet, daß die Thäler erhöht, die Berge erniedrigt und die unebenen Plätze sich ebnen werden, und Alles das, wann der Engel wird seine Posaune blasen.

5. Ehe aber der große Tag des Herrn kommen wird, soll Jakob in der Wildniß grünen und die Lamaniten sollen blühen wie die Rose. Zion soll gedeihen auf den Hügeln und sich freuen auf den Bergen und sich versammeln in dem Platze, den ich erlesen habe. Siehe, ich sage euch, gehet aus, wie ich euch

geboten habe, — bereuet alle eure Sünden, fraget, und ihr werdet empfangen, klopfet an, so wird euch aufgethan werden. Siehe, ich will vor euch hergehen und will auch eure Nachhut sein; in eurer Mitte will ich sein und ihr sollet nicht verwirrt werden, siehe, ich bin Jesus Christus und ich komme ohne Verzug. So sei es. Amen.

～～～～～

Abschnitt LXVI.

Offenbarung, gegeben im Juni 1831.

1. Sehet, so spricht der Herr zu den Aeltesten, die er berufen und erwählt hat in diesen letzten Tagen, durch die Stimme seines Geistes, sagend: „Ich der Herr werde euch bekannt machen, was ich will, daß ihr thun sollt, von dieser Zeit an, bis zur nächsten Conferenz, welche in Missouri gehalten werden wird, auf dem Lande, welches ich meinem Volke heiligen werde, welches ein Ueberrest Jakobs ist und Jenen, welche Erben nach dem Bunde sind.

2. Deshalb, wahrlich ich sage euch, meine Diener Joseph Smith jun. und Sidney Rigdon sollten ihre Reise antreten, so bald als Vorbereitungen getroffen werden können, ihre Heimath zu verlassen und nach dem Lande Missouri zu reisen. Und insofern als sie getreu vor mir sein werden, so soll es ihnen kundgegeben werden, was zu thun. Auch soll ihnen das Land ihres Erbtheils zu wissen gegeben werden, insoweit als sie getreu gegen mich sind. Und wenn sie nicht getreu sind, so sollen sie ausgeschlossen werden, selbst wie ich will oder es mir gut dünkt.

3. Und wiederum, wahrlich ich sage euch, meine Diener Lyman Wight und Johann Corril sollten ihre Reise schleunigst antreten; auch sollten meine Diener Johann Murdock und Hyrum Smith ihre Reise an denselbigen Ort, über Detroit, antreten; und von dort sollten sie das Wort, am Wege predigen, und nichts Anderes sagen, als was die Propheten und Apostel

geschrieben haben und was ihnen von dem Tröster, durch das Gebet des Glaubens gelehrt wird. Sie sollten je zwei und zwei gehen, und so sollten sie, am Wege, in jeder Gemeinde predigen, mit Wasser taufen und die Hände auflegen bei der Seite des Wassers; denn so spricht der Herr, Ich will mein Werk abkürzen in Gerechtigkeit, denn der Tag kommt, daß ich mein Gericht senden und obsiegen werde. Mein Diener Lyman Wight nehme sich in Acht, denn der Satan sucht ihn wie Spreu zu schütteln.

4. Und sehet, wer getreu ist, soll Herrscher über viele Dinge gemacht werden. Und wiederum, will ich euch ein Muster geben in allen Dingen, daß ihr nicht getäuscht werdet, denn Satan ist umher im Lande und er geht aus, die Nationen zu betrügen; deshalb derjenige, welcher betet, mit zerknirschtem Geiste, derselbe ist von mir angenommen, wenn er meinen Verordnungen gehorcht. Wer mit zerknirschtem Geiste und mit bemüthiger und erbauender Sprache spricht, derselbe ist von Gott, wenn er meinen Verordnungen Gehorsam leistet. Und wiederum, wer unter meiner Macht erzittert, wird stark gemacht werden und Früchte der Ehre und Weisheit den Offenbarungen und Wahrheiten, welche ich euch gegeben habe, gemäß, hervorbringen.

5. Und wiederum, wer überwunden wird und bringt keine Früchte hervor, nach diesem Vorbilde, derselbe ist nicht von mir; deshalb nach diesem Muster sollt ihr die Geister kennen in allen Fällen unter dem ganzen Himmel. Und die Tage sind gekommen, daß nach dem Glauben der Menschen es ihnen geschehen wird. Sehet, dieses Gebot gebe ich allen Aeltesten, die ich erwählt habe. Und wiederum, wahrlich ich sage euch, mein Diener Thomas B. Marsh und mein Diener Esra Thayre sollten auch ihre Reise nach demselben Lande antreten und das Wort am Wege predigen. Und wiederum sollten meine Diener Isaak Morley und Esra Booth ihre Reise antreten und auch das Wort des Herrn am Wege nach demselbigen Lande, predigen.

6. Und wiederum sollten meine Diener Eduard Partridge und Martin Harris ihre Reise mit meinen

Dienern Sidney Rigdon und Joseph Smith jun. an=
treten. Meine Diener David Whitmer und Harvey
Whitlock sollten auch ihre Reise antreten und am Wege,
nach demselben Lande predigen. Und meine Diener
Parley P. Pratt und Orson Pratt sollten ihre Reise
antreten und am Wege, ja bis zu demselbigen Lande
predigen.

Und meine Diener Salomon Hancock und Simeon
Carter sollten auch ihre Reise antreten nach demsel=
bigen Lande und am Wege predigen. Meine Diener
Edson Fuller und Jakob Scott sollten auch ihre Reise
antreten. Meine Diener Levi Hancock und Zebedäus
Coltrin sollten auch ihre Reise antreten. Meine Diener
Reynolds Cahoon und Samuel H. Smith sollten auch
ihre Reise antreten. Meine Diener Wheeler Bald=
win und Wilhelm Carter sollten auch ihre Reise an=
treten.

7. Und meine Diener Newel Knight und Selah
J. Griffin sollten beide ordinirt werden und auch
ihre Reise antreten; ja wahrlich ich sage, alle diese
sollten ihre Reise nach demselben Orte einschlagen in
verschiedenen Richtungen und Einer soll weder bauen
auf der Grundlage eines Anderen noch in seiner Spur
reisen. Wer getreu ist, derselbe soll erhalten und mit
viel Frucht gesegnet werden.

8. Und wiederum sage ich euch, meine Diener
Joseph Wakefield und Salomon Humphrey sollten
ihre Reise nach den östlichen Ländern antreten: sie
sollten auch mit ihren Familien zu Werke gehen und
nichts Anderes erklären, als die Propheten und Apo=
stel, das was sie gesehen und gehört haben und ganz
sicher glauben, daß die Weissagungen erfüllt werden
mögen. In Folge von Uebertretung, so sollte das,
was dem Heman Basset übergeben worden ist, von
ihm genommen werden und auf dem Haupte von
Simonds Rider bestätigt werden.

9. Und wiederum, wahrlich sage ich euch, daß
Jared Carter und Georg James zum Priesteramte
geweiht werden sollen. Die übrigen Aeltesten sollen
über die Kirchen wachen und das Wort in ihren Um=
gebungen erklären; und sie sollen mit ihren eigenen

Händen arbeiten, so daß weder Geiz noch Gottlosig=
keit herrsche. Und in allen Dingen erinnert euch der
Armen und Nothleidenden, der Kranken und Betrüb=
ten, denn wer dies nicht thut, derselbe ist nicht mein
Schüler. Und wiederum sollten meine Diener Joseph
Smith jun. Sidney Rigdon und Eduard Partridge
ein Empfehlungsschreiben von der Kirche mit sich
nehmen.

Auch sollte eins erlangt werden für meinen Diener
Oliver Cowdery; und auf diese Weise, selbst wie ich
gesagt habe, wenn ihr getreu seid, so sollt ihr euch
versammeln und freuen auf dem Lande Missouri,
welches das Land eures Erbtheils, doch jetzt das Land
eurer Feinde ist. Doch sehet, ich der Herr will die
Stadt beschleunigen, in ihrer Zeit und werde die
Getreuen mit Freude und Jubel krönen. Sehet, ich
bin Jesus Christus, der Sohn Gottes und ich werde
sie erhöhen am letzten Tage. So sei es. Amen.

Abschnitt LXVII.

Offenbarung an Sidney Gilbert, gegeben im Juni 1831.

1. Siehe, ich sage dir mein Diener Sidney Gil=
bert, ich habe deine Gebote gehört und du hast mich
angerufen, daß dir von dem Herrn deinem Gott kund
gegeben werden möchte, was Bezug hat auf deinen
Beruf und deine Wahl in dieser Kirche, welche ich
der Herr in diesen letzten Tagen aufgerichtet habe.

2 Siehe, ich der Herr, der ich gekreuzigt wurde
für die Sünden der Welt, gebe dir ein Gebot, daß
du der Welt entsagen sollst. Nimm auf dich meine
Verordnungen, selbst den Beruf eines Aeltesten und
predige Glauben, Buße, die Vergebung der Sünden
und das Empfangen des Heiligen Geistes, durch das
Auflegen der Hände, meinem Worte gemäß. Auch ein
Agent für diese Kirche zu sein, in dem Platze, welcher
vom Bischofe bestimmt werden soll, nach den Geboten,
welche künftighin gegeben werden sollen.

3. Und wiederum, wahrlich sage ich dir, du sollst beine Reise mit meinen Dienern Joseph Smith jun. und Sidney Rigdon antreten. Siehe, diese sind die ersten Verordnungen, welche du empfangen wirst und das Uebrige wird zukünftig bekannt gemacht werden, deiner Arbeit in meinem Weinberge gemäß. Und wiederum wünsche ich, daß du lernen solltest, daß nur Derjenige, welcher bis an's Ende ausharret, erlöst werden wird. So sei es. Amen.

Abschnitt LXVIII.

Offenbarung an Newel Knight, gegeben im Juni 1831.

1. Siehe, so spricht der Herr, selbst Alpha und Omega, der Anfang und das Ende, ja Derjenige, welcher für die Sünden der Welt gekreuzigt worden ist. Siehe wahrlich, wahrlich ich sage dir, mein Knecht Newel Knight du sollst fest stehen, in dem Amte, mit welchem ich dich berufen habe; und wenn deine Brüder ihren Feinden zu entrinnen wünschen, so sollten sie alle ihre Sünden bereuen und wahrlich demüthig und zerknirscht vor mir sein; und da der Bund, den sie mit mir gemacht haben, gebrochen ist, so ist derselbe auch ungültig und ohne Wirkung geworden; doch wehe dem, durch welchen dies Aergerniß kommt, denn es wäre besser für ihn gewesen, in der Tiefe des Meeres ertränkt worden zu sein; doch gesegnet sind die, welche den Bund und die Gebote gehalten haben, denn sie werden Gnade erlangen.

2. Deßhalb, gehet jetzt und flieht aus dem Lande, damit eure Feinde nicht über euch kommen; und tretet eure Reise an und ernennt, wen ihr wollt, zu eurem Führer und Geld für euch zu bezahlen. Und so sollt ihr eure Reise nach den westlichen Gegenden nehmen, nach dem Lande Missouri, an den Grenzen der Lamaniten. Und nachdem ihr eure Reise vollendet habt, sehet, ich sage euch, so suchet einen Lebensunterhalt,

gerade wie andere Leute, bis ich einen Platz für euch bereite.

3. Und wiederum, seid geduldig in Trübsal bis ich komme; und sehet, ich komme bald und mein Lohn ist bei mir, und die, welche mich frühe gesucht haben, werden Ruhe für ihre Seelen finden. So sei es. Amen.

~~~~~~

Abschnitt LXIX.

Offenbarung an Wilhelm W. Phelps, gegeben im Juni 1831.

1. Siehe, so spricht der Herr zu dir mein Diener Wilhelm, ja selbst der Herr der ganzen Erde, du bist berufen und erwählt und nachdem du mit Wasser getauft worden bist, wodurch, wenn du es thust, mit einem einfältigen Auge zur Ehre Gottes, du Vergebung deiner Sünden erlangen sollst und die Gabe des Heiligen Geistes, durch das Auflegen der Hände, so sollst du durch die Hand meines Dieners Joseph Smith jun. geweiht werden, ein Aeltester in dieser Kirche zu sein und Buße predigen und Vergebung der Sünden, durch die Taufe, im Namen Jesu Christi, des Sohnes des lebendigen Gottes, und du sollst Macht haben denen, auf welche du deine Hände legen wirst, wenn sie reumüthig vor mir sind, den heiligen Geist zu geben.

2. Und wiederum, du sollst berufen werden, meinem Diener Oliver Cowdery zu helfen in dem Drucken, Auswählen und Schreiben von Büchern für Schulen in dieser Kirche, daß kleine Kinder auch Belehrung erlangen mögen, welche vor mir angenehm sein wird. Und wiederum, wahrlich ich sage dir, deshalb sollst du deine Reise mit meinen Dienern Joseph Smith jun. und Sidney Rigdon antreten, daß du in dem Lande deines Erbtheils dich niederlassen mögest, um dieses Werk zu thun.

3. Und wiederum, sollte mein Diener Joseph Coe

auch seine Reise mit ihnen antreten. Das Uebrige wird später bekannt gemacht werden, selbst wie ich will. Amen.

<hr/>

Abschnitt LXX.
Offenbarung, gegeben im Juni 1831.

1. Horche, o du Volk, das meinen Namen bekennt, spricht der Herr dein Gott; denn siehe, mein Zorn ist entflammt gegen die Aufrührerischen; und sie werden meinen Arm und meinen Unwillen erfahren an dem Tage der Heimsuchung und des Grimmes, so über die Völker kommen wird. Und wer nicht sein Kreuz auf sich nehmen, mir folgen und meine Gebote halten will, derselbige soll nicht errettet werden.

2. Siehe, ich, der Herr, gebiete, und wer nicht gehorchen will, der soll abgeschnitten werden zu der von mir gesetzten Zeit, und zwar nachdem ich geboten habe und nachdem mein Gebot übertreten worden ist. Darum, ich, der Herr, gebiete und nehme auch zurück, wie es mir heilsam dünkt. Ueber alles das aber wird von den Häuptern der Aufrührerischen Rechenschaft gefordert werden, spricht der Herr; deshalb nehme ich das Gebot, welches ich meinen Dienern Thomas B. Marsh und Ezra Thayre gegeben habe, zurück, und gebe meinem Diener Thomas ein neues Gebot, daß er seine Reise nach dem Lande Missouri eiligst antreten und mein Diener Selah J. Griffin auch mit ihm gehen soll; denn sehet, ich nehme das Gebot zurück, welches ich meinen Dienern Selah J. Griffin und Newel Knight gab, in Folge der Hartnäckigkeit und Abtrünnigkeit meines Volkes, die in Thompson sind; deshalb soll mein Diener Newel Knight bei ihnen bleiben, und so Viele als gehen wollen, können gehen, so weit als sie bußfertig sind, und von ihm geführt werden, nach dem Lande, welches ich bestimmt habe.

3. Und wiederum, wahrlich sage ich euch, daß

mein Diener Ezra Thayre seinen Stolz und seine
Selbstsucht bereuen und dem früheren Gebote, wel=
ches ich ihm, in Bezug auf den Platz, wo er wohnt,
gab, gehorchen muß; und wenn er dies thun will,
da keine Theilungen von dem Lande gemacht werden
sollen, so ist er noch immer berufen, nach dem Lande
Missouri zu gehen; wo nicht, so soll er das Geld
empfangen, welches er bezahlt hat und soll den Platz
verlassen und von meiner Kirche ausgeschlossen wer=
den, spricht der Herr der Heerschaaren; und obgleich
Himmel und Erde vergehen, so sollen doch diese Worte
nicht vergehen, sondern erfüllt werden.

4. Und wenn mein Diener Joseph Smith jun.
wirklich das Geld bezahlen muß; siehe, so will ich der
Herr es ihm zurückbezahlen im Lande Missouri, daß
diejenigen von welchen er empfangen wird, wieder be=
lohnt werden mögen, nach dem was sie thun; denn
nach ihren Thaten sollen sie empfangen, selbst Länder
zu ihrem Erbtheile. Siehe, so spricht der Herr zu
meinem Volke! Ihr habt viele Dinge zu thun und
Vieles zu bereuen; denn siehe, eure Sünden sind her=
auf zu mir gedrungen und nicht vergeben, weil ihr
trachtet, euch nach eurer eigenen Weise zu rathen.
Und eure Herzen sind nicht befriedigt. Und ihr ge=
horchet der Wahrheit nicht, sondern erfreut euch der
Ungerechtigkeit.

5. Wehe euch Reichen, die ihr von eurer Habe den
Armen nicht mittheilen wollt; eure Reichthümer wer=
den eure Seelen anfressen, und an dem Tage der
Heimsuchung, des Gerichtes und des Zornes wird
eure Klage diese sein: — die Ernte ist vorüber, der
Sommer hat sein Ende erreicht und meine Seele ist
nicht errettet! — Wehe euch Armen, deren Herz nicht
demüthig und deren Geist nicht zerknirscht ist, deren
Gelüste nicht befriedigt sind und deren Hände sich
nicht enthalten, anderer Leute Eigenthum zu nehmen,
deren Augen voll Habgier sind und die mit ihren
eigenen Händen nicht schaffen wollen!

6. Selig aber sind die Armen, die reinen Herzens
sind, deren Herzen demüthig sind, deren Geist zer=
knirscht ist, denn sie sollen das Reich Gottes sehen

wie es kommt mit Macht und großer Herrlichkeit zu
ihrer Befreiung; denn das Fett der Erde soll ihnen
gehören. Denn siehe, der Herr wird kommen und
seine Vergebung wird mit ihm sein; er wird Jedermann seinen Lohn austheilen und die Armen werden
sich freuen. Ihre Nachkommen werden das Erdreich
besitzen von Geschlecht zu Geschlecht, für immer und
immer. Und jetzt endige ich meine Worte an euch.
So sei es. Amen.

Abschnitt LXXI.

Offenbarung, gegeben im August 1831.

1. Sehet, so spricht der Herr zu den Aeltesten
seiner Kirche, welche eilig nach dem Lande zurückkehren
sollten, woher sie kamen. Sehet, es ist mir angenehm,
daß ihr heraufgekommen seid; doch mit Einigen bin
ich nicht wohl zufrieden, denn sie wollen ihren Mund
nicht aufthun, sondern verbergen das Talent, welches
ich ihnen gegeben habe, aus Furcht vor den Menschen.
Wehe Solchen, denn mein Zorn ist entbrannt gegen sie.

2. Und es soll geschehen, wenn sie nicht getreuer
gegen mich sind, soll es von ihnen genommen werden,
selbst was sie haben, denn ich der Herr regiere oben
im Himmel und unter den Armeen der Erde; und
am Tage wenn ich meine Wahl treffen werde, werden
alle Menschen die Macht Gottes kennen lernen. Doch,
wahrlich, ich spreche zu euch, in Bezug auf die Reise
nach dem Lande, woher ihr kamet. Ein Fahrzeug
sollte entweder gemacht oder gekauft werden, wie es
euch gut dünkt, es ist mir gleich und ihr solltet eure
Reise eiligst antreten nach dem Orte, der Saint Louis
genannt wird. Und von dort aus sollten meine
Diener Sidney Rigdon, Joseph Smith jun. und
Oliver Cowdery nach Cincinnati reisen; und in jenem
Orte ihre Stimme erheben, mein Wort laut verkündigen, ohne Zorn oder Zweifel und heilige Hände
über sie erheben. Denn ich bin im Stande, euch

heilig zu machen, und eure Sünden sind euch vergeben.

3. Und die Uebrigen sollten von St. Louis je zwei und zwei reisen und das Wort predigen, nicht in Eile unter den Gemeinden der Gottlosen, bis sie nach den Kirchen zurückkehren, woher sie gekommen sind. Und alles dies zum Besten der Kirchen; aus dieser Absicht habe ich sie geschickt. Und mein Diener Eduard Partridge sollte einen Theil des Geldes, welches ich ihm gegeben habe, den Aeltesten, welchen es geboten ist, zurückzukehren, geben; und wer im Stande ist, der bezahle es zurück, durch den Agenten und wer es nicht kann, von dem wird es nicht verlangt. Und jetzt spreche ich von den Uebrigen, welche nach diesem Lande kommen sollten. Siehe, sie sind ausgesandt worden, mein Evangelium unter den Gemeinden der Gottlosen zu verkündigen, deshalb gebe ich ihnen das folgende Gebot: Du sollst weder deine Zeit in Trägheit verbringen noch dein Talent verbergen, so daß es nicht kund gemacht wird.

4. Und nachdem du zum Lande Zion's heraufgekommen bist und mein Werk verkündigt hast, so sollst du eilig zurückkehren, und mein Wort unter den Gemeinden der Gottlosen verkündigen, nicht in Eile, auch nicht mit Zorn oder Streit; den Staub sollst du von deinen Füßen schütteln, gegen die, welche dich nicht empfangen; nicht in ihrer Gegenwart, damit du sie nicht erzürnst; sondern im Geheimen wasche deine Füße als ein Zeugniß gegen sie, am Tage des Gerichts. Siehe, dies ist genügend für dich, und der Wille dessen, der dich gesandt hat. Und durch den Mund meines Dieners Joseph Smith jun. soll es kund gemacht werden, was Sidney Rigdon und Oliver Cowdery betrifft. Das Uebrige künftighin. So sei es. Amen.

Abschnitt LXXII.

Offenbarung, gegeben im August 1831.

1. Sehet und horchet auf die Stimme dessen, der alle Macht hat, der von Ewigkeit zu Ewigkeit ist, selbst Alpha und Omega, der Anfang und das Ende. Sehet, wahrlich so spricht der Herr zu euch, o, ihr Aeltesten meiner Kirche. die ihr versammelt seid an diesem Orte, eure Sünden sind euch jetzt vergeben, denn ich der Herr vergebe Sünden und bin denen gnädig, welche ihre Sünden mit demüthigen Herzen bekennen; doch wahrlich ich sage euch, daß es nicht nothwendig ist für diese ganze Gesellschaft meiner Aeltesten, geschwind auf dem Wasser zu reisen, während die Einwohner auf beiden Seiten im Unglauben umkommen; dennoch erlaubte ich es, daß ihr Zeugniß geben möchtet; sehet es gibt viele Gefahren, auf dem Wasser und besonders in der Zukunft, denn ich der Herr habe in meinem Zorne große Zerstörungen auf dem Wasser beschlossen, ja und besonders auf diesen Gewässern; dennoch ist alles Fleisch in meiner Hand und wer unter euch getreu ist, soll nicht in den Gewässern umkommen.

2. Deshalb ist es rathsam, daß mein Diener Sidney Gilbert und mein Diener Wilhelm W. Phelps sich beeilen mit ihrer Botschaft und Mission; dennoch will ich nicht dulden, daß ihr euch trennen sollt, ehe ihr für alle Sünden gezüchtigt seid, daß ihr eins sein und nicht in Gottlosigkeit umkommen möget; doch jetzt, wahrlich sage ich euch, es geziemt mir, daß ihr euch trennt, deshalb sollen meine Diener Sidney Gilbert und Wilhelm W. Phelps, ihre frühere Gesellschaft wählen und ihre Reise in Eile antreten, daß sie ihre Mission erfüllen können, und durch Glauben werden sie überwinden; und insofern, als sie getreu sind, so werden sie erhalten werden und ich, der Herr will mit ihnen sein. Und die Uebrigen sollen so viel Kleidung, als nothwendig ist, mit sich nehmen. Mein Diener Sidney Gilbert kann das, was nicht besonders nothwendig ist, mit sich nehmen, wie ihr damit über=

einstimmt. Und sehet, für euer Wohl gab ich euch ein Gebot, in Bezug auf diese Dinge; und ich, der Herr will mit euch rechten, wie ich es mit den Männern, vor Alters, gethan habe.

3. Sehet, ich der Herr segnete, im Anfange, die Gewässer, doch in den letzten Tagen habe ich durch den Mund meines Dieners Johannis, die Gewässer verflucht; deshalb wird die Zeit kommen, daß kein Fleisch auf dem Wasser sicher sein wird, und es wird in der Zukunft gesagt werden, daß nur diejenigen, welche reinen Herzens sind, nach dem Lande Zion auf dem Wasser zu gehen im Stande sein werden. Und, gerade wie ich, der Herr, im Anfange das Land verfluchte, so habe ich in den letzten Tagen es gesegnet, zu seiner Zeit, für den Gebrauch meiner Heiligen, daß sie an der Fette desselben Theil haben möchten. Und jetzt gebe ich euch ein Gebot, und was ich Einem sage, sage ich Allen, daß ihr eure Brüder warnen sollt, in Bezug auf diese Gewässer, daß sie nicht auf denselben reisen sollen, daß ihr Glaube ihnen nicht mangle und sie in Schlingen gefangen werden. Ich, der Herr habe es verordnet und der Zerstörer reitet auf der Oberfläche derselben und ich nehme meinen Beschluß nicht zurück; Ich, der Herr war gestern gegen euch zornig, doch heute ist mein Zorn abgewendet. Indessen sollten die, von denen ich gesprochen habe, ihre Reise in Eile antreten und es macht mir nichts aus, wenn sie nach einer Weile zu Land oder Wasser gehen, so lange als sie ihre Mission erfüllen; doch sollten sie handeln, wie es nach ihrem Urtheile ihnen, in Zukunft, am Besten scheint.

4. Und nun in Bezug auf meine Diener Sidney Rigdon, Joseph Smith jun. und Oliver Cowdery so sage ich, daß auf ihrer Heimreise sie nicht wieder auf dem Wasser fahren sollen, ausgenommen auf dem Canal. Sehet, ich der Herr habe einen Weg verordnet für die Reisen meiner Heiligen und sehet, dies ist der Weg — daß nachdem sie den Canal verlassen sollen sie zu Lande reisen, da es ihnen geboten worden ist, zu reisen und nach dem Lande Zion's zu gehen und sie sollen wie die Kinder Israel's

thun, nämlich ihre Zelte, bei der Wegseite auf=
schlagen.

5. Und siehe dieses Gebot sollst du allen deinen
Brüdern geben; dennoch wem Macht gegeben ist, dem
Wasser zu gebieten, ihm ist es durch den Geist gege=
ben alle seine Wege zu kennen; deshalb soll er thun,
wie der Geist des lebendigen Gottes ihm gebietet, ob
auf dem Lande oder Wasser, wie es mit mir bleibt,
künftighin zu thun; und dir ist es gegeben die Rich=
tung für die Heiligen zu wissen, oder den Weg, welchen
die Heiligen des Lagers des Herrn reisen sollen. Und
wiederum, wahrlich ich sage euch, meine Diener Sidney
Rigdon, Joseph Smith jun. und Oliver Cowdery
sollen ihren Mund nicht öffnen in den Gemeinden der
Gottlosen, bis sie nach Cincinnati kommen; und in
jenem Orte sollen sie ihre Stimme zu Gott erheben,
gegen jenes Volk; ja zu ihm, dessen Zorn entzündet
ist, gegen ihre Gottlosigkeit; ein Volk, welches fast reif
zur Zerstörung ist; und von dort sollen sie ihre
Reise fortsetzen nach den Gemeinden der Brüder, denn
ihre Arbeit ist gerade jetzt, mehr nothwendig unter
ihnen, als unter den Gemeinden der Gottlosen.

6. Und nun, in Bezug auf die Uebrigen, so sollen
sie reisen und das Wort unter den Gemeinden der
Gottlosen erklären, soweit es gegeben ist; und inso=
fern als sie dies thun werden, werden sie ihre Ge=
wänder reinigen und fleckenlos vor mir sein; und
sie können mit einander reisen, oder je zwei und
zwei, wie es ihnen gut dünkt, nur sollten meine Die=
ner Reynolds Cahoon und Samuel H. Smith, mit
denen ich wohl zufrieden bin, nicht getrennt werden,
bis sie nach ihrer Heimath zurückkehren, und dies,
eines mir bewußten weisen Zweckes willen. Und nun,
wahrlich ich sage euch, und was ich Einem sage, sage
ich Allen, seid guten Muthes kleine Kinder, denn ich
bin in eurer Mitte, und ich habe euch nicht verlassen;
und insoweit ihr euch vor mir gemüthigt habt, so
sind die Segnungen des Reiches euer. Gürtet eure
Lenden, seid wachsam und nüchtern und schauet vor=
wärts auf die Zukunft des Menschensohnes, denn er
kommt in einer Stunde, wenn ihr nicht denkt. Betet

immer, daß ihr nicht in Anfechtung fallet, daß ihr den Tag seiner Zukunft ertragen möget, ob im Leben oder Tod. So sei es. Amen.

~~~~~~

Abschnitt LXXIII.

Offenbarung, gegeben im August 1831.

1. Sehet und horchet, o, ihr Aeltesten meiner Kirche, spricht der Herr euer Gott, selbst Jesus Christus, euer Mittler, der die Schwachheit des Menschen versteht und wie ihnen beizustehen, wenn sie versucht werden; und wahrlich meine Augen sind auf jenen, welche noch nicht nach dem Lande Zion's gegangen sind; deshalb ist eure Mission noch nicht erfüllt; dennoch seid ihr gesegnet, denn das Zeugniß, das ihr gegeben habt, ist aufgezeichnet im Himmel, daß die Engel es ansehen können; und sie erfreuen sich eurer und eure Sünden sind euch vergeben.

2. Und nun fahrt mit eurer Reise fort. Versammelt euch auf dem Lande Zion's, haltet eine Versammlung und erfreut euch zusammen und bringt dem Allerhöchsten ein Sacrament dar; und dann könnt ihr zurückkehren, Zeugniß zu geben, ja alle miteinander, oder je zwei und zwei, wie es euch gut dünkt; es macht mir nichts aus, nur seid getreu und erkläret eine frohe Botschaft den Einwohnern der Erde oder unter den Gemeinden der Gottlosen. Sehet, ich der Herr habe euch zusammengebracht, daß die Verheißung erfüllt werde, die Getreuen unter euch erhalten werden und sich mit einander erfreuen, im Lande Missouri. Ich der Herr habe es den Getreuen verheißen und kann nicht lügen.

3. Ich, der Herr, bin Willens, daß wenn irgend welche unter euch wünschen auf Pferden oder Maulthieren zu reiten oder in Wagen zu fahren, ihr jene Segnung empfangen sollt, wenn ihr sie als von der Hand des Herrn und mit Herzen, die für alle Dinge dankbar sind, empfangt. Diese Dinge lasse ich euch

thun nach eurem Urtheil und ben Eingebungen des
Geistes. Sehet, das Reich ist euer, und ich bin mit
den Getreuen immerdar. So sei es. Amen.

~~~~~~

Abschnitt LXXIV.

Eine Erklärung des 14ten Verses des 7ten Kapitels der ersten Epistel an die Corinther.

1. Denn der ungläubige Mann ist geheiliget durch
das Weib und das ungläubige Weib ist geheiliget
durch den Mann. Sonst wären eure Kinder unrein,
nun aber sind sie heilig.

2. In den Tagen der Apostel galt das Gesetz der
Beschneidung unter allen Juden, welche nicht an das
Evangelium Jesu Christi glaubten. Es ereignete sich
nun, daß unter dem Volke ein großer Streit entstand
wegen des Gesetzes der Beschneidung, denn der ungläubige Mann wünschte, daß seine Kinder beschnitten
und dem Gesetze Mosis unterthan werden sollten,
welches Gesetz doch erfüllt war.

3. Und es begab sich, daß die Kinder, nachdem
sie unter dem Gesetze Mosis erzogen worden waren,
den Ueberlieferungen ihrer Väter anhingen und dem
Evangelium Christi nicht glaubten; darin wurden sie
unheilig. Aus diesem Grunde schrieb der Apostel an
die Gemeinde und gab ihnen ein Gebot, nicht vom
Herrn, sondern aus sich selbst, daß Gläubige nicht mit
Ungläubigen sich vereinigen sollten, ausgenommen
das Gesetz Mosis werde unter ihnen auf die Seite
gesetzt, auf daß ihre Kinder ohne Beschneidung bleiben
möchten. Und damit ferner die Ueberlieferung hin-
weggethan werde, die da sagt, kleine Kinder seien
unheilig, denn so galt es unter den Juden. Kleine
Kinder aber sind heilig, indem sie durch das Sühnopfer Jesu Christi geheiligt sind, und das ist, was die
Schrift meint.

~~~~~~

Abschnitt LXXV.

Offenbarung, gegeben im October 1831.

1. Siehe, so spricht der Herr zu meinem Diener Wilhelm E. M'Lellin, gesegnet bist du, insofern du dich von deinen Missethaten abgewendet und meine Wahrheit empfangen hast, spricht der Herr dein Erlöser, der Heiland der Welt, ja von so Vielen, als an meinen Namen glauben. Wahrlich ich sage dir, gesegnet bist du, daß du meinen ewigen Bund empfangen hast, selbst die Fülle meines Evangeliums, welches unter die Menschenkinder ausgesandt worden ist, daß sie Leben haben möchten und Theilnehmer an der Herrlichkeit gemacht werden, welche geoffenbart werden wird in den letzten Tagen, wie es geschrieben ist durch die Propheten und Apostel, vor Alters.

2. Wahrlich, ich sage dir mein Diener Wilhelm, daß du rein bist, doch nicht gänzlich; bereue deshalb jene Dinge, welche nicht angenehm vor meinem Angesichte sind, spricht der Herr, denn der Herr wird sie dir zeigen. Und nun, wahrlich ich der Herr will dir zeigen, was mein Wille in Bezug auf dich ist; siehe, wahrlich ich sage dir, daß es mein Wille ist, daß du mein Evangelium von Land zu Land verkündigen sollst und von Stadt zu Stadt; ja in jenen umliegenden Gegenden, wo es noch nicht verkündigt worden ist.

3. Bleibe nicht manche Tage an diesem Orte; gehe noch nicht hinauf nach dem Lande Zion's; doch insofern du senden kannst, sende; sonst denke über dein Eigenthum nicht nach. Gehe nach den östlichen Ländern, gebe dein Zeugniß an jedem Orte, allen Leuten, und in ihren Synagogen und rechte mit ihnen.

4. Mein Diener Samuel H. Smith sollte mit dir gehen und du sollst ihm Belehrungen geben und ihn nicht verlassen; und wer getreu ist wird in allen Plätzen stark gemacht werden und ich, der Herr, will mit euch gehen.

5. Legt eure Hände auf die Kranken und sie werden genesen. Kehret nicht zurück, bis ich der Herr euch sende. Seid geduldig in Trübsal. Bittet und

ihr werdet empfangen. Klopfet und es wird euch aufgethan. Suchet euch keinen Kummer zu machen. Leget ab alle Ungerechtigkeit. Begehe nicht Ehebruch, eine Versuchung, mit der du geplagt worden bist. Gedenke dieser Worte, denn sie sind wahr und glaub= würdig, und du sollst dein Amt ehren und viele Leute nach Zion befördern mit Gesängen ewiger Freude auf ihren Häuptern. Fahre in diesen Dingen fort, selbst bis an's Ende und du sollst eine Krone des ewigen Lebens erhalten, an der Rechten meines Vaters, der da ist voller Gnade und Wahrheit. Wahrlich, so spricht der Herr dein Gott, dein Erlöser, ja Jesus Christus. Amen.

Abschnitt LXXVI.

Offenbarung, gegeben im März 1832. Die Ordnung, welche vom Herrn dem Enoch gegeben wurde, für die Gründung der Armen.

1. Der Herr sprach zu Enoch und sagte: Horche auf mich, spricht der Herr dein Gott, der du zu dem Hohenpriesterthume meiner Kirche, welche sich ver= sammelt hat, geweiht worden bist; und höre auf den Rath dessen, der dich von der Höhe ordinirt hat und welcher in deine Ohren Worte der Weisheit reden wird, daß du Erkenntniß haben mögest in jener Sache, welche du mir vorgelegt hast, spricht Gott der Herr; denn wahrlich sage ich dir, die Zeit ist gekommen und ist jetzt bei der Hand; und siehe, es ist noth= wendig, daß mein Volk eine Organisation habe, zur Handhabung und Einrichtung der Angelegenheiten des Speichers, für die Armen meines Volkes, an diesem Orte und im Lande Zion's, oder in andern Worten, der Stadt Enoch's als eine beständige und ewige Ein= richtung und Ordnung für meine Kirche, die Sache zu befördern, welcher ihr beigetreten seid, für die Seligmachung der Menschheit und die Ehre eures Vaters im Himmel, daß ihr gleich sein möget in himmlischen Dingen; ja und auch in irdischen Din=

gen, zur Erlangung himmlischer Dinge; denn wenn ihr nicht gleich in irdischen Dingen seid, so könnt ihr auch nicht gleich in himmlischen Dingen sein: denn wenn ihr wünscht, daß ich euch einen Platz in der himmlischen Welt gebe, so müßt ihr euch vorbereiten, dadurch daß ihr die Dinge thut, welche ich euch geboten und von euch verlangt habe.

2. Und nun, wahrlich, so spricht der Herr, es ist nothwendig, daß alle Dinge zu meiner Ehre gethan werden, durch euch, die ihr in dieser Ordnung verbunden seid; oder in anderen Worten, meine Diener Ahashdah, Gazelam oder Enoch und Pelagoram sollten zu Rathe sitzen mit den Heiligen, die in Zion sind; sonst würde Satan ihre Herzen von der Wahrheit abwendig zu machen suchen, so daß sie blind werden und die Dinge, welche für sie vorbereitet werden, nicht verstehen können; deshalb gebe ich euch ein Gebot, euch zu bereiten und zu organisiren durch einen Bund oder ein ewiges Bündniß, das nicht gebrochen werden kann.

3. Und wer es bricht, der soll sein Amt und seine Stellung in der Kirche verlieren und soll der Macht Satan's überliefert werden bis zum Tage der Erlösung. Sehet, dies ist die Vorbereitung, mit welcher ich euch bereite und die Grundlage und das Muster, welches ich euch gebe, wodurch ihr die Gebote, welche euch gegeben sind, ausführen könnt, daß durch meine Vorsehung, ungeachtet der Trübsale, welche auf euch herabkommen werden, die Kirche unabhängig von allen Geschöpfen unter der himmlischen Welt stehen kann, daß ihr herauf kommen möget um die Krone, die für euch bereitet ist, und Regenten über viele Königreiche gemacht werdet, spricht Gott der Herr, der Heilige Zion's, der die Grundlagen von Adam-ondi-Ahman gegründet, Michael zu eurem Fürsten gesetzt, seine Füße befestigt, ihn in die Höhe gestellt und ihm die Schlüssel der Seligkeit gegeben hat, unter der Leitung und Führung des Heiligen, welcher ist ohne Anfang der Tage oder Ende des Lebens.

4. Wahrlich, wahrlich, ich sage euch, ihr seid kleine Kinder und ihr habt noch nicht verstanden, welche

große Segnungen, der Vater in seinen eigenen Hän=
den und für euch bereitet hat, und ihr könnt nicht
alle Dinge jetzt ertragen, dennoch seid guten Muthes,
denn ich will euch heranleiten, das Reich und die
Segnungen desselben sind euer; und die Schätze der
Ewigkeit sind euer; und wer alle Dinge mit Dank=
barkeit empfängt derselbe wird verherrlicht werden;
und die Dinge dieser Erbe sollen ihm hinzugefügt
werden, ja selbst hundertfältig und selbst mehr; des=
halb thut die Dinge, die ich euch geboten habe, spricht
euer Erlöser, selbst der Sohn Ahman, welcher alle
Dinge bereitet, ehe er euch nimmt; denn ihr seid die
Kirche des Erstgebornen und er wird euch in einer
Wolke aufnehmen und jedem Manne sein Theil be=
stimmen. Und wer ein getreuer und weiser Verwal=
ter ist wird alle Dinge ererben. Amen.

<hr>

Abschnitt LXXVII.

Offenbarung, gegeben im März 1832.

1. Wahrlich, ich sage dir, ich wünsche, daß mein
Diener Jared Carter wieder in die östlichen Län=
der, von Ort zu Ort und von Stadt zu Stadt, in
der Macht der Weihe, mit welcher er geweiht wurde
gehen und freudige Botschaften großer Freude, selbst
das ewige Evangelium, verkündigen soll; und ich will
ihm den Tröster senden, welcher ihm die Wahrheit
und den Weg wohin er gehen soll, zeigen wird; und
insofern als er getreu ist, so will ich ihn wieder mit
Garben krönen; deshalb erfreue dich in deinem Her=
zen, mein Diener Jared Carter und fürchte dich nicht,
spricht dein Herr, ja Jesus Christus. Amen.

Abschnitt LXXVIII.

Offenbarung, gegeben im März 1832.

1. Wahrlich, so spricht der Herr zu meinem Diener Stephan Burnett, gehe, ja gehe in die Welt und prebige das Evangelium jeder Creatur, die unter den Klang deiner Stimme kommt; und insofern als du einen Gefährten wünschest, so will ich dir meinen Diener Eden Smith geben; deshalb gehe und prebige mein Evangelium, ob gegen Norden oder Süden, gegen Osten oder Westen, es macht keinen Unterschied, denn du kannst nicht fehl gehen; deshalb erkläre die Dinge, welche du gehört hast und wirklich glaubst und weißt, daß sie wahr sind. Siehe, dies ist der Wille dessen, der dich berufen hat, deines Erlösers Jesu Christi. Amen.

Abschnitt LXXIX.

Offenbarung, gegeben im August 1832.

1. Siehe, so spricht der Herr zu meinem Diener Johannes Murdock, du bist berufen in die östlichen Länder, von Haus zu Haus, von Dorf zu Dorf und von Stadt zu Stadt zu gehen, mein ewiges Evangelium den Einwohnern derselben zu verkündigen, in der Mitte von Verfolgung und Gottlosigkeit; und wer dich empfängt, empfängt mich und du sollst Macht haben mein Wort, durch die Kraft meines Heiligen Geistes zu erklären; und wer dich empfängt wie ein kleines Kind, empfängt mein Reich, und gesegnet sind sie, denn sie werden Gnade erlangen; und wer dich verwirft, soll von meinem Vater und seinem Hause verworfen werden; und du sollst beine Füße reinigen, in den verborgenen Plätzen am Wege, als ein Zeugniß gegen sie.

2. Und siehe, ich komme bald zu Gericht, Alle

ihrer gottlofen Thaten, welche fie gegen mich begangen haben, zu überführen, wie es von mir geschrieben steht im Inhalte des Buches. Und nun, wahrlich ich sage dir, daß es nicht rathsam ist, daß du gehest, bis deine Kinder verforgt und zu dem Bischofe nach Zion geschickt worden sind; und nach einigen Jahren, wenn du es von mir wünschest, so kannst du auch hinaufgehen, nach dem gesegneten Lande, dein Erbtheil zu besitzen: sonst sollst du fortfahren mein Evangelium zu verkündigen, bis du genommen wirst. Amen.

〜〜〜

Abschnitt LXXX.

Offenbarung, gegeben im März 1832.

1. Wahrlich, wahrlich ich sage dir mein Diener Friedrich G. Williams, horche auf die Stimme deffen, welcher spricht, auf das Wort des Herrn deines Gottes, und befleißige dich des Berufes, mit dem du berufen bist, felbst ein Hoherpriester in meiner Kirche zu fein und ein Rath für meinen Diener Joseph Smith jun., welchem ich die Schlüssel des Reiches gegeben habe, die immer der Präsidentschaft des Hohenpriesterthums zugehören: deshalb, wahrlich, erkenne ich ihn an und werde ihn fegnen, und auch dich, insofern du getreu im Rathe bist, in dem Amte, welches ich dir bestimmt habe und im öffentlichen oder verborgenen Gebete, auch in dem Amte der Verkündigung des Evangeliums im Lande der Lebendigen und unter deinen Brüdern: und dadurch, daß du diese Dinge thust, wirst du das größte Gute unter deinen Nebenmenschen ausrichten und die Herrlichkeit deffen befördern, welcher dein Herr ist; deshalb sei getreu, bleibe stehen in dem Amte, welches ich dir gegeben habe, stärke die Schwachen, hebe die Hände auf, welche niederhangen und kräftige die schwachen Kniee; und wenn du bis an's Ende getreu bist, so wirst du eine Krone der Unsterblichkeit und des ewigen Lebens in den Wohnungen, welche ich in dem Hause meines

Vaters bereitet habe, erlangen. Siehe, dies sind die Worte Alpha's und Omega's, selbst Jesu Christi. Amen.

~~~~~~~~~~

Abschnitt LXXXI.

Ein Wort der Weisheit, zum Nutzen des Rathes der Hohenpriester, welche in Kirtland versammelt sind und der Kirche; und auch für die Heiligen in Zion: Gesandt zu werden zum Gruße — nicht als ein Gebot oder Zwang, sondern als eine Offen= barung und ein Wort der Weisheit, indem es die Ordnung und den Willen Gottes, in Bezug auf die zeitliche Seligkeit aller Heiligen in den letzten Tagen zeigt. Gegeben als ein Princip mit einer Verheißung, und den Fähigkeiten der schwa= chen und schwächsten aller Heiligen angemessen, welche Heilige genannt werden, oder genannt werden können.

1. Sehet, wahrlich, so spricht der Herr zu euch, in Folge von bösen Absichten, welche jetzt und in Zu= kunft in den Herzen feindseliger Menschen, in den letzten Tagen, sind und sein werden, habe ich euch ge= warnt und vorhergewarnt, indem ich durch Offen= barung, euch dieses Wort der Weisheit gebe, insofern Jemand unter euch Wein oder starke Getränke trinkt, sehet, es ist nicht gut, auch nicht angenehm, vor dem Angesichte eures Vaters, ausgenommen, es sei in euren Versammlungen, wenn ihr zusammengekommen seib, um das Abendmahl vor ihm, zu genießen. Und sehet, dieses muß Wein sein, ja, reiner Wein von den Trau= ben des Weinstocks, den ihr selbst bereitet habt. Und wiederum, starke Getränke, sind nicht für den Bauch, sondern zum Waschen eurer Körper. Und ferner, Tabak ist nicht für den Körper, auch nicht für den Bauch und ist nicht gut für den Menschen, sondern ist eine Arznei für Quetschungen und alles kranke Vieh, um mit Verstand und Geschicklichkeit gebraucht

zu werden. Und wiederum, heiße Getränke sind nicht gut, weder für den Körper, noch für den Bauch.

2. Und wiederum sage ich euch, daß alle nützlichen Pflanzen Gott für die Leibesbeschaffenheit, Natur und den Gebrauch der Menschen bestimmt hat. Jedes Kraut zu seiner Zeit und jede Frucht zu ihrer Zeit; alle diese aber sollten mit Klugheit und Danksagung gebraucht werden. Ja, auch das Fleisch der Thiere und das Geflügel der Luft habe, ich der Herr, zum Gebrauche der Menschen bestimmt, um mit Danksagung gebraucht zu werden; indessen sollte dasselbe mit Sparsamkeit gebraucht werden und es ist mir angenehm, insofern dasselbe nur zur Zeit des Winters, der Kälte oder der Hungersnoth gebraucht werde. Alles Getreide ist zum Gebrauche des Menschen und der Thiere verordnet, als ein Hauptnahrungsmittel; nicht für den Menschen allein, sondern für die Thiere des Feldes, die Vögel des Himmels und alle wilden Thiere, welche auf der Erde kriechen oder laufen. Und diese hat Gott dem Menschen zum Gebrauche gemacht, doch nur für Zeiten der Hungersnoth.

3. Alles Getreide ist gut zur Nahrung des Menschen, wie auch Pflanzenfrüchte, welche Frucht im Boden oder über dem Boden tragen. Jedoch Weizen für den Menschen, Mais für den Ochsen, Hafer für das Pferd und Roggen für das Geflügel, Schweine und alle Thiere des Feldes, und Gerste für alle nützlichen Thiere und für milde Getränke, sowie auch andere Getreide. Und alle Heiligen, welche sich dieser Reden erinnern und dieselben halten, und nach meinen Geboten wandeln, sollen Gesundheit empfangen in ihrem Nabel, und Mark in ihren Knochen, und sollen Weisheit und große Schätze der Erkenntniß finden, ja selbst verborgene Schätze; und sie sollen rennen und nicht müde werden, laufen und nicht schwach werden. Und ich, der Herr, gebe ihnen eine Verheißung, daß der zerstörende Engel an ihnen, wie an den Kindern Israel's vorübergehen, und sie nicht erschlagen soll. Amen.

Abſchnitt LXXXII.

Offenbarung, gegeben im Auguſt 1833.

1. Wahrlich, ich ſage euch, meine Freunde, ich ſpreche zu euch mit meiner Stimme, ja mit der Stimme meines Geiſtes, auf daß ich euch meinen Willen kund thue in Betreff eurer Brüder in dem Lande Zion, unter denen Viele wahrhaftig demüthig ſind und fleißig ſuchen Weisheit zu lernen und Wahrheit zu finden. Wahrlich, wahrlich, ich ſage euch, ſelig ſind ſelbige, denn ſie ſollen beſtehen; denn ich, der Herr, erzeige Gnade allen Demüthigen und Allen, denen ich wohl will, damit ich gerechtfertigt bin, wenn ich ſie vor Gericht ziehen werde.

2. Sehet, ich ſage euch, in Bezug auf die Schule in Zion, ich der Herr bin wohl zufrieden, daß eine Schule in Zion ſein wird und auch mit meinem Diener Parley P. Pratt, denn er bleibt in mir; und inſoweit, als er in mir bleibt, ſo ſoll er fortfahren, der Schule in Zion vorzuſtehen, bis ich ihm andere Gebote gebe; und ich werde ihn mit einer Vielfältig= keit von Segnungen ſegnen in der Auseinanderſetzung aller Schriften und Geheimniſſe zur Erbauung der Schule und der Kirche in Zion; und den Uebrigen der Schule, bin ich der Herr willig Gnade zu zeigen, nichtsdeſtoweniger aber gibt es Solche, die nöthiger= weiſe gezüchtigt werden müſſen und die Werke der= ſelben ſollen offenbar gemacht werden. Die Art iſt den Bäumen an die Wurzel gelegt, und jeder Baum, der nicht gute Früchte bringt, ſoll niedergehauen und in das Feuer geworfen werden. Ich, der Herr, habe es geſprochen. Wahrlich, ich ſage euch, Alle von denen, die da wiſſen, daß ihre Herzen aufrichtig und gebrochen ſind und deren Gemüth einfältig iſt, und die da willens ſind, ihre Bündniſſe mit Opferfreudigkeit zu halten, ja mit der Bereitwilligkeit jedes Opfer zu brin= gen, das ich, der Herr, fordern werde, die will ich anerkennen. Denn ich, der Herr, will machen, daß ſie dieſe hervorbringen wie ein fruchtbarer Baum, der

da gepflanzet ist in gutem Boden neben einer reinen
Quelle und viele herrliche Früchte bringt.

3. Wahrlich, ich sage euch, es ist mein Wille, daß
mir ein Haus gebauet werde in dem Lande Zion,
nach dem Muster, das ich euch gegeben habe; ja,
bauet es bald und von den Zehenten meines Volkes.
Siehe, dies ist der Zehente und das Opfer, so ich, der
Herr, von ihren Händen fordere, daß mir ein Haus
gebauet werde für die Errettung Zion's, als ein Ort
der Danksagung für alle Heiligen und als ein Ort
der Belehrung für Alle, die zum Werke des Amts
berufen sind in ihren verschiedenen Aemtern und Berufungen, auf daß sie vollkommen gemacht werden in
dem Verständniß des Amtes — in der Theorie, im
Grundsatze und in der Lehre — in allen Sachen, die
zum Reiche Gottes auf Erden gehören, welches Reiches
Schlüssel euch gegeben worden sind.

4. Und insofern mein Volk mir ein Haus baut
im Namen des Herrn und kein unreines Ding in
dasselbe bringen läßt, auf daß es nicht verunreiniget
werde, so soll meine Herrlichkeit darauf ruhen; ja,
ich werde darin sein; denn ich will hinein kommen
und Alle, die da reinen Herzens sind und hinein kommen, sollen Gott sehen. Wenn es aber verunreinigt
wird, so werde ich nicht hinein kommen und meine
Herrlichkeit wird nicht daselbst sein, denn ich werde in
keine unheiligen Tempel einziehen.

5. Und nun, siehe, wenn Zion diese Dinge thut,
so soll es gesegnet sein, es soll sich ausbreiten und
sehr herrlich werden, ja sehr groß und furchtbar, und
die Nationen der Erde sollen es ehren und sollen sagen:
Zion ist gewißlich die Stadt unseres Gottes, und gewißlich, Zion kann nicht fallen noch aus seinem Platze
gedrängt werden, denn Gott ist daselbst und die Hand
des Herrn ist dort und er hat in der Gewalt seiner
Macht geschworen, seine Errettung und sein hoher
Thurm zu sein. Darum, wahrlich, so spricht der Herr,
laß Zion fröhlich sein, denn Zion heißt: „Die Reinen im Herzen"; darum laßt Zion fröhlich sein,
während alle Bösen trauern sollen; denn siehe, die
Rache kommt eilends über die Gottlosen wie ein Wir-

belwind, und wer wird ihr entrinnen? Des Herrn
Plage soll über euch hinwegfahren bei Nacht und am
Tage und der Widerhall derselben soll alle Leute er=
schrecken und sie soll nicht aufgehalten werden bis der
Herr komme; denn des Herrn Zorn ist über ihre
Gräuel und alle ihre bösen Werke entflammt. Doch
Zion soll entrinnen, so es Acht hat, alle Dinge zu
thun, so ich ihm geboten habe, so es aber nicht Acht
hat, zu thun, was ich ihm geboten habe, so will ich
es heimsuchen je nach seinen Werken, mit schmerzlicher
Trübsal, mit Pestilenz, mit Plage, mit dem Schwert,
mit Rache, mit verzehrendem Feuer. Nichtsdesto=
weniger laßt dies in ihre Ohren gelesen sein, daß ich,
der Herr, ihre Opfer angesehen habe und so es nicht
mehr sündiget, soll keines dieser Dinge über es kom=
men und ich will es segnen mit Segnungen und die
Menge von Segnungen über ihm mehren und über
seinen Nachkommen für immer und immer, so sagt
der Herr, euer Gott. Amen.

Abschnitt LXXXIII.

Offenbarung, gegeben im Mai 1833.

1. Wahrlich, so sagt der Herr, es wird geschehen,
daß jede Seele, so ihre Sünden abthut und zu mir
kommt und meinen Namen anruft, meiner Stimme
gehorcht und meine Gebote hält, mein Angesicht
schauen und wissen soll, daß ich bin und daß ich das
wahre Licht bin, so Jedermann erleuchtet, der in die
Welt kommt. Und daß ich im Vater bin und der
Vater in mir und ich und der Vater eins sind: der
Vater, weil er mir von seiner Fülle gegeben, und der
Sohn, weil ich in der Welt war und das Fleisch zu
meiner Wohnung machte und unter den Menschen=
kindern lebte. Ich war in der Welt und angenommen
von meinem Vater und seine Werke thaten sich deut=
lich kund; und Johannes sah die Fülle meiner Herr=
lichkeit und gab Bericht davon und die Fülle der Ur=

kunde Johannis wird in Zukunft geoffenbart werden. Er berichtete aber, indem er sagt: Ich sah seine Herrlichkeit, daß er war vom Anfange an, ehe die Welt war; darum war im Anfange das Wort, denn er war das Wort, nämlich der Bote der Seligkeit, das Licht und der Erlöser der Welt; der Geist der Wahrheit, der in die Welt kam, denn die Welt war von ihm gemacht und in ihm war das Leben und das Licht der Menschen. Die Welten waren von ihm gemacht; die Menschen waren von ihm gemacht; alle Dinge waren von ihm und durch ihn und aus ihm gemacht. Und ich, Johannes, gebe Bericht, daß ich seine Herrlichkeit sah, als die Herrlichkeit des Eingebornen vom Vater, voller Gnade und Wahrheit, nämlich der Geist der Wahrheit, welcher kam und im Fleische wohnte und unter uns wohnte.

2. Und ich, Johannes, sah, daß er nicht die Fülle von Anfang an erhielt, sondern Gnade um Gnade, und er empfing nicht im Anfang von der Fülle, sondern fuhr fort von Gnade zu Gnade, bis er eine Fülle erhielt, und deshalb wurde er der Sohn Gottes genannt, weil er nicht von der Fülle von Anfang an erhielt. Und ich, Johannes, berichte, und siehe, die Himmel waren offen und der heilige Geist senkte sich herab auf ihn in Form einer Taube und ruhte auf ihm, und eine Stimme kam vom Himmel und sprach, dies ist mein lieber Sohn. Und ich, Johannes, berichte, daß er eine Fülle der Herrlichkeit des Vaters empfing, und er empfing alle Gewalt, beides, im Himmel und auf Erden, und die Herrlichkeit des Vaters war mit ihm, denn er wohnte in ihm.

3. Und es soll geschehen, daß, so ihr treu seid, so sollt ihr die Fülle des Berichtes Johannis erhalten. Ich gebe euch diese Worte, damit ihr verstehen und wissen möget, wie anzubeten, und wisset, wen ihr anbetet, damit ihr in meinem Namen zum Vater kommen und zu rechter Zeit von seiner Fülle erhalten möget; denn so ihr meine Gebote haltet, so werdet ihr von seiner Fülle erhalten und in mir verherrlicht werden, wie ich im Vater verherrlicht bin; darum sage ich euch, ihr werdet Gnade um Gnade erhalten.

4. Und nun, wahrlich ich sage euch, ich war im
Anfange mit dem Vater und bin der Erstgeborne,
und Alle, welche von Neuem geboren sind, sind durch
mich Theilnehmer der Herrlichkeit des Vaters und sind
die Kirche des Erstgebornen. Ihr waret auch am
Anfange mit dem Vater; das was Geist ist, nämlich
der Geist der Wahrheit, und Wahrheit ist Kenntniß
von Dingen, wie sie wirklich sind und wie sie waren
und wie sie sein werden. Was aber mehr oder weni=
ger ist als dies, das ist der Geist jenes Bösen, welcher
ein Lügner vom Anfange war. Der Geist der Wahr=
heit ist von Gott. Ich bin der Geist der Wahrheit
und Johannes berichtete von mir, indem er sagt —
er empfing eine Fülle der Wahrheit, ja, von aller
Wahrheit, und Niemand empfängt eine Fülle, es sei
denn, er halte seine Gebote. Der, welcher seine Gebote
hält, empfängt Wahrheit und Licht, bis er in Wahr=
heit verherrlicht wird und alle Dinge weiß.
5. Der Mensch war im Anfange auch mit Gott.
Intelligenz oder das Licht der Wahrheit konnte weder
noch kann es erschaffen oder gemacht werden. Alle
Wahrheit ist unabhängig in der Sphäre, in welche sie
Gott gestellt hat, zu handeln, ebenso alle Intelligenz,
in anderer Weise gibt es kein Leben. Siehe, hier ist
die Wahlfreiheit der Menschen und hier ist die Ver=
dammung der Menschen, weil das, was vom Anfange
war, ihnen deutlich kund gethan worden ist, und sie
nehmen das Licht nicht an. Und jeder Mensch, dessen
Geist das Licht nicht annimmt, steht unter der Ver=
dammniß, denn der Mensch ist Geist. Die Elemente sind
ewig; Geist und Element wenn unzertrennlich ver=
bunden, empfangen eine Fülle der Freude, wenn sie
getrennt sind, so kann der Mensch nicht eine Fülle
der Freude empfangen. Die Elemente sind die Woh=
nung Gottes; ja, der Mensch ist die Wohnung Got=
tes, ja auch ein Tempel, und welcher Tempel verun=
reiniget ist, denselben Tempel wird Gott zerstören.
6. Die Herrlichkeit Gottes ist Intelligenz, oder in
andern Worten, Licht und Wahrheit. Licht und
Wahrheit verläßt das Böse. Jeder menschliche Geist
war unschuldig am Anfange, und indem Gott den

Menschen vom Falle erlöste, so wurde der Mensch wiederum in den kindlichen Zustand versetzt und unschuldig in den Augen Gottes. Und der Böse kommt und nimmt Licht und Wahrheit durch Ungehorsam von den Menschenkindern hinweg und in Folge der Traditionen der Vorväter. Ich aber habe euch geboten, eure Kinder im Lichte und in der Wahrheit zu erziehen. Wahrlich ich sage dir, mein Diener Friedrich G. Williams, du bist unter dieser Verdammung geblieben, du hast deinen Kindern nicht Licht und Wahrheit gelehrt, nach den Geboten, und der Böse hat noch Macht über dich und das ist die Ursache deiner Trübsale. Und ein Gebot gebe ich dir jetzt, wenn du befreit sein willst, so mußt du dein eigenes Haus in Ordnung bringen, denn es gibt viele Dinge in deinem Hause, die nicht recht sind.

7. Wahrlich, ich sage zu meinem Diener Sidney Rigdon, daß er in einigen Dingen meine Gebote nicht gehalten hat, in Bezug auf seine Kinder; deshalb bringe zuerst dein Haus in Ordnung.

8. Wahrlich, ich sage dir mein Diener Joseph Smith jun. oder in andern Worten, ich will euch Freunde nennen, denn ihr seid meine Freunde und werdet ein Erbtheil mit mir haben. Ich berief meine Diener um der Welt willen und ihr seid ihre Diener um meinetwillen; und nun, wahrlich sage ich zu dir, Joseph Smith jun. du hast die Gebote nicht gehalten und mußt nothwendiger Weise vor dem Herrn getadelt werden. Deine Familie muß Buße thun, einige Dinge sich abgewöhnen und mehr ernstliches Gehör auf deine Worte geben, oder sonst aus ihrem Platze entfernt werden. Was ich Einem sage, sage ich Allen; betet immerdar, daß der Böse keine Gewalt über euch habe und euch aus eurem Platze rücke.

9. Mein Diener Newel K. Whitney, auch ein Bischof meiner Kirche verdient getadelt zu werden und sollte seine Familie zur Ordnung bringen und sehen, daß sie fleißiger und mehr interessirt in ihrer Familie seien, und immerwährend beten, sonst sollen sie aus ihrem Platze gehoben werden.

10. Nun, sage ich euch meine Freunde, mein

18

Diener Sidney Rigdon sollte seine Reise antreten und sich beeilen, das angenehme Jahr des Herrn und das Evangelium der Erlösung verkündigen, wie ich ihm Aeußerung geben werde und durch euer einstimmiges Gebet des Glaubens, werde ich ihn aufrecht erhalten.

11. Und meine Diener Joseph Smith jun. und Friedrich G. Williams sollten sich auch beeilen und es wird ihnen gegeben werden nach dem Gebete des Glaubens, und insofern als ihr meine Worte beobachtet, so sollt ihr nicht verwirrt werden, weder in dieser noch der künftigen Welt.

12. Und wahrlich, ich sage euch, daß es mein Wille ist, daß ihr euch beeilet in der Uebersetzung der heiligen Schriften und eine Kenntniß von Weltgeschichte, von Ländern und Reichen, von den Gesetzen Gottes und der Menschen erlangt und alles dies für das Wohl Zion's. Amen.

Abschnitt LXXXIV.

Offenbarung, gegeben am gleichen Datum.

1. Und wiederum, wahrlich sage ich euch meine Freunde, ein Gebot gebe ich euch, daß ihr das Werk anfangen sollt, die Stadt des Pfahles Zion's, hier im Lande Kirtland, beginnend bei meinem Hause, anzulegen und einen Anfang und eine Grundlage für dieselbe zu bereiten; und sehet es muß nach dem Muster gethan werden, welches ich euch gegeben habe. Und der erste Bauplatz gegen Süden sollte mir geweiht sein für das Bauen eines Hauses für die Präsidentschaft, für das Werk der Präsidentschaft zur Erlangung von Offenbarungen; und für das Werk des Amtes der Präsidentschaft, in allen Dingen, welche zur Kirche und dem Reiche gehören.

2. Wahrlich, ich sage euch, daß es gebaut werden soll fünf und fünfzig Fuß in der Breite und fünf und sechzig Fuß in der Länge an der inneren Seite; und es sollen darinnen sein eine niedere und höhere Halle,

nach dem Muſter, welches ich euch künftighin geben
werde; und es ſoll dem Herrn geweiht werden von
der Grundlage deſſelben an: und es ſoll gänzlich dem
Herrn geweiht werden für das Werk der Präſident=
ſchaft. Und ihr ſollt keinem unreinen Dinge erlauben
hineinzukommen; und meine Herrlichkeit wird dort
ſein, und meine Gegenwart wird dort ſein; doch wenn
irgend ein unreines Ding hineinkommen ſollte, ſo wird
meine Herrlichkeit nicht darin ſein, auch meine Gegen=
wart nicht hineinkommen.

3. Und wiederum, wahrlich, ich ſage euch, der
zweite Bauplatz gegen Süden ſoll mir geweiht wer=
den, zur Errichtung eines Hauſes für das Werk des
Druckens und der Ueberſetzung meiner Schriften und
aller Dinge, welche ich gebieten werde; und es ſoll
fünf und fünfzig Fuß breit und fünf und ſechzig Fuß
lang, an der inneren Seite ſein und es ſoll eine nie=
bere und höhere Halle haben; und dieſes Haus ſoll
gänzlich dem Herrn geweiht werden vom Grunde aus,
für das Werk der Druckerei, in allen Dingen, was
immer ich euch gebieten werde, und heilig und unbe=
fleckt ſein, nach dem Muſter in allen Dingen, wie es
euch gegeben werden wird.

4. Und auf dem dritten Bauplatze ſoll mein Die=
ner Hyrum Smith ſein Erbtheil empfangen. Und
auf dem erſten und zweiten Bauplatze gegen Norden
ſollen meine Diener Reynolds Cahoon und Jared
Carter ihr Erbtheil empfangen, daß ſie das Werk,
welches ich ihnen beſtimmt habe, thun können, ein
Vorſtand zu ſein im Bauen meiner Häuſer nach mei=
nem Gebote, welches ich der Herr euer Gott, euch ge=
geben habe. Dieſe zwei Häuſer ſollen nicht gebaut
werden, bis ich euch ein Gebot, in Bezug auf dieſel=
ben gebe.

5. Und nun gebe ich euch nichts mehr zur gegen=
wärtigen Zeit. Amen.

Abschnitt LXXXV.

Offenbarung an Joseph Smith jun., gegeben im März 1833.

1. So spricht der Herr, wahrlich, wahrlich ich sage dir mein Sohn, deine Sünden sind dir vergeben deinem Gesuche gemäß; denn deine und deiner Brüder Gebete sind zu meinen Ohren gekommen; deßhalb bist du gesegnet von jetzt an, der du trägst die Schlüssel des Reiches, das euch gegeben ist; welches Reich zum letzten Male hervorkommt.

2. Wahrlich ich sage dir, die Schlüssel dieses Reiches sollen nie von dir genommen werden, so lange du in der Welt bist, auch nicht in der nächsten Welt; dennoch sollen durch dich die Orakel einem Andern übergeben werden, ja selbst der Kirche. Und alle diejenigen, welche die Orakel Gottes empfangen, sollen sich in Acht nehmen wie sie sie halten, und sie nicht als ein leichtes Ding betrachten und dadurch sich unter Verdammniß bringen, sich anstoßen und fallen, wenn die Stürme herniederkommen, die Winde blasen, die Regen fallen und an ihre Häuser schlagen.

3. Und wiederum, wahrlich sage ich deinen Brüdern Sidney Rigdon und Friedrich G. Williams, daß ihre Sünden ihnen auch vergeben und sie dir gleich gerechnet sind im Halten der Schlüssel dieses letzten Reiches, so wie auch derjenigen der Schule der Propheten, welche ich dir geboten habe zu organisiren, daß sie dadurch in ihrem Amte vervollkommnet werden, zum Heile Zion's, der Nationen Israel's und der Heiden, so Viele als glauben werden, daß durch deine Dienste sie das Wort empfangen mögen und durch ihre Vermittlung, das Wort zu den Enden der Erde gehen möge, zu den Heiden zuerst und dann sehet, sollen sie sich zu den Juden wenden; und dann kommt der Tag, wann der Arm des Herrn mit Macht geoffenbart werden wird, die Nationen, die Völker der Heiden, das Haus Joseph's von dem Evangelium ihrer Erlösung zu überzeugen.

4. Denn es wird sich ereignen an jenem Tage,

daß Jedermann die Fülle des Evangeliums in seiner eigenen Zunge hören wird, und in seiner eigenen Sprache, durch jene, welche zu dieser Macht ordinirt werden sollen, durch die Dienstbarkeit des Trösters, der über sie ausgegossen ist, zur Offenbarung Jesu Christi.

5. Und nun, wahrlich sage ich euch, ich gebe euch ein Gebot, daß ihr fortfahret in dem Amte und der Präsidentschaft und wann ihr die Uebersetzung der Propheten vollendet habt, so sollt ihr von der Zeit an den Angelegenheiten der Kirche und Schule vorstehen; und von Zeit zu Zeit wie es durch den Tröster kundgemacht werden wird, Offenbarungen empfangen, die Geheimnisse des Reiches zu entfalten, die Gemeinden in Ordnung zu setzen, zu studiren und zu lernen und mit allen guten Büchern und mit Sprachen, Zungen und Völkern bekannt zu werden. Und dies soll euer Geschäft und die Mission eures Lebens sein, im Rathe vorzustehen und alle Angelegenheiten dieser Kirche und dieses Reiches in Ordnung zu setzen. Schämet euch nicht, auch werdet nicht verwirrt; laßt euch warnen vor Hochmuth und Stolz, denn sie winden eine Schlinge um eure Seelen. Setzt eure Häuser in Ordnung; haltet Trägheit und Unsauberkeit weit weg von euch.

6. Nun, wahrlich sage ich dir, lasse so bald als möglich einen Platz bereiten für die Familie deines Rathes und Schreibers Friedrich G. Williams; mein bejahrter Diener Joseph Smith sen. sollte mit seiner Familie auf dem Platze, wo er jetzt wohnt, bleiben und derselbe soll nicht verkauft werden, bis es durch den Mund des Herrn gemeldet wird. Und mein Rath Sidney Rigdon sollte bleiben, wo er wohnt, bis der Herr darüber Meldung thun wird. Und der Bischof sollte fleißig suchen einen Agenten zu erlangen, und er sollte ein Mann sein, der bemittelt ist — ein Mann Gottes und starken Glaubens; daß dadurch er im Stande sein möge jede Schuld zu bezahlen; daß der Speicher des Herrn nicht in schlechten Ruf gerathe vor den Augen des Volkes. Suchet fleißig, betet immerbar und seid gläubig und alle Dinge werden

zu eurem Guten zusammenwirken, wenn ihr gerecht
wandelt und des Bundes euch erinnert, welchen ihr
mit einander gemacht habt. Eure Familien sollten
klein sein, besonders die meines betagten Dieners
Joseph Smith sen., so weit es Bezug hat auf die,
welche nicht zu euren Familien gehören; daß jene
Dinge, welche für euch bereitet sind mein Werk aus=
zuführen, nicht von euch genommen und denen gege=
ben werden, welche nicht würdig sind und ihr dadurch
gehindert werdet, das auszuführen, was ich euch ge=
boten habe.

7. Und wiederum, wahrlich ich sage euch, daß es
mein Wille ist, daß meine Magd Vienna Jaques,
Geld empfangen sollte, um ihre Auslagen, zum Gehen
nach dem Lande Zion's zu bestreiten; und das übrige
Geld kann mir geweiht werden, und sie soll belohnt
werden, in meiner eigenen bestimmten Zeit: Wahr=
lich ich sage euch, daß es mir angenehm ist, daß sie
nach dem Lande Zion's gehe und ein Erbtheil aus
der Hand des Bischofs empfange, daß sie sich nieder=
lassen möchte im Frieden, insoweit als sie getreu und
nicht träge in ihren Tagen sei, von jener Zeit an.

8. Und siehe, wahrlich ich sage dir, daß du dieses
Gebot schreiben und deinen Brüdern, sie in Liebe
grüßend, sagen sollst, daß ich dich auch berufen habe,
Zion in meiner eigenen bestimmten Zeit vorzustehen,
deshalb sollten sie aufhören, mich in Bezug auf diese
Sache zu ermüden. Siehe, ich sage dir, daß deine
Brüder in Zion' anfangen Buße zu thun und die
Engel sich ihrer freuen; dennoch bin ich nicht wohl
zufrieden mit vielen Dingen und bin weder zufrie=
den mit meinem Diener Wilhelm E. M'Lellin,
noch mit meinem Diener Sidney Gilbert, noch mit
dem Bischof, und auch Andere haben viele Dinge zu
bereuen; doch wahrlich sage ich euch, daß ich der Herr
mit Zion streiten und mit seinen Starken rechten
will und es züchtigen, bis es überwunden hat und
vor mir rein ist: denn es soll nicht aus seinem Platze
bewegt werden, Ich der Herr habe es gesprochen.
Amen.

Abschnitt LXXXVI.

Offenbarung, gegeben im August 1833.

1. Wahrlich, ich sage euch, meine Freunde, fürchtet euch nicht, laßt eure Herzen getröstet sein; ja, freuet euch von nun an, und in allen Dingen saget Dank und wartet ruhig auf den Herrn, denn eure Anliegen sind zu den Ohren des Herrn Zebaoth gekommen und sind verzeichnet mit diesem Siegel und Bunde. Der Herr hat geschworen und beschlossen, daß sie sollen gewährt sein; darum macht er euch diese Verheißung mit einem unveränderlichen Bunde, daß sie sollen erfüllt werden und alle Dinge, womit ihr geprüft worden seid, sollen für eure Wohlfahrt zusammenwirken und zu meines Namens Herrlichkeit, sagt der Herr.

2. Und nun, wahrlich, ich sage euch, in Bezug auf die Landesgesetze ist es mein Wille, daß mein Volk soll Acht haben, Alles zu thun, was ich ihm gebiete; und dasjenige Gesetz des Landes, welches der Verfassung gemäß ist und in der Aufrechterhaltung von Rechten und Privilegien, das Princip der Freiheit unterstützt, gehört allen Menschen an und ist vor mir gerechtfertigt; deshalb rechtfertige, ich der Herr, euch und eure Brüder meiner Kirche jenem Gesetze, welches das verfassungsmäßige Gesetz des Landes ist, freundlich gesinnt zu sein; und in Bezug auf menschliches Gesetz, was mehr oder weniger als jenes ist, kommt vom Bösen. Ich, Gott der Herr, mache euch frei, deshalb seid ihr wirklich frei; und das Gesetz macht euch auch frei; dennoch wenn die Gottlosen regieren, so trauert das Volk, deshalb sollten ehrliche und weise Männer fleißig gesucht werden, und gute und weise Männer solltet ihr aufrecht erhalten; anderwärts was immer geringer als das ist, kommt vom Bösen.

3. Und ich gebe euch ein Gebot, daß ihr ablassen sollt von allem Bösen und allem Guten anhangen, daß ihr nach jeglichem Worte leben sollt, welches aus dem Munde Gottes kommt; denn denen, die da glauben, wird er Zeile nach Zeile und Lehre auf Lehre

geben, und darin will ich euch prüfen und erfinden. Und wer da in meiner Angelegenheit und um meines Namens willen sein Leben niederlegt, soll es wiederfinden, ja ewiges Leben. Darum fürchtet euch nicht vor euren Feinden, denn ich habe in meinem Herzen beschlossen, sagt der Herr, daß ich euch in allen Dingen prüfen will, ob ihr in meinem Bunde bleiben werdet, sogar bis zum Tode, damit ihr würdig erfunden werden möget. Denn wenn ihr nicht in meinem Bunde bleibt, so seid ihr meiner nicht werth. Darum lasset ab vom Kriege und verkündiget Frieden und trachtet fleißig darnach, die Herzen ihrer Kinder zu ihren Vätern zu kehren und die Herzen der Väter zu den Kindern; und wiederum die Herzen der Juden zu den Propheten und die Propheten zu den Juden, damit ich nicht komme und die ganze Erde mit dem Banne schlage und alles Fleisch vor mir verzehret werde. Laßt eure Herzen sich nicht bekümmern, denn in meines Vaters Hause sind viele Wohnungen und ich habe für euch einen Platz bereitet, und wo der Vater und ich sind, dort sollt auch ihr sein.

4. Siehe, ich der Herr bin nicht wohl zufrieden mit Vielen, die in der Kirche in Kirtland sind, denn sie verlassen ihre Sünden, ihre gottlosen Wege, den Stolz ihrer Herzen, ihre Selbstsucht und alle ihre Gräuel nicht, auch beobachten sie die Worte der Weisheit und des ewigen Lebens, welche ich ihnen gegeben habe, nicht. Wahrlich ich sage dir, daß ich der Herr sie züchtigen werde und thun zu was immer ich Lust habe, wenn sie nicht Buße thun und alle Dinge beobachten, welche ich zu ihnen gesprochen habe. Und wiederum sage ich euch, so ihr beobachtet was immer ich euch gebiete, so will ich der Herr allen Zorn und Grimm von euch abwenden und die Pforten der Hölle sollen euch nicht überwinden.

5. Nun spreche ich zu euch in Betreff eurer Familien; wenn die Leute euch oder eure Familien einmal schlagen und ihr es geduldig traget und euch nicht gegen sie auflehnet, auch nicht Rache sucht, so soll es euch angerechnet werden, als wäre euch mit

einem wohlverdienten Maße gemessen worden. Und wiederum, so euer Feind euch zum zweiten Male schlägt und ihr euch nicht gegen euren Feind auflehnt, sondern es geduldig ertraget, so wird euer Lohn ein hundertfältiger sein. Und wiederum, wenn er euch zum dritten Male schlägt und ihr ertraget es geduldig, so wird euer Lohn euch vierfach verdoppelt werden; und diese drei Zeugnisse werden wider euern Feind sprechen und nicht verlöscht werden, so er nicht bereut. Und nun, wahrlich ich sage euch, wenn dieser Feind sollte meiner Rache entrinnen, so daß er nicht vor mir in's Gericht gebracht würde, so sollt ihr Acht haben, daß ihr ihn in meinem Namen warnet, er solle nicht mehr über euch herfallen, noch über eure Familie, noch über eure Kindeskinder bis in das dritte und vierte Glied. Darnach, sollte er wieder über euch herfallen, oder über eure Kinder oder über eure Kindeskinder bis in das dritte oder vierte Glied, so habe ich deinen Feind in deine Hände gegeben, und darnach, so du ihn schonen willst, sollst du für deine Rechtschaffenheit belohnt werden und auch deine Kinder und deine Kindeskinder bis in das dritte und vierte Glied. Nichtsdestoweniger aber ist dein Feind in deinen Händen, und wenn du ihm nach seinen Werken vergiltst, so bist du gerechtfertiget, so er nach deinem Leben getrachtet hat und dein Leben durch ihn in Gefahr steht, so ist dein Feind in deinen Händen und du bist gerechtfertigt.

6. Siehe, dies ist das Gesetz, welches ich meinem Diener Nephi und deinen Vätern Joseph und Jakob und Isaak und Abraham gab, und allen meinen alten Propheten und Aposteln. Und wiederum, dies ist das Gesetz, welches ich meinem alten Volke gab, nämlich, daß es nicht sollte in den Krieg ziehen gegen irgend eine Nation, Geschlecht, Sprache oder Volk, ausgenommen ich, der Herr, gebot ihm. Und so eine Nation, Zunge oder ein Volk würde Krieg gegen mein Volk erklären, so sollte dieses (mein Volk) erst eine Standarte des Friedens zu dem Volke, der Nation oder Zunge erheben, und so selbiges Volk würde den Antrag des Friedens weder zum zweiten noch zum dritten Male

annehmen, so sollte mein Volk diese Zeugnisse vor
den Herrn bringen. Dann gab ich, der Herr, ihm
ein Gebot und rechtfertigte es, gegen diese Nation,
Zunge und Volk in den Krieg zu ziehen, und ich der
Herr, schlug ihre Schlachten und ihrer Kinder
Schlachten und die ihrer Kindeskinder, bis sie sich
an allen ihren Feinden gerächt hatten bis in das dritte
und vierte Glied. Siehe, dies ist ein Beispiel für
alles Volk, spricht der Herr, euer Gott, zur Rechtfertigung vor mir.

7. Und wiederum, wahrlich, ich sage dir, so dein
Feind, nachdem er über dich zum erstenmale heraufgezogen ist, es bereut und zu dir kommt, um Vergebung flehend, so sollst du ihm vergeben und es nicht
weiter als ein Zeugniß gegen deinen Feind halten,
und so weiter zum zweiten und dritten Mal. Und
so oft dein Feind sein Vergehen bereut, dessen er sich
gegen dich schuldig gemacht hat, sollst du ihm vergeben, bis siebenzigmal siebenmal. Und so er sich an
dir vergeht und es nicht bereut zum ersten Mal, so
sollst du ihm doch vergeben; und so er sich an dir
vergeht zum andern Male und nicht bereut, so sollst
du ihm dennoch vergeben; und so er sich an dir vergeht zum dritten Male und nicht bereut, so sollst du
ihm auch noch vergeben; so er aber sich an dir vergeht zum vierten Male, so sollst du ihm nicht mehr
vergeben, sondern sollst diese Zeugnisse vor den Herrn
bringen und sie sollen nicht ausgewischt werden bis
er Buße thut und dich vierfach belohne in allen Dingen, in denen er sich an dir vergangen hat. Und so
er das thut, so sollst du ihm vergeben von deinem
ganzen Herzen, und so er das nicht thut, so werde
ich, der Herr, dich an deinem Feinde rächen hundertfältig und an seinen Kindern und Kindeskindern, so
viele ihrer mich hassen, bis in das dritte und vierte
Glied. So aber die Kinder oder die Kindeskinder
Buße thun und sich zum Herrn ihrem Gotte kehren,
mit ihrem ganzen Herzen und mit aller ihrer Macht,
Seele und Kraft, und vierfach zurückerstatten für alle
ihre Vergehungen, die sie oder ihre Väter oder Vorväter begangen haben, so soll dein Zorn weggewendet

werden und Vergeltung soll nicht mehr über sie kom=
men, sagt der Herr, dein Gott, und ihre Vergehun=
gen sollen nie wieder als ein Zeugniß vor dem Herrn
gegen sie aufgestellt werden. Amen.

Abschnitt LXXXVII.

Offenbarung, gegeben im April 1832, welche die Ord=
nung zeigt, welche dem Enoch und der Kirche in
seiner Zeit gegeben wurde.

1. Wahrlich, wahrlich, ich sage euch, meine Diener,
daß, insofern ihr euch gegenseitig eure Uebertretungen
vergeben habt, ich, der Herr, euch auch vergebe. Den=
noch gibt es Etliche unter euch, welche viel gesündiget
haben, ja Alle unter euch haben gesündigt; aber
wahrlich, ich sage euch, sehet euch vor von nun an und
enthaltet euch der Sünde, wo nicht, so werden em=
pfindliche Gerichte auf eure Häupter fallen. Denn
wem viel gegeben ist, von dem wird man viel fordern,
und so Jemand gegen die größere Erkenntniß sün=
digt, der wird auch die größere Verdammniß em=
pfangen. Ihr ruft meinen Namen an um Offen=
barungen, und ich gebe sie euch; und insofern ihr
meine Worte nicht haltet, die ich euch gebe, so werdet
ihr zu Uebertretern, und Heimsuchung und Gericht
sind die Strafen, welche meinem Gesetze beigefügt sind.
Darum, was ich zu Einem sage, das sage ich zu Allen:
Wachet, denn der Widersacher breitet seine Herrschaft
aus und Finsterniß regiert. Der Zorn Gottes aber
ist gegen die Bewohner der Erde angefacht; da ist
Keiner der Gutes thut, denn Alle sind von meinen
Wegen gewichen.

2. Und nun, wahrlich ich sage euch, ich, der Herr,
werde euch keine Sünde behalten; gehet eures Weges
und sündiget nicht mehr. Aber zu der Seele, welche
sündigt, sollen auch ihre früheren Sünden zurück=
kehren, so sagt der Herr, euer Gott.

3. Und wiederum sage ich euch, ich gebe euch ein neues Gebot, auf daß ihr meinen Willen in Betreff eurer verstehen möget, oder, in andern Worten, ich gebe euch Anleitungen, wie ihr vor mir handeln sollt, damit es euch zur Seligkeit gerechnet werde. Ich, der Herr, bin verbunden, so ihr thut, was ich sage; so ihr aber nicht thut, was ich sage, so habt ihr keine Verheißung.

4. Deshalb, wahrlich ich sage euch, daß es rath= sam ist, für meine Diener Alam, Ahashdah, Maha= laleel, Pelagoram, Gazelam, Horah, Olihah, Shale= manasseh und Mehemson verbunden zu sein durch eine Verpflichtung und Bündniß, (welches nicht durch Uebertretung gebrochen werden kann, ohne daß das Gericht sogleich folge,) in euren verschiedenen Ver= waltungen, die Angelegenheiten der Armen zu hand= haben, und alle Dinge, welche zum Bisthum im Lande Zion's und im Lande Shinehah gehören, denn ich habe das Land Shinehah in meiner eigenen, bestimm= ten Zeit geheiligt für den Nutzen der Heiligen des Allerhöchsten, und zu einem Pfahl Zion's; denn Zion muß in Schönheit und Heiligkeit zunehmen; seine Grenzen müssen erweitert und seine Pfähle befestigt werden; ja, wahrlich ich sage euch, Zion muß auf= stehen und seine schönen Gewänder anziehen; deshalb gebe ich euch dieses Gebot, daß ihr euch verbindet durch diesen Bund und es soll nach den Gesetzen des Herrn gethan werden. Sehet, ich bestimme dieses weislich für euer Wohlsein. Und ihr sollt gleich sein, oder in andern Worten, ihr sollt gleiche Ansprüche auf das Eigenthum haben, zum Nutzen der Hand= habung der Angelegenheiten eurer Verwaltungen, jeder Mann nach seinen Bedürfnissen, insofern als seine Ansprüche gerecht sind; und dies Alles zum Nutzen der Kirche des lebendigen Gottes, daß Jeder= mann seine Talente benützen möge, daß Jedermann andere Talente gewinne, ja selbst hundertfältig in den Speicher des Herrn zu legen, das allgemeine Eigen= thum der ganzen Kirche zu werden, Jedermann das Interesse seines Nachbars suchend und alle Dinge mit einem Auge, einfältig der Ehre Gottes, thuend.

5. Diese Ordnung habe ich bestimmt, eine ewige Ordnung für euch und eure Nachfolger zu sein, insofern als sie nicht sündigen; und die Seele, welche gegen diesen Bund sündigt und ihr Herz dagegen verhärtet, soll nach den Gesetzen meiner Kirche behandelt und den Angriffen Satan's bis auf den Tag der Erlösung übergeben werden.

6. Und nun, wahrlich ich sage euch, und dies ist Weisheit, machet euch Freunde mit dem ungerechten Mammon und sie werden euch nicht vernichten. Ueberlasset mir das Gericht, denn es gehört mir und ich will vergelten. Friede sei mit euch; meine Segnungen begleiten euch, denn das Reich ist noch euer und soll ewiglich sein, wenn ihr nicht von eurer Standhaftigkeit abfallt. So sei es. Amen.

—~~~~~—

Abschnitt LXXXVIII.

Offenbarung, gegeben im Januar 1832.

1. Wahrlich, wahrlich ich sage euch, ich, der ich durch die Stimme meines Geistes spreche; selbst Alpha und Omega, euer Herr und euer Gott; horchet, o, ihr, die ihr eure Namen gegeben habt, um auszugehen mein Evangelium zu verkündigen und meinen Weinberg zu beschneiden. Sehet, ich sage euch, daß es mein Wille ist, daß ihr ausgehet und weder zurückbleibt noch unthätig seid, sondern mit aller Macht arbeitet, eure Stimmen wie mit Posaunenschalle ertönen lasset und die Wahrheit, gemäß den Offenbarungen und Geboten, welche ich euch gegeben habe, verkündiget, und auf diese Weise werdet ihr, wenn ihr getreu seid, mit vielen Garben beladen und mit Ehre, Herrlichkeit, Unsterblichkeit und ewigem Leben gekrönt werden.

2. Deshalb, wahrlich ich sage zu meinem Diener Wilhelm E. M'Lellin, ich nehme den Auftrag zurück, welchen ich ihm gab, in die östlichen Länder zu gehen

und ich gebe ihm einen neuen Auftrag und ein neues Gebot, und table ihn auch wegen des Murrens in seinem Herzen; und er sündigte, dennoch vergebe ich ihm und sage ihm jetzt, gehe in die südlichen Länder und mein Diener Lukas Johnson soll mit ihm gehen und sie sollen die Dinge verkündigen, welche ich ihnen geboten habe, den Namen des Herrn anrufend um den Tröster, welcher ihnen alle Dinge lehren wird, die dienlich für sie sind, und sie sollten immerdar beten, daß sie nicht muthlos werden und wenn sie das thun wollen, will ich mit ihnen, selbst bis zum Ende sein. Sehet, dies ist der Wille Gottes, eures Herrn, in Bezug auf euch. So sei es. Amen.

3. Und wiederum, wahrlich so spricht der Herr, meine Diener Orson Hyde und Samuel H. Smith sollen ihre Reise nach den östlichen Ländern antreten und die Dinge verkündigen, die ich ihnen geboten habe; und insofern sie getreu sind, so will ich mit ihnen sein bis an's Ende. Und wiederum, wahrlich ich sage meinen Dienern Lyman Johnson und Orson Pratt, daß sie auch ihre Reise nach den östlichen Ländern antreten sollen und sehet, ich bin auch mit ihnen bis an's Ende. Und wiederum sage ich zu meinen Dienern Asa Dobbs und Calves Wilson, daß sie ihre Reise nach den westlichen Ländern antreten und mein Evangelium verkündigen sollen, wie ich ihnen geboten habe. Und wer getreu ist, wird alle Dinge überwinden und am letzten Tage erhöht werden. Und wiederum, sage ich zu meinen Dienern Major N. Ashly und Burr Riggs, daß sie ihre Reise nach dem südlichen Lande antreten sollen; ja Alle, denen ich geboten habe, sollten ihre Reise antreten, von Haus zu Haus, Dorf zu Dorf und Stadt zu Stadt; und in was für ein Haus immer ihr gehet und sie euch empfangen, da lasset euren Segen auf jenem Hause ruhen; und in welches Haus ihr eingehet und sie euch nicht empfangen, aus solchem Hause sollt ihr eiligst euch entfernen und den Staub von euren Füßen schütteln, als ein Zeugniß wider sie; und ihr sollt mit Freude und Freudigkeit erfüllt werden und wissen, daß am Tage des Gerichts ihr Richter über jenes

Haus fein und sie verdammen werdet; und es wird mehr erträglich für die Heiden am Tage des Gerichts sein, als für jenes Haus; deshalb gürtet eure Lenden und seid getreu und ihr sollt alle Dinge überwinden und am letzten Tage erhöht werden. So sei es. Amen.

4. Und wiederum, so spricht der Herr zu euch, o ihr Aeltesten meiner Kirche, die ihr eure Namen gegeben habet, daß ihr seinen Willen in Bezug auf euch wissen möchtet; sehet ich sage euch, daß es die Pflicht der Kirche ist, die Familien derjenigen, welche berufen sind und nothwendiger Weise in die Welt geschickt werden müssen, ihr das Evangelium zu verkündigen, unterstützen zu helfen; deshalb gebe ich der Herr euch dieses Gebot, daß ihr Plätze für eure Familien erlangt, insofern als eure Brüder willig sind, ihre Herzen zu öffnen; und alle Solche als Plätze für ihre Familien und Unterstützung von der Kirche für sie erlangen können, müssen nicht versäumen in die Welt zu gehen, ob es gen Osten oder Westen, gen Norden oder Süden sei; wenn sie bitten, so werden sie empfangen, wenn sie klopfen, so wird ihnen aufgethan und es wird ihnen aus der Höhe, selbst durch den Tröster kundgegeben werden, wohin sie gehen sollen.

5. Und wiederum, wahrlich sage ich euch, daß Jeder, welcher genöthigt ist für seine eigene Familie zu sorgen, sollte es thun und er soll auf keine Weise seine Krone verlieren; und er sollte in der Kirche arbeiten. Jedermann sollte fleißig in allen Dingen sein. Und der Träge soll keinen Platz in der Kirche haben, es sei denn er thue Buße und verbessere sich. Daher sollten meine Diener Simeon Carter und Emer Harris im Amte vereinigt sein und auch meine Diener Ezra Thayre, Thomas B. Marsh, Hyrum Smith, Reynolds Cahoon, Daniel Stanton, Seymour Brunson, Sylvester Smith, Gideon Carter, Ruggles Eames, Stephan Burnett, Micha B. Welton und Eden Smith. So sei es. Amen.

Abſchnitt LXXXIX.

Offenbarung, gegeben im April 1832.

1. Wahrlich, ſo ſpricht der Herr, als ein Zuſatz zu den Geſetzen meiner Kirche, betreffend Frauen und Kinder, diejenigen, welche zur Kirche gehörend, ihre Männer oder Väter verloren haben. Frauen haben Anſpruch auf ihre Männer für ihren Unterhalt, bis ihre Männer hinweggenommen ſind und wenn ſie nicht Uebertreter ſind, ſo ſollen ſie Gemeinſchaft mit der Kirche haben, und ſind ſie nicht getreu, ſo ſollen ſie keine Gemeinſchaft mit der Kirche haben, doch mögen ſie auf ihren Erbtheilen bleiben, nach den Geſetzen des Landes.

2. Alle Kinder haben Anſpruch auf ihre Eltern für ihren Unterhalt, bis ſie ihre Mündigkeit erreicht haben und nachher haben ſie Anſpruch auf die Kirche; oder in andern Worten, auf den Speicher des Herrn, wenn ihre Eltern nicht Mittel haben ihnen Erbtheiler zu geben. Und der Speicher ſoll erhalten werden durch die freiwilligen Gaben der Kirche, und Wittwen und Waiſen, ſowie auch die Armen ſollen unterſtützt werden. Amen.

Abſchnitt XC.

Offenbarung, gegeben im December 1831.

1. Horchet und höret auf die Stimme des Herrn, o ihr, die ihr euch verſammelt habt, die Hohenprieſter meiner Kirche, denen das Reich und die Kraft gegeben worden ſind. Wahrlich, ſo ſpricht der Herr, ich erachte es für dienlich, daß ein Biſchof euch ernannt werde, oder durch euch für die Kirche in dieſem Theile des Weinbergs des Herrn; und wahrlich in dieſer Sache habt ihr weislich gethan, denn es wird vom Herrn von jedem Verwalter verlangt, eine Rechnung ſeiner Verwaltung in Zeit und Ewigkeit abzulegen.

Denn wer getreu und weise in diesem Leben ist, wird würdig erachtet, die Wohnungen, welche von meinem Vater für sie bereitet worden sind, zu ererben. Wahrlich ich sage euch, die Aeltesten der Kirche in diesem Theile meines Weinbergs, sollen einen Bericht ihrer Verwaltung dem Bischofe übergeben, welcher von mir in diesem Theile meines Weinbergs ernannt werden wird. Diese Dinge sollen urkundlich aufgezeichnet werden, um dem Bischofe in Zion überreicht werden zu können; und die Pflicht des Bischofs soll kundgemacht werden aus den Geboten, welche ich gegeben habe und durch die Stimme der Conferenz.

2. Und wahrlich, ich sage euch, mein Diener Newel K. Whitney ist der Mann, welcher ernannt werden und zu dieser Macht geweiht werden soll. Dies ist der Wille des Herrn eures Gottes und Erlösers. So sei es, Amen.

3. Das Wort des Herrn, im Zusatze zum Gesetze welches gegeben worden ist, kundmachend die Pflicht des Bischofs, welcher für die Kirche in diesem Theile des Weinberges geweiht worden ist, welches wahrlich ist wie folgt: — Den Speicher des Herrn zu besorgen; die Mittel der Kirche, in diesem Theile des Weinbergs zu empfangen; einen Bericht von den Aeltesten zu nehmen, wie es vorher geboten wurde; und für ihre Bedürfnisse zu sorgen, welche Aeltesten bezahlen sollen für was sie empfangen, insoweit sie Mittel dazu haben und diese können auch zum Guten der Kirche gewidmet werden für die Armen und Nothleidenden; und die Rechnung dessen, der keine Mittel zum Bezahlen hat, soll dem Bischofe in Zion eingehändigt werden, welcher die Schuld bezahlen soll, aus den Mitteln, welche der Herr in seine Hände gethan hat, und die Arbeiten der Getreuen, welche in geistlichen Dingen arbeiten, das Evangelium und die Dinge des Reiches, der Kirche und der Welt spenden, sollen genügen die Schuld mit dem Bischofe auszugleichen; auf diese Weise kommt es durch die Kirche, denn nach dem Gesetz jeder Mann, der nach Zion kommt, muß alle Dinge vor den Bischof in Zion legen.

19

4. Und nun wahrlich sage ich euch, daß da jeder Aelteste in diesem Theile des Weinberges einen Bericht seiner Verwaltung dem Bischofe in diesem Theile des Weinbergs geben muß, wenn er ein Zeugniß vom Richter oder Bischof in diesem Theile des Weinberges, an den Bischof in Zion, empfängt, so ist das genügend und reicht hin zur Erlangung eines Erbtheils und zu seinem Empfange als ein weiser Verwalter und getreuer Arbeiter; auf eine andere Weise soll er nicht vom Bischofe in Zion angenommen werden. Und nun wahrlich sage ich euch, sollte jeder Aelteste, welcher dem Bischofe der Kirche in diesem Theile des Weinberges einen Bericht gibt, von der Gemeinde oder den Gemeinden, wo er arbeitet, empfohlen werden, daß er und seine Rechnungen in allen Dingen bewährt erfunden werden. Und wiederum sollten meine Diener, welche als Verwalter über die literarischen Angelegenheiten meiner Kirche gesetzt sind, Anspruch an den Bischof oder die Bischöfe für Beistand in allen Dingen haben, daß die Offenbarungen veröffentlicht werden und ausgehen mögen zu den Enden der Erde und sie auch Mittel dadurch erlangen mögen, welche der Kirche in allen Dingen zum Nutzen sein sollen; daß sie sich auch in allen Dingen bewährt zeigen und als weise Verwalter erachtet werden mögen. Und nun sehet, dies soll ein Muster sein für alle ausgedehnten Zweige meiner Kirche, in was immer für Ländern sie gegründet werden wird. Und nun mache ich ein Ende mit meinen Worten. Amen.

5. Einige Worte im Zusatze zu den Gesetzen des Reiches, in Bezug auf die Mitglieder der Kirche; jene welche vom heiligen Geiste berufen worden sind hinauf nach Zion zu gehen und jene, welchen es erlaubt ist, dahin zu gehen, sollten ein Zeugniß von drei Aeltesten der Kirche zu dem Bischof hinauftragen, sonst soll Derjenige, welcher nach dem Lande Zion geht, nicht als ein weiser Verwalter angesehen werden. Das ist auch ein Beispiel. Amen.

Abschnitt XCI.

Offenbarung, gegeben im December 1831.

1. Siehe, so spricht der Herr zu euch, meine Diener Joseph Smith jun. und Sidney Rigdon, die Zeit ist wahrlich gekommen, daß ich es für noth= wendig und rathsam erachte, daß ihr euern Mund zur Verkündigung meines Evangeliums öffnen sollt, ja der Dinge des Reiches, die Geheimnisse desselben aus der Schrift erklärend, nach dem Geiste und der Kraft, welche euch nach meinem Willen gegeben wer= den wird.

2. Wahrlich, ich sage euch, verkündigt es der Welt in den Gegenden rings herum und auch der Kirche eine Zeit lang, selbst bis es euch bekannt ge= macht werden wird. Wahrlich, dies ist eine Mission für eine passende Zeit, welche ich euch gebe, deshalb arbeitet in meinem Weinberge. Rufet die Einwohner der Erde an, gebt ihnen Zeugniß und bereitet den Weg für die Gebote und Offenbarungen, welche kom= men werden. Nun sehet, das ist Weisheit, wer da liest, der verstehe und empfange es auch; denn dem, der empfängt soll Kraft in größerem Maße gegeben werden; deshalb beschämt eure Feinde, fordert sie auf, euch öffentlich und allein zu begegnen, und in= sofern als ihr getreu seid, so soll ihre Schande offen= bar gemacht werden. Deshalb lasset sie ihre starken Behauptungen gegen den Herrn hervorbringen. Wahr= lich, so spricht der Herr zu euch, keine Waffe, die gegen euch aufgehoben wird, soll gedeihen; und wenn Jemand seine Stimme gegen euch erhebt, so soll er in meiner eigenen bestimmten Zeit verwirrt werden, deshalb haltet meine Gebote, denn sie sind wahr und getreu. So sei es. Amen.

Abschnitt XCII.
Ein Gesicht.

1. Höret, o ihr Himmel, und gib Gehör, o Erde, und freuet euch, ihr Bewohner derselben, denn der Herr ist Gott und außer ihm ist kein Seligmacher. Groß ist seine Weisheit, wunderbarlich sind seine Werke und die Ausdehnung seiner Thaten kann Niemand ergründen; seine Absichten werden nicht zu Schanden, auch ist Niemand, der seine Hand könnte hemmen; von Ewigkeit zu Ewigkeit ist er derselbe und seine Jahre nehmen kein Ende.

2. So spricht der Herr, ich, der Herr bin gnädig und nachsichtig mit denen, die mich fürchten und freue mich, die zu ehren, welche mich in Rechtschaffenheit und in der Wahrheit ehren bis an's Ende; groß wird ihr Lohn sein und ewig ihre Herrlichkeit. Ihnen will ich alle Geheimnisse offenbaren, ja alle die verborgenen Geheimnisse meines Reiches von den ältesten Zeiten an, und während zukünftigen Zeiten will ich ihnen nach meinem Wohlgefallen alle Angelegenheiten meines Reiches kund thun. Ja, die Wunder der Ewigkeit sollen sie wissen und die Dinge der Zukunft werde ich ihnen zeigen, ja die Begebnisse vieler Geschlechter. Ihre Weisheit soll groß sein und ihr Verständniß bis zum Himmel reichen; vor ihnen soll die Weisheit der Weisen vergehen und der Verstand der Klugen zu Nichte werden. Denn mit meinem Geiste werde ich sie erleuchten und durch meine Kraft will ich ihnen die Geheimnisse meines Willens kundthun, ja jene Dinge, welche weder Auge gesehen noch Ohr gehört hat und die noch in keines Menschen Herz gekommen sind.

3. Uns, nämlich Joseph Smith jun. und Sidney Rigdon wurden am 16. Februar in dem Jahre unseres Herrn 1832 durch die Macht des Geistes unsere Augen geöffnet und unser Verständniß wurde erleuchtet, so daß wir die Dinge Gottes sehen und verstehen konnten — ja, jene Dinge, welche von Anfang her waren, ehe die Welt war, und die vom Vater beschlossen waren durch seinen eingebornen Sohn, der im

Schooße des Vaters war von Anfang an und von dem wir Zeugniß geben. Das Zeugniß aber, welches wir geben, ist die Fülle des Evangeliums Jesu Christi, der der Sohn ist, den wir sahen und mit dem wir redeten in dem himmlischen Gesichte. Während wir das Werk der Uebersetzung ausführten, welches uns der Herr aufgetragen hatte, kamen wir zum 29. Vers des 5. Kapitels Johannis, welches uns in der folgenden Weise gegeben wurde. Von der Auferstehung der Todten sprechend, in Bezug auf die, welche die Stimme des Menschensohnes hören und hervorkommen werden, nämlich die, so Gutes·gethan haben in der Auferstehung der Gerechten und die, so Uebel gethan haben, in der Auferstehung der Ungerechten. Dies nun erregte in uns Wunder, denn es war uns durch den Geist gegeben; während wir aber über diese Dinge nachdachten, berührte der Herr die Augen unseres Verständnisses und sie wurden geöffnet und die Klarheit des Herrn schien um uns. Wir schauten die Herrlichkeit des Sohnes zur rechten Hand des Vaters und uns wurde von seiner Fülle zu Theil. Wir sahen die heiligen Engel und die, welche vor seinem Throne verklärt waren, den Herrn und das Lamm anbetend, die ihn von Ewigkeit zu Ewigkeit verehren. Und nun, nach den vielen Zeugnissen, die von ihm gegeben worden sind, dies ist das letzte Zeugniß, welches wir von ihm geben, nämlich — daß er lebt;· denn wir sahen ihn, nämlich zur Rechten Gottes und wir hörten die Stimme, die da Zeugniß gibt, daß er der Eingeborne des Vaters ist — daß von ihm und durch ihn und aus ihm die Welten gemacht sind und waren und die Bewohner derselben dem Herrn gezeugte Söhne und Töchter sind. Und das sahen wir auch und gaben unser Zeugniß darüber, daß ein Engel Gottes, der, angethan mit Autorität, vor Gott stand, aber gegen den eingebornen Sohn Gottes, welchen der Vater liebte und welcher im Schooße des Vaters war, sich empörte — von dem Angesichte des Vaters und des Sohnes herabgeworfen und „Verderben" genannt wurde, denn die Himmel weinten über ihn — es war Lucifer

ein Sohn des Morgens. Und wir schauten weiter
und siehe, er ist gefallen! gefallen! Er, der ein Sohn
des Morgens war. Und während wir noch unter
dem Einflusse des Geistes waren, gebot uns der Herr,
das Gesicht niederzuschreiben, denn wir sahen Satan,
die alte Schlange, ja den Teufel — ihn, der gegen
Gott sich empörte und gedachte das Reich unseres
Gottes und Christi an sich zu ziehen; darum ist er
im Kampfe mit den Heiligen Gottes und umstellt
sie. Wir sahen ferner eine Erscheinung der Leiden
derjenigen, mit denen er im Streite war und die er
überwand, und so geschah die Stimme Gottes zu uns:

4. So spricht der Herr, in Betreff aller derjenigen,
die meine Macht kennen und ihrer theilhaftig ge=
worden sind, aber sich Preis gaben, von der Gewalt
des Teufels besiegt zu werden, die Wahrheit zu ver=
läugnen und meiner Macht Trotz zu bieten — das
sind die, welche die Söhne des Verderbens sind, von
denen ich sage, es wäre besser für sie, so sie nie ge=
boren worden wären, denn sie sind Schalen des
Zornes, verurtheilt, den Zorn Gottes in Ewigkeit
zu dulden, in Gemeinschaft mit dem Teufel und
seinen Engeln, von denen ich gesagt habe, für sie sei
keine Vergebung, weder in dieser noch in der zu=
künftigen Welt, weil sie den heiligen Geist, nachdem
sie ihn empfangen hatten und auch den eingebornen
Sohn des Vaters verläugnet, ihn bei sich gekreuzigt
und zur offenen Schande ausgestellt haben. Das sind
die, so hinweggehen werden in den Pfuhl des Feuers
und Schwefels, mit dem Teufel und seinen Engeln
und sie sind die Einzigen, über die der zweite Tod
Gewalt haben wird; ja, wahrlich die Einzigen, welche
in der eigens von Gott bestimmten Zeit nach der Er=
duldung seines Grimmes, nicht erlöst werden sollen.
Denn alle Uebrigen werden hervorgebracht werden in
der Auferstehung der Todten, durch den Sieg und
die Herrlichkeit des Lammes, das erwürget wurde
und im Schooße des Vaters war, ehe die Welten
gemacht waren. Und dies ist das Evangelium, die
frohe Kunde, über welche die Stimme aus den Him=
meln uns Zeugniß gab, daß er in die Welt kam,

nämlich Jesus, um für die Welt gekreuzigt zu wer=
den und die Sünden der Welt zu tragen, die Welt
zu verherrlichen und sie zu reinigen von aller Unge=
rechtigkeit, damit durch ihn alle können errettet wer=
den, die ihm der Vater in seine Gewalt gegeben hat und
die durch den hervorgebracht waren, der den Vater ver=
herrlicht und all' seiner Hände Werk erlöst, mit Aus=
nahme jener Söhne des Verderbens, welche den Sohn
verläugnen, nachdem ihn der Vater geoffenbaret hat.
Darum errettet er Alle, ausgenommen diese; sie aber
werden hinweggehen zur ewigen Strafe, welche da ist
eine Strafe ohne Ende, ewig dauernde Strafe, zu
regieren mit dem Teufel und seinen Engeln, wo ihr
Wurm nicht stirbt, noch das Feuer erlischt, worin
ihre Qual besteht. Das Ende derselben, noch den
Ort derselben, noch ihre Pein weiß kein Mensch,
weder war es geoffenbart, noch ist es, noch wird es
dem Menschen geoffenbaret werden, ausgenommen
denen, die daran Theil haben. Dessenungeachtet aber
zeige ich, der Herr, sie Vielen im Gesichte, aber ent=
rücke sie ihnen sogleich wieder; darum verstehen sie
ihr Ende, ihre Weite, Höhe, Tiefe, das Elend dersel=
ben nicht, auch kein anderer Mensch, ausgenommen
die, welche zu dieser Verdammniß bestimmt sind.
Und wir hörten die Stimme sagen: Schreibe diese
Erscheinung nieder, denn siehe, dies ist das Ende
des Gesichts über die Leiden der Gottlosen.

5. Und wiederum geben wir Bericht, denn wir
sahen und hörten, und dies ist das Zeugniß des
Evangeliums in Betreff derer, welche in der Aufer=
stehung der Gerechten hervorkommen werden. Es
sind die, welche das Zeugniß Jesu annahmen, an sei=
nen Namen glaubten, und nach Art seiner Grab=
legung getauft, nämlich in seinem Namen im Wasser
begraben wurden, und zwar seinem von ihm gegebe=
nen Gebote gemäß, daß nämlich durch das Halten
der Gebote sie von allen ihren Sünden gewaschen
und gereinigt werden und den heiligen Geist em=
pfangen sollten durch das Auflegen der Hände Eines,
welcher zu diesem Amte ordinirt und gesiegelt worden
ist. Es sind die, so da durch Glauben überwinden

und durch den heiligen Geist der Verheißung ver=
siegelt worden sind, welchen der Vater über die aus=
gießt, so rechtschaffen und treu sind. Sie sind die,
welche die Kirche des Erstgebornen ausmachen. Sie
sind die, in deren Hände der Vater alle Dinge ge=
geben hat — sie sind die, so Priester und Könige sind,
die von seiner Fülle und Herrlichkeit erhalten haben
und Priester des Allerhöchsten sind nach der Ord=
nung Melchisedek's, welche Ordnung wiederum nach
der Ordnung Enoch's war, welche war nach der
Ordnung des eingebornen Sohnes. Darum, wie
auch geschrieben stehet, sind sie Gottes, nämlich die
Söhne Gottes — darum gehören ihnen alle Dinge,
ob Leben oder Tod, oder die Dinge, welche der Gegen=
wart oder der Zukunft angehören, Alles gehört ihnen
und sie sind Christi und Christus ist Gottes. Sie
werden alle Dinge überwinden; darum rühme sich
kein Mensch des Menschen, sondern laßt ihn lieber
Ruhm finden in Gott, welcher alle Feinde unter seine
Füße legen wird. Diese werden in der Gegenwart
Gottes und seines Christi wohnen immer und ewig=
lich. Sie sind die, welche er mit sich bringen wird,
wann er kommen wird in den Wolken des Himmels,
auf Erden über sein Volk zu regieren. Sie sind die,
welche Theil haben werden an der ersten Aufersteh=
ung; sie sind die, welche hervorkommen werden in
der Auferstehung der Gerechten. Sie sind die, welche
zum Berge Zion kommen und zu der Stadt des
lebendigen Gottes, dem himmlischen Orte, zu dem
Allerheiligsten. Sie sind die, welche zu einer unzähl=
baren Menge von Engeln gekommen sind, zu der
allgemeinen Versammlung und Kirche Enoch's und
des Erstgebornen. Sie sind die, deren Namen im
Himmel geschrieben sind, wo Gott und Christus die
Richter Aller sein werden. Sie sind die, welche recht=
schaffene Menschen waren, vollkommen gemacht durch
Jesum, den Vermittler des neuen Bundes, durch
ihn, welcher diese vollkommene Sühne durch das
Vergießen seines eigenen Blutes zu Stande gebracht
hat. Sie sind die, deren Körper himmlisch sind, deren
Herrlichkeit die Klarheit der Sonne ist, nämlich die

Herrlichkeit Gottes, selbst die höchste aller Herrlich=
keiten, von deſſen Klarheit die Schrift ſagt, der
Glanz der Sonne des Firmaments ſei ihr Ebenbild.
6. Und darnach ſahen wir die irdiſche Welt, und
ſiehe, das ſind die, die die irdiſche Herrlichkeit beſißen,
welche von der Herrlichkeit der Kirche des Erſtgebor=
nen, die die Fülle des Vaters empfangen hat, in eben
bem Grabe verſchieden iſt, wie der Glanz des Mon=
des von dem Glanze der Sonne im Firmamente ver=
ſchieden iſt. Siehe, dazu gehören die, welche ohne
Geſeß geſtorben ſind und ebenfalls diejenigen Geiſter
der Menſchen, die im Gefängniß behalten wurden und
zu welchen der Sohn hinabſtieg und ihnen das Evan=
gelium predigte, damit ſie nach dem Geſeße der im
Fleiſche Lebenden gerichtet werden möchten. Sie,
welche das Zeugniß Jeſu im Fleiſche nicht annahmen,
es aber ſpäter noch annahmen. Das ſind diejenigen,
welche rechtliche Leute auf Erden ſind, aber durch
Menſchenliſt verblendet wurden. Sie ſind die, welche
von ſeiner Herrlichkeit empfangen aber nicht von
ſeiner Fülle. Sie ſind die, welche die Gegenwart des
Sohnes, aber nicht die Fülle des Vaters empfangen.
Deshalb ſind ſie irdiſche Körper, nicht aber himm=
liſche, und ſind in Herrlichkeit verſchieden, wie der
Mond verſchieden· iſt von der Sonne. Sie ſind die,
welche nicht tapfer im Zeugniſſe Jeſu geweſen ſind,
darum erhielten ſie nicht die Krone über das Reich
unſeres Gottes. Und dies iſt das Ende des Geſichts,
das wir hatten in Betreff der irdiſchen Herrlichkeit,
und welche uns der Herr niederzuſchreiben gebot, als
wir noch unter dem Einfluſſe des Geiſtes waren.
7. Und wiederum ſchaueten wir und ſahen die un=
terirdiſche Herrlichkeit, welche die Klarheit der Ge=
ringeren iſt, in dem Grabe, wie die Klarheit der
Sterne verſchieden iſt von der Herrlichkeit der Klar=
heit des Mondes im Firmamente. Sie ſind die,
welche weder das Evangelium Chriſti noch das
Zeugniß Jeſu annahmen. Sie ſind die, welche ſich
aber auch nicht an dem heiligen Geiſte verſündigen.
Sie ſind· die, welche hinunter zur Hölle geworfen
ſind, und die nicht aus der Macht des Teufels erlöſt

werden, als bis zur letzten Auferstehung, bis der
Herr, nämlich Christus, das Lamm, sein Werk ge=
endet haben wird. Sie sind die, welche nicht von
seiner Fülle in der Ewigkeit erhalten, sondern von
dem heiligen Geiste nur durch die Vermittlung derer,
die in der irdischen Welt sind, empfangen, und diese
wiederum nur durch die Vermittlung derer, so in der
himmlischen Welt sind. Die, der unterirdischen Herr=
lichkeit empfangen es aber auch durch die Vermitt=
lung von Engeln, welche eigens bestimmt sind, für
sie zu wirken, oder welche bestimmt sind, vermittelnde
Geister für sie zu sein, denn sie sollen Erben der
Seligkeit sein. So sahen wir in der himmlischen
Erscheinung die Herrlichkeit derer in der unterirdischen
Welt. Sie übertrifft alles Verständniß und kein
Mensch weiß davon, ausgenommen wem es Gott ge=
offenbaret hat. Und so sahen wir die Herrlichkeit der
irdischen Welt, welche in allen Dingen die Herrlich=
keit der unterirdischen übertrifft, selbst in Herrlichkeit,
Macht, Kraft und Herrschaft. Und so sahen wir die
Herrlichkeit der himmlischen Welt, welche alle Dinge
übertrifft, wo Gott selbst, der Vater, auf seinem
Throne immer und ewiglich regiert, vor dessen Thron
Alle in Demuth und Ehrfurcht sich beugen und Ihm
die Ehre immer und ewiglich geben. Die, welche in
seiner Gegenwart wohnen, sind die Glieder der Kirche
des Erstgebornen und sie sehen, wie sie gesehen wer=
den und verstehen, wie sie verstanden werden, da sie
aus der Fülle seiner Gnade empfangen haben. Und
er macht sie gleich in Macht, Kraft und Herrschaft.
Und die Herrlichkeit derer der himmlischen Klarheit
ist eine besondere, wie die Klarheit der Sonne eine
besondere ist. Und die Herrlichkeit derer der irdischen
Klarheit ist eine besondere, wie auch die Klarheit des
Mondes eine besondere ist. Und die Herrlichkeit derer
der unterirdischen Klarheit ist eine besondere, wie es
auch die Klarheit der Sterne ist, denn gleich wie ein
Stern verschieden ist von dem andern in Klarheit,
so ist Einer von dem Andern verschieden in Klarheit
in der unterirdischen Welt; denn sie sind die, von
denen etliche nach Paulus sind und nach Apollo und

nach Kephas. Sie sind die, welche sagen, einige ge=
hören Dem, andere Jenem an, — einige Christo,
einige Johanne, einige Mose, einige dem Elias, einige
dem Jesaias und andere dem Enoch, die aber weder
das Evangelium noch das Zeugniß Jesu, noch die
Propheten, noch den ewigen Bund annahmen. Und
zuletzt, alle von denen sind die, welche nicht mit den
Heiligen versammelt werden, um in die Kirche des
Erstgebornen erhoben und in der Wolke empfangen
zu werden. Es sind die, welche Lügner und Zaube=
rer und Ehebrecher und Hurer sind und so da lügen
und Lügen lieben. Sie sind die, welche den Zorn
Gottes auf Erden aushalten; sie sind die, welche die
Qualen des ewigen Feuers erdulden. Sie sind die,
welche hinunter zur Hölle geworfen sind, den Grimm
des allmächtigen Gottes zu dulden, bis die Zeit er=
füllet ist, wann Christus alle seine Feinde unter seine
Füße gelegt und sein Werk vollständig gemacht haben
wird; wann er das Reich vor den Vater bringen
und es ihm makellos übergeben und sagen wird: Ich
habe überwunden und die Weinpresse allein getreten,
nämlich die Kelter des Zornes des allmächtigen Gottes.
Dann wird er mit der Krone seiner Herrlichkeit ge=
krönt werden, um auf dem Throne seiner Macht zu
sitzen und von Ewigkeit zu Ewigkeit zu regieren.
Aber siehe, wir sahen die Klarheit und die Bewohner
der unterirdischen Welt, und daß sie unzählig waren
wie die Sterne am Firmament, oder wie der Sand
am Meeresufer, und wir hörten die Stimme des
Herrn, die sagte: Diese alle müssen ihre Kniee beugen
und jede Zunge ihn bekennen, der auf dem Throne
sitzt von Ewigkeit zu Ewigkeit. Denn sie sollen ge=
richtet werden nach ihren Werken und jeder Mensch
wird seinen eigenen Werken gemäß seinen eigenen
Platz empfangen in den Wohnungen, die bereitet sind,
und sie werden auch Diener des Allerhöchsten sein,
aber wo Gott und Christus sind, dahin können sie
nie kommen durch Welten ohne Ende. Dies ist das
Ende des Gesichts, welches wir sahen und das auf=
zuzeichnen uns geboten war, während wir noch unter
dem Einflusse des Geistes waren.

8. Aber groß und wunderbar sind die Werke des Herrn und die Geheimnisse seines Königreiches, die er uns zeigte, welche in Bezug auf Herrlichkeit, Macht und Herrschaft alle Begriffe übersteigen, von denen er uns gebot, während wir noch in dem Zustande der Begeisterung waren, wir sollten sie nicht aufzeichnen, und welche auszusprechen dem Menschen nicht erlaubt ist. Auch ist der Mensch nicht fähig, solches kund zu thun, diese Dinge können nur gesehen und verstanden werden durch die Kraft des heiligen Geistes, welche Gott benen gibt, die ihn lieben und sich vor ihm reinigen. Denen gibt er das Recht, für sich selbst zu sehen und inne zu werden, damit sie durch die Macht und Kundthuung des Geistes, während sie noch im Fleische wandeln, fähig werden können, seine Gegenwart in der Welt der Herrlichkeit zu ertragen. Gott und dem Lamm sei Ehre, Macht und Herrlichkeit von Ewigkeit zu Ewigkeit. Amen.

Abschnitt XCIII.

Offenbarung, gegeben im März 1833.

1. Wahrlich, so sagt der Herr zu euch in Betreff der apokryphischen Bücher. Es sind viele Dinge darin enthalten, welche wahr sind, und sie sind auch zum größten Theile richtig übersetzt. Es sind auch viele Dinge darin, welche nicht der Wahrheit gemäß sind, und diese sind Einschaltungen durch die Hände von Menschen. Wahrlich ich sage euch, es ist nicht nöthig, die apokryphischen Bücher zu übersetzen. Darum, wer sie liest, der verstehe wohl, denn der Geist thut die Wahrheit kund, und wer da von dem Geiste erleuchtet ist, dem soll ein Gewinn daraus erwachsen, und wer nicht durch den Geist empfängt, der kann nicht durch dieselben profitiren. Darum ist es nicht nöthig, sie zu übersetzen. Amen.

Abſchnitt XCIV.

Offenbarung an Enoch, über die Ordnung der Kirche zum Vortheile der Armen. Gegeben den Heiligen in Kirtland, im März 1833.

1. Wahrlich, ſo ſpricht der Herr, ich gebe der ver=einigten Ordnung, welche dem vorher gegebenen Ge=bote gemäß organiſirt worden iſt, eine Offenbarung und ein Gebot, meinen Diener Scheberlaomach in die Ordnung aufzunehmen. Was ich Einem ſage, ſage ich Allen.

2. Und wiederum ſage ich dir, mein Diener Scheberlaomach, du ſollſt ein thätiges Mitglied dieſer Ordnung ſein und inſofern als du getreu biſt alle früheren Geboten zu halten, ſollſt du ewig geſegnet werden. Amen.

Abſchnitt XCV.

Offenbarung, gegeben in Perrysburgh, N. Y. an Joſeph Smith jun. und Sidney Rigdon, im Oc-tober 1833.

1. Wahrlich, ſo ſpricht der Herr zu euch, meine Freunde Sidney und Joſeph, eure Familien ſind wohl; ſie ſind in meinen Händen und ich will mit ihnen thun, wie es mir gut dünkt; denn in mir iſt alle Macht; deshalb folget mir und horchet auf den Rath, den ich euch geben will. Sehet, ich habe viel Volks in dieſem Orte, in den umliegenden Gegenden und das Thor ſoll mit Wirkſamkeit in den umliegen=den Gegenden im öſtlichen Lande geöffnet werden. Deshalb habe ich der Herr euch erlaubt an dieſen Ort zu kommen; denn ſo erſchien es mir rathſam für die Erlöſung der Seelen; deshalb, wahrlich ſage ich euch, erhebt eure Stimme zu dieſem Volke, ſprecht die Gedanken, die ich in eure Herzen geben werde und ihr ſollt nicht verwirrt werden vor den Menſchen;

denn es soll euch gegeben werden in der nämlichen Stunde, ja sogar in dem nämlichen Augenblicke, was ihr sagen sollt.

2. Doch gebe ich euch ein Gebot, daß was für Dinge ihr erklärt, die sollt ihr immer in meinem Namen erklären, in Feierlichkeit des Herzens und dem Geiste der Demuth. Und ich gebe euch diese Ver= heißung, daß insofern als ihr dies thut, soll der Hei= lige Geist ausgegossen werden, Zeugniß zu tragen, von allen Dingen, welche ihr sagen werdet.

3. Und es erscheint mir rathsam, daß du mein Diener Sidney diesem Volke ein Wortführer sein solltest; ja, wahrlich ich will dich zu diesem Berufe weihen, selbst meinem Diener Joseph ein Wortführer zu sein; und ich will ihm Kraft geben, mächtig im Zeugniß zu sein; und ich will dir Kraft geben, mächtig in der Auslegung aller Schriften zu sein, daß du ein Wortführer für ihn sein mögest, und er soll dir ein Offenbarer sein, daß du die Gewißheit aller Dinge wissen möchtest, welche sich auf mein Reich auf der Erde beziehen. Deßhalb fahret fort mit eurer Reise und mögen eure Herzen sich erfreuen; denn sehet, ich bin mit euch selbst bis an's Ende.

4. Und nun gebe ich euch ein Wort bezüglich Zion. Zion muß erlöst werden, obgleich es eine kurze Zeit gezüchtigt wird. Deine Brüder, meine Diener Orson Hyde und Johann Gould sind in meinen Händen und insofern, als sie meine Gebote halten, sollen sie erlöst werden. Deßhalb lasset eure Herzen getrost sein, denn alle Dinge werden sich zum Besten derer kehren, welche gerecht und zur Heiligung der Kirche wandeln; denn ich will mir ein reines Volk erziehen, das mir in Gerechtigkeit dient; und alle, welche den Namen des Herrn anrufen und seine Gebote halten, werden erlöst werden. So sei es. Amen.

Abſchnitt XCVI.

Offenbarung, gegeben im Juni 1833.

1. Wahrlich, ſo ſpricht der Herr zu euch, die ich liebe, und wen ich liebe, den züchtige ich auch, daß ſeine Sünden vergeben werden mögen; denn mit der Züchtigung bereite ich einen Weg für ihre Befreiung aus Verſuchungen aller Art; und ich habe euch geliebt. Deshalb iſt es nothwendig, daß ihr gezüchtiget werdet und vor meinem Angeſichte verwieſen ſtehet, denn ihr habt gegen mich eine ſehr arge Sünde begangen, - dadurch daß ihr das große Gebot nicht in allen Dingen erwogen habt, welches ich euch gegeben habe, in Bezug auf das Bauen meines Hauſes, zur Vorbereitung meiner Apoſtel, womit ich ſie beabſichtige vorzubereiten, meinen Weinberg das letzte Mal zu beſchneiden, daß ich mein wunderbares Werk erfüllen möge und meinen Geiſt über alles Fleiſch ausgieße. Doch, ſehet, wahrlich ich ſage euch, daß viele unter euch ſind, welche ordinirt wurden, die ich berufen habe, doch wenige von ihnen ſind auserwählet; diejenigen, welche nicht erwählt ſind, haben eine große Sünde geſündiget, dadurch daß ſie in der Mitte des Tages in Finſterniß wandeln; und aus dieſem Grunde gab ich euch ein Gebot, daß ihr eure feierliche Verſammlung berufen ſolltet, daß euer Faſten und Trauern heraufkomme in die Ohren des Herrn Zebaoth, welcher verdollmetſcht heißt, „der Schöpfer des erſten Tages, der Anfang und das Ende".

2. Ja, wahrlich ich ſage euch, ich gab euch ein Gebot, ein Haus zu bauen, in welchem Hauſe ich beabſichtige, Jene, welche ich erwählt habe, mit Macht von der Höhe zu begaben; denn dies iſt die Verheißung des Vaters an euch; deshalb gebot ich euch zu bleiben, ſelbſt wie meine Apoſtel zu Jeruſalem; dennoch haben meine Diener eine ſehr arge Sünde begangen und Gezänke entſtanden in der Schule der Propheten, was mir ſehr mißfiel, ſpricht der Herr; deshalb ſand ich ſie aus gezüchtigt zu werden.

3. Wahrlich ich sage euch, es ist mein Wille, daß
ihr ein Haus bauen sollt. Wenn ihr meine Gebote
haltet, so werdet ihr Kraft haben, dasselbe zu bauen;
haltet ihr meine Gebote nicht, so wird die Liebe des
Vaters nicht bei euch weilen, deshalb werdet ihr in
Finsterniß wandeln. Nun, hier ist Weisheit und der
Wille des Herrn; bauet das Haus, nicht nach der
Weise der Welt, denn ich gestatte euch nicht, daß ihr
nach der Weise der Welt lebet; deshalb bauet es nach
der Weise, welche ich dreien von euch zeigen werde,
welche ihr zu dieser Vollmacht bestimmen und weihen
sollt. Und die Größe desselben soll fünf und fünfzig
Fuß in der Breite sein und fünf und sechzig Fuß in
der Länge, in der innern Halle desselben; und der
untere Theil der inneren Halle soll mir geweiht wer=
den für die Darbringung des Abendmahls, für euer
Predigen und euer Fasten und euer Gebet und zur
Darbringung eurer heiligsten Begehren, spricht der
Herr. Und der obere Theil der inneren Halle soll
mir geweiht werden, für die Schule meiner Apostel,
spricht der Sohn Ahman, oder in andern Worten
Alphus, oder in andern Worten, Omegus, selbst
Jesus Christus, euer Herr. Amen.

~~~~~~~

Abschnitt XCVII.

Offenbarung an Enoch, die Ordnung der Stadt oder
des Pfahles Zion's, Shinehah zeigend, gegeben
den Heiligen in Kirtland als ein Muster, im Juni
1833.

1. Siehe, ich sage euch, hier ist Weisheit, wodurch
ihr wissen könnt, wie zu handeln in Bezug auf diese
Sache, denn es erscheint mir rathsam, daß dieser
Pfahl, den ich zur Stärke Zion's gesetzt habe, stark
gemacht werden soll; deshalb sollte mein Diener
Ahashdah den Platz, welcher euch bekannt ist, auf wel=
chem ich beabsichtige, mein heiliges Haus zu bauen,

unter Aufsicht nehmen; und wiederum soll er in Bauplätze eingetheilt werden, der Weisheit gemäß, zum Nutzen jener, welche Erbtheiler suchen, wie es unter euch im Rathe beschlossen werden wird. Deshalb habt Acht, daß ihr zu dieser Sache seht und zu jenem Theil, welcher nothwendig ist meiner Ordnung zu nützen zum Zwecke des Hervorbringens meines Wortes an die Menschenkinder; denn siehe, wahrlich ich sage euch, es ist rathsam, daß mein Wort unter die Menschen ausgehe, um ihre Herzen zu erweichen zu ihrem Heile. So sei es. Amen.

2. Und wiederum, wahrlich ich sage euch, es ist weise und rathsam, daß mein Diener Zombre ein Mitglied der Ordnung werden sollte, damit er behilflich sein möge, mein Wort unter die Menschenkinder zu bringen; denn sein Opfer habe ich angenommen und sein Gebet erhört und ich gebe ihm die Verheißung des ewigen Lebens, insofern als er meine Gebote von jetzt an hält, denn er ist ein Abkömmling Seth's und ein Theilhaber der Segnungen, welche seinen Vätern verheißen wurden; deßhalb sollt ihr ihn zu dieser Segnung weihen und er soll fleißig darnach trachten die Schuld, welche auf dem Hause, welches euch bekannt ist, lastet, abzutragen, daß er darin wohnen möge. So sei es. Amen.

Abschnitt XCVIII.

Offenbarung, gegeben im December 1833.

1. Wahrlich ich sage euch, in Bezug auf eure Brüder, welche betrübt und verfolgt und von den Ländern ihres Erbtheils vertrieben worden sind, ich der Herr habe gestattet, daß Leiden über sie kamen, mit denen sie bedrückt wurden, in Folge ihrer Uebertretung; dennoch will ich sie anerkennen und sie sollen mein Eigenthum sein an jenem Tage, wenn ich meine Auserwählten sammeln werde.

2. Deshalb müssen sie nothwendigerweise gezüchtigt und geprüft werden, gerade wie Abraham, dem ich gebot seinen einzigen Sohn zu opfern; denn alle jene, welche Züchtigung nicht ertragen können, sondern mich verläugnen, können nicht geheiligt werden.

3. Sehet, ich sage euch, sie hatten unter sich Gezänke, Streit, Eifersüchteleien, Hader, und lüsterne und selbstsüchtige Verlangen; deshalb befleckten sie ihre Erbtheile durch diese Dinge. Sie waren langsam auf die Stimme des Herrn ihres Gottes zu hören, deshalb ist der Herr ihr Gott langsam ihre Gebete zu erhören und ihnen an dem Tage ihrer Trübsal zu antworten. Am Tage des Friedens schätzten sie meinen Rath gering; doch in ihrer Trübsal streben sie aus Noth mir nach.

4. Wahrlich ich sage euch, trotz ihrer Sünden, so habe ich doch Mitleid mit ihnen; ich werde sie nicht gänzlich verstoßen und am Tage des Zorns will ich der Gnade eingedenk sein. Ich schwur und das Dekret ist hervorgegangen in einem früheren Gebote, das ich euch gab, daß ich das Schwert meiner Entrüstung um meines Volkes willen fallen lassen werde; und gerade wie ich gesprochen habe, so wird es sich ereignen. Mein Zorn wird bald ausgegossen werden ohne Maß über alle Nationen und dies werde ich thun, wenn die Schale ihrer Gottlosigkeit voll ist. Und an jenem Tage, alle welche auf dem Wachtthurme gefunden werden, oder in andern Worten. das ganze Israel soll erlöst werden. Und die da zerstreut worden sind sollen gesammelt werden; und alle, welche getrauert haben, sollen gekrönt werden; und alle, die um meines Namens willen ihr Leben niedergelegt haben sollen gekrönt werden. Deshalb seien eure Herzen getröstet wegen Zion; denn alles Fleisch ist in meiner Hand: seid ruhig und wisset, daß ich Gott bin. Zion soll nicht aus seinem Platze bewegt werden, obgleich seine Kinder zerstreut sind; die, welche übrig bleiben und reinen Herzens sind, sollen zurückkehren und zu ihren Erbtheilern kommen, sie und ihre Kinder mit Gesängen ewiger Freude, die öden Oerter Zion's aufzubauen; und alle diese Dinge, daß die Propheten

erfüllt fein möchten. Und fehet, es ift fein anderer
Ort beftimmt, als der, welchen ich beftimmt habe;
auch foll fein anderer Ort beftimmt werden, als der,
den ich beftimmt habe für das Werf der Sammlung
meiner Heiligen, bis der Tag fommt daß fein Raum
mehr für fie gefunden wird; und dann habe ich an=
dere Oerter, welche ich für fie beftimmen werde und
diefelben follen Pfähle für die Vorhänge oder die
Stärfe Zion's genannt werden.

5. Sehet, es ift mein Wille, daß Alle, die meinen
Namen anrufen und mich meinem ewigen Evange=
lium gemäß verehren, fich verfammeln, in heiligen
Plätzen ftehen und fich auf die Offenbarung, welche
da fommen wird, vorbereiten follten, wenn der Vor=
hang der Bedeckung meines Tempels in meinem
Tabernafel, welcher die Erde verbirgt, hinweggenom=
men werden foll und alles Fleifch mich miteinander
fehen wird. Und jedes verwesliche Ding, ob Menfch,
ob Thiere des Feldes oder Vögel des Himmels oder
Fifche des Meeres, welche auf der Erde wohnen,
follen verzehrt werden; und auch die Elemente follen
mit heftiger Hitze fchmelzen; und alle Dinge follen
neu werden, daß meine Kenntniß und Herrlichfeit
auf der Erde wohnen möge. Und an jenem Tage
wird die Feindfchaft des Menfchen und die Feind=
fchaft der Thiere, felbft die Feindfchaft allen Fleifches
vor meinem Angefichte aufhören. Und an jenem
Tage, was immer Jemand bitten wird, das foll ihm
gegeben werden. Und an jenem Tage foll Satan
feine Macht haben, den Menfchen zu verfuchen. Und
es wird feine Sorge geben, weil es dann feinen Tod
gibt. Und an jenem Tage wird ein Kind nicht
fterben bis es alt ift und fein Leben foll fein wie das
Alter eines Baumes und wenn es ftirbt, fo foll es
nicht fchlafen (in der Erde), fondern verwandelt wer=
den in einem Augenblick und emporgehoben und feine
Ruhe wird herrlich fein. Ja, wahrlich, ich fage Dir,
an jenem Tage, wenn der Herr fommen wird, wird
er alle Dinge offenbaren — Dinge, die vergangen
find und verborgene Dinge, die fein Menfch wußte
— Dinge der Erde, durch welche fie gemacht wurde,

und den Zweck und das Ende derselben — sehr köst=
liche Dinge — Dinge von oben und Dinge von unten
— Dinge, die in der Erde, auf der Erde und im
Himmel sind. Und Alle, welche um meines Namens
willen Verfolgung erdulden und im Glauben aus=
harren, sollen an aller dieser Herrlichkeit Theil neh=
men wenn sie auch berufen sind, ihr Leben um mei=
netwillen niederzulegen. Deßhalb, fürchte selbst den
Tod nicht; denn in dieser Welt ist eure Freude nicht
vollkommen, doch in mir ist eure Freude vollkommen.
Deßhalb sorget nicht für den Körper, auch nicht für
das Leben des Körpers, sondern sorget für die Seele
und für das Leben der Seele; und suchet immer das
Angesicht des Herrn, daß mit Geduld ihr eure Seelen
beherrschen möget und ihr sollt ewiges Leben haben.
Wenn Menschen mit einem immerwährenden Bunde
zu meinem ewigen Evangelium und Bunde berufen
sind, so werden sie betrachtet als das Salz der Erde
und der Menschen. Deßhalb, wenn das Salz der
Erde seinen Geschmack verliert, sehet, so ist es für
nichts tauglich als fortgeworfen und unter die Füße
der Menschen getreten zu werden. Sehet, hier ist
Weisheit in Betreff der Kinder Zion's, selbst vieler,
doch nicht aller; sie wurden als Uebertreter erfunden,
deßhalb mußten sie nothwendiger Weise gezüchtigt
werden. Wer sich erhöht, der soll erniedrigt werden
und wer sich erniedrigt, der soll erhöht werden.

6. Und nun will ich euch ein Gleichniß zeigen,
daß ihr meinen Willen in Bezug auf die Erlösung
Zion's wissen möget. Ein gewisser Edelmann hatte
ein Stück sehr vortrefflichen Landes; und er sagte zu
seinen Knechten, gehet in meinen Weinberg, selbst
auf dieses sehr vortreffliche Stück Land und pflanzet
zwölf Oelbäume und setzet Wächter rings um sie
herum und bauet einen Thurm, daß Einer das Land
ringsherum übersehen kann, ein Wächter auf dem
Thurme zu sein, daß meine Oelbäume nicht nieder=
gebrochen werden mögen, wenn der Feind kommt zu
verheeren und die Früchte meines Weinberges zu
rauben. Nun gingen und thaten die Knechte des
Edelmanns, wie ihr Herr ihnen befohlen hatte; und

sie pflanzten die Oelbäume und bauten einen Zaun ringsherum und stellten Wächter auf und fingen an den Thurm zu bauen. Und während sie noch mit dem Legen der Grundlage beschäftigt waren, fingen sie an unter sich selbst zu reden, „wozu braucht unser Herr diesen Thurm?" und beriethen sich eine Zeitlang unter sich selbst sagend, „was nützt unserem Herrn dieser Thurm, da wir jetzt eine Zeit des Friedens genießen? Könnte nicht dieses Geld den Geldwechslern gegeben werden? Denn diese Dinge nützen nichts!" Und während sie untereinander uneinig waren, so wurden sie sehr träge und horchten nicht auf die Gebote des Herrn und der Feind kam bei der Nacht und brach den Zaun nieder und die Knechte des Edelmanns standen auf, erschraken und flohen; und der Feind zerstörte ihre Arbeit und brach die Oelbäume nieder.

7. Nun sehet, der Edelmann, der Herr des Weinberges rief seine Knechte zusammen und sagte zu ihnen — Ei! was ist die Ursache dieses großen Uebels? hättet ihr nicht thun sollen, wie ich es euch gebot? und nachdem ihr den Weinberg anpflanztet, den Zaun um denselben herum bautet und Wächter auf die Mauern desselben setztet, hättet ihr nicht auch den Thurm bauen, einen Wächter auf den Thurm setzen und meinen Weinberg bewachen sollen, anstatt zu schlafen und den Feind über euch kommen zu lassen? und sehet, der Wächter auf dem Thurme würde den Feind gesehen haben, als er noch ferne war und ihr hättet euch vorbereiten und den Feind verhindern können, den Zaun niederzubrechen und meinen Weinberg zu verwüsten. Und der Herr des Weinbergs sagte zu einem seiner Knechte — gehe und sammle die übrigen meiner Knechte zusammen und nimm die ganze Stärke meines Hauses, welche meine Krieger, meine jungen Männer sind, und auch die, welche mittleren Alters unter allen meinen Knechten und die Stärke meines Hauses sind, ausgenommen Jene, denen ich befohlen habe zu bleiben; und gehe gerades Wegs nach dem Lande meines Weinbergs und erlöse meinen Weinberg, denn er gehört mir zu, ich habe

ihn mit Geld gekauft. Deshalb, geht flugs nach mei=
nem Lande, brechet die Mauern meiner Feinde nieder,
werfet ihren Thurm um und zerstreuet ihre Wächter;
und insoweit als sie sich gegen euch versammeln, so
rächet mich an meinen Feinden, daß ich bald mit
den Uebrigen meines Hauses kommen und das Land
besitzen kann.

8. Und der Knecht sagte zu seinem Herrn —
Wenn werden diese Dinge geschehen? Und er sagte
zu seinem Knechte — Wann ich will, gehe Du gerades
Weges und thue alle Dinge, welche ich dir befohlen
habe; und dies soll mein Siegel und Segen auf dir
sein — ein getreuer und weiser Verwalter in der
Mitte meines Hauses, ein Machthaber in meinem
Reiche. Und sein Knecht ging flugs und that alle
Dinge, welche sein Herr ihm gebot und nach vielen
Tagen wurden alle Dinge erfüllt.

9. Wiederum, wahrlich sage ich euch, ich will euch
meine Weisheit zeigen, in Bezug auf alle Kirchen,
insofern als sie gewillt sind in einer rechten und
passenden Weise zu ihrer Erlösung geführt zu werden,
daß das Werk der Sammlung meiner Heiligen fort=
fahren und ich sie auf heiligen Orten zu meinem
Namen erbauen möge; denn die Zeit der Ernte ist
gekommen und mein Wort muß nothwendiger Weise
erfüllt werden. Deshalb muß ich mein Volk zusam=
men sammeln, nach der Parabel von dem Weizen
und Unkraute, daß der Weizen in den Speichern auf=
bewahrt werde, um ewiges Leben zu erlangen und
mit himmlischer Herrlichkeit gekrönt zu werden, wenn
ich kommen werde im Reiche meines Vaters, Jeder=
mann nach seinen Werken zu belohnen, während das
Unkraut in Bündel gebunden und die Bänder stark
gemacht und dasselbe mit unauslöschlichem Feuer
verbrannt werden wird. Deshalb gebe ich allen Kir=
chen ein Gebot, daß sie fortfahren sollen, sich zusam=
menzusammeln in den Orten, welche ich bestimmt
habe, nichtsdestoweniger wie ich zu euch in einem
früheren Gebote gesagt habe, laßt eure Versammlung
nicht in Eile oder durch Flucht sein, sondern laßt alle
Dinge vor euch bereitet werden, beobachtet dies Ge=

bot, welches ich in Bezug auf diese Dinge gegeben habe, welches sagt oder lehrt, alles Land, welches für Geld gekauft werden kann, zu kaufen, und in der Gegend rings um das Land, welches ich als das Land Zion erwählt habe, liegt, als ein Anfang der Sammlung meiner Heiligen; alles Land, welches in der Grafschaft Jackson und den angrenzenden Grafschaften gekauft werden kann und das Uebrige lasset in meiner Hand.

10. Nun wahrlich sage ich euch, alle Gemeinden sollten ihre Gelder zusammensammeln; diese Dinge sollten in ihrer Zeit gethan werden, seib nicht in Eile und beobachtet alle Dinge, vor euch bereitet zu haben. Rechtschaffene und weise Männer sollten berufen und gesandt werden, diese Ländereien zu kaufen; und alle Gemeinden in den östlichen Ländern, welche errichtet worden sind, wenn sie diesem Rathe gehorchen, werden sie Länder ankaufen, sich auf denselben versammeln und auf diese Weise Zion gründen. Selbst jetzt schon sind Mittel vorhanden, ja selbst im Ueberflusse, um Zion zu erlösen und seine öben Plätze zu gründen, nie mehr niedergeworfen zu werden, wären die Kirchen, welche sich nach meinem Namen nennen, Willens, meiner Stimme Gehör zu geben. Und wiederum sage ich euch, es ist mein Wille, daß Diejenigen, welche durch ihre Feinde zerstreut worden sind, fortfahren, jene, welche als Obrigkeiten über euch gesetzt sind und Autorität über euch haben, um Hilfe und Beistand anzugehen, nach den Gesetzen und der Verfassung des Volkes, welche ich erlaubt habe, eingesetzt zu werden und die aufrecht erhalten werden sollten für die Rechte und die Beschützung allen Fleisches, nach gerechten und heiligen Principien, daß Jedermann in Lehre und Princip, welches sich auf die Zukunft bezieht, nach der freien Wahl handeln könne, welche ich ihm gegeben habe, daß er für seine eigenen Sünden, am Tage des Gerichts verantwortlich werden möge, deßhalb ist es nicht recht, daß irgend Jemand unter der Knechtschaft eines Andern sei. Und zu diesem Zwecke habe ich die Verfassung dieses Landes gegründet, durch

die Hände weiser Männer, die ich für diesen beson=
deren Zweck erwählt habe, und ich habe das Land
durch Blutvergießen erkauft.

11. Nun, womit soll ich die Kinder Zion's ver=
gleichen? Ich will sie vergleichen mit dem Weibe
und dem ungerechten Richter in der Parabel, (denn
der Mensch sollte immer beten und nicht muthlos
werden), welche sagt — Es war ein Richter in einer
Stadt, der fürchtete weder Gott noch Menschen. Und
da war eine Wittwe in jener Stadt und sie kam zu
ihm und sagte — Räche mich an meinem Feinde. Eine
Zeit lang wollte er nicht, doch nachher sagte er zu
sich selbst — Obgleich ich weder Gott noch Menschen
fürchte, doch da mich diese Wittwe so belästigt, will
ich sie rächen, damit durch ihr fortwährendes Kommen
sie mich nicht ermüde. Damit will ich die Kinder
Zion's vergleichen.

12. Sie sollten ihre Klagen zu Füßen des Rich=
ters bringen und achtet er sie nicht, zu Füßen des
Gouverneurs; und achtet sie der Gouverneur nicht,
so sollen sie zu Füßen des Präsidenten ihre Beschwerde
bringen und achtet sie der Präsident auch nicht, dann
wird der Herr aufstehen und aus seinem Verstecke
kommen und in seinem Grimme die Nation plagen,
und in seinem großen Mißfallen und gewaltigem
Zorne wird er seiner Zeit jene gottlosen, untreuen
und ungerechten Verwalter vertilgen und ihren Theil
ihnen geben unter Heuchlern und Ungläubigen, selbst
draußen in Finsterniß, wo da ist Heulen und Klagen
und Zahnklappen. Betet deshalb, daß ihre Ohren
eurem Rufe geöffnet sein mögen, daß ich ihnen gnädig
sei und diese Dinge nicht über sie kommen. Was ich
euch gesagt habe, muß nothwendiger Weise geschehen,
daß alle Menschen ohne Entschuldigung bleiben mögen,
daß weise Männer und Obrigkeiten das hören und
verstehen mögen, was sie nie betrachtet haben; daß ich
fortfahren kann, zu Stande zu bringen meine That,
meine fremde That und vollführe mein Werk, mein
fremdes Werk, daß der Mensch zwischen den Gerechten
und Gottlosen unterscheiden könne, spricht euer Gott.

13. Und wiederum sage ich euch, es ist meinem

Gebote und Willen entgegen, daß mein Diener Sidney Gilbert meinen Speicher, welchen ich meinem Volke bestimmt habe, verkaufe, um in die Hände meiner Feinde überzugehen. Das, was ich verordnet habe sollte mit der Bewilligung derer, die sich nach meinem Namen nennen, von meinen Feinden nicht verunreinigt werden; denn solches ist eine sehr arge und schwere Sünde wider mich und mein Volk, in Folge der Dinge, welche ich beschlossen habe und die bald die Nationen befallen werden. Deßhalb ist es mein Wille, mein Volk sollte beanspruchen und Anspruch halten auf das Land, das ich ihnen bestimmt habe, wenn es ihnen auch nicht gestattet sein sollte, darauf zu wohnen; dennoch sage ich nicht, daß sie nicht darauf wohnen werden, denn insoweit als sie Früchte und Werke hervorbringen, welche meines Reiches würdig sind, so sollen sie darauf wohnen, sie sollen bauen und ein Anderer soll nicht bewohnen; sie sollen Weinberge pflanzen und die Frucht derselben genießen. So sei es. Amen.

Abschnitt XCIX.

Offenbarung, gegeben an Enoch in Bezug auf die Ordnung der Kirche zu Nutzen der Armen.

1. Wahrlich ich sage euch, meine Freunde, ich gebe euch Rath und ein Gebot, in Bezug auf das Eigenthum, welches der Ordnung gehört, welche ich gebot, organisirt und gegründet zu werden, eine vereinigte Ordnung zu sein und eine ewige Ordnung zu Nutzen meiner Kirche und für die Erlösung der Menschen bis ich komme mit einer unwandelbaren und unabänderlichen Verheißung, daß insoweit als Jene, welchen ich gebot, treu wären, sie mit einer Mannigfaltigkeit von Segnungen gesegnet werden sollten; doch insofern als sie nicht getreu wären, sie dem Fluche nahe sein würden. Deßhalb, insofern als

einige meiner Diener das Gebot nicht gehalten, son=
dern durch Selbstsucht und mit verstellten Worten
meinen Bund gebrochen haben, so habe ich sie mit
einem starken, schweren Fluche geschlagen; denn ich
der Herr habe in meinem Herzen beschlossen, daß in=
soweit als irgend Jemand, welcher zur Ordnung ge=
hört, als ein Uebertreter erfunden wird, oder in an=
deren Worten, den Bund bricht, durch welchen ihr
gebunden seid, er in seinem Leben verflucht sein und
niedergetreten werden soll, durch wen ich will, denn
ich der Herr lasse mich in diesen Dingen nicht ver=
spotten; und Alles dies, daß die Unschuldigen unter
euch nicht mit den Ungerechten verdammt werden
mögen und die Schuldigen unter euch nicht entrinnen,
weil ich der Herr euch eine Krone der Herrlichkeit
zu meiner Rechten verheißen habe. Deshalb, insofern
ihr als Uebertreter erfunden seid, könnt ihr meinem
Zorn in eurem Leben nicht entrinnen; insofern als
ihr wegen Uebertretungen ausgeschlossen werdet, so
könnt ihr den Anfechtungen Satan's nicht entrinnen,
bis zum Tage der Erlösung.

2. Und nun gebe ich euch von dieser Stunde an
Macht, daß sollte irgend Einer von der Ordnung ein
Uebertreter erfunden werden und er bereue des Bösen
nicht, so sollt ihr ihn den Anfechtungen Satan's über=
liefern und er soll keine Macht haben Uebel über euch
zu bringen. Es ist meiner Weisheit gemäß; deshalb
gebe ich euch ein Gebot, daß ihr euch organisirt und
Jedermann seine Verwalterstelle bestimmt, daß Jeder
mir einen Bericht seiner Verwaltung, welche ihm be=
stimmt war, geben möge; denn es ist nothwendig,
daß ich der Herr Alle verantwortlich machen sollte,
als Verwalter über irdische Segnungen, welche ich für
meine Geschöpfe geschaffen und bereitet habe. Ich der
Herr habe die Himmel ausgestreckt und die Erde ge=
gründet als meiner Hände Arbeit und alle Dinge
darinnen sind mein; und es ist meine Absicht für
meine Heiligen zu sorgen, denn alle Dinge gehören
mir; doch muß es nothwendiger Weise nach meiner
eigenen Weise geschehen; und sehet, das ist die Weise,
auf welche ich der Herr beschlossen habe für meine

Heiligen zu sorgen, daß die Armen erhöht werden sollen, dadurch, daß die Reichen gedemüthigt werden; denn die Erde ist voll und es gibt darauf genug und im Ueberfluß; ja, ich habe alle Dinge bereitet und habe den Menschenkindern erlaubt nach eigener Wahl zu handeln. Deßhalb wenn irgend Jemand von der Fülle, die ich bereitet habe nehmen wird, theilt aber seinen Antheil für die Armen und Nothleidenden, nach dem Gesetze des Evangeliums nicht mit, der soll mit den Gottlosen seine Augen in der Hölle aufheben, denn er wird gequält werden.

3. Und nun, wahrlich sage ich euch, in Bezug auf das Eigenthum der Ordnung. Mein Diener Pelagoram sollte den Ort, wo er jetzt wohnt und den Bauplatz Tahhanes für seine Verwaltung erhalten zu seinem Unterhalt, während er in meinem Weinberge arbeitet, selbst wie ich will. wenn ich ihm ein Gebot geben werde; alle Dinge sollten gethan werden, nach dem Rathe der Ordnung und der vereinigten Einwilligung oder Stimme der Ordnung, welche im Lande Shinehah wohnt. Und diese Verwaltung und diese Segnung übertrage ich, der Herr, meinem Diener Pelagoram, zu einem Segen für ihn und seinen Samen, nach ihm; und ich will Segnungen mit ihm vermehren, insoweit als er demüthig vor mir sein wird.

4. Und wiederum sollte mein Diener Mahemson das Stück Land zur Verwaltung erhalten, welches mein Diener Zombre im Austausche für sein früheres Erbtheil erlangte, für sich und seinen Samen nach ihm; und insofern als er getreu ist, so will ich Segnungen mit ihm und seinem Namen nach ihm, vermehren. Und mein Diener Mahemson sollte seine Gelder für die Verkündigung meiner Worte anwenden, wie mein Diener Gazelam anordnen wird.

5. Und wiederum, mein Diener Schederlaomach sollte den Platz haben, auf welchem er jetzt wohnt; und mein Diener Olihah sollte den Bauplatz erhalten, welcher an das Haus grenzt, das für das Laneshine Haus bestimmt ist, welcher der Bauplatz Nummer eins ist und auch derselbe, auf welchem sein Vater

wohnt. Und meine Diener Scheberlaomach und Oli=
hah sollen das Laneshine Haus erhalten und alle
Sachen, die dazu gehören; und dies wird die Ver=
waltung sein, welche ihnen zugetheilt werden soll,
und insofern als sie getreu sind, siehe, so will ich sie
segnen und Segnungen mit ihnen vermehren und dies
ist der Anfang der Verwaltung, welche ich bestimmt
habe, für sie und ihren Samen nach ihnen; und in=
sofern als sie getreu sind will ich Segnungen über
sie und ihren Samen nach ihnen ausgießen, ja selbst
eine Mannigfaltigkeit von Segnungen.

6. Und wiederum, sollte mein Diener Zombre
das Haus erhalten, in welchem er wohnt und das
Erbtheil — außer dem Boden, welcher vorbehalten
wurde zum Bauen meiner Häuser (zu jenem Erbtheil
gehörend) und den Bauplätzen, welche für meinen
Diener Olihah erwähnt worden sind. Und insofern
als er getreu ist, will ich Segnungen bei ihm ver=
mehren. Und es ist mein Wille, daß er die Bau=
plätze, welche für die Aufbauung der Stadt meiner
Heiligen bestimmt sind, verkaufe insoweit es ihm kund
gegeben werden wird durch die Stimme des Geistes
und nach dem Rathe und der Stimme der Ordnung.
Und dies ist der Anfang der Verwaltung, welche ich
ihm bestimmt habe, als eine Segnung für ihn und
seinen Samen nach ihm; und insofern als er getreu
ist, so will ich eine Mannigfaltigkeit von Segnungen
bei ihm vermehren.

7. Und wiederum, mein Diener Ahashbah sollte
das Haus und den Bauplatz, wo er jetzt wohnt, er=
halten, sowie den Bauplatz und das Gebäude, auf
welchem Ozondah steht und auch den Bauplatz, wel=
cher an der Ecke südlich von Ozondah liegt und auch
den Bauplatz, auf welchem Shule gelegen ist. Und
alles dies habe ich meinem Diener Ahashbah für
seine Verwaltung bestimmt, zu einem Segen für ihn
und seinen Samen nach ihm, zu Nutzen des Ozondah
meiner Ordnung, welchen ich für meinen Pfahl in
dem Lande Shinehah gegründet habe; ja wahrlich,
dies ist die Verwaltung, welche ich für meinen Diener
Ahashbah bestimmt habe, selbst dieses ganze Ozondah

Geschäft für ihn und seinen Agenten und seinen Samen nach ihm; und insofern als er getreu ist, in dem Halten meiner Gebote, die ich ihm gegeben habe, so will ich Segnungen bei ihm und seinem Samen nach ihm vermehren, ja eine Mannigfaltigkeit von Segnungen.

8. Und wiederum, mein Diener Gazelam sollte den Bauplatz erhalten, welcher für das Gebäude meines Hauses ausgemessen ist, welcher vierzig Ruthen lang und zwölf Ruthen breit ist, und auch das Erbtheil, auf welchem sein Vater wohnt; und dies ist der Anfang der Verwaltung, welche ich ihm verordnet habe zu einem Segen für ihn und seinen Vater; denn siehe, ich habe ein Erbtheil für seinen Vater aufbewahrt für dessen Unterhalt; deshalb soll er gerechnet werden in dem Hause meines Dieners Gazelam und ich will Segnungen auf dem Hause meines Dieners Gazelam vermehren, insofern er getreu ist, ja selbst eine Mannigfaltigkeit von Segnungen.

9. Und nun gebe ich euch ein Gebot, in Bezug auf Zion, daß ihr nicht länger als eine vereinigte Ordnung mit euren Brüdern in Zion verbunden sein sollt, nur auf diese Weise. Nachdem ihr organisirt seid, so sollt ihr genannt werden die Vereinigte Ordnung des Pfahles Zion's der Stadt Shinehah. Und eure Brüder, nachdem sie organisirt sind, sollen genannt werden, die Vereinigte Ordnung der Stadt Zion; und sie sollen in ihren eigenen Namen organisirt werden und in ihrem eigenen Namen; und sie sollen ihr Geschäft in ihren eigenen Namen und in ihrem eigenen Namen thun; und ihr sollt euer Geschäft in eurem eigenen Namen und in euren eigenen Namen thun. Und dies habe ich geboten um eurer Sicherheit willen gethan zu werden und auch wegen ihrer Sicherheit, deshalb weil sie ausgetrieben worden sind, und wegen dessen, das da kommen wird. Da der Bund durch Uebertretung, Selbstsucht und heuchlerische Worte gebrochen wurde, so ist die Verbindung mit euren Brüdern in der vereinigten Ordnung aufgelöst, daß ihr von dieser Stunde an nicht länger mit ihnen verbunden seid, außer auf diese Weise wie

ich sagte durch Darleihung, wie diese Ordnung durch Berathung übereinkommen kann, eure Umstände es erlauben und die Stimme des Rathes verordnen mag.

10. Und wiederum, ein Gebot gebe ich euch in Bezug auf eure Verwaltung, die ich euch übergeben habe. Sehet, all' dies Eigenthum ist mein, sonst ist euer Glaube eitel und ihr seid erfunden Heuchler und die Bündnisse, welche ihr mit mir gemacht habt sind gebrochen und wenn das Eigenthum mir gehört so seid ihr Verwalter, außerdem wäret ihr nicht Verwalter. Doch, wahrlich sage ich euch, ich habe euch bestimmt, Verwalter über mein Haus zu sein, ja, Verwalter in der That; und zu diesem Zwecke habe ich euch geboten, euch zu organisiren, selbst meine Worte, die Fülle meiner Schriften zu drucken, sowie die Offenbarungen, welche ich euch gegeben habe und welche ich späterhin euch von Zeit zu Zeit geben werde, für den Zweck der Aufbauung meiner Kirche und meines Reiches auf der Erde und mein Volk auf die Zeit vorzubereiten, wenn ich mit ihnen weilen werde, welche Zeit nahe bei der Hand ist.

11. Und ihr sollt euch eine Schatzkammer bereiten und dieselbe meinem Namen weihen; und ihr sollt Einen unter euch bestimmen, die Schatzkammer zu verwalten und er soll für diese Segnung geweiht werden; und ein Siegel soll auf der Schatzkammer sein und alle heiligen Dinge sollen in die Schatzkammer überliefert werden und Niemand unter euch soll sie seine eigene nennen oder irgend einen Theil derselben, denn sie soll euch allen insgesammt gehören; und ich gebe sie euch von dieser Stunde an; und nun sehet zu, daß ihr gehet und von der Verwaltung, welche ich euch gegeben habe Gebrauch macht, (mit der Ausnahme von den heiligen Dingen) zum Zwecke des Druckens dieser heiligen Dinge, wie ich gesagt habe; und der Gewinn aus den heiligen Dingen soll in der Schatzkammer aufbewahrt werden nnd ein Siegel soll darauf sein und jener Gewinn soll nicht gebraucht oder aus der Schatzkammer genommen werden durch irgend Jemand, auch soll das Siegel, welches darauf gethan werden wird, nicht gelöst werden,

es sei denn durch die Stimme der Ordnung oder durch Gebot. Und auf diese Weise sollt ihr den Gewinn an den heiligen Dingen in der Schatzkammer aufbewahren für heilige Zwecke; und sie soll genannt werden die heilige Schatzkammer des Herrn; und ein Siegel soll darauf bewahrt werden, daß sie heilig und dem Herrn geweiht sein möge.

12. Und wiederum, eine andere Schatzkammer soll bereitet und ein Schatzmeister erwählt werden, die Schatzkammer zu verwalten und ein Siegel soll auf dieselbe gethan werden; und alle Gelder, welche ihr in euren Verwaltungen empfangt durch das Vermehren der Eigenthümer, welche ich euch übergeben habe wie Häuser, Länder, Vieh und alle anderen Dinge, ausgenommen die heiligen Schriften, welche ich mir vorbehalten habe für heilige Zwecke, sollen in die Schatzkammer gelegt werden, so geschwind als ihr Gelder empfangt, hundert, fünfzig, zwanzig, zehn oder fünf; oder in anderen Worten, wenn irgend Jemand unter euch fünf Talente empfange, der werfe sie in die Schatzkammer, oder wenn er zehn, zwanzig, fünfzig oder hundert empfange, so thue er in gleicher Weise; und sage Niemand unter euch, daß diese sein eigen seien, denn sie sollen nicht so genannt werden, noch ein Theil derselben; und kein Theil daran soll gebraucht oder aus der Schatzkammer genommen werden, außer durch die Stimme und allgemeine Einwilligung der Ordnung. Und dies soll die Stimme und allgemeine Einwilligung der Ordnung sein; daß irgend Jemand unter euch mag zu dem Schatzmeister sagen, ich habe dies nothwendig, mir in meiner Verwaltung zu helfen, seien es fünf Talente oder zehn, oder zwanzig, oder fünfzig, oder hundert, so soll der Schatzmeister ihm die Summe übergeben, die er verlangt, ihm in seiner Verwaltung zu helfen, bis er als ein Uebertreter erfunden ist und es vor dem Rathe der Ordnung deutlich wird, er sei ein ungetreuer und unweiser Verwalter; doch so lange er in voller Genossenschaft gehalten wird und getreu und weise in seiner Verwaltung ist, so soll das dem Schatzmeister ein Zeichen sein, nicht zu versagen. Doch im

Falle der Uebertretung soll der Schatzmeister dem Rathe und der Stimme der Ordnung unterworfen sein. Und falls der Schatzmeister ein ungetreuer und unweiser Verwalter erfunden werden sollte, so soll er dem Rathe und der Stimme der Ordnung unterworfen sein, seines Platzes entsetzt und ein Anderer an seine Stelle erwählt werden.

13. Und wiederum, wahrlich sage ich euch bezüglich eurer Schulden, sehet, es ist mein Wille, daß ihr alle eure Schulden bezahlen solltet; und es ist mein Wille, daß ihr euch vor mir bemüthigt und diese Segnung durch euren Fleiß, eure Demuth und das Gebet des Glaubens erlangt; und insofern als ihr fleißig und demüthig seid und im Gebet des Glaubens beharrt, sehet, so will ich die Herzen Jener erweichen, denen ihr schuldet, bis ich euch Mittel senden werde zu eurer Erlösung. Deshalb schreibet eiligst nach Cainhannah und schreibt, wie es euch durch meinen Geist gegeben werden wird, und ich will die Herzen Jener, denen ihr schuldet, erweichen, daß es ihnen aus dem Sinn genommen werden wird, euch Leides zuzufügen. Und insofern als ihr bemüthig und getreu seid und meinen Namen anruft, sehet, so will ich euch den Sieg verschaffen. Ich gebe euch eine Verheißung, daß ihr diesmal aus eurer Knechtschaft befreit werden sollt; insofern als ihr die Gelegenheit finden könnt, Geld hundertweise oder tausendweise zu borgen, selbst bis ihr genug geborgt habt, um euch aus eurer Knechtschaft zu befreien, so ist es euer Vorrecht; und versetzet das Eigenthum, welches ich in eure Hände gegeben habe, dies einzige Mal, dadurch daß ihr eure Namen durch allgemeine Einwilligung oder auf andere Weise hergebt, wie es euch gutdünken wird. Ich gebe euch dieses Vorrecht dies einzige Mal, und sehet, wenn ihr die Dinge thun werdet, die ich euch vorgelegt habe, nach meinen Geboten, da alle diese Dinge mein sind, und ihr meine Verwalter seid, so wird der Meister nicht dulden, daß sein Haus niedergebrochen werde. So sei es. Amen.

Abschnitt C.

Offenbarung, gegeben im November 1834.

1. Es ist mein Wille, daß mein Diener Warren
A. Cowdery berufen und geweiht werde zu einem
vorstehenden Priester über meine Kirche im Lande
Freedom und den Gegenden rings herum; und er
soll mein ewiges Evangelium predigen und seine
Stimme erheben und die Leute warnen, nicht nur in
seinem eigenen Orte, sondern in den angrenzenden
Ortschaften und seine ganze Zeit diesem hohen und
heiligen Berufe widmen, welchen ich ihm jetzt gebe,
mit Fleiß das Reich Gottes und seine Gerechtigkeit
suchend, und alle nothwendigen Dinge sollen hinzugefügt werden, denn der Arbeiter ist seines Lohnes
werth.

2. Und wiederum, wahrlich ich sage euch, die Zukunft des Herrn kommt nahe herbei und sie überrascht die Welt wie ein Dieb in der Nacht; deshalb
gürtet eure Lenden, daß ihr die Kinder des Lichtes
sein möget und jener Tag euch nicht ereile wie ein
Dieb.

3. Und wiederum, wahrlich sage ich euch, da war
Freude im Himmel als mein Diener Warren zu meinem Zepter sich beugte und sich von den Verbindungen der Welt trennte; deshalb, gesegnet sei mein
Diener Warren, denn ich will Gnade mit ihm haben;
und ungeachtet der Eitelkeit seines Herzens, will ich
ihn erheben, insofern als er sich vor mir demüthigen
will; und ich will ihm Gnade und Zuversicht geben,
wodurch er bestehen kann und wenn er fortfährt ein
getreuer Zeuge und ein Licht der Kirche zu sein, so
habe ich ihm eine Krone bereitet in den Wohnungen
meines Vaters. So sei es. Amen.

Abschnitt CI.

Offenbarung, gegeben im Februar 1834.

1. Wahrlich, ich sage euch meine Freunde, sehet ich will euch eine Offenbarung und ein Gebot geben, daß ihr wissen möget, wie zu handeln in der Ausführung eurer Pflichten in Bezug auf das Heil und die Erlösung eurer Brüder, welche auf dem Lande Zion's zerstreut, sowie auch vertrieben und durch die Hände meiner Feinde geschlagen worden sind, auf welche ich meinen Zorn ohne Maß in meiner eigens bestimmten Zeit ausgießen werde; denn ich habe es ihnen so weit erlaubt, das Maß ihrer Gottlosigkeit zu erfüllen, bis ihr Becher voll sei, damit Jene, welche sich nach meinem Namen nennen, während einer kurzen Zeit gezüchtigt werden möchten mit einer schweren und schmerzlichen Züchtigung, weil sie nicht gänzlich den Lehren und Geboten, welche ich ihnen gab, Gehör leisteten.

2. Doch wahrlich, ich sage euch, ich habe einen Beschluß gefaßt, welchen mein Volk ausgeführt sehen wird, insoweit sie von dieser Stunde an dem Rathe, welchen ich der Herr ihr Gott ihnen geben werde, Gehör leisten. Sehet, sie sollen, (denn ich habe es beschlossen) anfangen gegen ihre Feinde von dieser Stunde an die Oberhand zu gewinnen und dadurch, daß sie alle die Worte, welche ich der Herr ihr Gott zu ihnen sprechen werde, beobachten, werden sie nie aufhören zu siegen, bis die Reiche der Welt unter meine Füße gebracht worden sind und die Erde den Heiligen gegeben worden ist, sie immer und ewiglich zu besitzen. Doch, wenn sie meine Gebote nicht halten und alle meine Worte nicht beobachten, so sollen die Reiche der Welt die Oberhand über sie gewinnen, denn sie wurden bestimmt, der Welt ein Licht und den Menschen ein Heil zu sein; und insofern als sie den Menschen kein Heil sind, so sind sie wie das Salz, das seinen Geschmack verloren hat und ferner für nichts taugt, als fortgeworfen und unter die Füße der Menschen getreten zu werden.

3. Doch wahrlich sage ich euch, ich habe beschlossen, daß eure Brüder, welche zerstreut wurden, nach dem Lande ihres Erbtheils zurückkehren und die öben Plätze Zion's aufbauen sollen, denn wie ich euch in einem früheren Gebote gesagt habe, „nach großer Trüb= sal kommt der Segen". Sehet, dies ist der Segen, welchen ich euch verhieß nach euren Trübsalen und den Trübsalen eurer Brüder; eure Erlösung und die Erlösung eurer Brüder, selbst ihre Wiederherstellung auf dem Lande Zion, welches gegründet werden soll, nie wieder niedergeworfen zu werden; dennoch, wenn sie ihre Erbtheiler beflecken, so sollen sie niedergewor= fen werden, denn ich will sie nicht schonen, wenn sie ihre Erbtheiler beflecken. Sehet ich sage euch, die Er= lösung Zion's muß nothwendiger Weise mit Macht kommen; deshalb will ich meinem Volke einen Mann erwecken, der es leiten soll, gleichwie Mose die Kinder Israel's führte, denn ihr seid die Kinder Israel's und vom Samen Abraham's und ihr müßt nothwendiger Weise durch Macht aus der Knechtschaft geführt wer= den und mit ausgestrecktem Arm; und wie eure Väter im Anfange geführt wurden, so wird die Er= lösung Zion's sein. Deshalb, seid nicht verzagt, denn ich sage nicht, wie ich zu euren Väter sagte, mein Engel soll vor euch hergehen, aber meine Gegenwart nicht; denn zu euch sage ich, meine Engel sollen euch vorangehen und auch meine Gegenwart und mit der Zeit werdet ihr das gute Land besitzen.

4. Wahrlich, wahrlich ich sage euch, mein Diener Baurak Ale ist der Mann, den ich verglich mit dem Knechte, zu dem der Herr des Weinbergs in der Pa= rabel sprach, welche ich euch gab.

5. Deshalb sage mein Diener Baurak Ale zu der Stärke meines Hauses, meinen jungen Männern und denen mittleren Alters, sammelt euch zusammen auf dem Lande Zion, dem Lande, welches ich mit Geldern kaufte, die mir geweiht worden waren; und alle Ge= meinden sollten weise Männer mit ihren Geldern schicken und Ländereien verkaufen, selbst wie ich ihnen befohlen habe: und insofern als meine Feinde gegen euch herauf kommen, um euch aus meinem guten

Lande zu vertreiben, welches ich geweiht habe, das Land Zion zu sein, selbst aus euren eigenen Lände-reien, so sollt ihr, nach diesen Zeugnissen, welche ihr vor mich gegen sie gebracht habt, ihnen fluchen; und wem immer ihr fluchet, dem will ich fluchen und ihr sollt mich an meinen Feinden rächen und meine Gegenwart soll mit euch sein, während ihr mich an meinen Feinden rächet, selbst bis in's dritte und vierte Glied, derer die mich hassen.

6. Niemand fürchte sich sein Leben niederzulegen, um meinetwillen, denn wer immer sein Leben um meinetwillen niederlegt, derselbe soll es wieder finden; und wer nicht Willens ist, sein Leben um meinet-willen zu lassen, derselbe ist nicht mein Schüler. Es ist mein Wille, daß mein Diener Sidney Rigdon seine Stimme in den Gemeinden der östlichen Länder er-hebe und sie vorbereite, die Gebote zu halten, welche ich ihnen, in Betreff der Wiederherstellung und Er-lösung Zion's gegeben habe. Es ist mein Wille, daß mein Diener Parley P. Pratt und mein Diener Ly-man Wight nicht nach dem Lande ihrer Brüder zu-rückkehren sollten, bis sie Gesellschaften erlangt haben nach dem Lande Zion zu gehen, je zehn, zwanzig, fünfzig oder hundert stark, bis sie eine Anzahl von fünfhundert der Stärke meines Hauses erlangt haben. Sehet, das ist mein Wille; bittet und ihr sollt em-pfangen, doch Menschen thun nicht immer meinen Willen; deshalb wenn ihr fünfhundert nicht erlangen könnt, so suchet fleißig, daß ihr vielleicht dreihundert erlangen möget; und könnt ihr dreihundert nicht er-langen, so suchet fleißig, daß vielleicht ihr ein hundert erlangen möget. Doch wahrlich sage ich euch, ein Gebot gebe ich, daß ihr nicht nach dem Lande Zion gehen sollt, es sei denn, ihr habet hundert von der Stärke meines Hauses gesammelt, um nach dem Lande Zion zu gehen. Deshalb, wie ich vorher sagte, bittet und ihr sollt empfangen, betet ernstlich, daß vielleicht mein Diener Baurak Ale mit euch gehe und in der Mitte meines Volkes präsidire und mein Reich organisire auf dem geweihten Lande und die Kinder Zion's festsetze, nach den Gesetzen und Geboten, welche

gegeben worden sind und noch gegeben werden sollen.

7. Jeder Sieg und alle Herrlichkeit ist erlangt durch euern Fleiß, eure Treue und Gebete im Glauben. Mein Diener Parley P. Pratt reise mit meinem Diener Joseph Smith jun. Mein Diener Lyman Wight reise mit meinem Diener Sidney Rigdon. Mein Diener Hyrum Smith reise mit meinem Diener Friedrich G. Williams. Mein Diener Orson Hyde reise mit meinem Diener Orson Pratt, wohin immer mein Diener Joseph Smith jun. ihnen rathen wird, zu gehen, um die Erfüllung dieser Gebote, welche ich euch gegeben habe, zu erlangen und das Uebrige bleibe in meinen Händen. So sei es. Amen.

~~~~~~~

Abschnitt CII.

Offenbarung, gegeben am Fishing-Fluß, Missouri, den 22. Juni 1834.

1. Wahrlich, ich sage euch, die ihr versammelt seid, um meinen Willen in Bezug auf die Erlösung meines bedrückten Volkes zu erfahren.

2. Siehe, wäre es nicht der Uebertretungen meines Volkes wegen, (von der Kirche und nicht Personen sprechend), so könnte es selbst jetzt schon erlöst sein; doch, sehet, sie haben nicht gelernt den Dingen gehorsam zu sein, welche ich von ihnen verlangte, sondern sind erfüllt mit allerlei Bösem und theilen von ihren Gütern den Armen und Nothleidenden unter ihnen nicht mit, wie es Heiligen geziemt und sind nicht vereinigt der Einheit gemäß, welche von dem Gesetze des himmlischen Reiches verlangt wird; Zion kann nicht aufgebaut werden, es sei denn nach den Principien des Gesetzes des himmlischen Reiches, sonst kann ich es nicht zu mir selbst nehmen; und mein Volk muß nothwendiger Weise gezüchtigt werden, bis es Gehorsam lernt, wenn es auch sei durch die Dinge, welche es erdulden muß.

3. Ich spreche nicht in Bezug auf Jene, welche bestimmt sind mein Volk zu leiten, und die ersten Aeltesten meiner Kirche sind, denn sie sind nicht alle unter dieser Verdammung; doch spreche ich in Bezug auf meine auswärtigen Kirchen — es gibt viele, welche sagen — Wo ist ihr Gott? Sehet, er wird erlösen zur Zeit der Trübsal, sonst wollen wir nicht nach Zion und behalten lieber unsere Gelder. Deshalb, in Folge der Uebertretung meines Volkes, ist es rathsam, daß meine Aeltesten auf die Erlösung Zion's eine kurze Zeit warten sollten, daß sie selbst bereitet werden möchten und mein Volk mehr vollkommen unterrichtet werde und Erfahrung gewinne und seine Pflichten vollkommener verstehe und die Dinge, welche ich von ihnen verlange; und dies kann nicht gethan werden, bis meine Aeltesten mit Macht aus der Höhe ausgerüstet sind; denn sehet, ich habe eine große Begabung vorbereitet und einen Segen, der über sie ausgegossen werden soll, insofern als sie getreu sind und in Demuth vor mir fortfahren; deshalb ist es rathsam, daß meine Aeltesten eine kurze Zeit warten sollten auf die Erlösung Zion's; denn siehe, ich verlange von ihnen nicht die Schlachten Zion's zu kämpfen; denn wie ich in einem früheren Gebote sagte, so will ich auch erfüllen. Ich will eure Schlachten schlagen.

4. Sehet, den Zerstörer habe ich ausgesandt meine Feinde zu zerstören und zu verheeren; und nicht viele Jahre werden vergehen, bis sie nicht übrig gelassen sein werden, mein Erbtheil zu verunreinigen, und meinen Namen auf den Ländern, welche ich für die Versammlung meiner Heiligen geweiht habe, zu verlästern.

5. Siehe, ich habe meinem Diener Baurak Ale geboten, zu der Stärke meines Hauses zu sagen, zu meinen Kriegern, meinen jungen Männern und denen mittleren Alters, sich zu sammeln für die Erlösung meines Volkes, die Thürme meiner Feinde niederzuwerfen und ihre Wächter zu zerstreuen; doch die Stärke meines Hauses hat meinen Worten nicht Gehör gegeben; doch insofern als es solche gibt, welche meinen Worten gehorchten, so habe ich eine

Segnung und Begabung für sie bereitet, so sie treu bleiben. Ich habe ihre Gebete gehört und will ihr Opfer annehmen, und es ist rathsam, daß sie so weit gebracht werden sollten, zu einer Prüfung ihres Glaubens.

6. Und nun, wahrlich sage ich, ein Gebot gebe ich euch, daß so Viele als hieher gekommen sind, welche in der umliegenden Gegend bleiben können, die sollten bleiben; und Jene, welche nicht bleiben können, die Familien im Osten haben, sollten eine kurze Zeit bleiben, wie mein Diener Joseph ihnen verordnen wird; denn ich werde ihm rathen in Bezug auf diese Sache und alle Dinge, welche er ihnen bestimmen wird, sollen erfüllt werden.

7. Mein ganzes Volk, die in den umliegenden Gegenden wohnen, sollten sehr getreu, andächtig und demüthig vor mir sein und die Dinge nicht offenbaren, welche ich ihnen geoffenbaret habe, bis es weislich ist, daß sie geoffenbart werden sollen. Sprechet nicht vom Gerichte, auch rühmt euch des Glaubens oder mächtiger Werke nicht, sondern sammelt euch vorsichtig, so viele in einer Gegend, als mit den Gefühlen der Leute vereinbar ist; und sehet, ich will euch Gunst und Gnade in ihren Augen geben, daß ihr möget ruhen in Frieden und Sicherheit, während ihr zu den Leuten saget —

„Uebet Recht und Gerechtigkeit für uns nach dem Gesetze, und machet gut die Verletzung unserer Rechte.“

8. Nun sehet, ich sage zu euch, meine Freunde, auf diese Weise könnt ihr Gunst in den Augen der Leute erlangen, bis die Armee Israel's sehr groß wird; und ich will von Zeit zu Zeit die Herzen der Leute erweichen, wie ich das Herz Pharaoh's erweichte, bis meine Diener Baurak Ale und Baneemy, welche ich berufen habe, Zeit haben werden, die Stärke meines Hauses zu versammeln und weise Männer senden zu lassen, in Bezug des Ankaufes aller Ländereien in der Grafschaft Jackson und in den umliegenden Grafschaften, welche gekauft werden können; denn es ist mein Wille, daß diese Länder gekauft werden und

nachdem sie angekauft sind, daß meine Heiligen sie nach den Gesetzen der Widmung, die ich gegeben habe, besitzen sollen; und nachdem diese Länder angekauft sind, so will ich die Armeen Israel's schuldlos halten, Besitz von ihrem eigenen Lande zu nehmen, welches sie vorher mit ihrem Gelde gekauft haben, die Thürme meiner Feinde, welche darauf sein mögen, niederzu= werfen, ihre Wächter zu zerstreuen und mich an mei= nen Feinden zu rächen bis ins britte und vierte Glied berer, die mich hassen.

9. Doch lasset meine Armee zuerst sehr groß werden und heiliget sie vor mir, daß sie werden möge „schön wie die Sonne, hell wie der Mond und ihre Banner allen Nationen ein Schrecken"; daß die Reiche dieser Welt genöthigt sein mögen, zu bekennen, daß das Reich Zion's in der That das Reich Gottes und seines Christus ist, deshalb lasset uns seinen Ge= setzen unterthänig sein.

10. Wahrlich, ich sage euch, ich halte es für bien= lich, daß die ersten Aeltesten meiner Kirche ihre Be= gabungen von der Höhe in meinem Hause empfan= gen, welches im Lande Kirtland meinem Namen zu bauen ich geboten habe; und jene Gebote, welche ich, Zion und sein Gesetz betreffend, gegeben habe, sollen nach seiner Erlösung ausgeführt und erfüllt werden. Es gab einen Tag der Berufung, doch ist die Zeit gekommen für einen Tag des Auswählens und jene, welche würdig sind, sollen erwählt werden und es wird meinem Diener kundgethan werden durch die Stimme des Geistes, welche auserwählt sind und sie sollen geheiligt werden; und insofern als sie dem Rathe folgen, den sie empfangen, so sollen sie Macht haben nach vielen Tagen, alle zu Zion gehörigen Dinge auszuführen.

11. Und wiederum sage ich euch, haltet an um Frieden, nicht nur bei dem Volke, das euch geschlagen hat, sondern bei allen Leuten; und errichtet eine Standarte des Friedens und machet eine Verkündi= gung des Friedens an die Enden der Erde und ma= chet jenen, die euch geschlagen haben, Friedensvor= schläge nach der Stimme des Geistes, der in euch ist

und alle Dinge sollen zu eurem Heile sich wenden; deshalb seid getreu und sehet, ich bin mit euch, selbst bis an's Ende. So sei es. Amen.

~~~~~~~~

Abschnitt CIII.

Offenbarung, gegeben an Joseph Smith, am 19. Januar 1841.

1. Wahrlich, so spricht der Herr zu seinem Diener Joseph Smith, ich bin wohl zufrieden mit deinem Opfer und deiner Erkenntlichkeit, welche Du dargebracht hast, denn zu diesem Zwecke habe ich dich erweckt, daß ich meine Weisheit durch die schwachen Dinge der Erde zeigen möchte. Deine Gebete sind von mir angenommen und in Antwort auf dieselben sage ich zu dir, daß du nun berufen bist, sogleich eine feierliche Verkündigung meines Evangeliums und dieses Pfahles zu machen, den ich gesetzt habe ein Eckstein Zion's zu sein, welcher polirt werden soll mit jener Verfeinerung, welche nach dem Gleichnisse eines Palastes ist. Diese Verkündigung soll allen Königen der Welt gemacht werden — zu den vier Enden derselben — dem ehrenwerthen jüngsterwählten Präsidenten und den hochherzigen Gouverneuren der Nation, in welcher ihr wohnt, und an alle Nationen, welche über die Erde zerstreut sind. Sie soll in dem Geiste der Demuth geschrieben werden und durch die Macht des heiligen Geistes, welcher in dir ist zur Zeit des Schreibens derselben; denn es soll dir durch den heiligen Geist gegeben werden, meinen Willen bezüglich jene Könige und Autoritäten zu kennen, selbst was ihnen begegnen wird in kommender Zeit. Denn siehe, ich bin im Begriff, sie aufzurufen, auf das Licht und die Herrlichkeit Zion's Acht zu geben, denn die gesetzte Zeit, es zu begünstigen, ist gekommen.

2. Rufe sie deshalb auf mit lauter Verkündi-

gung und mit deinem Zeugnisse; fürchte sie nicht, denn sie sind wie das Gras und alle ihre Herrlich= keit wie die Blüthe desselben, welche bald abfällt; daß sie auch ohne Entschuldigung gelassen sein mögen und daß ich sie heimsuchen kann am Tage der Heim= suchung, wenn ich mein Angesicht entschleiern werde, dem Unrerbrücker seinen Theil unter den Heuchlern anzuweisen, wo da ist Zähneknirschen, wenn sie meine Diener und mein Zeugniß verwerfen, welches ich ihnen geoffenbaret habe. Und wiederum will ich viele von ihnen aufsuchen und ihre Herzen zu eurem Heile erweichen, daß ihr Gnade in ihren Augen fin= den möget, daß sie zum Lichte der Wahrheit kommen mögen und die Heiden zur Erhöhung Zion's. Denn der Tag meiner Heimsuchung kommt geschwind, in einer Stunde, wenn ihr nicht daran denket und wo soll die Sicherheit meines Volkes sein und die Zu= flucht jener, welche von ihnen übrig bleiben werden?

3. Erwachet! o ihr Könige der Erde! Kommt, o kommt mit eurem Gold und Silber zur Hilfe mei= nes Volkes, dem Hause der Töchter Zion's.

4. Und wiederum, wahrlich ich sage dir, mein Diener Robert B. Thompson soll dir helfen, diese Verkündigung zu schreiben, denn ich bin wohl mit ihm zufrieden, und wünsche, daß er mit Dir sei; deshalb höre er auf deinen Rath und ich will ihn mit einer Vielfältigkeit von Segnungen segnen; er sei nur getreu und aufrichtig alle Zeit von jetzt an, so soll er groß in meinen Augen werden, doch er= innere er sich, daß ich Rechenschaft von seiner Ver= waltung verlangen werde.

5. Und wiederum, wahrlich ich sage Dir, gesegnet ist mein Diener, Hyrum Smith, denn ich der Herr liebe ihn wegen der Rechtschaffenheit seines Herzens und weil er das liebt, was vor mir Recht ist, spricht der Herr.

6. Wiederum, mein Diener Johann C. Bennet sollte dir helfen in deiner Arbeit, mein Wort den Königen der Völker der Erde zu senden und bei deiner Seite stehen, ja bei dir meinem Diener Joseph Smith in der Stunde der Noth und sein Lohn soll

nicht ausbleiben, wenn er Rath empfängt; und wegen
seiner Liebe soll er groß sein, denn er soll der meinige
sein, so er dies thue. Ich habe das Werk gesehen,
welches er gethan hat, welches ich annehme, so er fort=
fährt und ich will ihn mit Segnungen und großer
Herrlichkeit krönen.

7. Und wiederum sage ich dir, es ist mein Wille,
daß mein Diener Lyman Wight fortfahre, für Zion
zu predigen, im Geiste der Demuth, mich vor der
Welt bekennend und ich will ihn tragen wie mit
Adlersfittigen und er soll Glorie und Ehre für sich
selbst einlegen und für meinen Namen, daß wenn er
sein Werk vollenden wird, ich ihn zu mir selbst nehmen
möge, wie ich mit meinem Diener David Patten that,
welcher mit mir zu jetziger Zeit ist und auch meinem
Diener Eduard Partridge und auch meinem bejahr=
ten Diener Joseph Smith sen., der da sitzet zur Rech=
ten Abraham's und gesegnet und heilig ist, denn er
ist mein.

8. Und wiederum, wahrlich ich sage euch, mein
Diener Georg Miller ist ohne Argheit; ihm kann
man trauen der Rechtschaffenheit seines Herzens we=
gen; und wegen der Liebe, welche er hat für mein
Zeugniß, liebe ich, der Herr, ihn; ich sage deshalb
zu dir, ich siegle auf seinem Haupte das Amt eines
Bischofs, gleich meinem Diener Eduard Partridge,
daß er die Widmungen meines Hauses empfangen
und Segnungen auf die Häupter der Armen meines
Volkes ausgießen möge, spricht der Herr. Niemand
verachte meinen Diener Georg, denn er wird mich
ehren.

9. Mein Diener Georg und mein Diener Lyman
und mein Diener Johann Snider und andere sollen
meinem Namen ein Haus bauen, ein solches, als
mein Diener Joseph ihnen zeigen wird, auf dem Platze,
welchen er euch auch zeigen wird. Und es soll ein
Haus für Kostgänger werden, ein Haus, so daß
Fremde aus der Ferne kommen können, in demselben
zu wohnen; deshalb sei es ein gutes Haus, würdig
aller Gunst, daß der müde Reisende Gesundheit und
Sicherheit finden möge, während er über das Wort

des Herrn und den Eckstein, welchen ich für Zion bestimmt habe Betrachtungen anstellt. Dieses Haus
soll eine gesunde Wohnung sein, so es meinem Namen
erbaut werde und wenn der Director, welcher für
dasselbe angestellt werden wird, nicht erlaubt, daß es
verunreinigt werde. Es muß heilig sein, sonst wird
der Herr euer Gott nicht darin wohnen.

10. Und wiederum, wahrlich ich sage euch, alle
meine Heiligen sollten aus der Ferne kommen und
sendet zu ihnen eilige Boten, ja, auserwählte Boten
und sagt zu ihnen: kommet mit all' eurem Golde
und eurem Silber und euren Edelsteinen, und mit
allen euren Alterthümern, daß wer da kommen will,
kommen möge und bringe den Buchsbaum, die Föhre
und die Tanne, zusammen mit allen kostbaren Bäumen der Erde und mit dem Eisen, Kupfer, Messing,
Zink und mit allen euren köstlichen Dingen der Erde
und bauet meinem Namen ein Haus, worin der
Allerhöchste wohnen kann. Denn kein Platz kann
auf der Erde gefunden werden, wohin er kommen
könne, um euch das wiederherzustellen, was verloren
gegangen ist oder was er hinweggenommen hat, selbst
die Fülle des Priesterthums. Denn ein Taufbecken
ist nicht auf der Erde, daß sie, meine Heiligen, für
Jene, welche todt sind, getauft werden können; denn
diese Verordnung gehört zu meinem Hause, und kann
mir nur in den Tagen eurer Armuth angenehm sein,
wodurch ihr nicht im Stande seid, mir ein Haus zu
erbauen. Doch befehle ich euch Allen, ihr meine Heiligen, mir ein Haus zu errichten; und ich gewähre
euch eine genügende Zeit, um ein Haus mir zu erbauen, und während dieser Zeit werden eure Taufen
mir angenehm sein.

11. Doch sehet, am Ende jener Frist werden eure
Taufen für die Todten mir nicht mehr angenehm
sein und wenn ihr diese Dinge nicht thut bis zum
Ende jener bestimmten Zeit, so werdet ihr als eine
Kirche mit euren Todten verworfen werden, spricht
der Herr euer Gott. Denn wahrlich sage ich euch,
nachdem ihr genügende Zeit zum Baue eines Hauses
gehabt habt, wo hinein die Verordnung der Taufe

für die Todten gehört und für welche sie gegründet
wurde vor der Gründung der Erde, so können eure
Taufen für die Todten mir nicht angenehm sein,
denn darin sind die Schlüssel des heiligen Priester=
thums verordnet, daß ihr Ehre und Herrlichkeit em=
pfangen möget. Und nach jener Zeit werden die
Taufen für die Todten, vollzogen von jenen, die aus=
wärts zerstreut sind, nicht von mir angenommen
werden, spricht der Herr; denn es ist verordnet, daß
in Zion und seinen Pfählen und in Jerusalem, jenen
Orten, welche ich als Zufluchtsörter bezeichnet habe,
die Plätze sind für die Taufe für eure Todten.

12. Und wiederum, wahrlich sage ich euch, wie
sollen eure Waschungen mir angenehm sein, es sei
denn ihr vollzieht dieselben in einem Hause, welches
ihr zu meinem Namen errichtet habt? Denn des=
halb gebot ich Mose, ein Tabernakel zu bauen, wel=
ches sie mit sich in der Wüste führen sollten, und ein
Haus im Lande der Verheißung, daß jene Verord=
nungen geoffenbart werden möchten, welche verborgen
waren, ehe denn die Welt war; deshalb wahrlich sage
ich euch, eure Salbungen, eure Waschungen und eure
Taufen für die Todten, eure feierlichen Versamm=
lungen, die Feier eurer Opfer durch die Söhne Levi's
und eure Orakel in euren allerheiligsten Plätzen, in
welchen ihr Mittheilungen empfangt, und eure Sta=
tuten und Bescheide zum Anfange der Offenbarungen
und Gründung Zion's und für die Herrlichkeit, Ehre
und Begabung aller seiner Einwohner, sind durch die
Verordnung meines heiligen Hauses eingesetzt und
mein Volk hat immer ein Gebot, ein solches meinem
heiligen Namen zu errichten.

13. Und wahrlich, ich sage euch, bauet dieses Haus
meinem Namen, daß ich darin meinem Volke meine
Verordnungen offenbaren kann; denn ich geruhe
meiner Kirche Dinge zu offenbaren, welche schon ver=
borgen waren, vor der Gründung der Welt, Dinge,
welche zur Verkündigung der Fülle der Zeiten ge=
hören; und ich will meinem Diener Joseph alle Dinge
zeigen, welche zu diesem Hause gehören und das Prie=
sterthum desselben und den Platz, wo es gebaut wer=

ben soll; unb ihr sollt es auf dem Plaße bauen, wo
ihr es zu bauen beabsichtiget, benn bas ist der Ort,
welchen ich erwählt habe unb wo ihr es bauen sollt.
Wenn ihr mit aller Macht arbeitet, so will ich jenen
Plaß weihen, baß er heilig gemacht werden wirb;
unb wenn mein Volk meiner Stimme gehorchen will,
unb ber Stimme meiner Diener, welche ich bestimmt
habe, mein Volk zu leiten, sehet, wahrlich ich sage
euch, sie sollen nicht aus ihrer Stellung gerückt wer=
ben. Doch wenn sie meiner Stimme nicht gehorchen
wollen, noch ber Stimme jener Männer, die ich ein=
gesetzt habe, so sollen sie nicht gesegnet werden, weil
sie meinen heiligen Boden unb meine heiligen Ver=
orbnungen unb Vorrechte unb meine heiligen Worte,
welche ich ihnen gegeben habe, beflecken.

14. Unb es soll sich ereignen, baß wenn ihr mei=
nem Namen ein Haus baut unb die Dinge, welche
ich euch geblete nicht thut, so will ich weber den Eib
erfüllen, welchen ich euch mache, noch die Verheißun=
gen, welche ihr von mir erwartet, spricht ber Herr;
benn anstatt Segnungen, bringt ihr burch eure eige=
nen Werke, Flüche, Zorn, Grimm unb Gerichte auf
eure eigenen Häupter, burch eure Thorheiten unb
Gräuel, welche ihr vor mir ausübt, spricht ber Herr.

15. Wahrlich, wahrlich ich sage euch, baß wenn
ich ein Gebot, irgenb welchen der Menschensöhne gebe,
ein Werk meinem Namen zu thun unb jene Menschen=
söhne gehen mit all' ihrer Kraft unb Allem, was sie
haben, jenes Werk auszurichten unb lassen in ihrem
Fleiße nicht nach, unb ihre Feinde kommen über sie
unb hinbern sie an der Ausführung jenes Werkes;
sehet, es geziemt mir, jenes Werk nicht mehr von
jenen Menschensöhnen zu verlangen, sonbern ihre
Opfer anzunehmen; unb die Gottlosigkeit unb Ueber=
tretung meiner heiligen Gesetze unb Gebote, will ich
heimsuchen an benen, welche mein Werk hinberten bis
in's britte unb vierte Glieb, so lange als sie nicht
Buße thun unb mich hassen, spricht Gott ber Herr.
Aus biesem Grunde habe ich die Opfer jener ange=
nommen, benen ich gebot meinem Namen eine Stabt
unb ein Haus in der Graffchaft Jackson in Missouri

zu erbauen, und die durch ihre Feinde daran gehindert wurden, spricht der Herr euer Gott: und ich will Gericht, Zorn und Grimm, Wehklagen, Angst und Zähnklappen über ihre Häupter bringen, bis in's dritte und vierte Glied, so lange als sie nicht Buße thun und mich hassen, spricht der Herr euer Gott.

16. Und dies gebe ich euch zu einem Beispiel, zum Troste aller jener, denen ein Werk zu thun geboten wurde und die durch ihre Feinde daran gehindert wurden und durch Unterdrückung, spricht der Herr euer Gott; denn ich bin der Herr euer Gott und will alle jene eurer Brüder erlösen, welche reinen Herzens waren und im Lande Missouri erschlagen wurden, spricht der Herr.

17. Und wiederum, wahrlich ich sage euch, ich befehle euch wiederum ein Haus meinem Namen zu erbauen, ja selbst an diesem Orte, daß ihr euch mir beweisen möget, als getreu in allen Dingen, die ich euch gebiete, daß ich euch segnen und mit Ehre, Unsterblichkeit und ewigem Leben krönen möge.

18. Und nun sage ich euch, in Bezug auf mein Kosthaus, welches ich euch befahl für die Verköstigung von Fremden zu bauen, daß es meinem Namen erbaut, mein Name auf demselben genannt werden und mein Diener Joseph und sein Haus Platz darin finden soll, von Geschlecht zu Geschlecht; denn diese Salbung habe ich auf sein Haupt gegeben, daß seine Segnungen auch auf dem Haupte seiner Nachkommenschaft ruhen sollen, und wie ich zu Abraham sagte bezüglich die Geschlechter der Erde, so sage ich auch zu meinem Diener Joseph, in dir und deinem Samen sollen die Geschlechter der Erde gesegnet werden. Deshalb soll mein Diener Joseph und sein Same nach ihm, in jenem Hause Platz finden, von Geschlecht zu Geschlecht auf immer und ewiglich, spricht der Herr, und nennet den Namen jenes Hauses „Nauvoo Haus" und lasset es eine angenehme Wohnung für den Menschen sein und ein Ruheplatz für den müden Reisenden, daß er die Herrlichkeit Zion's betrachten möge und die Herrlichkeit des Ecksteines desselben, daß er auch Rath empfangen möge von denen, welche

ich eingesetzt habe als Wächter auf den Mauern Zion's.

19. Sehet, wahrlich ich sage euch, mein Diener Georg Miller und mein Diener Lyman Wight und mein Diener Johann Snider und mein Diener Peter Haws sollten sich organisiren und einen aus ihrer Mitte erwählen, ein Präsident über sie zu sein, für den Zweck des Baues jenes Hauses. Und sie sollen eine Verfassung machen, nach welcher sie Actien zum Baue jenes Hauses empfangen können. Und sie sollen nicht weniger als fünfzig Dollars für eine Actie in jenem Hause empfangen und es soll ihnen erlaubt sein, fünfzehn tausend Dollars von irgend e i n e m Manne für Actien in jenem Hause zu empfangen; doch soll es ihnen nicht gestattet sein, über fünfzehn= tausend Dollars von irgend e i n e m Manne zu em= pfangen; auch sollen sie nicht unter fünfzig Dollars für eine Actie in jenem Hause, von irgend Jemand empfangen; und sie sollen Niemand als einen Actionär für dieses Haus empfangen, außer er bezahle für die Actien zur Zeit des Empfanges derselben; und im Verhältniß zu dem Betrage, den er bezahlt, soll er Actien in jenem Hause empfangen; doch bezahlt er ihnen nichts, so soll er auch keine Actien in jenem Hause erlangen. Und wenn irgend Jemand ihnen Beträge bezahlt, so sollen sie für Actien in jenem Hause sein, für sich selbst und seine Nachkommen, von Geschlecht zu Geschlecht, so lange als er und seine Erben jene Aciien halten und sie weder verkaufen noch übertragen durch ihren freien Willen und Wunsch, wenn ihr meinen Willen thun wollt, spricht der Herr euer Gott.

20. Und wiederum, wahrlich ich sage euch, wenn mein Diener Georg Miller und mein Diener Lyman Wight und mein Diener Johann Snider und mein Diener Peter Haws irgend welche Beträge, wie Gel= der oder anderes Eigenthum empfangen, wodurch sie den wirklichen Werth in Geldern erlangen, so sollen sie nicht irgend einen Theil dieser Beträge für irgend einen andern Zweck, als das Bauen jenes Hauses verwenden; und wenn sie irgend einen Theil jener

Beträge ohne die Einwilligung des Actionärs anderswo
anwenden, als in jenem Hause, und bezahlen nicht
vierfältig zurück für alle Beträge, die sie irgendwo
anders angewandt haben, so sollen sie verflucht sein
und sollen von ihren Plätzen abgesetzt werden, spricht
Gott der Herr, denn ich der Herr bin Gott und lasse
meiner nicht spotten in irgend welchen dieser Dinge.

21. Wahrlich, ich sage euch, mein Diener Joseph
sollte ihnen Beträge für den Bau jenes Hauses be=
zahlen, wie es ihm gut dünkt; doch mein Diener
Joseph darf weder über fünfzehntausend Dollars in
Actien jenes Hauses kaufen, noch weniger als fünfzig
Dollars; noch ist es irgend einem Anderen gestattet,
spricht der Herr.

22. Und Andere gibt es auch, welche meinen
Willen bezüglich sie selbst wissen wollen, denn sie
haben mich darum gebeten. Deshalb sage ich euch in
Bezug auf meinen Diener Vinson Knight, wenn er
meinen Willen thun will, so kaufe er Actien jenes
Hauses für sich selbst und seine Nachkommen, von
Geschlecht zu Geschlecht und er erhebe seine Stimme
lange und laut, in der Mitte des Volkes, die Sache
der Armen und Nothleidenden zu vertheidigen; und
das unterlasse er nicht, auch werde er nicht ent=
muthigt, so will ich seine Opfer annehmen, denn sie
sollen mir nicht sein wie die Opfer Kain's, denn er
soll mein sein, spricht der Herr. Seine Familie er=
freue sich und wende ihr Herz von der Trübsal, denn
ich habe ihn erwählt und gesalbt und er soll geehrt
werden in der Mitte seines Hauses, denn ich will alle
seine Sünden vergeben, spricht der Herr. Amen.

23. Wahrlich ich sage euch, mein Diener Hyrum
sollte Actien jenes Hauses kaufen, wie es ihm gut
dünkt, für sich selbst und seine Nachkommen, von Ge=
schlecht zu Geschlecht.

24. Mein Diener Isaak Galland sollte Actien
jenes Hauses kaufen, denn ich der Herr liebe ihn, des
Werkes wegen, das er gethan hat und ich will alle
seine Sünden vergeben; deshalb sollte er mit einem
Interesse in jenem Hause bedacht werden, von Ge=
schlecht zu Geschlecht. Mein Diener Isaak Galland

22

soll von euch bestimmt und von meinem Diener Wil=
helm Marks ordinirt und gesegnet werden, mit mei=
nem Diener Hyrum zu gehen, das Werk auszuführen,
welches mein Diener Joseph ihnen anweisen wird,
und sie sollen sehr gesegnet werden.

25. Mein Diener Wilhelm Marks kaufe Actien
jenes Hauses, wie es ihm gut dünkt, für sich und
seine Nachkommen von Geschlecht zu Geschlecht.

26. Mein Diener Heinrich G. Sherwood kaufe
Actien jenes Hauses wie es ihm gut dünkt, für sich
und seinen Samen nach ihm, von Geschlecht zu Ge=
schlecht.

27. Mein Diener Wilhelm Law kaufe Actien
jenes Hauses, für sich und seinen Samen nach ihm,
von Geschlecht zu Geschlecht. Wenn er meinen Willen
thun will, so nehme er seine Familie nicht nach den
östlichen Ländern, selbst nach Kirtland; dennoch, will
ich der Herr Kirtland aufbauen, doch habe ich der
Herr eine Geißel für die Einwohner jener Stadt be=
reitet. Und es gibt viele Dinge, welche mein Diener
Almon Babbitt gethan hat, mit denen ich nicht wohl
zufrieden bin; siehe er strebt darnach seinen Rath
geliend zu machen, anstatt des Rathes, welchen ich
geweiht habe, selbst die Präsidentschaft meiner Kirche
und er stellt ein goldenes Kalb auf für die Verehrung
meines Volkes. Niemand gehe von diesem Orte fort,
welcher hieher gekommen ist, mit dem Wunsche, meine
Gebote zu halten. Wenn sie hier leben, so sollen sie
mir leben; sterben sie, so sterben sie mir; denn sie
sollen von allen ihren Arbeiten ruhen und in ihren
Werken fortfahren. Deshalb vertraue mir mein Die=
ner Wilhelm und höre auf für seine Familie zu fürch=
ten, wegen der Krankheit im Lande. Wenn ihr mich
liebt, so haltet meine Gebote und die Krankheit des
Landes wird zu eurer Herrlichkeit gereichen.

28. Mein Diener Wilhelm gehe und verkündige
mein ewiges Evangelium mit lauter Stimme und
mit großer Freude, wie er durch meinen Geist dazu
bewegt werden wird, an die Einwohner von War=
saw und auch an die Einwohner von Carthage und
auch an die Bewohner von Burlington und auch an

die Bewohner von Madison und erwarte mit Geduld und Fleiß auf weitere Unterweisungen bei meiner allgemeinen Conferenz, spricht der Herr. Wenn er meinen Willen thun will, so höre er von nun an auf den Rath meines Dieners Joseph und mit seinen Mitteln unterstütze die Sache der Armen und veröffentliche den Bewohnern der Erde die neue Uebersetzung meines heiligen Wortes; und wenn er dies thun will, so will ich ihn mit einer Mannigfaltigkeit von Segnungen segnen, so daß er nicht verlassen sein wird, noch sein Same Noth zu leiden braucht.

29. Und wiederum, wahrlich ich sage euch, mein Diener Wilhelm soll berufen, geweiht und gesalbt werden zu einem Rathe meines Dieners Joseph, im Platze meines Dieners Hyrum; daß mein Diener Hyrum das Amt und Priesterthum eines Patriarchen übernehmen könne, welches ihm durch seinen Vater bestimmt wurde, durch Segnung und auch als ein Recht, daß von jetztan er die Schlüssel der patriarchalischen Segen für mein ganzes Volk halten soll, daß wen er segnet, der soll gesegnet sein, und wem immer er flucht, der soll verflucht sein; daß was er auf Erden bindet, soll auch im Himmel gebunden sein und was er auf Erden lösen wird, das soll auch im Himmel gelöst sein; und von dieser Zeit an berufe ich ihn, ein Prophet, Seher und Offenbarer für meine Kirche zu sein, sowol als mein Diener Joseph, daß er auch in Uebereinstimmung mit meinem Diener Joseph handeln möge und Rath von meinem Diener Joseph erlange, welcher ihm die Schlüssel zeigen wird, wie er bitten und erlangen und gekrönt werden kann mit derselben Segnung, Herrlichkeit und Ehre und demselben Priesterthum, welches einst meinem vormaligen Diener Oliver Cowdery übergeben war; daß mein Diener Hyrum Zeugniß geben möge von den Dingen, welche ich ihm zeigen werde, daß sein Name in ehrenvoller Erinnerung gehalten werde, von Geschlecht zu Geschlecht, auf immer und ewiglich.

30. Mein Diener Wilhelm Law soll auch die Schlüssel empfangen, wodurch er bitten und Segnungen empfangen kann; doch sei er demüthig vor

mir und ohne Arglist und er soll von meinem Geiste
empfangen, selbst den Tröster, welcher ihm die Wahr=
heit aller Dinge kundthun und ihm in derselben Stunde
eingeben wird, was er sagen soll und diese Zeichen
sollen ihm folgen: er soll die Kranken heilen, Teufel
austreiben und soll von denen befreit werden, welche
ihm tödtliches Gift eingeben würden, und er soll in
Pfade geleitet werden, wo giftige Schlangen seine
Ferse nicht stechen können und er soll in dem Schwunge
seiner Gedanken wie auf Adlersfittichen emporsteigen;
und wenn ich will, daß er die Todten erwecke, so
halte er seine Stimme nicht zurück. Deshalb schone
mein Diener Wilhelm nicht und rufe mit lauter
Stimme aus, mit Freude und Fröhlichkeit und mit
Hosiannas zu ihm, der da sitzet auf dem Throne,
immer und ewiglich, spricht der Herr, euer Gott.

31. Siehe, ich sage euch, ich habe eine Mission
für meinen Diener Wilhelm bereitet und für meinen
Diener Hyrum und für sie allein und mein Diener
Joseph bleibe zu Hause, denn man braucht ihn; das
Uebrige will ich euch später kund thun. So sei es.
Amen.

32. Und wiederum, wahrlich ich sage euch, wenn
mein Diener Sidney mir dienen und meinem Diener
Joseph ein Rath sein will, so erhebe er sich, komme
herauf und stehe in dem Amte seines Berufs und
bemüthige sich vor mir und wenn er mir ein ange=
nehmes Opfer und Bekenntniß darbringen und mit
meinem Volke bleiben will, siehe, ich der Herr, euer
Gott, will ihn heilen, daß er geheilt werden soll und
er soll seine Stimme wiederum erheben auf den Ber=
gen und ein Wortführer vor meinem Angesichte sein.
Er komme und lasse seine Familie nieder in der
Nachbarschaft, in welcher mein Diener Joseph wohnt
und in allen seinen Reisen erhebe er seine Stimme,
wie mit dem Schalle einer Posaune und warne die
Bewohner der Erde vor dem kommenden Zorne; er
stehe meinem Diener Joseph bei; auch sollte mein
Diener Wilhelm meinem Diener Joseph beistehen, den
Königen der Erde eine feierliche Verkündigung zu
machen, selbst wie ich es euch zuvor erklärt habe.

Wenn mein Diener Wilhelm meinen Willen thun will, so sende er seine Familie nicht nach den östlichen Ländern, doch verändere er ihre Wohnung, wie ich gesagt habe. Siehe, es ist nicht mein Wille, daß er Sicherheit und Zuflucht außerhalb der Stadt suchen solle, welche ich euch bestimmt habe, selbst die Stadt Nauvoo. Wahrlich ich sage euch jetzt, wenn er meiner Stimme gehorchen will, so wird es wohl mit ihm sein. So sei es. Amen.

33. Und wiederum, wahrlich ich sage euch, mein Diener Amos Davies soll Actien von denen kaufen, die ich bestellt habe, ein Kosthaus, selbst das Nauvoo Haus zu bauen; das thue er, wenn er einen Antheil haben will, und er höre auch auf den Rath meines Dieners Joseph und arbeite mit seinen eigenen Händen, daß er das Vertrauen der Leute erlange; und wenn er sich in allen Dingen getreu beweist, welche ihm anvertraut sind, ja selbst in wenigen Dingen, so soll er Herr über viele Dinge gemacht werden; deshalb erniedrige er sich, daß er erhöht werden möge. So sei es. Amen.

34. Und wiederum, wahrlich ich sage euch, wenn mein Diener Robert D. Foster meiner Stimme gehorchen will, so baue er ein Haus für meinen Diener Joseph, in Uebereinstimmung mit dem Contracte, welchen er mit ihm gemacht hat, wie sich die Wege bahnen werden von Zeit zu Zeit; und er bereue alle seine Thorheiten und bekleide sich mit Langmuth und höre auf, Böses zu thun, lege ab seine lieblose Sprache und kaufe Actien vom Ausschusse des Nauvoo Hauses, für sich selbst und seine Nachkommen, von Geschlecht zu Geschlecht und höre auf den Rath meiner Diener Joseph, Hyrum und Wilhelm Law und der Autoritäten, welche ich berufen habe, die Grundlage Zion's zu legen, und es wird wohl mit ihm sein auf immer und ewiglich. So sei es. Amen.

35. Und wiederum, wahrlich, ich sage euch, Niemand kaufe Actien vom Ausschusse des Nauvoo Hauses, es sei denn, er glaube an das Buch Mormon und die Offenbarungen, welche ich euch gegeben habe, spricht der Herr, euer Gott; denn was darüber ist,

das ist vom Uebel und soll mit Flüchen anstatt mit
Segnungen verbunden sein, spricht der Herr, euer
Gott. So sei es. Amen.

36. Und wiederum, wahrlich sage ich euch, der
Ausschuß des Nauvoo Hauses soll einen gerechten Lohn
für alle Arbeiten, welche er im Bauen des Nauvoo
Hauses thut, haben, und der Betrag seines Lohnes sei,
wie er es unter sich ausmachen kann und wenn noth=
wendig, soll Jedermann, der Actien kauft, für seinen
Unterhalt den verhältnißmäßigen Antheil seines Lohnes
bezahlen, spricht der Herr; sonst kann seine Arbeit
ihm als Actien jenes Hauses gerechnet werden. So
sei es. Amen.

37. Wahrlich ich sage dir, ich gebe dir jetzt die
Würdenträger, welche zu meinem Priesterthume ge=
hören, daß du die Schlüssel desselben halten mögest,
selbst des Priesterthums, welches nach der Ordnung
Melchisedek's, welches nach der Ordnung meines ein=
gebornen Sohnes ist.

38. Erstens, gebe ich euch Hyrum Smith, ein
Patriarch zu sein, die siegelnden Segnungen meiner
Kirche zu ertheilen, selbst den heiligen Geist der Ver=
heißung, wodurch ihr versiegelt werdet zum Tage der
Erlösung, daß ihr nicht fallen möget, ungeachtet der
Stunde der Versuchung, welche über euch kommen
möge.

39. Ich gebe euch meinen Diener Joseph, ein
vorstehender Aeltester über die ganze Kirche zu sein,
ein Uebersetzer, Offenbarer, Seher und Prophet. Ich
gebe ihm als Räthe meine Diener Sidney Rigdon
und Wilhelm Law, daß diese ein Collegium und eine
erste Präsidentschaft bilden mögen, die Orakel für die
ganze Kirche zu empfangen.

40. Ich gebe euch meinen Diener Brigham Young,
ein Präsident über den reisenden Rath der Zwölfe
zu sein, welche Zwölfe die Schlüssel halten, die Auto=
rität meines Reiches in den vier Himmelsgegenden
der Erde zu eröffnen und nachher jeder Creatur mein
Wort zu senden; dieselben sind — Heber C. Kimball,
Parley P. Pratt, Orson Pratt, Orson Hyde, Wil=
helm Smith, Johann Taylor, Johann E. Page,

Wilford Woodruff, Willard Richards und Georg A. Smith; David Patten habe ich zu mir selbst genommen, doch wahrlich sage ich euch, sein Priesterthum nimmt Niemand ihm weg, doch wahrlich, ich sage euch, ein Anderer kann berufen werden zu demselben Amte.

41. Und wiederum sage ich euch, ich gebe euch einen Hohen Rath für den Eckstein Zion's, nämlich, Samuel Bent, H. G. Sherwood, Georg W. Harris, Karl C. Rich, Thomas Grover, Newel Knight, David Dort, Dunbar Wilson; Seymour Brunson habe ich zu mir selbst genommen, Niemand nimmt sein Priesterthum weg, doch ein Anderer kann an seiner Stelle zu demselben Priesterthume verordnet werden (und wahrlich ich sage euch, mein Diener Aaron Johnson soll zu diesem Amte an seiner Stelle geweiht werden,) David Fulmer, Alpheus Cutler und Wilhelm Huntington.

42. Und wiederum, gebe ich euch Don C. Smith ein Präsident über das Collegium der Hohenpriester zu sein, welches Collegium gegründet ist, für den Zweck Jene vorzubereiten, welche als ständige Präsidenten oder Diener über verschiedene auswärts zerstreute Pfähle ernannt werden sollen, und sie können auch reisen, wenn sie wünschen, doch eher sollten sie zu ständigen Präsidenten geweiht werden, denn dies ist die Pflicht ihres Berufes, spricht der Herr euer Gott. Ich gebe ihm Amasa Lyman und Noah Packard zu Räthen, daß sie dem Collegium der Hohenpriester meiner Kirche vorstehen mögen, spricht der Herr.

43. Und wiederum sage ich euch, ich gebe euch Johann A. Hicks, Samuel Williams und Jesse Baker das Collegium der Aeltesten zu präsidiren, welches Collegium eingesetzt ist für ständige Diener, dennoch können sie reisen, doch sind sie geweiht, ständige Diener meiner Kirche zu sein, spricht der Herr.

44. Und wiederum gebe ich euch Joseph Young, Josias Butterfield, Daniel Miles, Heinrich Harriman, Zera Pulsipher, Levi W. Hancock und Jakob Foster dem Collegium der Siebenziger vorzustehen, welches Collegium eingesetzt ist, reisende Aelteste zu

sein und Zeugniß von meinem Namen in der ganzen Welt zu geben, wohin immer der reisende Hohe Rath, meine Apostel, sie senden werden einen Weg vor meinem Angesicht zu bereiten. Der Unterschied zwischen diesem Collegium und dem Collegium der Aeltesten ist, daß Erstere beständig reisen sollen, während die Anderen den Kirchen von Zeit zu Zeit vorstehen; die Einen haben die Verantwortlichkeit von Zeit zu Zeit zu präsidiren und die Anderen haben keine solche Verantwortlichkeit, spricht der Herr euer Gott.

45. Und wiederum sage ich euch, ich gebe euch Vinson Knight, Samuel H. Smith und Shadrach Roundy, wenn er es empfangen will, dem Bisthume vorzustehen; eine Kenntniß besagten Bisthums ist euch im Buche der Lehre und Bündnisse gegeben.

46. Und wiederum sage ich euch, Samuel Rolfe und seine Räthe für Priester und den Präsidenten der Lehrer und seine Räthe und auch den Präsidenten der Diener und seine Räthe und auch den Präsidenten des Pfahles und seine Räthe; alle diese Aemter habe ich euch gegeben und die Schlüssel derselben, zu Helfern und Regierern, zum Werke des Amtes und zur Zubereitung der Heiligen; und ein Gebot gebe ich euch, daß ihr alle diese Aemter füllen sollt und jene Namen, welche ich euch gegeben habe bei der allgemeinen Conferenz entweder bestätigen oder verwerfen und daß ihr Zimmer für alle jene Aemter in meinem Hause bereiten sollt, wenn ihr dasselbe meinem Namen erbauet, spricht der Herr euer Gott. So sei es. Amen.

～～～～

Abschnitt CIV.

Das Wort des Herrn, gegeben dem Thomas B. Marsh, zu Kirtland, am 23. Juli 1837, in Bezug auf die zwölf Apostel des Lammes.

1. Wahrlich, so spricht der Herr zu dir mein Diener Thomas, ich habe deine Gebete erhört und

beine Almofen find zu mir heraufgekommen wie eine
Bittschrift, zu Gunsten jener deiner Brüder, welche
erwählt wurden, Zeugniß von meinem Namen zu
geben und es auszusenden unter alle Nationen, Ge=
schlechter, Zungen und Völker und geweiht wurden
durch die Vermittelung meiner Diener.

2. Wahrlich ich sage dir, es gab einige Dinge in
beinem Herzen, und bei dir, mit benen ich nicht wohl
zufrieben war; dennoch insoweit als du dich erniede=
riget hast, sollst du erhöht werden; deshalb find dir
alle deine Sünden vergeben. Dein Herz sei guten
Muthes vor meinem Angesichte und du sollst Zeugniß
tragen von meinem Namen, nicht allein ben Heiden,
sonbern auch ben Juben; und du sollst mein Wort
aussenden zu ben Enben der Erbe.

3 Streite baher von Morgen zu Morgen und
von Tag zu Tag ergehe beine warnenbe Stimme und
wenn die Nacht kommt, so laffe die Bewohner der
Erbe nicht schlummern, beiner Rebe wegen.

4. Deine Wohnung sei in Zion und mit beinem
Hause sollst du nicht fortziehen, denn ich, der Herr
habe ein großes Werk für bich zu thun, in der Ver=
öffentlichung meines Namens unter ben Menschen=
kinbern; deshalb gürte beine Lenden zum Werke.
Deine Füße seien auch bekleidet, benn du bist erwählt
und bein Pfad liegt unter ben Bergen und unter
vielen Nationen; und burch bein Wort sollen viele
Hohe erniedrigt und viele Niedrige erhöht werden.
Deine Stimme soll bem Uebertreter ein Verweis sein
und bei beinem Tabel höre die Zunge bes Läfterers
ihre Verberbtheit auf.

5. Sei bemüthig und der Herr bein Gott wirb
bich bei ber Hanb führen und beine Gebete erhören.
Ich kenne bein Herz und habe beine Gebete bezüglich
beine Brüber gehört. Sei nicht einseitig mit ihnen
in Liebe, mehr als mit vielen anberen, boch laffe beine
Liebe für sie sein wie für bich selbst; und laffe beine
Liebe sich ergießen gegen alle Menschen und gegen
alle, welche beinen Namen lieben. Und bete für beine
Brüber die Zwölfe. Ermahne sie mit Schärfe um
meines Namens willen und verweise sie für alle ihre

Sünden und sei meinem Namen getreu vor mir. Und nachdem sie Versuchungen und viele Trübsale erfahren haben, siehe, ich der Herr will für sie fühlen, und erhärten sie ihre Herzen nicht und zeigen keine Hartnäckigkeit gegen mich, so sollen sie bekehrt werden und ich will sie heilen.

6. Nun, sage ich dir und was ich dir sage, sage ich allen den Zwölfen, erhebet euch und gürtet an eure Lenden, nehmt euer Kreuz auf euch, folget mir und weidet meine Schafe. Erhöht euch nicht; empört euch nicht gegen meinen Diener Joseph, denn wahrlich ich sage euch, ich bin mit ihm und meine Hand soll über ihm sein; und die Schlüssel, welche ich ihm und auch euch gegeben habe, sollen nicht von ihm genommen werden bis ich komme.

7. Wahrlich, ich sage dir mein Diener Thomas, du bist der Mann, den ich berufen habe die Schlüssel meines Reiches (die Zwölfe betreffend) auswärts unter allen Nationen zu halten, daß du mein Diener sein mögest, das Thor des Reiches an allen Oertern zu öffnen, wo mein Diener Joseph und mein Diener Sidney und mein Diener Hyrum nicht gehen können; denn auf sie habe ich die Bürde aller Kirchen für eine kurze Zeit gelegt; deshalb wohin immer sie dich senden werden dahin gehe und ich werde mit dir sein; und in welchem Orte du meinen Namen verkündigen wirst, sollen dir wahrhaftig deine Wege gebahnt werden, daß sie mein Wort empfangen mögen; wer immer mein Wort empfängt der empfängt mich und wer mich empfängt empfängt jene, (die erste Präsidentschaft) die ich gesandt und um meines Namens willen Räthe für dich gemacht habe.

8. Und wiederum, wahrlich sage ich dir, daß wen immer du in meinem Namen senden wirst, durch die Stimme deiner Brüder der Zwölfe und durch euch rechtmäßig empfohlen und autorisirt, soll Kraft haben das Thor meines Reiches zu öffnen, irgend einer Nation, zu welcher du sie senden wirst, insofern sie sich vor mir demüthigen werden, in meinem Worte verbleiben und der Stimme meines Geistes Gehör geben.

9. Wahrlich, wahrlich ich sage dir, Finsterniß bedeckt das Erdreich und große Finsterniß die Herzen der Völker und alles Fleisch ist verdorben vor meinem Angesichte. Siehe, meine Rache kommt schleunigst über die Bewohner der Erde, ein Tag des Zornes, ein Tag des Brennens, ein Tag der Zerstörung, des Heulens, Trauerns und Klagens und wie ein Wirbelwind soll er kommen über die ganze Fläche der Erde, spricht der Herr.

10. Und bei meinem Hause soll es anfangen und von meinem Hause soll es ausgehen, spricht der Herr. Erstens unter jenen von euch, spricht der Herr, welche vorgegeben haben meinen Namen zu kennen, mich nicht gekannt und mich in der Mitte meines Hauses verlästert haben, spricht der Herr.

11. Deshalb, sehet euch vor, daß ihr euch nicht bekümmert um die Angelegenheiten meiner Kirche an diesem Orte, spricht der Herr; sondern reiniget eure Herzen vor mir und dann gehet aus in alle Welt und prediget mein Evangelium jeder Creatur, die es nicht empfangen hat und wer da glaubet und getauft wird soll selig werden, doch wer nicht glaubet und nicht getauft wird, der soll verdammt werden.

12. Denn euch (den Zwölfen) und jenen, (der ersten Präsidentschaft) welche mit euch berufen sind eure Räthe und Führer zu sein ist die Kraft dieses Priesterthums gegeben, zum letzten Male und für die letzten Tage, in welchen die Verkündigung der Fülle der Zeiten ist, welche Macht ihr in Verbindung mit allen jenen haltet, welche zu irgend einer Zeit vom Anfange der Schöpfung an, eine Dispensation erhalten haben; denn wahrlich ich sage euch, die Schlüssel der Dispensation, welche ihr empfangen habt, sind von den Vätern hergekommen und zuletzt aus dem Himmel euch gesandt worden.

13. Wahrlich sage ich euch, wie groß ist euer Beruf! Reiniget eure Herzen und Gewänder, damit das Blut dieses Geschlechtes nicht von euch verlangt werde. Seid getreu bis ich komme, denn ich komme bald und mein Lohn ist bei mir, Jedermann nach

7. Ich wünsche allen Heiligen zu sagen, daß es mein sehr eifriger Wunsch war, sie am folgenden Sonntage über den Gegenstand der Taufe für die Todten anzureden. Doch da es nicht in meiner Macht liegt, es zu thun, so werde ich das Wort des Herrn von Zeit zu Zeit über diesen Gegenstand schreiben und dasselbe so wie viele andere Dinge euch durch die Post zusenden.

8. Ich schließe jetzt meinen Brief für diesmal aus Mangel an mehr Zeit; denn der Feind ist wachsam und wie der Heiland sagte, der Fürst dieser Welt kommt, doch findet er nichts an mir.

9. Sehet, mein Gebet zu Gott ist, daß ihr alle erlöst werden möget. Und ich unterzeichne mich euer Diener in dem Herrn, Prophet und Seher der Kirche Jesu Christi der Heiligen der letzten Tage.

Joseph Smith.

Abschnitt CVI.

Eine Adresse an die Kirche Jesu Christi der Heiligen der letzten Tage, datirt Nauvoo den 6. September 1842.

1. Ehe ich meinen Wohnort verließ, bemerkte ich in meinem vorigen Briefe, daß ich euch von Zeit zu Zeit schreiben werde, um euch in Betreff vieler Dinge in Kenntniß zu setzen. Ich werde nun von der Taufe für die Todten sprechen, da dieser Gegenstand am meisten meine Gedanken in Anspruch zu nehmen scheint und sich am Kräftigsten meiner Gefühle bemächtigt, seit ich von meinen Feinden verfolgt werde.

2. Ich berichtete euch einige Worte einer Offenbarung betreffend eines Registrators. In Betreff dieser Sache hatte ich noch mehrere Ansichten, welche ich nun bestätige. In meinem vorigen Schreiben wurde nämlich bemerkt, daß ein Registrator sein sollte, der Augenzeuge sei und also mit eigenen Ohren höre,

damit er eine Geschichte der Wahrheit schreiben möge vor dem Herrn.

3. Für einen Regiſtrator würde es ſehr ſchwer ſein, zu allen Zeiten dieſen Handlungen beizuwohnen und alle dieſe Geſchäfte zu beſorgen. Dieſer Schwie= rigkeit vorzubeugen, kann in jedem Stadttheile ein ſolcher ſein, der gehörig befähigt iſt, genaue Verzeich= niſſe aufzunehmen; er ſei aber ſehr pünktlich im Ver= zeichnen der ganzen Begebenheiten und beſtätige in ſeinen Urkunden, daß er mit eigenen Augen geſehen, mit eigenen Ohren gehört habe und gebe den Da= tum, Namen 2c. und die Geſchichte der ganzen Hand= lung an, weiter nenne er etwa drei Perſonen, die gegenwärtig ſind, wenn dem der Fall iſt, welche zu irgend einer Zeit, ſo ſie aufgerufen werden, daſſelbe beſtätigen können, damit in dem Munde zweier oder dreier Zeugen jedes Wort feſtgeſtellt werden möge.

4. Dann ſei ein General=Regiſtrator, welchem dieſe Berichte eingehändigt werden, begleitet mit Zeug= niſſen, von ihnen unterzeichnet, welche die Getreuheit ihrer Berichte beſtätigen. Dann kann der General= Regiſtrator der Kirche dieſe Berichte in das Haupt= buch der Kirche eintragen, ſammt den Zeugniſſen und den Namen der beiwohnenden Zeugen, ſowie mit ſeiner eigenen Erklärung, daß er glaube, obige Be= richte ſeien wahr und getreu, nach ſeiner Kenntniß von dem allgemeinen Charakter und der Berufung jener Männer von der Kirche. Und nachdem dieſes gethan iſt in dem Hauptbuche der Kirche, ſo ſoll dieſer Bericht eben ſo heilig, dieſe Verordnung eben ſo maß= gebend ſein, als hätte er mit eigenen Ohren gehört und mit eigenen Augen geſehen und davon eine Ur= kunde gemacht in dem Hauptbuche der Kirche.

5. Ihr möget benken, daß dieſe Ordnung der Dinge ſehr umſtänblich ſei, aber laßt mich ſagen, daß dieſelbe nur dem Willen Gottes gemäß iſt zur Be= obachtung der Verordnung und Vorbereitung, welche der Herr ſo orbinirte und bereitete, vor der Grund= legung der Welt zur Seligkeit der Tobten, welche ohne die Erkenntniß des Evangeliums ſterben.

6. Und weiter möchte ich euch erinnern, daß Jo=

hannes der Offenbarer über diese Grundsätze Betrach=
tungen machte in Betreff der Todten, wenn er spricht
in Offenbarung 20, 12: „Und ich sah die Todten,
beide groß und klein, stehen vor Gott, und die Bücher
wurden aufgethan, und ein anderes Buch wurde auf=
gethan, welches ist des Lebens. Und die Todten wur=
den gerichtet nach der Schrift in den Büchern, nach
ihren Werken."

7. In dieser Schriftstelle werdet ihr bemerken,
daß die Bücher geöffnet wurden; und ein anderes
Buch wurde aufgethan, welches war das Buch des
Lebens; aber die Todten wurden gerichtet nach den
Dingen, welche geschrieben waren in den Büchern,
nach ihren Werken. Folglich müssen die Bücher, wo=
von gesprochen wird, diejenigen sein, welche ein Ver=
zeichniß ihrer Werke enthalten und auf die Urkunden
hinweisen, welche auf Erden gehalten wurden. Und
das Buch, welches ist das Buch des Lebens, ist die
Urkunde, welche im Himmel gehalten wird. Dieses
stimmt genau mit der Lehre überein, welche euch be=
fohlen wurde in der Offenbarung, enthalten in dem
Briefe, welchen ich schrieb, ehe ich meinen Wohnort
verließ — daß alle eure Urkunden auch im Himmel
mögen niedergeschrieben werden.

8. Nun, die Natur dieser Verordnung besteht in
der Gewalt des Priesterthums nach den Offenbarun=
gen Jesu Christi, worin versichert ist, daß, was ihr
auf Erden binden werdet, auch in den Himmeln ge=
bunden sein soll und was ihr auf Erden lösen werdet,
auch in den Himmeln gelöset sein soll. Oder in an=
deren Worten, eine andere Seite der Uebersetzung be=
trachtend: „Was ihr auf Erden beurkundet, sei auch
in den Himmeln aufgezeichnet, und was ihr auf
Erden nicht aufzeichnet, sei auch in den Himmeln
nicht aufgezeichnet, denn aus den Büchern sollen die
Todten gerichtet werden nach ihren Werken, ob sie
selbst die Verordnungen in eigenem Körper vollzogen
haben oder ob es durch einen ihrer Stellvertreter ge=
schehen sei nach den Verordnungen Gottes, welche er
zu ihrer Erlösung vor der Grundlegung der Welt

bestimmt hat, nach ben Verzeichniffen, welche in Be=
treff der Todten gehalten worden sind.

9. Es mag einigen eine sehr kühne Lehre erschei=
nen, wenn wir von einer Gewalt reden, welche beur=
kundet oder bindet auf Erden und bindet im Himmel.
Deffen ungeachtet hat der Herr zu allen Zeiten, jedes=
mal wenn er dem Menschen eine Dispenfation des
Priefterthums burch birekte Offenbarung gegeben hat,
diefe Gewalt ·gegeben. Somit, was immer jene Män=
ner in Autorität, im Namen des Herrn, in aller
Treue und Wahrhaftigkeit thaten, und wovon sie einen
richtigen und getreuen Bericht machten, wurde zu
einem Gesetze auf Erden und im Himmel und konnte
nach den Decreten des großen Jehovah nicht aufge=
löst werden. Diefe sind Worte cer Wahrheit. Wer
kann sie hören?

10. Weiterhin als Beispiel Matthäi 16, 18—19:
„Und ich sage dir auch, du bist Petrus und auf diesen
Felsen will ich meine Kirche bauen und die Pforten
der Hölle sollen sie nicht überwältigen; und ich will
dir die Schlüffel des Himmelreichs geben. Alles, was
du auf Erden binden wirst, soll auch in den Himmeln
gebunden sein und was du auf Erden löfen wirst,
soll auch in den Himmeln los sein.“

11. Das ganze große Geheimniß der Sache, das
summum bonum diefes Gegenftandes vor uns, liegt
im Erhalten der Gewalt des heiligen Priefterthums.
Für denjenigen, dem diefe Schlüffel gegeben sind, ist es
keine Schwierigkeit, eine Erkenntniß der Thatfachen
zu erhalten, welche auf die Seligkeit der Menschen=
kinder, beides, der Lebenden und der Todten, Bezug
haben.

12. Hierin ist Herrlichkeit und Ehre, Unfterblich=
keit und ewiges Leben. Da ist die Handlung der
Taufe mit Waffer, darin untergetaucht zu werden als
ein Ebenbild der Verstorbenen, damit ein Grundfatz
mit dem andern übereinftimme. Untergetaucht zu
werden im Waffer und wieder daraus hervorzukom=
men ist ein Bild der Auferftehung der Todten, die
aus ihren Gräbern hervorkommen werden; somit
wurde diefe Verordnung eingerichtet, um eine Be=

23

ziehung darzustellen mit der Taufe für die Todten, wie sie auch im Gleichnisse der Todten ist.

13. In Folge dessen wurde das Taufbecken eingeführt im Ebenbilde des Grabes, und es wurde geboten, daß dasselbe an einem Platze unter der Erde sei, wo die Lebenden sich zu versammeln gewohnt sind, um da die Lebenden und die Todten vorzustellen, daß alle ihr Bild haben möchten und mit einander übereinstimmen; das Irdische das himmlische bezeichnend, wie Paulus spricht, 1. Cor. 15., 46, 47 und 48:

14. „Aber der geistliche Leib ist nicht der erste, sondern der natürliche, darnach ist der Herr vom Himmel. Welcherlei der Irdische ist, solcherlei sind auch die Irdischen, und welcherlei der Himmlische ist, solcherlei sind auch die Himmlischen.“ Und wie eure Urkunden sind in Betreff eurer Todten, welche getreulich ausgefertigt sind, so sind auch die Urkunden im Himmel. Dies daher ist die siegelnde und bindende Gewalt und in einem Sinne des Worts, die Schlüssel des Reiches, welche in dem Schlüssel der Erkenntniß bestehen.

15. Und nun, meine vielgeliebten Brüder und Schwestern, laßt mich euch versichern, daß dies Principien sind, welche auf Todte und Lebende Bezug haben, und können, da sie auf unsere Seligkeit wirken, nicht leichtfertig übergangen werden. Denn die Erlösung der Verstorbenen ist nothwendig und gehört zu unserer Seligkeit, wie Paulus spricht in Betreff unserer Väter, „daß sie ohne uns nicht können vollkommen gemacht werden“, noch können wir ohne unsere Todten vollkommen werden.

16. Die Taufe für die Todten betreffend, will ich euch eine andere Schriftstelle geben; Paulus sagt in 1. Corinth. 15, 29: „Was sollen die thun, welche sich taufen lassen für die Todten, wenn die Todten nicht auferstehen? Warum sind sie denn getauft für die Todten?“

17. Ferner in Verbindung mit dieser Stelle will ich eine andere erwähnen von einem der Propheten, der seine Augen auf die Wiederherstellung des Priesterthums gerichtet hatte, auf die Herrlichkeit, welche in

den letzten Tagen offenbar werden sollte, besonders aber auf dieses herrlichste aller Dinge, die zu dem ewigen Evangelium gehören, — die Taufe für die Todten. Maleachi im letzten Kapitel im 5. und 6. Verse sagt: „Siehe, ich will euch senden den Propheten Elia, ehe denn da komme der große und schreckliche Tag des Herrn. Der soll das Herz der Väter bekehren zu den Kindern und das Herz der Kinder zu ihren Vätern, auf daß ich nicht komme und das Erdreich mit dem Bann schlage."

18. Ich hätte eine deutlichere Uebersetzung geben können, doch ist sie deutlich genug, meinem Zwecke zu dienen, wie sie ist. Es ist genügend, in dieser Sache zu wissen, daß die Erde mit einem Fluche getroffen werden soll, es sei denn, daß eine verbindende Kette irgend einer Art zwischen den Vätern und ihren Kindern bestehe. Und siehe, auf welche Weise kann diese Verbindung hergestellt werden? Durch die Taufe für die Todten. Denn wir, ohne sie, können nicht vollkommen gemacht werden, noch sie ohne uns. Noch können weder sie noch wir vollkommen gemacht werden ohne jene, welche im Evangelio gestorben; denn dies ist nothwendig in der Einführung der Verkündigung der Fülle der Zeit, welche Verkündigung beginnt, damit eine ganze und vollkommene Vereinigung, ein Zusammenschmelzen von Dispensationen, Vollmachten, Gewalten und Herrlichkeiten von Adam an bis auf die gegenwärtige Zeit stattfinde und geoffenbart werde. Und nicht nur dies, sondern diejenigen Dinge, welche niemals geoffenbart wurden von Grundlegung der Welt an, die verborgen gehalten blieben vor den Weisen und Klugen, sollen geoffenbaret werden den Unmündigen und Säuglingen in dieser Dispensation der Fülle der Zeiten.

19. Und nun, was hören wir in dem Evangelium, welches wir angenommen haben? „Eine Stimme der Freude!" Eine Stimme der Barmherzigkeit vom Himmel; eine Stimme der Wahrheit aus der Erde; frohe Botschaften für die Todten; eine Stimme der Freude für die Lebenden und die Todten; gute Nachrichten der Freude; wie herrlich sind auf den Bergen

die Füße derer, die von guten Dingen berichten und
zu Zion sagen: „Siehe, dein Gott regiert.“ Wie der
Thau Carmel's so soll die Erkenntniß Gottes auf sie
herabkommen.

20. Und wieder, was hören wir? Fröhliche Nach=
richten von Cumorah! Moroni, ein Engel vom
Himmel verkündet die Erfüllung der Propheten; ein
Buch hat er zu offenbaren. Eine Stimme des Herrn
in der Wildniß von Fayette, Seneca=Grafschaft, den
drei Zeugen gebietend von diesem Buche zu zeugen.
Die Stimme Michael's am Ufer des Susquehanna,
da er den Teufel entlarvte, als er sich für einen
Engel des Lichts ausgab. Die Stimme des Petrus,
Jakobus und Johannes in der Wildniß zwischen
Harmony, in der Grafschaft Susquehanna und von
Colesville, Grafschaft Broome am Susquehanna=
Flusse, bezeugend, daß sie die Schlüssel des König=
reiches und der Dispensation der Fülle der Zeiten
besitzen.

21. Ferner die Stimme Gottes in dem Zimmer
des alten Vaters Whitmer in Fayette, Seneca=Graf=
schaft, und so an verschiedenen Orten zu verschiedenen
Zeiten, während allen den Reisen und Mühsalen
der Kirche Jesu Christi der Heiligen der letzten Tage.
Und die Stimme Michael's, des Erzengels; die Stimme
Gabriel's, Raphael's und vieler anderer Engel, von
Michael oder Adam bis auf die jetzige Zeit, jeder
seine Dispensation, Rechte, Vollmachten, Ehren, Maje=
stät und Herrlichkeit und die Macht des Priester=
thums verkündend; Zeile auf Zeile, Vorschrift auf
Vorschrift gebend; hier ein wenig und da ein wenig
— uns tröstend mit der Erklärung dessen, das da
kommen soll, damit unsere Hoffnung bestätigt werde.

22. Brüder, sollten wir nicht vorwärts gehen in
diesem großen Werke? Gehet vorwärts und nie zu=
rück! Muth, Brüder, wohlauf zum Siege! Laßt
eure Herzen fröhlich sein und seid glücklich. Die Erde
breche aus in Gesängen! Lasset die Todten ihre
Hymnen ertönen zum Preise des Königs Immanuel,
der da bestimmte, ehe denn die Welt war, dasjenige,
welches uns in den Stand setzen wird, sie aus den

Gefängnissen zu befreien, denn die Gefangenen sollen frei werden.

23. Lasset die Berge vor Freude jauchzen und alle Thäler rufen mit lauter Stimme; all' ihr Meere und trockenen Länder verkündet die Wunder eures ewigen Königs. Und ihr Flüsse, Bäche und Wässerlein fließet mit Freuden hernieder. Lasset die Wälder und alle Bäume des Feldes den Herrn preisen, und ihr festen Gesteine, weinet vor Freude. Und lasset die Sonne, den Mond und die Morgensterne zusammen singen; jauchzet all' ihr Söhne Gottes und freuet euch. Die ewigen Werke verkündigen seinen Namen auf immer und ewiglich. Nochmals sage ich: Wie herrlich ist die Stimme, die wir vom Himmel hören, die unseren Ohren Herrlichkeit, Seligkeit, Ehre und Unsterblichkeit, ewiges Leben, Königreiche, Fürstenthümer und Gewalten verkündet.

24. Sehet, der große Tag des Herrn ist vor der Thüre und wer wird den Tag seiner Zukunft erleiden mögen? Wer wird bestehen, wenn er erscheint? Denn er ist wie das Feuer eines Goldschmiedes und die Seife der Wäscher. Er wird sitzen und schmelzen und das Silber reinigen, er wird die Kinder Levi's reinigen und läutern wie Gold und Silber, damit sie dem Herrn Opfer bringen in Gerechtigkeit. Daher lasset uns als eine Kirche und als ein Volk, als Heilige der letzten Tage dem Herrn Opfer bringen in Gerechtigkeit und in seinem heiligen Tempel, wenn derselbe fertig sein wird, ein Buch der Urkunden unserer Todten darstellen, welches aller Annahme würdig sein wird.

25. Brüder, ich habe euch viele Dinge zu sagen in Betreff dieser Verordnung; werde aber für jetzt schließen und später damit fortfahren. Ich bin wie immer euer demüthiger Diener und nie wechselnder Freund   Joseph Smith.

Abschnitt CVII.

Offenbarung, gegeben zu Far West, Missouri, am 8. Juli 1838, als Antwort auf die Frage, O Herr, zeige deinen Knechten wie viel du von dem Eigenthum deines Volkes Zehenten verlangest?

1. Wahrlich, so spricht der Herr, ich verlange, daß all' ihr Surplus Eigenthum in die Hände des Bischofs meiner Kirche Zion's gegeben werde, für das Bauen meines Hauses und für das Legen der Grundlage Zion's und für die Priesterschaft und für die Schulden der Präsidentschaft meiner Kirche. und dies soll der Anfang des Zehenten meines Volkes sein; und darnach sollen alle, welche so gezehentet worden sind, den zehnten Theil ihres jährlichen Einkommens bezahlen und dies soll euch ein ständiges Gesetz sein, auf immer, für mein heiliges Priesterthum, spricht der Herr.

2. Wahrlich ich sage euch, es wird geschehen, daß alle jene, welche sich auf dem Lande Zion versammeln ihr Surplus Eigenthum verzehentet haben werden und dieses Gesetz sollen sie beobachten, sonst werden sie nicht würdig erfunden werden unter euch zu bleiben. Und ich sage euch, wenn mein Volk dieses Gesetz nicht beobachten und es heilig halten und durch dieses Gesetz mir das Land Zion heiligen will, dadurch daß meine Gesetze und Gebote auf demselben beobachtet werden und es sehr heilig gehalten wird, sehet, wahrlich ich sage euch, so soll es euch kein Land Zion sein; und dies soll ein Muster für alle Pfähle Zion's sein. So sei es. Amen.

Anhang.

Abschnitt CVIII.

1. Horche, o du Volk meiner Kirche, spricht der Herr, dein Gott und höre das Wort des Herrn, welches dich betrifft; des Herrn, der plötzlich wird kommen zu seinem Tempel, des Herrn, der auf die Welt wird herniederkommen zum Gericht mit einem Fluche, ja, über alle Völker, welche Gott vergessen und über alle Gottlosen unter euch. Denn er wird seinen heiligen Arm vor den Augen aller Völker entblößen und alle Enden der Erde werden das Heil ihres Gottes sehen.

2. Darum bereite dich, bereite dich, o mein Volk; heilige dich, versammle dich, o du Volk meiner Kirche, auf dem Lande Zion, ihr Alle, denen nicht befohlen ist, zu bleiben. Gehet aus von Babylon. Seid rein, die ihr die Gefäße des Herrn tragt. Berufet eure feierlichen Zusammenkünfte und besprecht euch oft mit einander, und ein Jeglicher rufe den Namen des Herrn an; ja wahrlich, wiederum sage ich euch, daß die Zeit gekommen ist, da die Stimme des Herrn an euch ergeht, auszugehen von Babylon; sammelt euch aus den Völkern, von den vier Winden von einem Ende des Himmels bis zum andern.

3. Sendet aus die Aeltesten meiner Kirche zu den Völkern, welche ferne wohnen, auf die Inseln des Meeres, schicket sie nach fremden Ländern, fordert alle Völker auf, zuerst die Heiden, und alsdann die Juden.

Und schauet und sehet, dies soll [ihr Ruf und die
Stimme des Herrn an alle Völker sein: Gehet hin
nach dem Lande Zion, damit die Grenzen meines
Volkes ausgedehnt, seine Pfähle befestigt und Zion
rings umher ausgebreitet werden möge; ja, lasset den
Ruf an alle Völker ergehen: Wachet auf und erhebet
euch und gehet aus dem Bräutigam entgegen; sehet
auf und schauet, der Bräutigam kommt, gehet aus
ihm entgegen. Bereitet euch auf den großen Tag des
Herrn.

4. Darum wachet, denn ihr wisset weder Tag
noch Stunde. Lasset darum diejenigen, welche unter
den Heiden sind, nach Zion fliehen und die, welche
aus Juda sind, nach Jerusalem zu den Bergen des
Hauses des Herrn. Gehet aus von den Völkern,
nämlich aus Babylon, aus der Mitte der Gottlosig=
keit, welche das geistige Babylon ist. Aber wahrlich,
so spricht der Herr, lasset eure Flucht nicht in Eile
geschehen, sondern lasset alle Dinge vor euch bereitet
werden; und der, welcher gehet, sehe nicht zurück, da=
mit nicht plötzliches Verderben über ihn komme.

5. Horchet und höret, o ihr Bewohner der Erde.
Vernehmet es, alle ihr Aeltesten meiner Kirche und
höret die Stimme des Herrn, denn sein Ruf geht an
alle Menschen und er befiehlt allen Menschen überall,
Buße zu thun; denn sehet, Gott der Herr hat den
Engel gesandt, um mitten durch den Himmel zu
rufen und zu sagen: Bereitet den Weg des Herrn
und macht seine Pfade recht, denn die Stunde seiner
Zukunft ist nahe, wenn das Lamm auf dem Berge
Zion stehen wird und mit ihm hundert und vierund=
vierzig tausend, welche seines Vaters Namen an ihren
Stirnen tragen; darum bereitet euch für die Zukunft
des Bräutigams; gehet aus, gehet aus ihm entgegen,
denn sehet, er wird auf dem Oelberge stehen und auf
dem mächtigen Ocean, nämlich der großen Tiefe und
auf den Inseln des Meeres und auf dem Lande
Zion; und er wird seine Stimme erschallen lassen von
Zion, und er wird sprechen aus Jerusalem, und seine
Stimme wird unter allen Völkern gehört werden,
und es wird eine Stimme sein wie die Stimme vieler

Gewässer und wie die Stimme eines großen Donners, welche die Berge wird einstürzen, und die Thäler werden nicht mehr gefunden werden; er wird der großen Tiefe befehlen und sie wird in die nördlichen Länder zurückweichen, und die Inseln werden ein Land werden und das Land Jerusalem und das Land Zion werden in ihren eigenen Platz zurückweichen und die Erde wird sein, wie sie war in den Tagen, ehe sie vertheilt wurde. Und der Herr, nämlich der Erlöser, wird in der Mitte seines Volkes stehen und über alles Fleisch herrschen.

6. Und diejenigen, welche in den nördlichen Ländern sind, werden vor dem Herrn in Erinnerung kommen und ihre Propheten werden seine Stimme hören und sie werden sich nicht länger zurückhalten, werden die Felsen schlagen und das Eis wird vor ihrer Gegenwart herabfließen. Und ein Weg wird gebahnt werden in der Mitte der großen Tiefe. Ihre Feinde werden ihnen zur Beute werden, und in der unfruchtbaren Wüste werden Quellen lebendigen Wassers entstehen, und die ausgetrocknete Erde wird nicht länger ein durstiges Land sein. Und sie werden ihre reichen Schätze meinen Dienern, den Kindern Ephraim's bringen. Und die Grenzen der ewigen Hügel werden vor ihrer Gegenwart zittern. Und alsdann werden sie niederfallen und mit Herrlichkeit gekrönt werden, nämlich in Zion, durch die Diener des Herrn, nämlich die Kinder Ephraim's; und sie sollen erfüllt werden mit ewigen Freudensängen. Sehet, dies ist der Segen des ewigen Gottes auf die Stämme Israel's und die größere Segnung auf das Haupt Ephraim's und seiner Genossen. Und auch diejenigen vom Stamme Juda werden nach ihrem Elend geheiligt werden in Heiligkeit vor dem Herrn, um Tag und Nacht in seiner Gegenwart zu wohnen bis in alle Ewigkeit.

7. Und darum, wahrlich, spricht der Herr, daß diese Dinge unter euch, ihr Bewohner der Erde, möchten bekannt werden, habe ich meinen Engel geschickt, welcher mitten durch den Himmel geflogen ist und das ewige Evangelium hatte, der einigen erschienen

ift, es den Menschen überliefert hat und auch Vielen
erscheinen wird, welche auf der Erde wohnen; und
dieses Evangelium wird allen Nationen und Ge=
schlechtern, Zungen und Sprachen geprediget werden
und die Diener Gottes werden ausgehen und mit
lauter Stimme sagen: Fürchtet Gott und gebet ihm
die Ehre, denn die Stunde seines Gerichts ist ge=
kommen; und betet an den, der gemacht hat Himmel
und Erde und das Meer und die Wasserbrunnen;
und werden den Herrn Tag und Nacht anrufen und
sagen: O, daß du die Himmel zerrissest und herab
kämest, daß die Berge vor deiner Gegenwart herab=
fließen möchten. Und es wird ihnen geantwortet
werden, die Gegenwart des Herrn wird sein wie ein
schmelzendes Feuer, das da brennet und wie das
Feuer, welches die Gewässer zum Kochen bringt.

8. O Herr, du wirst hernieder kommen, deinen
Widersachern deinen Namen bekannt zu machen, und
alle Völker werden vor deiner Gegenwart erzittern.
Wenn du schreckliche Dinge thun wirst — Dinge,
welche sie nicht erwarten; ja, wenn du herab kommen
wirst und die Berge vor deiner Gegenwart zerschmel=
zen, dann wirst du denjenigen entgegen kommen,
welche sich freuen und Gerechtigkeit schaffen, die deiner
gedenken nach deinen Wegen; denn seit Anbeginn der
Welt haben die Menschen nicht gehört, noch mit ihren
Ohren vernommen, auch hat es kein Auge gesehen,
denn allein du, o Gott, was für große Dinge du für
diejenigen bereitet hast, die deiner warten.

9. Und es wird gesagt werden: Wer ist es, der
von Gott im Himmel herab kommt in gefärbten Ge=
wändern; ja, aus Regionen, die unbekannt sind, an=
gethan mit herrlicher Kleidung, und in der Größe
seiner Macht sich bewegend? Und er wird sagen:
Ich bin der, welcher in Gerechtigkeit sprach, mächtig
zu erretten. Und der Herr wird roth sein in seinem
Anzuge und seine Kleider wie die desjenigen, der die
Kelter tritt, und so groß wird die Herrlichkeit seiner
Gegenwart sein, daß die Sonne ihr Angesicht vor
Scham verbergen wird und der Mond wird sein Licht
nicht leuchten lassen und die Sterne werden aus ihren

Plätzen geschleubert werden; und seine Stimme wird
gehöret werden: Ich habe die Kelter allein getreten
und Gericht gebracht über alle Völker; und Niemand
war mit mir und ich habe auf sie getreten in meinem
Grimm und sie zertreten in meinem Zorn und mit
ihrem Blut habe ich meine Kleider besprengt und alle
meine Gewänder befleckt; denn dies war der Tag der
Rache, den ich mir vorgenommen hatte.

10. Und nun ist das Jahr meiner Erlösten gekommen und sie werden die liebevolle Güte ihres
Herrn rühmen und alles was er ihnen gewährt hat
nach seiner Barmherzigkeit und großen Güte, bis in
alle Ewigkeit. In allen ihren Trübsalen wurde er
betrübt, und der Engel seiner Gegenwart errettete sie;
und in seiner Liebe und seinem Erbarmen hat er sie
erlöset, ihnen geholfen und sie getragen von Alters
her; ja, und auch Enoch und die mit ihm waren; die
Propheten, die vor ihm waren; und auch Noah und
die, welche vor ihm waren, und auch Moses und die,
welche vor ihm waren, und von Moses bis Elias,
und von Elias bis Johannes, welche alle mit Christus
waren bei seiner Auferstehung, und die heiligen Apostel
mit Abraham, Isaak und Jacob werden in der Gegenwart des Lammes sein. Und die Gräber der Heiligen
werden aufgethan werden und sie werden hervorkommen und zur Rechten des Lammes stehen, wenn
es stehen wird auf dem Berge Zion und auf der
heiligen Stadt, dem neuen Jerusalem, und sie werden Tag und Nacht das Lied des Lammes singen bis
in alle Ewigkeit.

11. Und darum, daß die Menschen Theilnehmer
an den Herrlichkeiten werden möchten, die geoffenbart werden sollen, hat der Herr die Fülle seines
Evangeliums gesandt, seinen ewigen Bund, denselben
in Einfachheit und Deutlichkeit erklärend, um die
Schwachen auf die Dinge vorzubereiten, welche über
den Erdboden kommen werden und auf die Botschaft des Herrn an dem Tage, wo die Schwachen
die Klugen beschämen, der Geringe ein starkes Volk
werden wird, und zwei alsdann Zehntausende in die
Flucht schlagen werden; und durch die schwachen

Dinge der Erde wird der Herr die Völker dreschen mit der Macht seines Geistes. Und darum sind diese Gebote gegeben worden; es wurde geboten, zur Zeit, als sie gegeben wurden, sie der Welt zu enthalten, nun aber sollen sie allem Fleisch kund gethan werden. Und dies ist nach dem Wunsche und Willen des Herrn, der über alles Fleisch regiert. Und demjenigen, der sich bekehrt und vor dem Herrn sich heiligt soll das ewige Leben verliehen werden; und an denjenigen, die nicht auf die Stimme des Herrn hören, soll erfüllt werden, was durch den Propheten Mose geschrieben worden ist, daß sie sollen vertilgt werden aus dem Volke.

12. Und auch was geschrieben ist durch den Propheten Maleachi: Denn siehe, es kommt ein Tag, der brennen soll wie ein Ofen, da werden alle Verächter und Gottlose Stroh sein und der künftige Tag wird sie anzünden, spricht der Herr der Heerschaaren und wird ihnen weder Wurzel noch Zweig lassen. Darum wird dies die Antwort des Herrn zu ihnen sein: An dem Tage, als ich zu den Meinen kam, nahm mich Niemand unter euch auf, und ihr wurdet ausgetrieben. Als ich wieder rief, war Niemand unter euch, der mir antwortete, aber mein Arm war keineswegs verkürzt, daß ich nicht erlösen konnte, noch meine Macht um zu befreien. Sehet, auf meinen Befehl trocknet das Meer aus. Ich mache die Flüsse zu einer Wüste, so daß ihr Fisch stinket und vor Durst stirbt. Ich bekleide die Himmel mit Schwärze, und mache Sack und Asche ihre Decke. Und dies sollt ihr von meiner Hand empfangen — ihr sollt euch mit Kummer niederlegen.

13. Schauet und sehet, Niemand kann euch erlösen, denn ihr gehorchtet meiner Stimme nicht, als ich euch zurief aus den Himmeln; ihr glaubtet meinen Dienern nicht und als sie zu euch gesandt waren nahmt ihr sie nicht auf; darum versiegelten sie das Zeugniß und banden das Gesetz zu, und ihr wurdet der Finsterniß überliefert; — diese werden hingehen in die äußerste Finsterniß, wo da sein wird Weinen,

Heulen und Zahnklappen. Sehet, der Herr, euer Gott hat es gesprochen. Amen.

~~~~~~~~

Abschnitt CIX.

Ueber Regierungen und Gesetze im Allgemeinen.

Daß unsere Ansichten in Betreff irdischer Regierungen und Gesetze weder mißdeutet noch unrichtig verstanden werden mögen, haben wir es für passend gehalten, am Ende dieses Werkes uns darüber auszudrücken.

1. Wir glauben, daß Regierungen von Gott, zum Nutzen der Menschheit eingerichtet worden sind, und daß Er die Menschen verantwortlich hält für ihre Handlungen in Bezug auf dieselben, entweder in dem Geben von Gesetzen oder der Ausführung derselben zum Nutz und Frommen und der Sicherheit der Gesellschaft.

2. Wir glauben, daß keine Regierung im Frieden bestehen kann, ohne daß solche Gesetze gegeben und unantastbar gehalten werden, die jeder Person Gewissensfreiheit, Eigenthumsrechte und Schutz des Lebens zusichern.

3. Wir glauben, daß alle Regierungen nothwendiger Weise Civil=Beamte und Magistrate bedürfen, um die Gesetze derselben zu vollziehen und daß Solche, die das Gesetz in Billigkeit und Gerechtigkeit ausüben, gesucht und durch die Stimme des Volks (wenn in einer Republik) oder durch den Willen des Souverains aufrechterhalten werden sollten.

4. Wir glauben, daß die Religion von Gott eingesetzt ist und die Menschen ihm und ihm allein für die Ausübung derselben verantwortlich sind, wofern ihre religiösen Meinungen sie nicht antreiben, die Rechte und Freiheiten Anderer zu verletzen; doch glau=

ben wir, daß menschliche Gesetze kein Recht haben in der Vorschreibung von Cultusbestimmungen, um die Gewissensfreiheit zu beschränken. Magistrate sollten Verbrechen in Schranken halten, doch nie das Gewissen einschränken, die Schuldigen bestrafen, doch nie die Freiheit des Geistes unterdrücken.

5. Wir glauben, daß alle Menschen verpflichtet sind die respectiven Regierungen unter denen sie leben, zu unterstützen, während sie in ihren angebornen und unveräußerlichen Rechten durch die Gesetze solcher Regierungen beschützt werden; und daß Aufstand und Empörung solcher beschützten Bürger ihren Vergehen gemäß bestraft werden sollten; und daß alle Regierungen ein Recht haben, solche Gesetze zu verordnen, welche nach ihrem Urtheile am Besten geeignet sind, das öffentliche Interesse zu sichern.

6. Wir glauben, daß Jedermann in seiner Stellung geachtet werden sollte: Beamte und Magistrate als solche, da sie eingesetzt worden sind zum Schutze der Unschuldigen und der Bestrafung der Schuldigen; und daß alle Menschen den Gesetzen Achtung und Unterwerfung schuldig sind, da ohne dieselben Friede und Eintracht, durch Anarchie und Schreckensherrschaft verdrängt werden würden. Menschliche Gesetze sind zu dem ausdrücklichen Zwecke eingesetzt, unsere Interessen als Individuen und Nationen zu reguliren und göttliche Gesetze vom Himmel gegeben, Regeln über unsere geistlichen Angelegenheiten für Glauben und Cultus vorschreibend, für deren Beobachtung der Mensch seinem Schöpfer verantwortlich ist.

7. Wir glauben, daß Gesetzgeber, Staaten und Regierungen ein Recht haben und verpflichtet sind, Gesetze für den Schutz aller Bürger zu erlassen, zur freien Ausübung ihres religiösen Glaubens; doch glauben wir nicht, daß sie, in Gerechtigkeit, ein Recht haben, Bürger dieses Vorrechtes zu berauben oder sie in ihren Meinungen zu beschränken, so lange als dieselben den Gesetzen des Landes unterwürfig sind und solche religiöse Meinungen Aufruhr und Empörung nicht rechtfertigen.

8. Wir glauben, daß das Begehen von Verbrechen

nach) der Natur derselben bestraft werden sollte; daß Mord, Hochverrath, Raub, Diebstahl und die Störung des allgemeinen Friedens in jeder Beziehung nach ihrer Criminalität und ihrer Tendenz Böses unter den Menschen anzustiften, von den Regierungen, wo die Vergehen ausgeübt wurden, bestraft werden sollten; und für die öffentliche Ruhe und Sicherheit sollten Alle nach ihren Umständen mitwirken, daß Verbrecher gegen die Gesetze bestraft werden.

9. Wir glauben, daß es nicht recht sei religiöse Einflüsse mit Regierungen zu verbinden, wodurch e i n e religiöse Gesellschaft begünstigt, während eine a n d e r e in ihren geistlichen Rechten beschränkt und die persönlichen Rechte ihrer Mitglieder als Bürger beeinträchtigt werden würden.

10. Wir glauben, daß alle religiösen Gesellschaften ein Recht haben, ihre Mitglieder für unpassendes Betragen nach den Regeln und Vorschriften solcher Gesellschaften zur Rechenschaft zu ziehen, vorausgesetzt, daß solche Handlung nur das religiöse Gemeinschaftsrecht in Verhandlung zieht; doch glauben wir nicht, daß irgend eine religiöse Gesellschaft Autorität hat, Leute zu verhören, wo Eigenthum oder Leben in Verhandlung kommt, oder von ihnen die Güter dieser Welt zu nehmen oder sie in Leibes- oder Lebensgefahr zu setzen oder körperliche Bestrafung zu ertheilen; sie können sie nur von ihrer Gemeinschaft ausschließen, und ihnen das Vertrauen derselben entziehen.

~~~~~~~~~

Abschnitt CX.

Märtyrerthum Joseph Smith's und seines Bruders Hyrum.

1. Das Zeugniß dieses Buches und des Buches Mormon zu besiegeln, schließen wir mit dem Märtyrerthum Joseph Smith's des Propheten und Hyrum Smith's des Patriarchen. Sie wurden im Gefäng-

niſſe zu Carthago, am 27. Juni 1844 ungefähr 5 Uhr
Nachmittags durch einen bewaffneten, ſchwarzbemalten
Pöbel von 150 bis 200 Perſonen erſchoſſen. Hyrum
wurde zuerſt getroffen, und fiel, ruhig ausrufend,
„es iſt um mich geſchehen“. Joſeph ſprang von dem
Fenſter, wurde im Verſuche todt geſchoſſen, während
er ausrief, „O Herr mein Gott!“ Sie wurden beide
auf eine brutale Weiſe geſchoſſen, nachdem ſie todt
waren und jeder von ihnen wurde von vier Kugeln
getroffen.

2. Johannes Taylor und Willard Richards, zwei
der Zwölfe waren die einzigen Perſonen im Zimmer
zu der Zeit, der Erſtere war auf eine barbariſche
Weiſe durch vier Kugeln verwundet worden, doch erlangte er ſeine Wiederherſtellung; der Letztere, in Folge
der Verheißungen Gottes entrann, „ohne ſelbſt ein
Loch in ſeinem Gewande“.

3. Joſeph Smith, der Prophet und Seher des
Herrn hat (Jeſus allein ausgenommen) mehr für die
Erlöſung der Menſchen in dieſer Welt gethan, als
irgend ein anderer Mann, der je auf derſelben gelebt
hat. In dem kurzen Zeitraume von zwanzig Jahren
hat er das Buch Mormon hervorgebracht, welches er
durch die Gabe und Kraft Gottes überſetzte und auf
zwei Continenten veröffentlichen ließ, hat die Fülle
des ewigen Evangeliums, welches es enthält, in die
vier Himmelsgegenden geſchickt; hat die Offenbarungen und Gebote, welche dieſes Buch der Lehre und
Bündniſſe ausmachen, hervorgebracht, ſo wie auch
viele andere weiſe Dokumente und Belehrungen zum
Nutzen der Menſchenkinder; hat viele Tauſende der
Heiligen geſammelt, eine große Stadt gegründet und
einen Ruf und Namen hinterlaſſen, der nicht getödtet
werden kann. Er war groß im Leben und er ſtarb
groß in den Augen Gottes und ſeines Volkes und
wie die meiſten Geſalbten des Herrn vor Alters, be-
ſiegelte er ſeine Miſſion und Werke mit ſeinem eigenen Blute — und ſo that gleichfalls ſein Bruder
Hyrum. Im Leben waren ſie nicht getrennt und im
Tode wurden ſie nicht von einander geſchieden.

4. Als Joſeph nach Carthago ging, um ſich den

vorgeblichen Forderungen des Gesetzes zu überliefern,
sagte er zwei oder drei Tage vor seiner Ermordung,
„ich gehe wie ein Lamm zur Schlachtbank, doch bin
ich ruhig wie ein Morgen im Sommer; mein Ge=
wissen ist frei von Schuld gegen Gott und alle Men=
schen. Ich werde unschuldig sterben, und
es wird noch von mir gesagt werden —
er wurde kaltblütig ermordet". Am näm=
lichen Morgen, an welchem Hyrum sich bereit machte,
zu gehen — soll es heißen zur Schlachtbank? Ja, so
war es, las er den folgenden Paragraph, nahe beim
Schlusse des fünften Kapitels des Buches Ether im
Buche Mormon, wie folgt:

5. „Und es begab sich, daß ich den Herrn anflehte,
den Heiden Gnade zu verleihen, damit sie Liebe hätten.
Und der Herr sagte zu mir: Wenn sie nicht Liebe
haben, so ist es nicht deine Schuld, Du bist getreu
gewesen, daher sind deine Gewänder rein. Und weil
du deine Schwachheit gesehen hast, sollst du stark ge=
macht werden, sogar um an den Ort Dich zu setzen,
welchen ich in den Wohnungen meines Vaters bereitet
habe. Jetzt sage ich — den Heiden Lebewohl, ja, und
auch meinen Brüdern, welche ich liebe, bis wir uns
vor dem Richterstuhle Christi antreffen werden, wo
alle Menschen wissen sollen, daß meine Kleider nicht
mit ihrem Blute befleckt sind". Die Testatoren sind
jetzt todt und ihr Testament ist in Kraft.

6. Hyrum Smith war 44 Jahre alt im Februar
1844 und Joseph Smith 38 Jahre im December 1843
und von jetztan werden ihre Namen auf der Liste
der Märthrer stehen, und der Leser in jeder Nation
wird sich erinnern, daß „das Buch Mormon" und
dieses Buch der Lehre und Bündnisse der Kirche, das
beste Blut des neunzehnten Jahrhunderts gekostet hat,
um sie zur Erlösung der Welt hervorzubringen: und
daß, wenn das Feuer einen grünen Baum zur
Ehre Gottes beschädigen kann, wie leicht wird es die
„trockenen Bäume" verbrennen, um den Weinberg
von Verderbtheit zu reinigen. Sie lebten für die
Herrlichkeit, sie starben für die Herrlichkeit und Herr=
lichkeit wird ihr ewiger Lohn sein. Von Menschen=

24

alter zu Menschenalter werden ihre Namen der Nach=
welt übergeben werden, als Kleinobien für die Ge=
heiligten.

7. Sie waren keines Verbrechens schuldig, wie es
oft vorher bewiesen worden war und wurden in's
Gefängniß gesperrt in Folge der Verschwörung von
Verräthern und gottlosen Menschen; und ihr un=
schuldiges Blut auf dem Boden des Carthago
Gefängnisses ist ein dem Mormonismus angeheftetes
großes Siegel, welches von keinem Gerichte auf der
Erde verworfen werden kann; und ihr unschul=
diges Blut auf dem Wappen des Staates Illinois
mit der vom Gouverneure verbürgten, doch gebroche=
nen Treue des Staates, ist ein Zeuge der Wahrheit
des ewigen Evangeliums, welchen die ganze Welt
nicht in Zweifel setzen kann; und ihr unschuldiges
Blut am Panier der Freiheit und auf der Magna
charta der Vereinigten Staaten ist ein Gesandter für
die Religion Jesu Christi, welcher die Herzen ehrlicher
Menschen unter allen Nationen bewegen wird; und
ihr unschuldiges Blut mit dem unschuldigen
Blute aller Märtyrer unter dem Altare, den Johannes
sah, wird zum Herrn der Heerschaaren emporschreien,
bis er jenes Blut an den Bewohnern der Erde rächt.
Amen.

Ende.